儿童社交退缩
发展规律与干预

张光珍 著

知识产权出版社
全国百佳图书出版单位
—北京—

图书在版编目（CIP）数据

儿童社交退缩：发展规律与干预/张光珍著．—北京：知识产权出版社，2024. 9.

ISBN 978-7-5130-9464-1

Ⅰ. C912. 3；B844. 1

中国国家版本馆 CIP 数据核字第 2024554F26 号

内容提要

本书通过一项为期约 10 年的大型追踪研究，系统地分析、探讨了儿童从 6 个月到 10 岁之间的社会性的发展，主要探究了儿童社交退缩行为的发展变化规律及其适应结果，以及遗传因素（基因）和环境因素（父母养育方式）在其中的作用。此外，本书还通过一系列的短期研究，考察了儿童社交退缩行为背后的心理机制，包括情绪特征与认知特征；在此基础上，针对儿童的社交退缩行为进行了一系列的预防性干预研究，通过干预儿童的情绪（情绪调节）和认知（注意偏向、解释偏向、归因偏向、自我意象）来改善儿童的适应水平。

责任编辑：黄清明　　　　**责任校对**：潘凤越
执行编辑：刘林波　　　　**责任印制**：刘译文
封面设计：杨杨工作室·张　冀

儿童社交退缩：发展规律与干预

张光珍　著

出版发行：	知识产权出版社有限责任公司	网　　址：	http://www.ipph.cn
社　　址：	北京市海淀区气象路 50 号院	邮　　编：	100081
责编电话：	010-82000860 转 8117	责编邮箱：	hqm@cnipr.com
发行电话：	010-82000860 转 8101/8102	发行传真：	010-82000893/82005070/82000270
印　　刷：	三河市国英印务有限公司	经　　销：	新华书店、各大网上书店及相关专业书店
开　　本：	720mm×1000mm　1/16	印　　张：	18.5
版　　次：	2024 年 9 月第 1 版	印　　次：	2024 年 9 月第 1 次印刷
字　　数：	326 千字	定　　价：	88.00 元

ISBN 978-7-5130-9464-1

本书为国家社会科学基金“十三五”规划教育学一般课题（课题批准号：BBA180081）的主要成果之一

序

古往今来，许多哲学家、作家、诗人都对独处这一现象给予了关注。然而，人们对于独处的态度却大相径庭。

有人拥抱独处，认为独处是一个人最好的修行。“静以修身，俭以养德。非淡泊无以明志，非宁静无以致远”是广为传颂的古训。独处时，我们可以看山看水，静赏美景，可以自在悠然地生活，喂马、劈柴，周游世界；独处时，我们可以探索宇宙万物的奥秘，思考人生的意义和价值；独处时，我们可以遗世而独立，从心所欲，而不必在乎他人的眼光；独处时，我们可以自我反思，感悟失败和收获，也可以抵达灵魂深处，与自我对话，还可以默默地舔舐伤口，自我疗愈，积蓄力量……因为独处，我们可以暂时远离喧嚣，享受片刻的安宁、平和；通过独处，我们可以沉思冥想，激荡智慧，启发灵感，抵达思想的彼岸；经由独处，我们可以聚焦自我，三省吾身，涤去尘埃，净化心灵，奔向思想自由、灵魂独立。

另一些人则将独处视作洪水猛兽，认为独处会让我们与社会疏远、隔离。独处会让我们活在自己的世界里，不了解他人的想法和感受，变得以自我为中心；独处也会让我们难以与他人建立联系，无法获得群体归属感，好似无根的浮萍，从而生出孤独、悲苦之情。长期的孤独会让人产生悲观、抑郁、焦虑等严重情绪障碍。久而久之，我们会游离于主流社会之外，无法适应社会的要求和发展。

因此，独处引起了众多心理学家的兴趣。但不同领域的心理学家对此现象使用的术语有所不同，关注的重点也有所不同。人格心理学家主要关注的是内向型人格与外向型人格在动机、心理、行为与神经生理过程上的差异；发展心理学家主要关注社交退缩行为对个体发展的影响，以及环境因素和遗传因素在社交退缩行为产生、发展中的作用；临床心理学家则关注严重的退缩和焦虑给个体带来的心理困扰，以及如何对其进行干预和治疗。

我对于独处、退缩的研究兴趣，很大一部分来自我自己的经历。我是一个内向、害羞的人，在曾经很长一段时间里面，我都为此备受困扰。一方面，我喜静不喜动，尤其不喜欢人多的时候。那种嘈杂、喧嚣的场景和高强度的刺激会让我感觉不舒服，而且人多的场合通常需要我们调整自己的节奏以适应群体的节奏，这也让我觉得麻烦和不便，因为我喜欢按照自己的节奏行事。所以小时候碰到红白喜事、家庭聚会时，我经常躲在一旁做自己喜欢的事情；有时候和同伴们一起出行，我也会因为集体行动效率过低而选择单独行动。

父母为此很是忧心，担心我长大后无法融入社会。因此，母亲经常对我耳提面命，希望我能更加合群、外向一些，但彼时的我对母亲的话不以为然。其实我也不是完全不喜欢与人交往，我喜欢与三两好友一起，但确实不太擅长与陌生人打交道，对此甚至有些害怕。在陌生人面前，我经常会感到尴尬、窘迫、不自在，我不知道怎么做才能让双方快速熟络起来。我尤其害怕成为人们关注的焦点，当我不得不在众人面前发言时，我经常会不由自主地脸红、心跳加速。很多时候，因为过于紧张，我经常思维短路，忘记自己要说什么，这样的经历让我很是沮丧。于是，我开始刻意回避这样的场合，也因此错失了很多机会。

但好在从小到大，我的学习成绩不错，在班级里也不调皮捣蛋，因此经常得到老师的肯定和表扬，这帮我找回了不少自信，也让父母安心不少。同学们对我也都很友善，愿意和我做朋友。在好友面前，我会非常开放、坦诚。我的好友虽然不算多，但我和朋友之间的友谊是深沉的、真挚的。我不会刻意和朋友们保持联络，但即使许久未见，我和朋友们之间也不会觉得生疏。

因此，总地来说，从小到大，除了不善于与陌生人交往，不善于在众人面前表达、表现自己，我并没有经历其他的困难，所以我一直不觉得害羞、内向有什么问题，直到后来上了大学，学了心理学，参加了导师的课题。我导师的课题与儿童的行为抑制、社交退缩有关，在研究的过程中，我接触到了很多内向、害羞、退缩的儿童，他们的行为表现勾起了我儿时的一些记忆，我仿佛在他们身上看到了曾经的自己。在这些儿童中，有一部分儿童一如当初的我，虽然在人际交往中存在一些困惑和不足，但整体来说发展得比较平顺；而另外一些儿童则没有那么幸运，他们遇到了很多的困难和挫折，苦苦挣扎，却难以挣脱。我对这些儿童产生了深深的共情，试图去弄清楚他们出现适应困难的原因，并希望在此基础上对他们进行干预以改变他们的发展轨迹。我未能在学生时代达成这个目标，所幸工作之后，我能够继续从事自己喜爱的工作，继续在这个领域里进行探索，于是有了这个课题和这本书。

本课题由一项长期追踪研究和一系列的短期追踪研究、横断研究和干预研究组成。我们从基因、心理、行为和环境等不同的层面考察了儿童社交退缩行为的成因、发展变化规律，及其对儿童发展的影响，并在此基础上进行了一系列的探索，尝试从不同的角度、运用不同的方法来对社交退缩儿童进行干预，试图建立一套适用于不同年龄段的干预方案。

我们的研究也发现了一系列有意义的结果。我们发现，儿童的社交退缩行为确实有其遗传基础，但环境因素会影响这些基因的表达与表现形式。在整个童年期，儿童的社交退缩行为相对稳定，但也会在一些内外因素的调节下发生改变，具有一定的可塑性。社交退缩儿童在认知、情绪等方面有一些很鲜明的特点。在当前的社会环境下，社交退缩儿童的适应情况整体来看不容乐观，但是部分社交退缩儿童在某些方面的表现也会让人惊喜。对社交退缩儿童的干预项目的效果随着儿童年龄的不同、干预方式的不同而不同。

我深知，自身水平有限，对于许多问题的考虑不够全面、深入，在研究过程中难免有疏漏之处，因此在写此书的过程中心中诸多忐忑。但我仍然希望借此书与各位同行、家长、教育工作者以及受到害羞、退缩困扰的人们进行交流，以期更好地理解社交退缩儿童在发展过程中碰到的问题，思考如何帮助他们更好地适应当今社会。对于书中的一些错误和纰漏，也欢迎各位读者批评指正。

目录

第一章
社交退缩概述

中国有句古话“龙生九子，子子不同”。家里有多个孩子的父母经常会发现，孩子们之间个性迥异。如果你到幼儿园、中小学的教室里面去看一看，你也会发现，孩子们之间如此不同。有些孩子非常活跃，经常和小伙伴们三五成群地玩各种游戏，或在教室里追、跑、打闹。而另外一些孩子则相反，他们不和同伴一起玩耍，经常一个人待着，要么安静地在一旁看别的孩子玩耍，要么自己一个人安静地画画、拼图、搭积木，要么一个人蹦蹦跳跳、自娱自乐，这些行为就是我们所说的社交退缩（social withdrawal）行为。社交退缩指个体在有同伴在场的情况下表现出的独处行为。

一百多年以前，一些心理学家开始强调同伴交往和同伴关系对个体发展的重要性。库里最早提出同伴交往对儿童的社会化具有重要作用（Cooley，1902）。皮亚杰和米德也指出，同伴交往对儿童的自我认知、人际认知非常重要（Mead，1934；Piaget，1926）。后来，沙利文指出，同伴交往、同伴关系对儿童形成双向尊重、平等、互惠等观念尤其重要，而这又会影响儿童的心理健康（Sullivan，1953）。直到今天，这些理论家的观点对社交退缩行为方面的研究仍然影响深远。

20 世纪 20 年代，一些研究者开始尝试通过观察法来研究儿童的同伴交往，其中最著名的当属 Parten（1932）的研究。她在保育院里对学前儿童进行了为期 9 个月的观察，记录儿童在自由游戏时间里的社会行为，并主要根据社会参与度将儿童的行为分为非游戏行为（包括无所事事和旁观等）、单独游戏、平行游戏和小组游戏。其中，无所事事、旁观、单独游戏等行为就是我们现在所说的社交退缩。

同时，从 20 世纪 20 年代开始，一些教育研究者开始呼吁社会对害羞儿童给予额外的关注（Craig，1922）。Dealy（1923）追踪了 38 个“问题儿童”，从幼儿园持续追踪到小学二年级。其中约一半儿童是极端敏感、胆小、害羞的儿童。Lowenstein 和 Svendsen（1938）针对害羞儿童进行了干预，他们选择了13个6—8岁的害羞男孩，把他们送到农场里去和其他孩子一起生活了6—8周。经过干预之后，其中10个男孩的害羞行为有了明显的改善。这可能是迄今为止该领域最早的干预项目。

尽管有这样一些理论和零星的研究，但是在相当长的一段时间里，心理学家对儿童的社交退缩行为的关注是不足的。大多数心理学家的关注点主要集中在攻击、多动这一类控制不足障碍/外显问题行为上，因为这类行为对教育教学活动和他人乃至对儿童自己的身心发展的消极影响都非常明显，且这类行为也能够相对容易地被观察到。相对而言，社交退缩行为主要影响的是儿童自己，也相对不容易观察、测量，因此没有引起研究者的重视。

直到20世纪80年代，Kagan及其同事开创了儿童行为抑制性的研究（Garcia-Coll，Kagan，& Reznick，1984），这种情况开始有了巨大的转变。研究发现，学步时期的行为抑制是儿童后来的害羞、退缩行为的气质基础，是儿童社交焦虑的高危因素，能够导致一系列的行为失调，对个体发展的负面影响不亚于多动、攻击等外显问题行为。

与此同时，Rubin及其同事也在加拿大开展了滑铁卢追踪项目（Rubin，Chen，McDougall，Bowker，& McKinnon，1995），从学前阶段追踪到青少年阶段，这可以说是第一个专注于社交退缩行为的综合性研究。这个项目的结果表明，儿童的害羞、退缩行为是一种非常稳定的行为特征，会对儿童的适应带来巨大的消极影响，例如，它会导致同伴拒绝，并可能引发孤独、抑郁等内隐问题，也会削弱儿童的自尊。

这些研究结果引发了心理学界和教育学界对儿童退缩、焦虑等内隐问题行为的研究热潮。自此，有关儿童行为抑制、害羞、退缩的研究开始井喷式发展。四十多年来，来自世界各地的研究者开始探讨社交退缩行为的发展变化规律、成因以及它对儿童适应的影响及其文化差异。以陈欣银、陈会昌为代表的研究者也在国内开展了一系列的研究（例如，Chen et al.，1998）。但总体而言，国内的研究以横断研究或短期追踪研究居多，长期的纵向研究较少。

第一节　社交退缩的定义及相关概念

在社交退缩领域，经常困扰研究者的一个问题就是概念上的不统一。一些与社交退缩相关或相近的概念经常出现在不同文献当中被交替使用，这给该领域的研究者带来了一些困惑。常见的相关概念有独处（solitude）、社交孤立（social isolation）、害羞（shyness）、低合群性（low sociability）、不合群（unsociability）、社交淡漠/孤僻（social disinterest）、行为抑制（behavioral inhibition）、恐惧型害羞（fearful shyness）、自我意识型害羞（self-conscious shyness）、社交缄默/沉默寡言（social reticence）、内向（introvert）、焦虑独处（anxious solitude）、社交恐惧（social phobia）、社交焦虑（social anxiety）等。这些概念是不同领域（如人格心理学、发展心理学、临床心理学）的研究者从不同的角度（气质、动机、行为、人际过程等）提出的，概念之间有很多的交叉重叠，但是又不完全相同。下面，我们来对这些概念进行一个简单的梳理。

独处指的是个体在有同伴在场（无论是熟悉的同伴还是陌生的同伴）的情况下一个人单独待着的行为（缺乏交往）。独处是一个行为术语，包括了同伴在场情境下由于各种原因导致的各种形式的单独活动行为。例如，进入一个新学校或新班级时，面对陌生的同学，有些儿童会比较紧张、拘谨，不与同学交往；当儿童已经与班上的同学相处了一段时间，彼此之间非常熟悉后，有些儿童仍喜欢一个人待着。有些儿童独处的时候安静地做自己的事情、沉浸在自己的世界里；而另外一些儿童则百无聊赖、坐立不安。这些行为都称为独处。

独处的原因可以分为两种。一种是外部的原因，有些儿童之所以一个人活动，是因为他们在社会交往中经常表现出不恰当的、不符合社交规范的行为（例如攻击、冲动行为）而被同伴拒绝、排斥、孤立，换句话说，他们的独处是被动的，研究者将这种情况称为社交孤立；另一种则是内部的原因，儿童主动游离于同伴群体之外，独自待着，这种情况称为社交退缩。也就是说，本书关注的是儿童由于自身内部的原因不与同伴交往的行为。当然，也有一些儿童最开始的时候是自己主动地游离于同伴群体之外，随着年龄的增长，他们的这种行为可能会逐渐遭到同伴群体的排斥，从主动逃离变成被孤立。

那些主动游离于同伴群体之外（社交退缩）的儿童，背后的动机也不尽相同。有些儿童是对社会交往不感兴趣，宁愿自己一个人待着，也不愿意与同伴一起玩；另一部分儿童则主要是因为紧张、害怕、恐惧而不敢与同伴交往。这两种原因反映了人类行为的两种基本动机，即接近动机（也称为“趋近动机”）和回避动机。害羞主要与回避动机有关，内向、不合群主要与接近动机的缺乏有关。

那些由于个体对社会交往不感兴趣而导致的社交退缩，研究者称为孤僻/社交淡漠或不合群，这些术语经常交替使用，在测量上经常是重叠的。另外，在人格心理学领域，研究者经常会使用“内向”这个术语。孤僻/社交淡漠或不合群与内向之间存在较大关联，但是它们强调的重点不同，孤僻/社交淡漠或不合群主要强调的是独处行为背后的原因是缺乏交往动机，而内向和外向主要强调的是个体能量的来源和指向。内向个体的能量指向内部，当他们独处的时候处于最佳唤醒状态，因此他们大多数时候是安静的，但在某些情境下（例如，在熟人面前，他们本身的唤醒水平不高时），他们也可以变得非常活跃。

在害羞的儿童当中，有一部分儿童主要在面对陌生人和陌生同伴时会紧张、焦虑，不敢主动与对方交往（通常说的“怕生”）；还有一部分儿童在面对熟悉同伴的时候会觉得难为情，不好意思，怕自己表现不好惹人笑话，因此不敢表达自己的想法和感受（通常说的“怕丢脸”）。怕生与怕丢脸的心理机制有所不同。怕生主要是由于个体对新异刺激过度敏感而导致的，这种敏感性与个体的遗传素质有关，这种害羞行为又称为恐惧型害羞或气质型害羞。而怕丢脸则往往与个体对负面评价的恐惧有关，儿童过于关注自己在他人眼中的形象，担忧别人对自己持有消极看法，因而不敢表达自己。这种行为与儿童自我意识的发展以及消极的同伴经历密切相关，又称为自我意识型害羞、焦虑型害羞。

与害羞有关的另外两个术语是社交缄默和焦虑独处。“社交缄默”是指同伴（包括熟悉的、陌生的同伴）在场的情况下个体表现出来的旁观、无所事事等行为。研究者认为，这些行为反映了个体内在的恐惧和焦虑（Coplan & Arbeau，2008）。而“焦虑独处”则特指个体在有熟悉同伴在场的情境下表现出来的警惕、紧张、焦虑。

社交恐惧（或“社交焦虑”）则是害羞（或行为抑制性）的极端表现（Degnan & Fox，2007）。社交恐惧（或“社交焦虑”）主要指在社交情境或可能会引起个体尴尬的情境中，个体表现出的持续的、显著的恐惧。在儿童年幼的时候，在社交情境中感到焦虑、恐惧的儿童会表现出更多的社交退缩行为，但随着儿童年龄的增长，儿童学会了更好地调节、控制自己的行为，有些儿童虽然仍对社交情境感到焦虑、恐惧，但他们在行为上并不一定表现出明显的抑制、退缩倾向。

与害羞、社交缄默、焦虑独处等退缩行为密切相关的一种早期气质特征是儿童的行为抑制性。行为抑制性是美国心理学家 Kagan 等人（1984）提出的一个气质术语，有特定的测量程序，指的是学步儿童在遇到新异环境和刺激时由于高度的生理唤醒而表现出的害怕、恐惧等消极情绪以及警惕、拘谨、活动抑制/中断等行为特征。例如，到一个陌生的地方或碰到陌生人之后，有些学步儿童会停止当前正在进行的游戏活动，退回到父母身边，寻求父母的安慰，有些学步儿童甚至会哭泣，这些儿童通常被称为抑制型儿童。行为抑制主要强调环境或刺激的新异性，但并不一定都是在同伴交往情境中发生的，甚至并不一定是在社交情境中发生的。

从以上梳理可以看出，社交退缩的动机大体上可以分为两大类，一类是缺少交往意愿（低接近动机），如内向、孤僻、不合群，另一类是内心紧张、焦虑（高回避动机），如抑制、害羞。不同领域、不同取向的研究者因为关注点不同、测量方法不同，使用的术语也会有所不同。一般来说，对于青春期之前的研究对象，研究者们更多使用行为抑制、社交退缩、害羞这些术语，对于青春期以后的研究对象，研究者则更多地使用社交焦虑这一术语。大量研究证实，早期的极端抑制、害羞是后期社交焦虑的危险性因素（Schwartz, Snidman, & Kagan, 1999）。

另外，还有一些研究者从社会适应的角度来看待儿童的社会行为，将儿童那些会导致适应不良的行为分为两大类，一类是外显问题行为（externalizing problems），包括攻击、违纪等指向外部、他人并会对他人造成不良后果的行为，而将焦虑、退缩这些不会对他人造成不良后果但会妨碍个体自身适应的行为称为内隐问题行为（internalizing problems）。有研究者认为，外显问题是由于个体控制不足导致的，而内隐问题是由于个体过度控制导致的，因而将内隐问题称为过度控制障碍。

在有关社交退缩行为的研究中，以上这些术语经常会交替使用。从理论上来说，对它们进行细致的区分是必要的。但是从实践角度来看，进行如此细致的划分没有太大的必要。在本书中，我们使用抑制、害羞来指代个体由于紧张、焦虑引起的退缩行为，用孤僻、社交淡漠来指代个体由于对同伴交往不感兴趣而导致的退缩行为。

第二节　社交退缩的亚型

社交退缩是一个行为术语，包括所有同伴在场的情况下个体因自身原因而主动选择的独处行为，但其外在表现形式和内在原因却可能大相径庭。因此，对其做进一步的区分是必要的。目前，大致有两种分类思路，一种是按照行为表现来进行分类，比较有代表性的是 Rubin 等人的分类；另一种是按照动机来进行分类，比较有代表性的是 Adsendorpf 等人的分类。

一、按行为表现划分

Rubin 等人根据儿童在游戏场景中的外在行为表现，将社交退缩划分为三种类型，即焦虑退缩行为、活跃退缩行为和安静退缩行为（Coplan，Rubin，Fox，et al.，1994；Rubin，Lynch，Coplan，et al.，1994）。焦虑退缩行为是指有同伴在场时儿童的无所事事行为、旁观行为和等待、徘徊行为，又称为沉默寡言/社交缄默行为。活跃退缩行为是指有同伴在场时儿童独自一人进行的频繁的、机械的身体运动和机能性游戏，或者独自一人的装扮游戏，例如，儿童独自拍球、跳绳、转圈圈、蹦蹦跳跳等。从行为表现来看，此时虽然儿童独自一人活动，但儿童的表现是活跃的。安静退缩行为是指有同伴在场时儿童独自作出的、安静的探索活动和建构活动，例如拼图、搭积木、盖房子、画画，或者观察房间里的物品和摆设。

二、按动机划分

Asendorpf（1993）根据行为动机对社交退缩进行了划分。社交退缩的动机有两种，一种是高回避动机（对人际交往感到恐惧、害怕），一种是低接近动机（对人际交往不感兴趣）。Asdendorpf 认为，接近动机和回避动机是相对独立的，可以根据这两种动机将个体分为四类。即高接近动机、低回避动机型（Ⅰ型）个体，低接近动机、低回避动机型（Ⅱ型）个体，高接近动机、高回避动机型（Ⅲ型）个体，低接近动机、高回避动机型（Ⅳ型）个体。Ⅰ型就是我们通常所说的外向型，后面三种都是“社交退缩”类型。其中，Ⅱ型就是我们通常所说的孤僻/内向/不合群，即个体的退缩行为是由于对交往缺乏兴趣。Ⅲ型个体既想与人交往又害怕与人交往，即个体的退缩行为主要是由于趋—避冲突（即个体对同一件事既有接近动机，也有回避动机，因而产生的冲突），故也称为冲突性害羞（conflicted shyness）。Ⅳ型通常被称为回避型害羞（avoidant shyness），这种类型的个体对人际交往不感兴趣，在人际交往中也容易感到紧张、焦虑。

三、两种分类之间的关联

上述两种分类分别从行为和动机角度对社交退缩行为进行了划分，二者之间关系密切。例如，焦虑退缩行为与学步儿时期的行为抑制密切相关，研究者普遍认为，焦虑退缩行为主要反映了儿童内心的趋—避冲突（Asendorpf，1990），儿童既想跟其他同伴一起玩耍，内心又感到焦虑、紧张。在陌生同伴当中，导致儿童紧张的主要是儿童对新异刺激的高反应性；在熟悉同伴当中，导致儿童紧张的主要是其对社会评价的关注和对消极评价的预期。因此，这些儿童的外在表现就是在同伴的身旁徘徊，旁观同伴的行为。从这个角度来说，焦虑退缩行为就是害羞的外在表现。

在儿童早期，表现出活跃退缩行为的儿童实际上具有较高的社交接近动机和较低的社交回避动机（Asendorpf，1990），也就是说，这些孩子一开始是外向的，但由于他们比较冲动，经常表现出一些不恰当的社交行为，遭到了同伴的拒绝，长此以往，便形成了这种活跃独处的行为模式。在童年早期和童年中期，频繁表现出活跃退缩行为的儿童心理上是不成熟的、冲动的，这种不成熟导致了同伴关系的紧张，因而他们不得不独自一人游戏。

在童年早期，表现出较多安静退缩行为的儿童，他们的关注点、兴趣点往往在物而不在人（Asendorpf，1990）。儿童通过这些行为来探索外部世界，对外界物体进行意义建构。也就是说，安静退缩行为通常源于儿童较低的社交接近动机而不是较高的社交回避动机。这些儿童的问题解决能力往往比较强，做事比较专注。在这个阶段，安静退缩行为可能是内向/社交淡漠儿童的典型表现。

但是到了童年中期以后，安静退缩行为的心理意义可能会发生变化，它可能成为抑制、害羞儿童应对其内心焦虑的一种方式，那些早期表现出较多焦虑退缩行为、内心焦虑的儿童可能会更多地转向这种行为方式，因为相对于焦虑退缩行为，安静退缩行为更易被他人所接受（Asendorpf，1991）。也就是说，童年中期之后，安静退缩行为背后的动机变得复杂了，安静退缩行为的出现既可能是因为内向也可能是因为害羞。

四、其他分类

除了上述两种广为接受的分类外，其他一些研究者也尝试对退缩行为进行了划分，其中研究者关注最多的是害羞行为。Xu 等人将害羞分为三种：怕生、怕丢脸和内敛（regulated shyness），其中，内敛是中国文化中特有的一种害羞形式（Xu，Farver，Chang，et al.，2007；Xu，Farver，Yu，et al.，2009）。这三种害羞形式的典型特征都是社会交往频率低，很少主动发起社会交往，在社交情境中沉默寡言。但是这三种形式的害羞在行为发生的背景、情绪体验和其他一些行为特征方面存在差别。怕生主要发生在陌生的社交场合中（例如，第一次见到某人），而怕丢脸主要在社会评价情境中（例如，面临教师、家长或同伴的评价或批评）出现，孩子们对可能出现的消极评价或消极反应感到焦虑或紧张。相比之下，内敛的儿童在意识到自己可能成为公众关注的目标（例如，受到他人的赞扬，面临与他人的分歧、冲突）时，并没有明显的恐惧或焦虑，他们是为了照顾他人的感受、群体的和谐而表现得低调、谦逊，不张扬、不炫耀，或隐忍不发（Xu et al.，2007，2009）。Xu 等人认为，怕生和怕丢脸都是由动机性抑制导致的，指个体面对新异环境或惩罚性线索时，由于恐惧或焦虑而出现的一种自下而上的抑制反应；内敛则主要是由执行抑制调节的，指个体为了达成个人目标，主动控制或抑制行为反应，是一种自上而下的加工过程。

此外，Colonnesi 等人（2013）从害羞的行为表现入手，将儿童的害羞分为积极害羞和消极害羞。无论是积极害羞的儿童还是消极害羞的儿童，在面对陌生人或者威胁刺激的时候，都会表现出目光、身体上的回避。二者的区别在于，积极害羞的儿童在表现出回避行为的同时，脸上会有“矜持的微笑”，而消极害羞的儿童则没有笑容。积极害羞通常比消极害羞出现得晚，它是一种相对更加成熟的应对社交尴尬的方式，因为它向同伴传递了善意，并暗含希望进一步交往的信息。因此，积极害羞的儿童通常比消极害羞的儿童适应得更好。

第三节　社交退缩的测量

正如社交退缩领域使用的术语非常广泛一样，对于社交退缩行为的测量，目前也有多种不同的方法，包括观察法、问卷法、同伴提名法等。

一、观察法

对儿童的退缩行为最常用的测量方法是行为观察法。这种方法比较适用于学前期和童年中期的儿童。根据观察的场所又可以分为实验室观察和自然场所观察。在实验室观察中，研究者通常会邀请几个（通常是四个左右）年龄相仿、性别一致但互不认识的儿童到观察室进行自由游戏活动，观察室里会摆放适合这个年龄段儿童的各种玩具，如娃娃、球、套圈、敲打玩具等，儿童在这个期间可以按照自己的意愿自由玩耍、活动，观察者对这个过程进行录像。在自然场所观察中，研究者会到儿童所在的幼儿园/小学的操场上对儿童在课间的活动进行录像。

对录像的编码通常根据 Rubin 等人（2001）制定的《儿童游戏活动表》来进行。该编码表根据两个维度来定义儿童的游戏行为/非游戏行为：第一个维度是儿童的社会参与度，据此将儿童的行为分为非游戏行为（无所事事、旁观）、单独游戏行为、平行游戏行为和小组游戏行为；第二个维度是认知复杂度，据此可以将儿童的游戏划分为机能性运动、探索活动、建构活动、装扮游戏、规则游戏。将两个维度的划分嵌套在一起，就形成了对儿童游戏行为/非游戏行为的一整套分类系统，包括旁观、无所事事、过渡行为、谈话、单独探索游戏、单独机能性游戏、单独建构性游戏、单独装扮游戏、单独规则游戏、平行探索性游戏、平行机能性游戏、平行建构性游戏、平行装扮游戏、平行规则游戏、小组探索性游戏、小组机能性游戏、小组建构性游戏、小组装扮游戏、小组规则游戏等行为。计算每种行为持续时间在总的游戏时间中的占比。

其中，将无所事事与旁观行为合并，作为焦虑退缩行为的指标；将单独建构活动与单独探索活动合并，作为安静退缩行为的指标；将单独机能游戏、单独装扮游戏和单独规则游戏合并，作为活跃退缩行为的指标。

二、问卷法

（一）父母报告问卷

在童年期，儿童的退缩行为通常由父母来报告。目前这个领域的测量工具有很多，例如，科罗拉多气质问卷、儿童社交偏好量表以及 Rothbart 等人编制的系列儿童行为问卷。

科罗拉多气质问卷（Rowe & Plomin，1977）适用于1—6岁儿童，包括多个气质维度，其中“恐惧性害羞”维度可以用来测量儿童的退缩行为，包括5道题目（例如，“我的孩子要花很长一段时间来适应陌生人”）。该问卷在各个国家被广泛使用，信度和效度良好。但该问卷并没有具体区分社交退缩的各种亚型。

儿童社交偏好量表（Coplan，Prakash，O'Neil，et al.，2004）适用于学前儿童和学龄儿童，总共11道题目，分为冲突性害羞和社交淡漠两个维度。该问卷区分了社交退缩的两种动机（接近动机和回避动机），能够对儿童的社交退缩行为进行细致的区分。该问卷已在许多文化中被广泛使用，具有良好的信度和效度。

另外，气质研究领域的著名学者Rothbart曾和同事研发了一套适用于不同年龄阶段的气质测量工具，例如幼儿行为问卷（Infant Behavior Questionnaire，适用于1岁内婴儿）（Rothbart，1981），儿童早期气质问卷（Early Childhood Behavior Questionnaire，适用于1—3岁左右幼儿）（Putnam，Gartstein，& Rothbart，2006），儿童气质问卷（Children's Behavior Questionnaire，适用于童年中期至童年晚期的儿童）（Rothbart，Ahadi，Hershey，et al.，2001），青少年早期气质问卷（Early Adolescent Temperament Questionnaire，适用于青少年）（Capaldi & Rothbart，1992）。该套工具中的一些气质维度可以用来测量儿童的社交退缩行为，如害羞、恐惧和接近等维度。

（二）自我报告问卷

对于年龄稍长一些的儿童，可以采用儿童自我报告问卷。例如，Cheek和Buss的害羞量表（Cheek & Buss，1981）、儿童害羞问卷（Crozier，1995）。

Cheek和Buss的害羞量表包括13个题目，测量了儿童的害羞水平（例如“在与陌生人一起时，我很难表现得自然”“当处于一群人之中时，我很难找到合适的交谈话题”）。该问卷被广泛使用，具有良好的信度和效度。

Crozier的儿童害羞问卷包括25道题目，描述了一些与害羞有关的情绪和行为表现（例如“我发现很难去跟我不认识的人讲话”“当我在全班面前大声朗读时，我觉得害羞”）。该问卷被广泛使用，具有良好的信度和效度。

（三）教师报告问卷

Ladd和Profilet（1996）编制的儿童行为问卷让教师对儿童的行为进行评价。问卷包括35个题目，6个维度。其中，不合群行为（例如“和同伴保持距离”）维度可以用来测量儿童的社交退缩，该维度总共包括6个题目，具有良好的信、效度。

三、同伴提名法

最常见的同伴提名工具是“班级戏剧法”（Masten, Morison, & Pellegrini, 1985）。这种方法是以班级为单位实施的，给班级里的每个儿童呈现一系列描述行为的句子，让儿童写出与这些描述最相符的同学的名字。计算每个儿童在每个行为描述上被提名的频次，并在班级内标准化得到其标准化分数，然后计算出每个维度下所有条目的总分/平均分。其中，敏感/孤立维度用来测量儿童的社交缺乏，但是这个维度下的题目既包括害羞/退缩（例如“害羞”），也包括社交孤立/排斥（例如“经常被落下”“别人不愿意听他/她说话”）。因此，Rubin 等人建议将这个维度下与社交孤立有关的题目删除（Rubin & Mills, 1988），这样就能够得到一个纯粹的测量社交退缩的工具。后来，Rubin 等人（2006）在此基础上又增加了一些题目，形成了“扩展版班级戏剧”，它能够进一步区分同伴拒绝/孤立/欺辱（例如“被别人踢打”）和害羞/社交退缩（例如“参加班级讨论时感到紧张”）。

四、不同方法的比较

理论上而言，不论采用哪一种方式来测量儿童的退缩行为，只要其可靠、有效，那么不同测量方法所获结果之间就应该具有较高的相关。但实际情况是，在大多数研究中，不同测量方法所得数据之间的相关并不高，例如，父母报告的数据与行为观察的数据之间往往只有中低度的相关（0.3 左右）（Saudino & Cherny, 2001）。

这可能是用不同方法来测量时报告者/评价者的角度、标准不一样导致的。用观察法测量儿童的行为时，儿童经历的场景是一样的，研究人员对他们的评定标准是统一的；而父母对儿童行为的评价标准则存在差异，大多数父母会以自己理想中的儿童表现作为标准来评价自己孩子的行为，那些希望孩子活泼外向的父母可能无法容忍自己孩子的退缩行为，从而在报告时出现夸大；父母的养育经验也会影响报告的准确性，独生子女的父母在报告的准确性上不如多子女的父母。在日常生活中，父母通常会注意到那些偶发的、不寻常的事件（例如，儿童在看到猛兽或闪电时害怕得哭泣），而不太关注那些常见的、不那么显眼的事件（例如，儿童在接触陌生人或新东西之前，会有一些犹豫和迟疑），但这些常见的、不显眼的事件恰恰反映了儿童的一些重要特征（如抑制、害羞）。再者，父母对问卷中的题目的理解可能受到他们自身的人格和文化水平的影响，因此，人格不同、文化程度不同的父母，对同一表述（例如“恐惧”“敏感”）的理解可能存在差别。同时，父母在报告儿童的社会行为时，经常需要对一些差别很小的行为进行细致的区分，而未受过训练的父母可能并不能很好地区分这些行为。

同伴提名法也存在同样的问题，不同儿童对同一个行为描述的理解可能并不相同。同时，在一个班级当中，大部分儿童只会关注与自己关系密切的那些儿童，对与自己关系不太密切的儿童的了解可能并不充分，尤其是对社交退缩的儿童的了解可能不够。教师报告也存在同样的问题，一般情况下，教师会对那些行为出格的儿童给予更多关注，而对内向、害羞的儿童的关注则相对较少。

相比较而言，行为观察法可能是对儿童的退缩行为的最适宜的测量方法，但是它也会受到一些偶然因素的影响。例如，同伴的特征可能会在很大程度上影响儿童的表现，如果儿童刚好碰到了外向、友好的同伴，儿童可能表现出更多的交往行为，而如果儿童碰到了退缩或充满敌意的同伴，那么儿童可能会表现出更多的退缩行为。另外，儿童的情绪状态、动机、疲劳等因素也会影响儿童在观察中的表现。因此，每一种测量方法都有其优缺点，都有其适用的范围。理想的做法是分别采用不同的方法来测量儿童的退缩行为，以反映儿童在不同情境、不同观察者眼中的行为表现。

五、特质与类型

与人格领域的研究存在特质与类型之争一样，在儿童社交退缩领域，也存在着特质与类型的争论。特质论认为，每个儿童都或多或少地会表现出退缩行为，儿童之间只存在量的差别，不存在质的不同；而类型论则认为，儿童之间存在质的不同，因此应该根据儿童的行为来对儿童进行分类，例如，将儿童划分为退缩儿童和非退缩儿童/外向儿童。

在当前的研究中，大部分研究者倾向于将儿童的退缩行为看作一个连续体，采用变量中心的数据分析方法，计算其与其他变量之间的线性相关。但是，退缩行为与其他变量之间的关系可能是非线性的。目前的统计方法如线性相关、回归，可能会歪曲变量之间的真实关系。因此，将儿童的退缩行为看作一个连续体时，很可能会掩盖掉儿童之间的一些重要差异。

也有研究者认为，虽然儿童的退缩行为存在量的渐进变化，但是量变引起质变，在某一个临界点上，会出现新的品质。例如，血液中的葡萄糖含量达到临界值以后就是病理状态（糖尿病）了，其生理机制和功能就完全不同了。因此，不宜将儿童的退缩行为看成一个连续体，而是要采用被试中心的数据分析方法，考察行为特征明显不同的各个群体之间的差异。Kagan 等人（1989）根据行为抑制性分数将儿童分为抑制儿童、非抑制儿童。Asendorpf（1993）也根据儿童在接近动机（合群性）和回避动机（害羞）上的差异将儿童分为了四类（外向、社交淡漠、冲突型害羞、回避型害羞）。

对儿童进行分类的做法有时候能够提供一些独特的视角，有助于我们更好地理解不同类型儿童之间的一些重要的差异。然而，这种方法经常碰到的一个问题就是如何确定分类的标准。在以往研究中，研究者大多基于自己的经验来对儿童进行分类，各个研究之间的分类标准并不统一。另外，在对儿童进行分组时，涉及对照组的问题。例如，在对儿童的抑制行为进行分类的时候，有些研究者会将儿童分为抑制儿童和非抑制儿童，并比较抑制儿童和非抑制儿童的差异。但抑制儿童的对照组应该是一般儿童（分数处于抑制儿童和非抑制儿童之间的儿童）。相比于普通儿童，抑制儿童和非抑制儿童可能都存在一些特殊的心理和生理过程。

无论是将儿童的社交退缩行为看作一种特质还是一种独特的行为模式/类型，也无论是采用变量中心的分析方法还是被试中心的分析方法，都有其优缺点。在研究中，研究者应该根据具体情况作出最恰当的选择。

第二章

社交退缩的生理、遗传基础

在过去几十年里，研究者对儿童的退缩行为进行了大量的研究，目前的研究主要集中在抑制、害羞儿童身上，而对不合群、社交淡漠儿童的研究相对较少。结果发现，抑制、害羞在儿童身上出现得很早（在学步儿时期就已经表现出来），而且在整个童年期都很稳定（小时候抑制、害羞的孩子长大之后仍然很害羞、退缩）。行为遗传学的研究表明，抑制、害羞行为的遗传力在0.5左右（Kagan & Saudino，2001）。因此，研究者推测，儿童的抑制、害羞行为是一种遗传而来的特征，具有相应的生理基础。研究者在这方面进行了大量的研究，取得了丰硕的成果。

第一节　社交退缩的心理生理机制理论概述

有很多研究者对儿童的抑制、害羞及其相关行为进行了心理过程还原分析，详细阐述了这些行为背后的心理过程，并在此基础上探讨了其相应的生理机制。这些理论观点的出发点不同，所关注的行为也不完全相同。在这里，我们主要介绍Kagan的行为抑制理论、Gray的行为接近系统和行为抑制系统理论、Rothbart的气质理论和Henderson等人的双重加工理论。

一、Kagan的行为抑制理论

Kagan（1984）在对儿童的长期观察中注意到，有相当一部分学步儿童在进入新环境或见到陌生人时，会表现出消极的行为和情绪反应，如中止当前正在进行的活动，躲到爸爸妈妈身后，表现出明显的紧张、焦虑情绪，甚至是大声哭泣。Kagan发现，这种行为特征具有跨文化、跨情境、跨时间的一致性和稳定性。Kagan使用“行为抑制”这一行为术语来描述儿童在面临新异刺激时的这类最初反应，并开创了行为抑制观察范式，用科学的、实证的方法来研究儿童的气质特征。自此之后，儿童气质领域的研究进入了一个新的时代。

Kagan 认为，儿童在面对陌生、新异刺激或信息时，会试图去理解、同化这些刺激或信息。如果理解失败，有些儿童会把注意转向其他刺激或事件，还有一些儿童坚持对新异刺激或信息继续进行理解、同化。而如果儿童还是无法理解或同化失败就会造成心理上的不确定状态，不同的个体会以不同的方式对这种不确定状态做出反应。有的儿童会中断他们正在进行的活动，退回到熟人身边，或离开不熟悉事件发生的地点。另一些儿童的反应则不同，他们正在进行的活动没有明显改变，甚至可能会主动接近不熟悉事件。Kagan（1989）将前者称为抑制儿童，将后者称为非抑制儿童。也就是说，在面临陌生情境/刺激的最初一小段时间内（大约 10—15 分钟），儿童如果表现出不怕生、善于交往、主动接近陌生情境/刺激的行为，就被归为非抑制儿童；反之，儿童如果表现出敏感、退缩、胆怯的行为，就被归为抑制儿童。但当这种不确定性状态过去之后，这些儿童又会恢复到放松、非抑制的状态。

引起儿童抑制行为的刺激或情境既可以是社会性的（如陌生人），也可以是非社会性的（如陌生的物体）。当引起儿童抑制行为的是社会性刺激时，儿童的抑制性表现被称为社会性抑制；当引起儿童抑制行为的是非社会性刺激时，儿童的抑制性表现被称为非社会性抑制。行为抑制这一术语在日常生活中并不常用，人们经常使用的是其他一些词语。例如，如果儿童在遇到有潜在危险性的陌生刺激时表现得比较抑制，常常会被父母称为胆小的孩子，而非抑制儿童常被称作胆大的孩子；如果儿童在面对没有危险的新事物或环境的改变时表现得比较抑制，那么就会被称为敏感的儿童，而非抑制儿童则被称为适应性儿童；如果儿童在面对陌生人时表现得比较抑制，那么就会被称为害羞儿童，而非抑制儿童则被称为外向的、合群的儿童。

Kagan 认为，抑制儿童和非抑制儿童之所以会表现得如此不同，是因为他们在面对新异刺激或者意外事件时，边缘系统—下丘脑的兴奋阈限不同，抑制儿童的阈限较低，尤其是杏仁核的兴奋阈限比较低，反应性较高（Kagan，Reznick，& Snidman，1988），所以他们更容易产生心理上的警觉、不确定状态，或心理上的不确定状态更加强烈。为了消除这种心理上的不确定状态，个体需要调动心理资源或进行心理活动来进行应对，就会出现一系列的生理反应，如杏仁核等区域的兴奋会影响自主神经系统（交感神经系统和副交感神经系统）的活动，而自主神经系统的活动又会影响相应脏器的活动（如心脏、血管、汗腺活动的改变）和神经内分泌系统的活动（如 HPA 轴的活动），从而使得个体出现心跳加快、血压升高、皮肤电活动升高、皮质醇升高等一系列的生理反应。

二、Gray 的行为接近系统和行为抑制系统理论

人格心理学家 Gray（1981，1982）在累积了动物实验以及心理药物学的研究成果的基础上，从神经系统的角度提出了自己的人格生物学理论。最开始时，Gray 认为人体内有两个独立的动机系统，分别是行为激活系统（Behavioral Activation System，BAS）和行为抑制系统（Behavioral Inhibition System，BIS）。其中，行为激活系统对奖赏和非惩罚刺激敏感，一旦被激活，个体就会出现接近行为，并体会到积极情绪，如兴奋、快乐、希望等；行为抑制系统则对新异刺激、惩罚和非奖赏线索敏感，一旦被激活，个体就会出现回避行为（如，逃跑）和抑制行为（如，停止当前正在进行的活动，对环境进行扫描），并使个体产生消极的情绪体验，如害怕、焦虑。Gray 认为，个体在这两个动机系统上的个体差异是个体气质和人格差异的根源。面对各种环境刺激时，行为抑制系统和行为激活系统的敏感度与激活状态具有个体差异，这种个体差异会导致个体不同的行为和情绪反应。而抑制、焦虑等行为主要与个体的行为抑制系统过于敏感和高度激活有关。

有学者批评 Gray 的理论将回避行为和抑制行为混为一谈，认为二者的生理基础是不同的。后来 Gray 对其最初的理论进行了修正，提出了强化敏感性模型，将最初的行为抑制系统细分为两个相关但不同的系统，分别是战/逃系统（Fight-Flight System，FFS）和行为抑制系统（Gray & McNaughton，2003）。其中，战/逃系统主要由恐惧环路组成，当个体在遭遇威胁的时候会进行积极的防御，使个体做出逃跑或攻击的行为，因此，这个战/逃系统与其最开始提出的行为抑制系统是最相似的。而其最新提出的行为抑制系统，则是在行为激活系统和战/逃系统同时被激活时才会起作用。一般而言，在不确定性和不可预测程度较高的环境中，行为激活系统和战/逃系统会被同时激活。例如，新异的刺激一方面会带来潜在的奖赏（新异的体验），但另一方面也可能会带来潜在的伤害。在这种情况下，接近动机和回避动机会同时被激活，二者之间产生了动机冲突，此时，行为抑制系统发挥作用，它促使个体停止、抑制当前正在进行的活动，对环境进行扫描，对环境线索进行进一步的加工，权衡回避行为带来的安全方面的好处与接近行为可能带来的奖赏孰轻孰重，再决

定是做出接近行为还是回避行为。在这个过程中，个体的生理唤醒水平（例如，交感神经系统活动水平）会升高。

Gray 认为，接近动机和回避动机的不平衡或动机冲突是抑制行为产生的核心原因，也是焦虑的产生机制。因此，抑制、焦虑的个体的行为激活系统、战/逃系统和行为抑制系统的敏感性都比较高，在某些刺激条件下，这三个系统都会高度激活。而这三个系统都有相应的神经生理基础。行为激活系统主要与大脑中的多巴胺系统有关，如纹状体和扣带回，战/逃系统可能与中脑的中间灰质区和杏仁核有关，行为抑制系统主要与中隔—海马回系统有关。

需要说明的是，Gray 理论中的行为抑制系统和 Kagan 理论中的行为抑制并不是一回事。Kagan 的行为抑制是一个行为术语，描述了儿童在遇到新异刺激时的初始反应；而 Gray 所说的行为抑制系统指的是与焦虑行为有关的一个神经系统。虽然 Kagan 和 Gray 在使用行为抑制这一术语时的出发点不同，但结果却殊途同归，Gray 理论中的行为抑制系统很可能是 Kagan 理论中的行为抑制的生理基础。

三、Rothbart 的气质理论

在 Kagan 和 Gray 的理论中，个体气质的差异主要体现在个体对刺激的反应性方面，但另外一位学者 Rothbart 认为，个体的气质差异不仅体现在反应性上，也体现在个体的自我调节上（Rothbart & Bates，2006）。Rothbart 将气质定义为在情绪、动作、注意的反应性和自我调节方面持续表现出的个体差异。

反应性指面对内外环境变化时，个体在行为系统和生理系统的兴奋性或唤醒程度方面的差异，主要通过反应强度和时间两个方面来体现。个体的反应性受到刺激强度的影响，一般来说，低强度的刺激会引起积极反应，中等强度的刺激会同时引起积极反应和消极反应，而高强度的刺激会导致强烈的消极反应，从而抑制了积极反应。

个体对刺激的反应阈限和强度存在个体差异，因此相同的刺激可能引起不同儿童的不同反应。如陌生人的接近，可能会使某些儿童产生积极反应，但使另外一些儿童产生消极反应。个体在反应性方面的差异与个体的注意定向功能有关，定向系统是刺激驱动的，影响感知输入和行为/情感输出，以快速有效地促进相应的生理、神经和行为反应（Derryberry & Rothbart，1997）。定向功能与后部网络有关，分布在上丘脑、丘脑枕和顶叶（Posner & Rothbart，1992）。而这些区域与更前一些的脑网络相互作用，包括杏仁核和前额叶的腹外侧部分。

自我调节指的是调节反应性的那些过程，旨在增加、降低、维持、重组个体反应性水平。个体对刺激的反应一发生，调节过程也随之发生，自我调节过程影响着反应的强度和时间特征。反过来，调节过程也是反应性的函数，它的强度和时间特征也依赖于反应性的特征。自我调节可能发生在多个水平上，如行为调节、生理调节等。

Rothbart 将儿童的自我调节分为两种。一种是反应性控制（情绪反应系统），它是一种无意识的、非自发的调节，遵循“趋乐避苦”的原则，即儿童会本能地增加积极反应性、降低消极反应性。例如，在遇到一个新异刺激或碰到陌生同伴时，有的儿童反应性水平比较高，感到害怕，这种情绪会使得他/她本能地做出远离这个刺激的行为（如抑制、退缩行为），当他/她远离这个刺激之后，新异刺激对儿童的影响会降低，儿童的消极反应性水平就会降低。这就是一种本能的、自动调节的过程。这种调节过程出现得比较早（Rothbart & Bates，2006），如吮吸和咬手指之类的自我安慰行为在婴儿 3 个月时就出现了。

另一种调节过程是努力控制（自我控制系统，由注意控制），它是受意识控制的、自发的、灵活的（Rothbart & Bates，2006）。这种调节过程一般出现得较晚，随着儿童生理上的成熟和注意能力的提高，儿童的努力控制能力才开始显现。儿童可以抑制一个优势反应，并且/或者激活一个劣势反应。例如，遇到一个新异刺激或碰到陌生同伴时，有的儿童虽然反应性水平比较高、感到害怕，但是他/她学会了通过其他方式（例如，转移注意力、寻求支持、认知重评等）来调节自己的反应性水平，从而表现出符合社会期望的行为（如接近行为）。努力控制能力的出现，使得儿童能够摆脱本能的影响，根据环境的要求，灵活地调整自己的行为。在 Rothbart 的模型中，努力控制与执行注意系统联系在一起，执行注意系统的功能是监控和解决大脑网络之间的冲突，以实现目标导向行为（Rothbart，Sheese，& Posner，2007）。而执行注意系统与包括前扣带回、前岛叶、基底神经节和背外侧前额叶在内的前部网络有关（Rueda，Posner，& Rothbart，2005）。

根据 Rothbart 的理论，抑制、害羞、退缩的儿童，不仅消极反应性水平过高，可能还存在自我控制方面的缺陷。受到 Rothbart 理论的影响，后来的研究者在考察抑制、退缩行为的生理基础时，不仅仅关注与反应性控制有关的生理机制（自下而上的机制，主要涉及皮层下区域，如杏仁核、自主神经系统），也关注与自我控制有关的生理机制（自上而下的机制，主要涉及皮层区域，例如前额叶）。

四、Henderson 等人的双重加工理论

Henderson 等人借鉴了认知神经科学里的双重加工理论来解释抑制、害羞儿童的发展过程（Henderson，Pine，& Fox，2015）。该理论认为，人类信息处理通常包括两种加工过程。第一种加工过程是自动化的、刺激驱动的、反射性的，第二种加工过程是控制性的、目标导向的、经过思考的。这两种不同的加工过程由不同的刺激特性和需求引发，具有独特的神经基础，支持不同形式的学习（Corbetta & Shulman，2002）。这两种加工过程并不是非此即彼的，人类在处理信息的时候，常常会同时涉及这两种信息加工过程。但在不同的情境、不同的个体中，它们之间的相对强弱会有所不同。因此，可以用这两种加工模式的相对平衡来解释个体的行为差异。

从婴儿期开始，当儿童遇到新异的、不寻常的刺激时，他们的注意会自动地朝向这些刺激，大脑中负责探测突显刺激的神经网络会迅速被激活，儿童会快速地对这些信息进行加工并进入高度警觉状态。这种快速、自动化的加工模式在面临真实的威胁情境时是非常有效、适应的。因此，自动信息处理模式是进化的产物。行为抑制的孩子进入新环境时，他们往往站在远处仔细观察，但并不与陌生人或物接触。这种情况下，抑制儿童的高度警觉状态使得他们能够对刺激特征进行详细加工，但却限制了他们整合环境中的其他信息并进行灵活应对的能力。在那些抑制、退缩行为比较稳定的儿童中，这种高反应性的、自动化的信息加工模式会保持并泛化成为一种基本的信息加工倾向。自动化加工模式涉及以皮质下、内侧颞结构为中心的大脑网络，特别是杏仁核和前海马，以及与这些结构联系最紧密的腹侧前额叶皮层（Braver，Gray，& Burgess，2007）。从进化的角度来看，这些皮层下区域是相对古老的大脑区域。

到了学前阶段，控制性加工过程开始出现并不断发展，直到青春期成熟。当个体被目标所激励并主动维持与任务相关的目标时，控制性加工模式就被激活。与自动化加工模式相比，控制性加工模式支持更有计划、理性和目标导向的行为。例如，在面临新异环境和刺激时，控制性加工模式可以帮助抑制、害羞儿童克服自己的高度警觉状态，转移其注意力，更灵活地关注、加

工环境中的其他信息，并调用一些资源和技能来应对当前环境。控制性加工过程对个体的认知要求（例如，工作记忆和自我监控）较高，效率更低。控制性加工过程主要涉及以背外侧前额叶为中心的网络。背外侧前额叶又会影响到与之联结的一些区域，包括背侧前扣带回、前岛叶和基底神经节，以及前岛叶到腹侧前额叶的联结。值得注意的是，这个以背外侧前额叶为中心的网络包含了多个区域，这些区域的进化相对较晚。在刺激快速变化的环境中，这个网络在灵活维持目标导向行为方面发挥着重要作用。

在发育过程中，控制性加工模式并不能完全取代自动化加工模式，而是更好地与其整合。最佳的发展模式是根据环境和任务的要求，灵活地采用两种加工策略。对于抑制、退缩的儿童而言，他们的控制性加工模式通常是僵化的、不灵活的，表现出过度控制（例如对冲突、错误等过度监控）的倾向。

第二节　抑制、害羞行为的大脑结构与功能特征

Kagan 和 Gray 早期的理论都认为，抑制、害羞行为与个体对新异、惩罚或非奖赏刺激的过度反应有关（Gray，1981，1982；Kagan，Reznick，& Snidman，1987；Kagan et al.，1988），所以大量的研究者考察了抑制、焦虑、害羞等社交退缩行为与个体对新异、威胁性刺激的神经反应（主要是杏仁核）之间的关系。但 Gray 等人（2003）后期的理论认为，趋近—回避动机冲突才是抑制行为产生的根源，也就是说，个体在面对新异的、不确定的刺激时，趋近系统和回避系统同时高度激活，二者之间的冲突导致了个体的抑制、害羞行为。所以后来的研究者也开始考察抑制、害羞行为与个体对奖励性刺激的反应性之间的关系。此外，Rothbart 等人（2006）和 Henderson 等人（2015）的理论都认为，抑制、害羞个体不仅仅表现出对刺激的高反应性，也存在调节过程上的缺陷，因此也有不少研究者开始考察抑制、害羞行为与自我调节相关的神经系统反应之间的关系。

一、抑制、害羞行为与大脑结构之间的关系

大脑结构的差异是大脑功能差异的基础。研究发现，相比于一般儿童，早期行为抑制的儿童的杏仁核体积更大，尾状体体积更大（Clauss et al.，2014），腹内侧前额叶皮质更厚、外侧眶前额叶皮层更薄（Schwartz et al.，

2010)，眼眶前额皮质体积更大（Hill，Tessner，Wang，et al.，2010)，背侧前扣带回厚度较小（Sylvester et al.，2016)。需要注意的是，这些大多是单个研究发现的结果。然而，综合来看，这些研究结果都指向了杏仁核以及前额叶皮层的多个区域。研究者普遍认为，杏仁核与对新异刺激、惩罚刺激以及恐惧性刺激的加工有关，反映了自下而上的加工过程。

有研究在成年人中考察了焦虑与大脑结构之间的关系。Clauss 等人(2014）发现，那些患有焦虑症的个体的杏仁核的体积大于没有焦虑症的个体。另一项研究发现，背侧前扣带回皮质厚度与焦虑没有关系（Sylvester et al.，2016)。因此，未来还需要对大脑结构和抑制、害羞行为之间的关系进行更多的研究，以确定哪些发现是可靠的、可重复的。

二、抑制、害羞行为与大脑功能之间的关系

（一）抑制、害羞行为与杏仁核的功能

大量的研究者考察了抑制、害羞行为与杏仁核的反应性之间的关系。例如，Schwartz 等人（2003）对年轻人进行的研究中，有一部分被试在 2 岁左右时被判定为抑制儿童，这些人在看到新异的面孔（相对于熟悉的面孔）时，杏仁核的反应更强；那些在 4 个月时被判定为高反应性的男性在看到新异的面孔时右侧杏仁核的反应也更强。

但是，反应性包括两个方面，即对新异刺激的初始反应水平和反应持续时间（对重复呈现的刺激习惯化后，反应水平会降低)。以前的研究大多测量的是被试接触新异刺激之后一段时间内的平均大脑反应，未能将初始反应水平和习惯化过程区分开。被试对新异刺激的高反应性可能是因为初始反应水平高，也可能是因为习惯化过程较慢（反应水平一直保持在较高水平，下降得较慢)。

后来有研究者尝试对这些成分进行区分，测量了个体对新面孔或熟悉面孔的杏仁核反应的时间动力学特征（Blackford，Avery，Shelton，et al.，2009)。在一项研究中，研究者测量了个体在新异刺激第一次呈现时的反应，结果发现，社会性抑制分数较高的年轻人的杏仁核初始反应水平更高（Avery & Urbano，2016)。这些证据表明，行为抑制与个体对新异事物更快、更强的初始反应有关。

习惯化指的是个体在刺激反复呈现后对刺激的反应逐渐减弱的过程，这是人类适应世界的一种进化机制。在遇到新异刺激时，有机体快速对其进行

检测，一旦确定这个刺激在之前并没有遇到过，个体会迅速分配注意资源来确定刺激的价值（厌恶、奖励、中性），当个体下次再遇到这个刺激时，个体会减少对其付出的注意力资源，不再像第一次遇到这个刺激时反应那么强烈，这一过程就是习惯化。如果没有习惯化过程，个体就不得不对环境中的所有刺激时刻保持高度关注。

习惯化的个体差异早在婴儿期就已出现（Bushnell，1982）。有研究者认为，抑制、害羞儿童在对新异刺激的习惯化过程中的神经反应模式与非抑制儿童可能存在不同，这一差异可能是抑制、害羞行为的生理基础。在一项研究中，研究者在2分钟的习惯化训练中，给被试反复展示6张中性面孔，每张面孔展示8次（Blackford，Allen，Cowan，et al.，2013）。研究发现，非抑制组被试的杏仁核和海马区都表现出了神经习惯化模式。也就是说，在刺激第一次呈现的时候，被试的杏仁核和海马区都有一个稳健的初始响应水平，之后随着刺激的反复呈现，这些区域的响应水平不断降低。而行为抑制组被试则没有表现出习惯化，在反复呈现相同刺激时，他们的杏仁核和海马区的反应水平并没有明显降低。Schwartz 等人（2012）在年轻人中发现了同样的反应模式，这些年轻人中有一部分在婴儿期被确定为高反应性婴儿。结果发现，在婴儿期反应性高的被试，在成年以后，在面对重复呈现的刺激时，他们的杏仁核的高激活状态会持续更长的时间。而在婴儿期反应性低的被试，在成年以后，在面对重复呈现的刺激时，他们能够较快地习惯化。

这些结果为最初的行为抑制理论提供了神经生物学证据，即行为抑制是因为个体对新奇事物的高初始反应性和习惯化失败/无法适应（Blackford，Avery，Cowan，Shelton，& Zald，2011）。这表明，行为抑制的个体加工新异刺激的方式不同于非抑制的个体。这些差异在儿童很小时就存在，随着幼儿的独立，他们开始尽力避免新奇的人、地点和事物带来的过度唤醒状态，转而寻找熟悉的人和环境。

（二）抑制、害羞行为与纹状体的功能

Gray 认为，抑制行为产生的关键是趋近—回避动机冲突（Gray & McNaughton，2003）。根据这个理论，抑制个体的接近动机系统也是高度敏感的，而纹状体和扣带回与接近动机密切相关。有研究者使用了货币激励延迟任务考察被试对奖惩刺激的反应时（Knutson，Adams，Fong，et al.，2001），被试要在看到提示线索后尽快对目标刺激做出反应，提示线索可能暗示被试将获得货币奖励（即奖励条件），也可能暗示被试将遭受货币损失（即惩罚条

件)。结果发现，所有被试对奖励和惩罚试次的反应速度都比中性试次的反应速度更快，这表明被试对奖励和处罚都很敏感。而害羞的成年人对奖励和惩罚条件的反应速度比不害羞的人更快，这表明害羞的成年人的接近和回避动机系统的激活水平更高。

在这些初步发现的基础上，Guyer 等人（2006）对学步儿时期行为抑制的青少年（10—15 岁）进行核磁共振脑成像研究。研究发现，行为抑制的青少年在面对潜在巨大收益和巨大损失的条件中都表现出更强的纹状体激活。同样，Bar-Haim 等人（2009）发现行为抑制的青少年（14—18 岁）在需要做出选择来获得奖励时，他们的纹状体激活水平更高。总之，这些发现提供了新的证据，表明行为抑制、害羞的个体在社会情境中表现出更高的趋近敏感性，他们的纹状体的激活水平更高（Helfinstein，Fox，& Pine，2012）。

(三) 抑制、害羞行为与前额叶的功能

Rothbart 认为，儿童的抑制、害羞行为与他们的自我调节能力不足有关。而个体的自我调节能力与前额叶的功能有关，前额叶在人类的高级心理活动（例如注意、计划、组织、自我调节）中发挥着重要的作用。因此，有研究者对此展开了研究，结果发现，抑制、害羞的儿童在涉及自我调控的心理活动中，前额叶的激活模式与非抑制儿童相比的确存在差异。

前额叶的活性，特别是前扣带回和背外侧前额叶，对预期性加工至关重要。当预计将面临厌恶性刺激时，个体可能会采取一些适应性行为，例如计划和准备，这些行为受前额叶皮层活动的控制，包括前扣带回和背外侧前额叶。抑制、害羞的个体无法有效地为即将发生的事件做好准备，通常采取回避行为（Grupe & Nitschke，2013）。Clauss 等人（2011）在对抑制型成年人前额叶皮层功能的神经成像研究中，操纵了抑制和非抑制被试观看恐惧面孔的预期。每组中有一半的被试被提前告知他们会看到恐惧的面孔（预期组）；另一半没有得到警告（非预期组）。在非抑制被试中，当被试被提前告知将要看到恐惧面孔时，他们的背侧前扣带回和背外侧前额叶激活水平升高，杏仁核激活水平降低。而在抑制被试中，情况刚好相反，当被试被提前告知将要看到恐惧面孔时，他们的前额皮质区的激活减少，杏仁核的激活增加，这表明他们没有充分准备好观看即将到来的恐惧面孔。

非适应性的预期（包括担忧）和杏仁核的过度激活可能是行为抑制个体的一种发育机制。而在预期可能会面临负面社会刺激时，前额叶的参与可能是一个保护因素，可以防止焦虑症的形成。Clauss 等人（2014）使用了线索

预测任务考察前额叶的激活程度与儿童的情绪调节及焦虑障碍之间的关系，在预期看到恐惧面孔的过程中，抑制组被试的前额叶的激活程度越高，情绪调节技能的使用频率越高，社交焦虑障碍症状越少。

虽然抑制儿童的前额叶皮层通常激活不足，但其前额叶皮层的激活水平并不是在任何情境下都低。根据 Gray 和 Kagan 的理论，抑制、害羞的个体的接近动机和回避动机都高度敏感，这些个体会体验到高度的动机冲突（Gray & McNaughton，2003；Kagan et al.，1984）。尽管 Gray 和 Kagan 所说的冲突与认知控制理论中所说的冲突并不相同，但两种冲突加工过程引起的神经活动和行为上的变化是相似的。因此，人们预期，行为抑制和害羞个体的冲突监测系统的敏感性高，与冲突监测相关的大脑区域的神经激活会增强（Botvinick，Braver，Barch，et al.，2001）。而冲突监测系统主要与扣带回（包括 ACC 和 PCC）以及前额叶皮层有关（Botvinick et al.，2001）。

研究结果支持了这一主张（Buzzell，Beatty，Paquette，et al.，2017）。Jarcho 等人（2013）研究了有抑制性气质史的年轻人的冲突监测和冲突适应。研究者给被试呈现一个情绪面孔，然后在情绪面孔上会出现一个情绪词，这个情绪词与面孔的情绪可能是一致的，也可能是不一致的。与一致试次相比，在不一致试次中，抑制个体的背内侧前额叶、脑岛和顶叶皮质的激活程度更高。在冲突适应过程中，抑制个体的壳核、楔前叶和枕皮质的活动更大。Fu 等人（2015）发现，9—12 岁的抑制儿童在点探针任务的不一致试次中，背外侧前额叶激活增加。

基于这些发现，我们认为，抑制、害羞个体的前额叶皮层参与不够灵活。在需要计划、前摄调节的任务中，抑制、害羞个体前额叶的激活水平不足，但是当监测到冲突的时候，他们的前额叶又会过度激活。也就是说，抑制、害羞儿童无法根据环境、任务的要求灵活地调用大脑资源。

（四）自下而上的加工和自上而下的加工

一般而言，情绪型任务更容易激活大脑皮层下区域（如杏仁核和海马），而认知型任务则更容易激活大脑皮层区域（如前额叶皮层）。因此可以推测，皮层下区域更多参与了自动化的、自下而上的加工过程，而大脑皮层区域更多参与了有意的、自上而下的加工过程。与一般儿童相比，行为抑制儿童的杏仁核以及背外侧前额叶皮层高度激活，但大脑皮层区域的激活不足以抑制皮层下区域（如杏仁核和基底神经节）的激活。

从大脑各区域的发育过程来看，皮层下区域成熟较早，前额叶皮层则经历了漫长的发展过程（Casey，Giedd，& Thomas，2000）。前额叶皮层的发育与儿童认知控制的发育同步（Pitskel，Bolling，Kaiser，et al.，2011）。这种成熟上的差异性导致杏仁核的活动（对恐惧刺激作出反应）和前额叶皮层的活动（调节恐惧反应）之间相对不平衡。在青春期，大脑区域之间这种成熟度的差异伴随着焦虑症患病率相应增加（Kessler，Berglund，Demler，et al.，2005）。对于大多数青少年来说，前额叶的发育最终会“赶上”杏仁核，并恢复两个区域之间的平衡。然而，对于一些青少年来说，成熟后的前额叶皮层和杏仁核之间的不平衡依旧存在，这可能是杏仁核的相对强势或前额叶的相对弱势造成的。

由于抑制儿童可能有过度活跃的杏仁核，他们需要同样强大的前额叶皮层。前额叶与杏仁核平衡发展的抑制个体将具备良好的执行功能，再加上积极的环境，这些孩子应该能缓冲抑制带来的发展风险，回到正常的发展轨道。然而，那些仍处于不平衡状态的抑制、害羞个体，他们面临的发展风险更高。

三、抑制、害羞行为与大脑功能连接

有几项研究考察了行为抑制个体的大脑各区域的内在功能连接，发现抑制、害羞个体的内在功能连接发生了一些改变，具体表现为：（1）抑制个体的突显网络中的功能连接增强；（2）抑制个体的杏仁核与背前扣带回和腹前扣带回的功能连接减弱（Blackford et al.，2014；Roy et al.，2014；Taber-Thomas，Morales，Hillary，et al.，2016）。这两种内在网络的连接改变可能对抑制个体的大脑功能产生影响。

突显网络中功能连接的增强可能有助于自下而上的加工过程，提高对新异刺激和潜在威胁的识别和反应。前额叶和杏仁核之间的连接减少可能会导致自上而下的调节缺陷，即前额叶调节或抑制杏仁核过度活动的能力减弱。这些发现表明行为抑制的个体可能存在功能网络连接上的改变。也就是说，抑制、害羞个体的大脑功能连接的特点是自下而上的高反应性和自上而下的控制不足。

近年来，研究者也对退缩个体的默认网络进行了研究。结果发现，与非害羞个体相比，害羞个体在静息状态下默认网络功能连接更高（Sylvester et al.，2018）。一般来说，默认网络主要反映的是缺乏外部刺激时的大脑状态（Buckner，Andrews-Hanna，& Schacter，2008）。通常，随着年龄的增长，默认网络功能连接会下降，这与青春期的大脑修剪有关，然而，在害羞的个体

中，默认网络功能连接下降速度非常慢（Sylvester et al.，2018）。

第三节 抑制、害羞行为的脑电特征

一、额叶脑电不对称性

Davidson 等人（1990）提出了“额叶皮层 EEG 不对称的趋—避理论”，认为趋近和回避两种动机系统在额叶皮层呈单侧化分布，即接近动机与左侧额叶皮层激活相关，回避动机与右侧额叶皮层激活相关。也就是说，当奖励或令人愉悦的刺激出现，个体趋向这个目标时，左侧额叶皮层激活增强；相反，当威胁、惩罚或厌恶性刺激出现，个体表现出防御和回避行为时，其右侧额叶皮层激活增强。

研究发现，抑制儿童通常表现为右额叶脑电不对称性（Degnan & Fox，2007），即右侧额叶的激活强于左侧额叶。这种模式在婴儿期就能够很明显地观察到。在年长儿童中也发现，社交情境中表现出焦虑行为的儿童也表现出了右前额叶不对称性（Fox et al.，1995）。研究还发现，右额叶脑电不对称增加了行为抑制儿童表现出不良社会行为的可能性（Henderson，Fox，& Rubin，2001）。额叶脑电的不对称性也与行为抑制的稳定性有关。只有当儿童在 3 岁至 11 岁期间表现出稳定的右额叶不对称性时，他们的行为抑制性才是稳定的（Davidson & Rickman，1999）。

在成人研究中，右侧额叶脑电不对称与消极情绪、行为退缩、行为抑制、焦虑和抑郁相关（Harmon-Jones，Gable，& Peterson，2010）。对威胁刺激的注意偏向（行为抑制儿童的典型表现）与压力反应中右侧额叶脑电不对称性的增加有关（Perez-Edgar，Kujawa，Nelson，et al.，2013）。

额叶脑电的不对称性也得到了 fMRI 研究的支持。有研究者采用 fMRI 技术，在前额叶皮层上对趋避动机进行更精确的定位，发现趋近行为与左脑背外侧前额叶激活有关，回避行为与右脑背外侧前额叶激活有关（Berkman & Lieberman，2010）。不仅趋近和回避行为表现出额叶皮层偏侧化分布，趋近和回避动机特质也表现出额叶皮层偏侧化倾向。Sutton 和 Davidson（1997）发现，行为激活系统分数高的人，左侧额叶激活更容易，在趋近任务状态下，激活水平会更高；而行为抑制系统分数高的人，右侧额叶激活更强，容易体验到更加强烈的退缩和抑制状态。

总地来说，目前的研究发现，在各个年龄阶段，右额叶脑电不对称往往与较高的行为抑制和焦虑特征相关，因此，它至少是与抑制退缩行为有关的重要神经基础。考虑到目前发现的结果足够稳健、可靠，很多研究者认为，右侧额叶脑电不对称可能是抑制、退缩行为的潜在机制和神经标记物。

二、Delta-Beta 耦合（δ-β 耦合）

研究者认为，EEG 中慢波（如 δ）和快波（如 β）之间的耦合反映了皮层和皮层下回路之间的功能相互作用（Knyazev & Slobodskaya，2003）。δ 和 β 功率之间的正相关越高，皮层（即大脑皮层）和皮层下（即边缘）结构之间的功能一致性越高，δ-β 耦合可能反映了一种自上而下的调节形式。一些研究发现，抑制和焦虑的行为模式与更高的 δ-β 耦合有关（Miskovic et al.，2011）。对焦虑、退缩的个体来说，高 δ-β 耦合可能反映了过度控制或过度监控。

其他一些研究则发现，在幼儿中，δ-β 耦合模式因环境而异。在低恐惧环境中，高水平的恐惧（即失调的恐惧）与额叶、中央区和顶叶电极的 δ-β 耦合相关，而低水平的恐惧仅与顶叶部位的耦合相关（Phelps，Brooker，& Buss，2016）。相比之下，在高恐惧背景下，高恐惧组和低恐惧组之间的 δ-β 耦合没有差异。

三、事件相关电位（ERP）成分

在事件相关电位的成分中，N2 和 P2 成分与儿童焦虑症状有关。这些成分与情感、注意力和认知过程相关，如注意和远离威胁过程（Dennis & Chen，2010）。其中，P2 成分与早期视觉感知和注意力相关（Foti & Hajcak，2008）；N2 成分与冲突监控相关，反映了抑制和注意控制（van Veen & Carter，2002），例如，4—8 岁的儿童在 Flanker 任务中的 N2 的增加与执行注意力的效率低下和情绪控制的降低有关（Buss，Dennis，Brooker，et al.，2011）。

有许多研究考察了这些 ERP 成分与抑制、害羞之间的关联。在一个 9—12 岁儿童的样本中，点探测任务中对威胁刺激的注意偏向与 N2 振幅边缘正相关，对威胁刺激的注意偏向与行为抑制之间的正相关仅在 N2 较大的儿童中才明显；相反，社交焦虑症状与 P2 振幅呈负相关（Thai，Taber-Thomas，& Perez-Edgar，2016）。纵向研究也发现了对威胁的注意偏向与 N2 振幅之间的关联。例如，那些 2 岁时行为抑制的儿童，7 岁时在 Go/No Go 任务中面对不一致试次时表现出更大的 N2（Lamm et al.，2014）。

因此，较大的 N2 和较小的 P2 似乎是行为抑制儿童可能出现焦虑症状的危险因素。研究发现，这些 ERP 成分也可以调节早期行为抑制和焦虑行为之间的关联。当 N2 高时，幼儿行为抑制与 7 岁时的社交沉默呈正相关；但当 N2 低时，这种关联并不显著（Lamm et al.，2014）。同样，P2 较小时，儿童行为抑制与社交焦虑之间的关联更强（Thai et al.，2016）。

最近也有大量研究考察错误相关负波（ERN）和行为抑制之间的关系。错误相关负波通常在错误行为反应后的 50—100 毫秒内出现。高错误相关负波与高恐惧、行为抑制和焦虑有关（Brooker & Buss，2014）。与低恐惧幼儿相比，高恐惧幼儿在 4、5 岁时表现出的错误相关负波比正确相关负波更大。在另一项研究中，3 岁时被诊断为焦虑症的儿童在 6 岁时的错误相关负波和正确相关负波之间的差异更大（Meyer et al.，2013）。在那些错误相关负波和正确相关负波振幅差异较大的儿童中，幼儿时期的行为抑制能够预测 9 岁时的社交恐惧症（Lahat et al.，2014）。

在青少年样本中也有类似的发现。与童年时期行为抑制水平低的青少年相比，童年时期行为抑制水平高的青少年表现出更大的错误相关负波（McDermott et al.，2009）。此外，在高行为抑制组中，较小的错误相关负波与较低的焦虑症风险相关。这些现象表明，更大的错误相关负波似乎与抑制、害羞、焦虑等特征相关。

此外，错误正波（Pe）也与行为抑制有关。错误正波是在错误相关负波之后出现的正向慢波（Falkenstein，Hohnsbein，Hoormann，et al.，1991）。相对于错误相关负波，错误正波对错误反应的加工更加自觉、更受意识控制。在一个 5 岁儿童的样本中，较高的错误正波与跟陌生人交谈时的胆怯有关，表明这些儿童警觉性高、认知处理效率低下（Brooker，Buss，& Dennis，2011）。这些发现表明，高度抑制、害羞的儿童往往对自己的表现过度关注、担忧，也就是说，他们在社交情境中的行为模式是僵化的、不灵活的。

第四节　抑制、害羞行为与自主神经系统的活动

大多数人可能都有过这样的经历，当我们紧张、焦虑时，会出现一系列

的生理反应，如脸红、呼吸加快、心跳加速、血压升高等。在日常生活中，我们自己能观察、体会到的这些生理活动的变化基本上都与自主神经系统的活动有关。

自主神经系统是外周神经系统的一部分，能调节内脏、心血管和腺体的活动，由于内脏反射通常不能随意控制，故名自主神经系统。自主神经系统由交感神经系统和副交感神经系统两部分组成。两个系统在大脑皮质及下丘脑的支配下，既拮抗又协调地调节脏器的生理活动。交感神经系统的活动主要保证人体应对紧急状况时的生理需要，例如，当人们恐惧、愤怒、挣扎、搏斗时，交感神经立即兴奋，从而引起血管收缩、心跳加速、新陈代谢亢进。而副交感神经的作用则相反，它起着平衡的作用，抑制体内各器官的过度兴奋，使它们获得必要的休息。一般认为，交感神经系统与个体的反应性有关，副交感神经系统与个体的调节功能有关。

人体自主神经系统的活动存在个体差异。以往大量研究探讨了行为抑制、社交退缩与自主神经系统相关活动之间的关系，结果发现，行为抑制、社交退缩儿童在自主神经系统支配的生理活动上表现出一些特殊的模式。

一、皮肤电

个体在遭受身体或心理压力时，交感神经系统兴奋，会引起皮肤内血管的舒张和收缩以及汗腺分泌的变化，从而导致皮肤电阻发生改变。早期的一些研究发现，皮肤电反应与内向型个体之间存在一定的关联。例如，在伯克利青少年成长研究中，研究者比较了 10 名皮肤电反应性最强的青少年和 10 名反应性最弱的青少年（11—18 岁），结果发现，皮肤电反应性强的被试更加安静、深思熟虑，更加沉稳，皮肤电反应性弱的青少年易冲动、活跃、爱社交（Jones，1960）。Fowles 和 Kochanska（2000）发现，皮肤电反应性可以作为恐惧的生理反应指标。近期的一些研究发现，与行为抑制水平低的儿童相比，行为抑制水平高的儿童在静息状态时表现出更高的皮肤电水平（Scarpa，Raine，Venables，et al.，1997）。

总体来说，具有更高行为抑制和/或焦虑特征的儿童表现出更高的皮肤电活动，但并非所有恐惧的儿童都会表现出较高的应激反应。有研究发现，只有在亲子关系质量较低时，恐惧型气质的学龄前儿童才会对恐惧诱发刺激表现出较高的皮肤电活动（Gilissen，Koolstra，van Ijzendoorn，et al.，2007）。因此，糟糕的亲子关系质量可能是压力反应和恐惧气质之间存在关联的一个背景因素，只有在个体的调节能力较差时，害羞、抑制个体的皮肤电反应才会增强。

二、皮质醇

皮质醇是下丘脑—垂体—肾上腺皮质（HPA）系统的主要糖皮质激素，反映了边缘系统的活性（Kalin，Shelton，Fox，et al.，2005）。压力情境下，皮质醇的升高是一种适应性的变化，增加了肌肉中可用于“战/逃”反应的葡萄糖（Doom & Gunnar，2013），但皮质醇的长期升高可能会带来心血管方面的健康风险，如血压升高。

很多研究者探讨了恐惧、抑制、害羞、退缩与个体的皮质醇压力反应之间的关系。研究发现，基线皮质醇水平高的儿童在4岁时表现出更多的社交退缩和社交沉默（Perez-Edgar，Schmidt，Henderson，et al.，2008）。在另一项研究中，个体7岁时的行为抑制与9岁时较高的皮质醇基线水平和皮质醇反应性呈正相关（Mackrell et al.，2014）。

当环境改变时，气质与压力反应之间的关联可能会更加明显。例如，一些儿童在上学过渡期间可能会承受更大的压力。Tarullo等人（2011）发现，与活跃、外向的儿童相比，抑制儿童的皮质醇水平在整个学年内保持较高水平。那些在14个月时被归为“抑制型”气质且其母亲被诊断为社交恐惧症的儿童，在开学前1个月、开学第一周和第一学期临近结束时，下午皮质醇水平更高（Russ et al.，2012）。

抑制、退缩行为除了与皮质醇压力反应有关，也与皮质醇“调节”或压力恢复模式有关。常用的皮质醇调节指标是经历社交压力源后皮质醇反应恢复的程度和速度。在对6岁儿童进行的研究中发现，只有当儿童皮质醇调节水平较低时，父母报告的害羞才与儿童在同伴交往任务中表现出的焦虑退缩行为和安静退缩行为呈正相关，而对于那些皮质醇调节能力比较好的儿童来说，二者之间的关系减弱了（Davis & Buss，2012）。这些结果表明，如果害羞儿童无法有效地调节皮质醇反应，那么他们在面临社会情境压力时将表现出一些无效的行为反应（退缩行为）。这种行为反应模式又将强化社会交往与压力之间的联结，使个体的压力反应更加失调。因此，对于抑制、退缩的儿童来说，良好的皮质醇调节水平非常重要，它能使抑制儿童从皮质醇应激反应中恢复，从而支持儿童的社会能力。

皮质醇觉醒反应指的是早晨醒来之后短时间内皮质醇水平达到的峰值，研究者认为，这是一种适应性的功能，将帮助个体为一天的活动做好准备

（Fries，Dettenborn，& Kirschbaum，2009）。Tang（2014）发现，害羞的人早上唾液皮质醇水平可能较高也可能较低，那些早上唾液皮质醇水平较高的人的合群性水平更高。因此，皮质醇水平可能是一些高度害羞的人探索外部世界、在社会挑战中管理刺激的情绪体验的内驱力（Tang et al.，2014）。对于害羞儿童来说，低水平的皮质醇觉醒反应可能反映了神经系统在面临社会情境时压力系统反复激活的一种适应性反应。

三、心率、心率变异性与呼吸性窦性心律不齐

早期的研究考察了心率与抑制、退缩行为之间的关系。结果发现，与低反应性婴儿相比，高反应性婴儿中有更多的个体在出生前的几个星期里心率更高；出生后，他们的心率也更高（Snidman，Kagan，Riordan，et al.，1995）。与非抑制儿童相比，抑制儿童在面临认知压力任务和情绪刺激时，心跳更快（Kagan，1994；Schimidt，Fox & Schulkin，1999）。Xu 等人（2009）发现，当与陌生成年人接触时，害羞的儿童比不害羞的儿童表现出更高的心率。

近年来，大量的研究将心率变异性和迷走神经张力作为副交感神经对心脏控制的指标。迷走神经张力通常通过呼吸性窦性心律不齐（Respiratory Sinus Arrhythmia，RSA）进行测量。迷走神经是第 10 条颅神经，连接心脏，通过心内神经节的胆碱能神经元来抑制窦房结的起搏活动（降低心率）。迷走神经对心率的调控与呼吸过程有关，迷走神经活动在吸气时减弱，而在呼气时增强，从而导致了在自发呼吸周期内的心率波动，即吸气时心率加快，呼气时心率减慢，这种现象称为呼吸性窦性心律不齐。在面临外部挑战时，副交感神经对心脏输入的减少将导致心率增加，使个体从维持内稳态转变为应对外部需求。因此，常用的 RSA 指标有两个，一个是基线状态下的 RSA，另一个是从基线到任务态 RSA 的变化（RSA 回撤或抑制）。

研究者对 RSA 与社会行为之间的关系进行了广泛的讨论。Porges 等人（1994）发现，基线状态下的迷走神经张力与新生儿的活动性水平和易激惹水平正相关；而到婴儿 5—6 个月大之后，迷走紧张与积极情感正相关。Richards 和 Cameron（1987）发现，基线水平的 RSA 与婴儿 6 个月和 12 个月时的趋近行为正相关，Fox 和 Stifer（1989）发现，基线 RSA 水平较高的 14 个月婴儿在面对陌生人时，会更快地接近陌生人。而 Fox 和 Field（1989）报告，高迷走紧张的 3 岁幼儿能够更快地适应幼儿园，表现出更多的积极情绪。在一个青少年样本中，行为抑制的青少年表现出更低的 RSA 和心率变异性

（Balle，Tortella-Feliu，& Bornas，2013）。然而，其他研究发现，害羞和 RSA 没有关系（Dietrich et al.，2009）。总地来说，研究发现，较低的基线 RSA 与更多的社交警惕和焦虑症状有关，但也有一些不一致的结果。

除了基线 RSA 外，在挑战性任务中抑制 RSA 的能力与儿童的自我调节能力和适应性行为结果有关。那些 RSA 抑制较强的儿童，在新异情境中的恐惧感更低，社交焦虑风险更低；而那些在任务阶段不能够抑制 RSA 反应的儿童，他们的恐惧敏感性预测了他们的社交抑制（Buss，Davis，Ram，et al.，2018）。那些 6 个月时在陌生人任务中 RSA 抑制水平较低的婴儿，在 6—36 个月期间，更可能表现出稳定的、高水平的社交恐惧，而那些 RSA 抑制水平高的婴儿更可能会逐渐降低自身的社交恐惧（Brooker et al.，2013）。因此，迷走神经抑制可能会缓冲害羞儿童继续发展成社交退缩、社交焦虑的风险。

尽管大部分的研究都认为 RSA 抑制是一种适应性的调节过程，但也有研究发现，在某些情况下，稳定的 RSA 水平可能更具适应性。例如，在有玩伴的社会环境中，与基线相比表现出更高 RSA 水平的学龄前儿童的行为问题更少，自我调节能力更好（Hastings et al.，2008）。在这种情况下，较高的 RSA 被认为是适应性的，因为儿童调动资源参与社交活动。此外，高度恐惧的儿童在陌生人接近情境中表现出更动态的 RSA 变化（Brooker & Buss，2009），他们在整个过程中 RSA 的上升速度和下降速度都更快，而其他幼儿则表现出相对稳定的 RSA 水平（Brooker & Buss，2009）。因此，在谈论 RSA 抑制的适应性价值时，需要考虑具体的情境（例如，高恐惧与低恐惧情境；社交与情绪挑战情境）。但几乎所有研究都一致发现，在新异的或具有挑战性的社会情境中，抑制、恐惧的儿童更容易表现出不适应的 RSA 模式。

总之，尽管并非所有的研究都发现 RSA（基线或任务情境下）与抑制、害羞行为之间存在一致的关联，但研究结果的模式表明，在整个发育过程中，较低的基线 RSA 和 RSA 抑制意味着更大的发展风险。因此，RSA 可以看作识别抑制、退缩儿童的发展风险的重要因素。

第五节　抑制、害羞行为与基因之间的关联研究

随着分子遗传学的兴起，研究者开始寻找与抑制、害羞行为有关的基因，目前对于抑制、害羞行为的相关基因的探讨，主要集中于多巴胺系统和 5-羟

色胺（5-HT，又名血清素）系统。多巴胺是中枢神经系统的一种神经递质，会影响动作和情绪，与奖励系统有关（Wise & Rompre，1989）。因此，多巴胺系统内的受体和转运体基因经常被作为抑制、害羞行为的候选基因。5-HT也是中枢神经系统内一种重要的神经递质。5-HT 能神经纤维与前扣带回、杏仁核、基底节这些脑区有着广泛的突触联系，而这些脑区与情绪密切相关。早期研究表明，中脑中缝核中的血清素能够调节与焦虑有关的边缘环路（Spoont，1992）。低血清活性能够增加个体对恐惧和挫折的易感性，引发个体的消极情绪。因此，5-HT 系统内的基因也被作为抑制、害羞行为的候选基因。

中枢神经系统的 5-HT 的功能依赖于三种机制：（1）5-HT 的合成与降解；（2）5-HT 的突触间隙再摄取；（3）5-HT 受体的密度和敏感性。因此，与 5-HT 的合成有关的色氨酸羟化酶（TPH）基因，与 5-HT 的降解有关的单胺氧化酶（MAO）基因，与 5-HT 的转运有关的 5-羟色胺转运体（5-HTT）基因受到了研究者的关注，尤其是 5-羟色胺转运体启动子区基因（5-HTTLPR）与单胺氧化酶 A（MAOA）基因。5-HTTLPR 有两种常见的多态性位点，分别为长等位基因（L 基因）和短等位基因（S 基因），当基因型为 LL 时，5-HTT 的活性较高，当基因型为 SS 或 SL 时，其活性较低。相对于短等位基因来说，长等位基因能够产生更多的小 RNA 和蛋白质，从而导致突触间隙的 5-HT 浓度升高。MAOA 基因位于 X 染色体上，参与 5-HT 和去甲肾上腺素的降解过程。具有 3 个重复序列的 MAOA 基因的转录活性较低，具有 4 个重复序列的 MAOA 基因的转录活性较高。

研究者对 5-HT 系统相关基因与社交退缩行为之间的关系进行了初步的探讨，在西方社会进行的研究大多表明，5-HTTLPR 基因多态性与抑制、害羞有关（Lesch et al.，1996），但目前的研究结果并不一致。相比于那些携带 LL 型 5-HTTLPR 基因的个体，携带 SS 基因的个体在加工威胁性刺激的时候，杏仁核的激活水平更高，且杏仁核与腹内侧前额叶之间的功能连接更强（Hariri et al.，2002；Heinz et al.，2005）。与那些携带 LL 型 5-HTTLPR 基因的个体相比，那些携带了 S 型基因的社交恐惧症患者，在经历社交情境压力时，右侧杏仁核的激活水平更高（Furmark et al.，2004）。在成人被试中，那些携带 S 型基因的个体在面临新异的、具有挑战性的环境时，表现得更加抑制、焦虑（Lesch et al.，1996）。

在儿童中进行的研究也发现，携带 LL 型基因（高血清活性）的儿童相对于那些携带 SS 基因（低血清活性）的儿童表现出更少的恐惧和害羞（Battaglia et al., 2005）。但 Arbelle 等人（2003）却发现那些携带 LL 型 5-HTTLPR 等位基因的儿童比携带 SS 等位基因的儿童更加害羞。Schmidt 等人（2002）的研究未发现 5-HTTLPR 基因与儿童的抑制、害羞之间的关系。这些研究结果的不一致促使研究者们探讨多个基因之间以及基因与环境之间的交互作用对气质的影响。Lakatos 等人（2003）的研究发现，在 DRD4 基因位点上携带 7 个重复序列且携带 LL 型 5-HTTLPR 等位基因的婴儿的行为抑制性要比其他基因型的婴儿显著得低，而那些携带 7 个重复序列并且携带 SS 型 5-HTTLPR 等位基因的婴儿的行为抑制性则要高得多。一项元分析的结果也发现 S 型 5-HTTLPR 等位基因与个体在面临压力时的脆弱性（包括 HPA 轴的活性和心理病理症状）有关。

而有关抑制、害羞行为与 MAOA 基因之间的关联研究则相对较少，大部分研究更关注 MAOA 基因多态性与个体的自我调节能力之间的关联。而 Zhang 等人（2011）发现，MAOA 基因多态性与儿童 6 个月时的自我调控（注意转移）有关。在 Caspi 等人（2002）的研究中发现，MAOA 基因多态性调节儿童受虐待水平与其反社会行为水平之间的关系，MAOA 基因表达水平高的个体，即便是在童年期遭受了虐待，他们的反社会行为也相对较少；而 MAOA 基因表达水平低的个体，如果在童年期遭受了虐待，他们的反社会行为相对较多。这些研究表明，MAOA 基因多态性与个体的自我调节之间的关系密切。而考虑到抑制、害羞、恐惧儿童通常存在自我调节方面的缺陷，我们可以合理推测，MAOA 基因多态性与儿童的抑制、害羞行为之间存在一定的关联。

总体来说，目前有关抑制、害羞、退缩行为与基因多态性之间的关联研究大多是在西方国家中进行的，国内这方面的研究还相对较少。已有研究发现，东亚人群与欧美人群在某些基因型上的分布有所不同，那么基因型与个体行为之间的关联是否也存在地区差异，这是值得关注的问题。另外，以往的研究大多采用的是横断研究设计，纵向研究相对较少，基因多态性与个体行为之间的关系是否存在跨年龄的稳定性，也是值得关注的问题。

一、研究目的

采用追踪研究设计，探索抑制、害羞行为与 5-HTTLPR 以及 MAOA 基因多态性之间的关联，考察遗传因素在儿童的抑制、害羞行为中的作用。具体来说，本研究拟探讨社交退缩与 5-HTTLPR 以及 MAOA 基因多态性是否存在关联；如果社交退缩与 5-HTTLPR 以及 MAOA 基因多态性之间存在关联，那么关联模式是否存在跨年龄的稳定性。

二、研究方法

（一）研究对象与程序

我们采用电话招募的方法，从某妇幼保健院出生的婴儿中招募了 400 余名婴儿，分别在儿童 6 个月左右、2 岁左右、4 岁左右、7 岁左右和 10 岁左右时，测查了儿童的抑制、害羞、焦虑相关的行为。在儿童 6 个月时，邀请儿童及其监护人（主要是母亲）来到实验室，对其进行观察，并要求儿童的父母分别填写问卷，报告儿童的气质特征，同时采集婴儿的口腔脱落细胞，放入生理盐水中在-20℃保存，之后进行基因提取；在儿童 2 岁时，再次邀请儿童及其监护人（主要是母亲）来到实验室，对其进行观察，并要求儿童的父母分别填写问卷，报告儿童的心理、行为特征；在儿童 4 岁、7 岁和 10 岁时，再次邀请儿童的父母填写问卷，报告儿童的相关心理、行为特征。

在儿童 6 个月时，有 428 名被试参与了本研究，母亲的平均年龄为 28.91 岁，父亲的平均年龄为 31.76 岁。母亲当中，初中学历的约占被试母亲总人数的 2.0%，高中学历的约 14.5%，大学学历的约 73.0%，硕士研究生学历的约 9.0%，博士研究生学历的约 1.5%；父亲当中，初中学历的约 2.4%，高中学历的约 15.0%，大学学历的约 66.1%，硕士研究生学历的约 13.4%，博士研究生学历的约 3.1%。在儿童 2 岁时，346 名被试儿童参与了本研究；4 岁时，有 302 名被试儿童参与了本研究；7 岁时，有 200 名被试儿童参与了本研究；10 岁时，256 名被试儿童参与了本研究。在研究过程中，由于儿童哭闹、实验员操作失误、录像设备故障、DNA 无法提取、父母不愿意填写问卷等原因，有些儿童在某些方面存在数据缺失。

（二）研究工具

1. 儿童 6 个月时实验室观察的消极情绪性

观察程序。在婴儿 6 个月时，我们邀请儿童及其母亲来参与我们的研究，给婴儿分别呈现视觉刺激和听觉刺激。视觉刺激和听觉刺激都包括中性刺激（白毛巾、商场声音）、积极刺激（维尼小熊、蓝精灵歌曲）和消极刺激（黑猩猩、打斗声）3 部分。每个视觉刺激呈现 3 次，每次 15 秒，间隔 5 秒；每个听觉刺激呈现 1 分钟。如果在研究过程中，婴儿的哭闹持续时间大于 20 秒，则停止实验。最后，有 280 名儿童完成了整个实验，包括 150 名男孩和

130 名女孩。

消极情绪性编码。对婴儿在实验过程中的情绪和行为进行录像并编码。婴儿的情绪分为积极情绪（微笑、微笑且发声）、消极情绪（哭闹、哼哼唧唧）和中性情绪（无明显积极或消极情绪线索）。最后计算消极情绪持续时间在总的实验时间中的百分比，作为婴儿消极情绪性的指标。编码者信度 Kappa 系数为 0.85。

2. 儿童 2 岁时实验室观察的行为抑制性

观察程序。在儿童年满 2 岁时，我们邀请儿童及其母亲来到实验室，当母亲和儿童进入观察室后，先让儿童在里面玩 10 分钟（自由游戏）。开始，实验员 1（孩子之前见过）进来，带着一个篮子，让小孩开始收拾玩具。接着，实验员 2（孩子没见过）带着一个大卡车玩具进来，她安静地坐 1 分钟，玩玩具 1 分钟，然后（如果小孩还没有接近她）鼓励孩子和她一起玩玩具 1 分钟（陌生情境 1）。紧接着，实验员 2 带着一个能动而且会制造噪音的机器人再次进来，首先沉默 30 秒，然后邀请孩子和她一起玩 1 分钟（陌生情境 2）。之后，实验员 2 拿着一个布做的隧道再次进来，邀请孩子从隧道的这头爬到隧道的那头去（陌生情境 3）。最后，实验员 3（孩子没见过）戴着老虎的面具进来，先沉默 30 秒，再邀请孩子来摸面具 30 秒（陌生情境 4）。在整个活动过程中，母亲坐在椅子上，实验员要求母亲不要主动干预儿童的行为。

行为抑制性。我们选取自由游戏情境和 4 个陌生情境来编码儿童的行为抑制性，具体指标包括：（1）自由游戏中待在母亲身边的时间；（2）陌生情境中待在母亲身边的时间；（3）陌生情境中接近陌生人的潜伏期；（4）陌生情境中接触玩具的时间。分别将儿童在各个游戏情境中的上述指标进行标准化，然后求平均值，作为儿童行为抑制性的指标。编码者一致性系数在 95% 以上。

3. 儿童 2 岁、4 岁和 7 岁时父母报告的内隐问题行为

儿童 2 岁时，父母填写简版婴幼儿社会情绪能力量表（Brief Infant-Toddler Social and Emotional Assessment，BITSEA）（Carter，Briggs - Gowan，Jones，& Little，2003），该量表测量了儿童的内隐问题、外显问题和社会能力。该问卷在以往研究中被广泛使用，具有良好的信度和效度，在本研究中，各维度的内部一致性信度在 0.70 以上。儿童 4 岁和 7 岁时，父母填写 Achenbach（1991）编制的儿童行为检核表（4—18 岁版）（Child Behavior Checklist，CBCL）。该问卷在国内外的研究中被广泛使用，具有良好的信效度。本研究中，我们只关注内隐问题行为中的退缩、抑郁行为。在各个年龄段，问卷的内部一致性信度

均在 0.70 以上。

4. 儿童 10 岁时父母报告的儿童行为抑制性

采用 Bishop、Spence 和 McDonald（2003）年编制的行为抑制性问卷测量儿童 10 岁时的行为抑制。该问卷共 30 个题目，7 点计分（1 = 从不，7 = 总是）。问卷涉及 3 大领域 6 种情境：社交新异情境（陌生成人，表现情境，同伴情境），非社交新异情境（分离情境，一般性新异情境）和身体挑战情境（可能会导致小的身体伤害的情境）。计算所有题目的均分，得到儿童的行为抑制分数，分数越高，说明儿童越抑制。本研究中，问卷的内部一致性信度为 0.93，信度良好。

5. 儿童基因型分析

（1）将收集好的口腔脱落细胞口腔拭子放在装有 800—1000μl 生理盐水的 1.5ml 的 Eppendorf 管中；（2）将拭子于振荡器上 13000rpm 下震荡 1min 左右，小心取出棉签，再用适量的生理盐水冲洗；（3）13000rpm 离心 1min，小心将多余的上清液全部取走，沉淀物即脱落细胞；（4）在沉淀中加入 25μl-50μl 裂解液（25mM NaOH + 0.2mM EDTA），震荡 10s；（5）98℃孵育 20min，振荡后加入等体积 Tris-HCL（40Mm，pH = 5.0）；（6）取上清液；（7）加入无水乙醇，-20℃放置 15min 或以上；（8）13000rpm 离心 15min；（9）弃上清液，晾干后即得到口腔脱落细胞 DNA；（10）加入适量 TE 溶解 DNA（10mmol/L，pH8.0 Tris-HCL，1mmol/L EDTA）。

MAOA-uVNTR 序列 PCR 扩增

上游引物：5′—ACAGCCTGACCGTGGAGAAG—3′

下游引物：5′—GAACGGACGCTCCATTCGGA—3′

变性温度为 95℃，退火温度为 58℃，延伸温度为 72℃。首先为 95℃预变性 1 分钟，之后为 35 个循环（95℃ 30 秒，58℃ 40 秒，72℃ 45 秒），最后为 72℃ 10 分钟。PCR 产物用 2% 的琼脂糖凝胶电泳检测。MAOA 基因位于 X 染色体上，在我们的结果中，男孩中有两种等位基因型，分别为 3 和 4；而女孩有 3 种基因型，分别为 33、44，以及 34 杂合子。

5-HTT 基因启动子区域扩增

上游引物：5′—CTTGTTGGGGATTCTCCCGCCTGGCGTT—3′

下游引物：5′—TCGAGGCTGAGCGTCTAGAGGGACTGAGCT—3′

变性温度为 95℃，退火温度为 63℃，延伸温度为 72℃。首先为 95℃预变性 1 分钟，之后为 35 个循环（95℃ 40 秒，63℃ 40 秒，72℃ 45 秒），最后为 72℃ 10

分钟。PCR 产物用 2%的琼脂糖凝胶电泳检测。由于 5-HTTLPR 扩增区域内 GC 碱基含量非常高，容易与引物发生错配，所以在扩增过程中我们提高退火温度，增强扩增的特异性。但是在实际扩增的时候，仍免不了有非特异性条带，我们仅选取对我们有意义的条带进行分析，一条为纯合的短重复序列（SS），另一条为杂合的重复序列（SL），还有一条为纯合的长重复序列（LL）。

三、研究结果

（一）儿童基因型分布情况

共获取 357 名儿童的 5-HTTLPR 基因型（见表 2.1）和 398 名儿童的 MAOA-uVNTR 基因型（见表 2.2）。其他儿童的基因数据因样本污染、操作失误等原因而未能获取。5-HTTLPR 基因型的分布和 MAOA-uVNTR 基因型的分布符合 Hard-Weinberg 平衡，$ps>0.05$。

表 2.1 5-HTTLPR 基因型分布

5-HTTLPR 基因多态性	男孩人数	女孩人数	总体人数	占比（%）
SS	56	53	109	30.5
SL	98	84	182	51.0
LL	33	33	66	18.5

表 2.2 MAOA-uVNTR 基因型的分布情况

MAOA-uVNTR 基因多态性	男孩人数	女孩人数	总体人数	占比（%）
33/3	104	50	154	38.7
34	0	96	96	24.1
44/4	101	47	148	37.2

（二）儿童 6 个月时的结果

共获得 340 名 6 个月婴儿的消极情绪数据。消极情绪数据和 5-HTTLPR 基因型数据都完整的婴儿共 285 名，其中 85 名儿童的 5-HTTLPR 基因型是纯短等位基因（SS），148 名儿童是混合型（SL），52 名儿童是纯长等位基因（LL）。进行方差分析考察 5-HTTLPR 基因型和性别对婴儿消极情绪的影响，并将家庭社会经济地位作为协变量加以控制。结果发现，5-HTTLPR 基因型在婴儿消极情绪上的主效应边缘显著，$F(2, 279)=2.63$，$p=0.07$，多重比较的结果表明，携带 SS 型 5-HTTLPR 基因型的婴儿的消极情绪显著高于携带 LL 型 5-HTTLPR 基因的婴儿，如图 2.1 所示；性别的主效应不显著，性别和 5-HTTLPR 基因型的交互作用不显著。

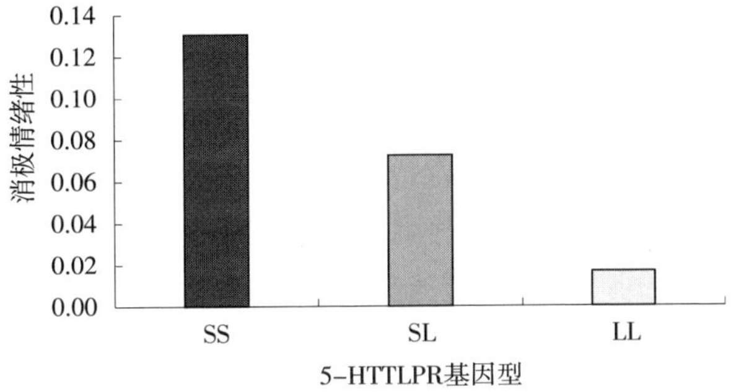

图 2.1　不同 5-HTTLPR 基因型儿童在 6 个月时的消极情绪性

消极情绪数据和 MAOA-uVNTR 基因型数据都完整的婴儿共 324 名，其中 129 名儿童携带 3 个重复片段的 MAOA-uVNTR 等位基因（3 或者 33 型），123 名儿童携带 4 个重复片段的 MAOA-uVNTR 等位基因（4 或者 44 型），72 名儿童携带混合型 MAOA-uVNTR 等位基因（34 型）。进行方差分析来检验 MAOA-uVNTR 基因型对婴儿消极情绪的影响，结果发现，MAOA-uVNTR 基因型在婴儿消极情绪性上的主效应显著，F（2，320）= 3.15，$p = 0.04$，事后多重比较的结果表明，携带 3 个重复片段的 MAOA-uVNTR 等位基因（3 或者 33 型）的婴儿的消极情绪显著多于携带 4 个重复片段的 MAOA-uVNTR 等位基因（4 或者 44 型）的婴儿，如图 2.2 所示。

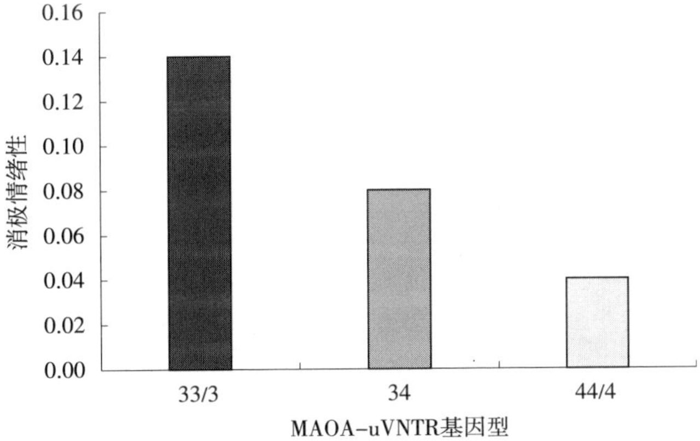

图 2.2　不同 MAOA-uVNTR 基因型儿童在 6 个月时的消极情绪性

（三）儿童 2 岁时的结果

1. 基因型与 2 岁实验室观察的行为抑制性之间的关联

2 岁时，大约 300 名儿童参与了实验室观察任务，但由于部分儿童在活动过程中哭闹不止、实验员操作失误等原因，未对这部分儿童的数据进行分析。有 262 名儿童拥有完整的行为抑制性和 5-HTTLPR 数据。在这 262 名儿童当中，85 名儿童的 5-HTTLPR 基因型是纯短等位基因（SS），134 名儿童是混合型（SL），43 名儿童是纯长等位基因（LL）。男孩和女孩在 5-HTTLPR 基因型的分布上不存在显著的性别差异，χ^2（2）= 0.82，$p>0.05$。

进行协方差分析考察性别和 5-HTTLPR 基因型在行为抑制性上的主效应及其交互作用，并把父母的文化程度和家庭经济收入作为协变量加以分析。结果表明，5-HTTLPR 基因型在行为抑制性上具有显著的主效应，F（2，254）= 4.49，$p<0.01$，$\eta_p^2=0.03$；性别的主效应不显著，F（1，254）= 0.71，$p>0.05$；5-HTTLPR 和性别的交互作用也不显著，F（2，254）= 0.54，$p>0.05$。事后多重比较表明，携带 SS 型基因型的儿童的行为抑制性分数要显著低于携带 SL 型基因的儿童；携带 SS 型基因的儿童和携带 LL 型基因的儿童在行为抑制性分数上的差异达到边缘显著水平（$p<0.067$）；携带 SL 型基因和 LL 型基因儿童的行为抑制性分数不存在显著差异。各基因型儿童的行为抑制性分数如图 2.3 所示。

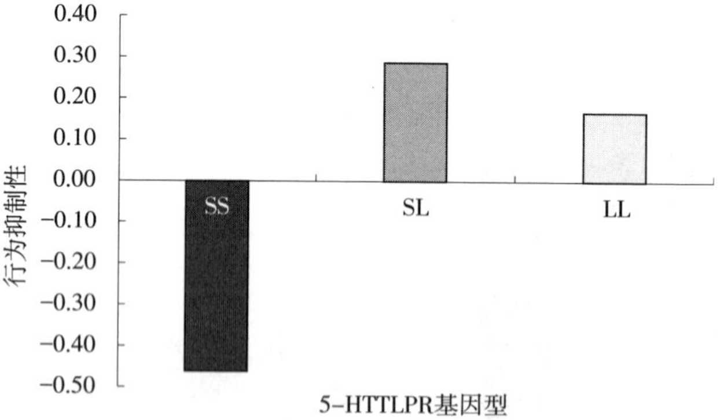

图 2.3　不同 5-HTTLPR 基因型儿童在 2 岁时的行为抑制性

有 233 名儿童拥有 MAOA 基因数据和行为抑制性数据。在这 233 名儿童当中，有 119 名男孩，114 名女孩。87 名儿童携带 3 个重复片段的 MAOA-uVNTR 等位基因（3 或者 33 型），90 名儿童携带 4 个重复片段的 MAOA-uVNTR 等位基因（4 或者 44 型），56 名儿童携带混合型 MAOA-uVNTR 等位基因（34 型）。进行协方差分析考察 MAOA 基因型在行为抑制性上的主效应，并把父母的文化程度和家庭经济收入作为协变量加以分析。结果表明，MAOA 基因型在行为抑制性上的主效应未达到统计显著水平。

2. 基因型与 2 岁时父母报告的问题行为

共 302 名儿童有完整的 5-HTTLPR 基因数据和母亲报告数据，311 名儿童有完整的 MAOA-uVNTR 基因数据和母亲报告数据；318 名儿童有完整的 5-HTTLPR 基因数据和父亲报告数据，332 名儿童有完整的 MAOA-uVNTR 基因数据和父亲报告数据。

进行方差分析考察基因型与 2 岁时父亲和母亲报告的内隐问题行为的关联。方差分析的结果表明，在母亲报告的儿童内隐问题上，5-HTTLPR 基因型和 MAOA-uVNTR 基因型的主效应均不显著，但是 MAOA-uVNTR 基因型与性别的交互作用显著，F（1，309）= 5.37，p=0.02，η_p^2 =0.02。简单效应分析结果表明，在男孩中，携带 4 个重复序列基因的儿童的内隐问题更少一些，而在女孩中，趋势是相反的，携带 4 个重复序列基因的儿童的内隐问题更多一些，见图 2.4。在父亲报告的儿童内隐问题上，MAOA-uVNTR 基因型的主效应不显著，但是 5-HTTLPR 基因型的主效应显著，F（2，312）= 5.27，p=0.006，η_p^2 = 0.03，事后多重比较的结果表明，携带混合型基因（SL 型）的儿童的内隐问题要少于携带短等位基因（SS 型）和长等位基因（LL 型）的儿童，见图 2.5。

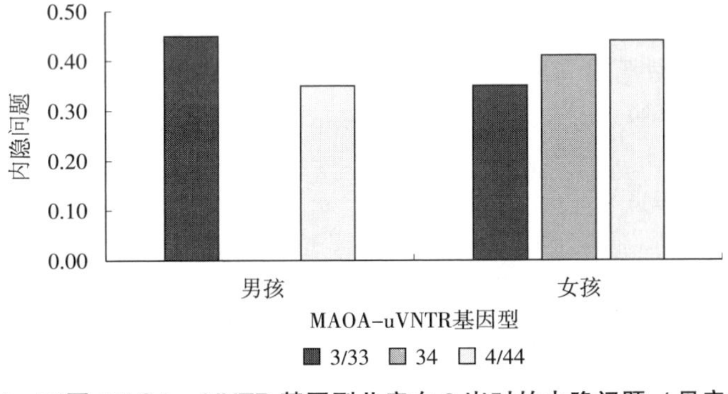

图 2.4 不同 MAOA-uVNTR 基因型儿童在 2 岁时的内隐问题（母亲报告）

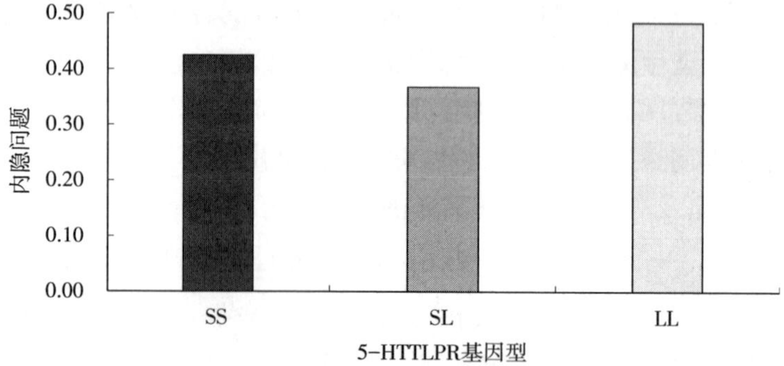

图 2.5　不同 5-HTTLPR 基因型儿童在 2 岁时的内隐问题（父亲报告）

（四）儿童 4 岁时的研究结果

4 岁时，271 名儿童有完整的 5-HTTLPR 基因数据和母亲报告数据，281 名儿童有完整的 MAOA-uVNTR 基因数据和母亲报告数据；253 名儿童有完整的 5-HTTLPR 基因数据和父亲报告数据，263 名儿童有完整的 MAOA-uVNTR 基因数据和父亲报告数据。

进行方差分析考察基因型与父母报告的内隐问题之间的关系。结果发现，在母亲报告的内隐问题上，性别的主效应显著，F（1，263）= 9.65，p = 0.002，η_p^2 = 0.04，女孩比男孩表现出更多的内隐问题；MAOA-uVNTR 基因的主效应以及其与性别的交互作用均不显著；5-HTTLPR 基因型的主效应达到边缘显著水平，F（2，263）= 2.84，p = 0.06，η_p^2 = 0.02，事后多重比较的结果表明，携带长等位基因（LL 型）的儿童的内隐问题多于携带短等位基因（SS 型）和混合型基因（SL 型）的儿童，如图 2.6 所示。

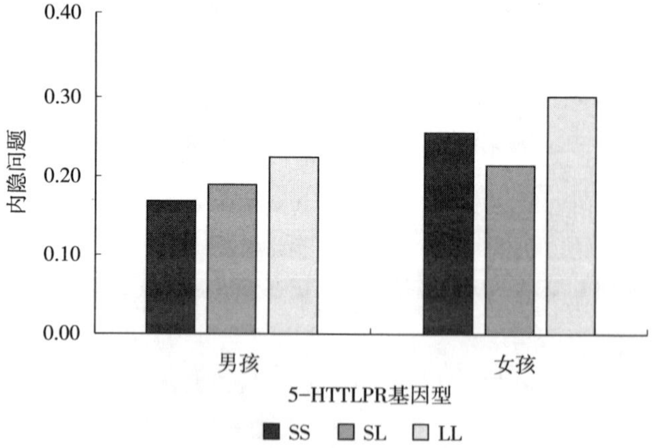

图 2.6　不同 5-HTTLPR 基因型儿童在 4 岁时的内隐问题（母亲报告）

在父亲报告的儿童内隐问题上，MAOA-uVNTR 基因的主效应以及其与性别的交互作用均不显著，而 5-HTTLPR 基因的主效应达到边缘显著水平，$F(2, 247) = 2.77$，$p=0.06$，$\eta_p^2 = 0.02$，事后多重比较的结果表明，携带长等位基因（LL 型）的儿童的内隐问题显著高于携带短等位基因（SS 型）和混合基因（SL 型）的儿童，如图 2.7 所示。

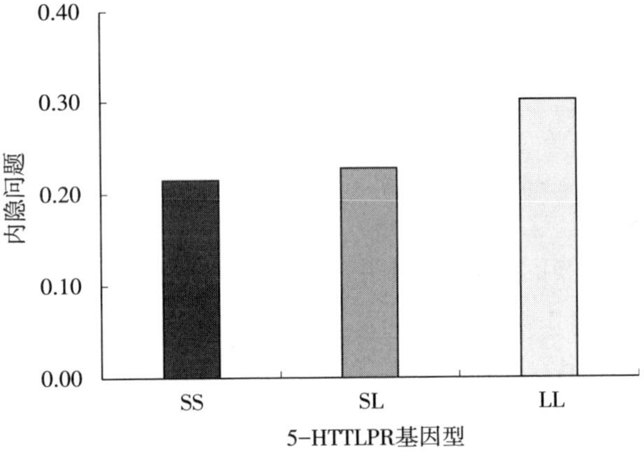

图 2.7 不同 5-HTTLPR 基因型儿童在 4 岁时的内隐问题（父亲报告）

（五）儿童 7 岁时的研究结果

7 岁时，177 名儿童有完整的 5-HTTLPR 基因数据和母亲报告数据，186 名儿童有完整的 MAOA-uVNTR 基因数据和母亲报告数据；165 名儿童有完整的 5-HTTLPR 基因数据和父亲报告数据，172 名儿童有完整的 MAOA-uVNTR 基因数据和父亲报告数据。

进行方差分析考察基因型与父母报告的儿童内隐问题之间的关系。结果发现，在母亲报告的儿童内隐问题上，5-HTTLPR 基因多态性和 MAOA-uVNTR 基因多态性的主效应都不显著，其与性别的交互作用也不显著。在父亲报告的儿童内隐问题上，5-HTTLPR 基因多态性的主效应达到边缘显著水平，$F(1, 163) = 3.52$，$p=0.06$，$\eta_p^2 = 0.02$，事后多重比较的结果表明，携带长等位基因（LL 型）的儿童的内隐问题要高于携带短等位基因（SS 型）和混合型等位基因（SL 型）的儿童，见图 2.8。

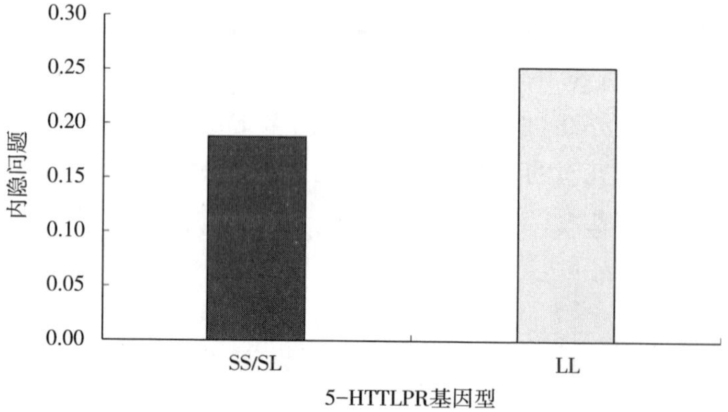

图 2.8　不同 5-HTTLPR 基因型儿童在 7 岁时的内隐问题（父亲报告）

（六）儿童 10 岁时的研究结果

10 岁时，199 名儿童有完整的 5-HTTLPR 基因数据和母亲报告数据，213 名儿童有完整的 MAOA-uVNTR 基因数据和母亲报告数据；175 名儿童有完整的 5-HTTLPR 基因数据和父亲报告数据，182 名儿童有完整的 MAOA-uVNTR 基因数据和父亲报告数据。

进行方差分析考察不同基因型对父母报告的儿童行为抑制性的影响。结果发现，在母亲报告的儿童行为抑制性上，MAOA-uVNTR 基因多态性和 5-HTTLPR 基因多态性的主效应都不显著，但是 5-HTTLPR 基因多态性与性别的交互作用显著，$F(2, 193) = 4.00$，$p = 0.02$，$\eta_p^2 = 0.04$，简单效应分析结果表明，在男孩中，携带长等位基因（LL 型）的儿童的行为抑制性水平最低，携带短等位基因（SS 型）的儿童的行为抑制性水平最高；但在女孩中，趋势是相反的，携带长等位基因（LL 型）的儿童的行为抑制性水平最高，携带短等位基因（SS 型）的儿童的行为抑制性水平最低，如图 2.9 所示。

在父亲报告的儿童行为抑制性上，MAOA-uVNTR 基因多态性的主效应不显著，5-HTTLPR 基因多态性的主效应显著，$F(2, 170) = 3.46$，$p = 0.03$，$\eta_p^2 = 0.04$，事后多重比较的结果表明，携带混合型基因（SL 型）的儿童的行为抑制性低于携带长等位基因（LL 型）和短等位基因（SS 型）的儿童；性别的主效应显著，$F(1, 193) = 9.07$，$p = 0.003$，$\eta_p^2 = 0.05$，事后多重比较的结果表明，男孩的行为抑制性水平低于女孩，如图 2.10 所示。

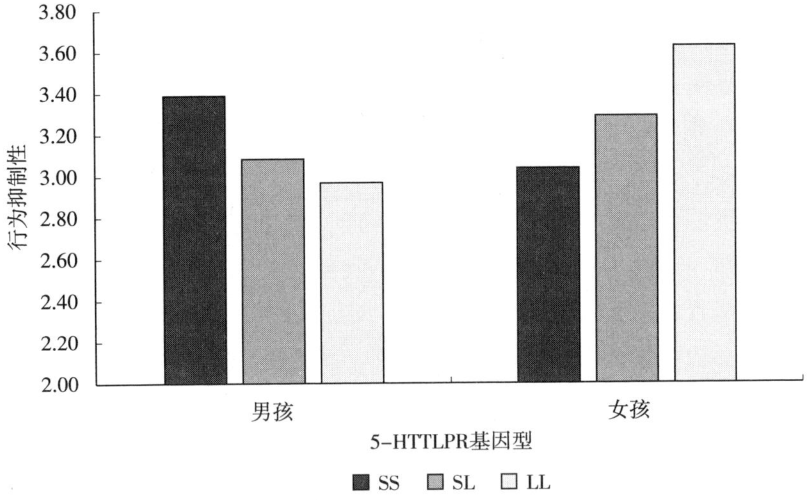

图 2.9　不同 5-HTTLPR 基因型儿童在 10 岁时的行为抑制性（母亲报告）

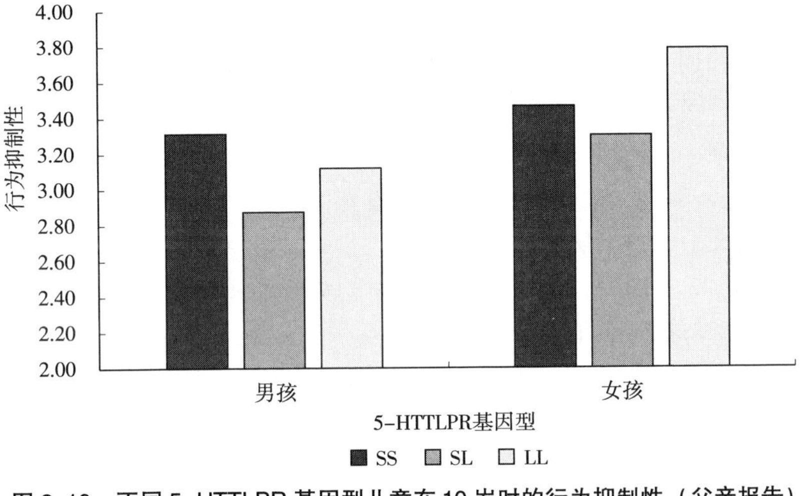

图 2.10　不同 5-HTTLPR 基因型儿童在 10 岁时的行为抑制性（父亲报告）

四、讨论

在过去的几十年里，研究者们热衷于探讨基因与个体行为特征之间的关系。自从 Lesch 等人（1996）发现了 5-HTTLPR 基因多态性与焦虑和神经质之间的关系以来，已有大量研究考察了欧美国家中 5-HTTLPR 基因多态性与焦虑相关的人格特征之间的关系，如害羞、抑制（Miller，Wankerl，Stalder，Kirschbaum，& Alexander，2013）。本研究考察了中国儿童中 5-HTTLPR 基因多态性、MAOA-uVNTR 基因多态性与消极情绪性、行为抑制、内隐问题之间的关系，能够帮助我们更好地理解在非西方国家中，基因与个体行为之间的关系。

本研究采用追踪研究设计，采用多种数据收集方法（例如，行为观察、父母报告）分别测量了个体从婴儿期到青少年早期的行为特征，涉及与社交退缩相关的多个概念，如消极情绪、行为抑制、内隐问题等。通过这种长时程的追踪，我们可以从中分析个体行为特征与基因型之间的关系是否具有跨时间的稳定性；通过多种方法采集数据，我们可以分析基因与个体行为特征之间的关系是否具有跨情境、跨报告者的稳定性。从本研究的结果来看，无论是行为观察的数据还是父母报告的数据，无论是在哪个年龄段，儿童的抑制、害羞、退缩行为都与 5-HTTLPR 基因和 MAOA-uVNTR 基因有着密切的关联。然而，在不同的年龄段、不同的数据来源之间，数据模式又不尽相同。

从行为观察的数据来看，儿童 6 个月时的消极情绪与 5-HTTLPR 长等位基因（LL 型）有关，而 2 岁时的行为抑制与短等位基因（SS 型）有关，考虑到儿童 6 个月时的面对新异刺激的消极情绪通常是后期儿童抑制、害羞行为的有力预测因素，这个结果看起来似乎有些矛盾。另外，儿童 6 个月时，携带 4 个重复序列 MAOA-uVNTR 基因的儿童的消极情绪低于携带 3 个重复序列基因的儿童，但是到了 2 岁时，MAOA-uVNTR 基因与儿童的行为抑制性之间不存在显著关联。也就是说，从 6 个月到 2 岁，儿童的恐惧、抑制行为与基因之间的关系似乎出现了较大的转变。

但是儿童 2 岁以后，基因与行为之间的关联似乎变得比较稳定了。从父亲报告的数据来看，在儿童 2 岁、4 岁和 7 岁时，父亲报告的内隐问题行为与 5-HTTLPR 基因之间的关系比较一致，即携带长等位基因（LL 型）的儿童的内隐问题行为高于携带短等位基因（SS 型）的儿童，这与 2 岁时观察的行为抑制性与 5-HTTLPR 基因之间的关系模式是一致的。而母亲在儿童 4 岁时报告的内隐问题行为上也发现了类似的结果。这一相对稳定的结果模式似乎表明，在 5-HTTLPR 上携带长等位基因（LL 型）的儿童更有可能表现出退缩、抑郁等内隐问题。这一结果与西方国家中发现的主流结果并不一致。

以往在西方国家中的研究大都发现携带 SS 型基因的个体更加焦虑、抑制（Lesch et al.，1996；Miller et al.，2013；Whisman，Richardson，& Smolen，2011），而本研究中则发现携带 SS 型基因的儿童的行为抑制性水平更低。5-HTTLPR 与行为抑制性之间的关系需要从社会文化环境的角度来理解。一个可能的原因是 SS 型 5-HTTLPR 基因与较低水平的 5-羟色胺转运体转录水平有关，较低的转运体水平和5-羟色胺再摄取有关，这会影响5-羟色胺调节的神经回路（Hariri et al.，2002），使得儿童对社会化的反应性较低，更少表现出社会期待的行为。抑制行为在西方国家中被认为是不成熟的、不适应的，但是在中国文化中被认为是得体的。因此，在西方国家中，抑制的儿童通常会得到消极评价和反馈，发生适应问题，但是在中国，抑制的儿童通常会得到社会支持，适应得很好（Chen，Chen，Li，& Wang，2009；Chen et al.，1998）。本研究的结果表明，5-HTTLPR与儿童行为之间的关系可能受到特定环境的调节。

另外，需要注意的是，无论是实验室观察到的行为，还是父母报告的行为，都有一个共同点，那就是父母在场。父母在场与否，可能会在很大程度上影响儿童的行为表现。依恋领域的研究发现，与美国相比，日本的妈妈和孩子之间表现出更多的情感亲密和身体接触（Rothbaum，Weisz，Pott，et al.，2000），也就是说，日本的孩子更依赖母亲，这与两国父母在养育孩子时的不同观点、行为有关。总体来看，在东亚文化中，父母在养育孩子的过程中，与孩子有更多的身体接触，父母更关注孩子的情感需求，想方设法为孩子过滤掉那些会给他们带来压力的情境因素。因此，东亚文化中，那些亲子依恋关系越好的孩子，在社交情境中可能会更多地依赖父母去应对这些社交压力，更少表现出独立、自主的行为。这可能是本课题中发现抑制、害羞、退缩行为与5-HTTLPR基因和MAOA-uVNTR基因多态性之间的关联与西方国家中发现的结果不一致的一个很重要的原因。

本研究通过追踪设计，考察了5-HTTLPR基因和MAOA-uVNTR基因与儿童的抑制、害羞、退缩行为之间的关联，发现从儿童6个月到2岁期间，5-HTTLPR基因和MAOA-uVNTR基因与儿童的抑制、害羞、退缩行为之间的关系发生了一些转变。这一结果表明，随着儿童年龄的增长，儿童对环境影响越来越敏感，基因与个体行为之间的关系会发生变化。而在不同的文化中，环境对儿童的期待和要求有所不同，这也可能是以往研究中发现的一些不一致结果的原因。但这一假设还需要未来更多研究的进一步验证。

另外，在基因与个体的行为之间，还存在许多中间过程，例如，个体的神经内分泌活动、大脑活动、自主神经系统相关活动等，有研究者将这些中间过程称为内表型，这些内表型可能中介调节了基因与行为表型之间的关系。未来的研究需要进一步弄清楚基因型—内表型—表型行为之间的关系，这有助于我们更好地理解基因是如何影响个体行为的，基因与行为之间的关系为什么在不同的文化中存在不同。

第三章

社交退缩行为的发展及其影响因素

第一节　理论与研究概述

社交退缩行为对儿童社会适应具有重要影响，因此，弄清楚社交退缩的起因和发展变化规律是非常重要的。发展心理学的大量研究表明，人类的行为是遗传因素和环境因素共同作用的产物。儿童的抑制、退缩行为也是在内外多种因素的共同作用下发生、发展的。

社交退缩包括由于各种原因导致的独处行为，因此，将其作为一个整体来研究其发展变化规律显然不是一个合理的选择，而应该对其亚型进行研究。另外，在生命全程中，尤其是在童年期，社交退缩行为是不断发展、分化的，在不同的发展阶段，它的行为表现也不一样。因此，有必要对社交退缩行为的发展变化做一个梳理。在社交退缩行为的众多亚型中，抑制、害羞得到了众多研究者的关注，而孤僻、不合群、社交淡漠得到的关注则相对较少。

一、抑制、害羞的起源与发展

从儿童出生起，我们就可以观察到儿童之间的个体差异。有的新生儿很安静，醒了就吃奶，吃饱了就睡觉。也有一些新生儿似乎很不安稳，难以入睡，经常哭泣或哼哼唧唧。婴儿的外在行为表现更多地是其内在生理状态的一种反映。当其生理需求得到满足时，他们就表现得恬静，当其生理需求未得到满足时，他们就表现得激动、烦躁。随着婴儿大脑的发育和感知觉能力的迅速发展，婴儿开始对外界刺激做出反应，例如，他们开始学会对物体进行视觉追踪，会主动地去抓握身旁的物体。但此时婴儿对外界刺激的反应往往是无差别的。

6 个月左右时，随着儿童感知觉能力的提高和记忆能力的发展，婴儿能够对刺激做出区分，他们对外界刺激的反应开始出现分化。这个时候的婴儿已经能够区分刺激是积极的还是消极的，当他们看到积极的刺激或具有奖赏价值的物品时，他们会表现出积极的情绪，如微笑、大笑，高兴地咿咿呀呀，并做出趋近反应（例如，伸手去够这个物品，或身体趋向这个物体）；当他们看到消极的刺激或具有惩罚性质的物品时，他们表现出消极的情绪，嘴里发出叽叽咕咕的声音，并做出回避反应（如扭头不看这个物品，或躲避）（Rothbart，1988）。另外，这个时候的婴儿也能够区分新异刺激和熟悉刺激，还能够区分物体是否有危险性（Schaffer，1974）。但婴儿对外界刺激尤其是新异刺激的反应存在巨大的个体差异。有些婴儿在见到新异刺激时，经常会表现出强烈的消极情绪反应和肢体动作，而另外一些婴儿则较少表现出消极反应，甚至还有一些婴儿会表现出积极反应。这种个体差异我们将其称为婴儿反应性方面的差异。当新异刺激是陌生人时，儿童表现出的消极情绪和回避反应就是害羞的最早表现形式，有学者将其称为恐惧性害羞或气质型害羞。

在婴儿半岁至1岁期间，随着婴儿自我调节能力（主要是反应性调节能力）的萌芽，婴儿在面对新异刺激时，表现出接近抑制行为（inhibition of approach）。在8个月左右，婴儿在伸手去抓新异物体时会表现出明显的犹豫倾向，也就是说，他们伸手抓新异物品的潜伏期变长了。研究发现，儿童在面临新异刺激或高强度刺激时的恐惧程度越高，他们抓握物体的潜伏期越长，而如果他们表现出积极的情绪，则会迅速地接近这个刺激（Rothbart，1988）。

到了学步期之后，随着儿童运动能力的发展，儿童已经可以自主地控制自己的身体运动，他们可以更加积极主动地探索周围的物理环境和社会环境。在日常生活中，他们会经历很多的新环境（如，去医院，去亲朋好友家做客，出去旅行等），碰到很多的陌生人。这种新异环境或刺激对儿童来说，既具有潜在的奖赏价值（带来新奇的体验），又可能具有危险性，因此儿童的接近动机和回避动机可能被同时激活。但在每个儿童身上，这两种动机的强弱程度是不同的，因此导致儿童行为上的不同。一些儿童能够快速同化新异刺激和环境，表现出接近、外向、大胆的行为，另一些儿童则需要更多的时间来消化、思考，因而表现出回避、退缩、胆小的行为。儿童的这种个体差异就是行为抑制性（Kagan et al.，1984），当儿童面临的新异刺激是社会性刺激（陌生人）时，儿童的行为抑制就是社会性抑制，也就是害羞。早期在面对新异刺激时表现出高反应性的婴儿，在此阶段有更大的概率表现出抑制、退缩行为。

此后，儿童的活动范围不断扩大，儿童开始与同龄伙伴进行交往。当儿童进入幼儿园之后，同伴交往的机会大大增加，儿童开始拥有相对稳定的同伴圈子。那些在婴儿期表现出高消极反应性、在学步期表现出高水平行为抑制的儿童，在这个阶段碰到陌生同伴的时候，依然胆小、谨慎、害羞，表现出退缩、回避行为（Fox，Snidman，Haas，Degnan，& Kagan，2015；Rubin，Hastings，Stewart，Henderson，& Chen，1997）。在这一阶段，儿童的自我意识也开始迅速发展，儿童在与周围他人的交往过程中，通过周围他人对自己的态度、反应，逐渐形成了自我概念。因为行为抑制儿童在人际交往过程中，表现得比较胆小、谨慎、慢热，他们的这种行为反应模式，很可能会招致周围成人或同伴的消极态度和反应，如父母的负面态度和同伴的拒绝、嘲笑，而父母和同伴的消极态度和反应又会反过来影响儿童的行为（Rubin，Coplan，& Bowker，2009）。那些对新异刺激敏感的儿童，通常也会对社会交往情境中潜在的负面评价敏感，为了避免遭受负面评价，他们会尽量逃避社会交往，哪怕是在熟悉的交往环境中也是如此，这就是所谓的自我意识型害羞。

自我意识型害羞是早期恐惧性气质和后期社会经验共同作用的产物，那些具有恐惧性气质的儿童更容易形成自我意识型害羞，但并不是所有具有恐惧性气质的儿童都会出现自我意识型害羞，只有当这些恐惧性气质的儿童同时也经历了消极的社会事件时，他们才会形成自我意识型害羞（Poole，Tang，& Schmidt，2018）。也就是说，恐惧性气质是形成自我意识型害羞的必要条件而非充分条件。而那些没有经历过负面社会事件的恐惧性气质儿童，仍然维持着他们对陌生人的警惕、胆小反应，但是在熟悉的交往情境中却表现得胆大、外向，研究者将其称为气质型害羞。气质型害羞和自我意识型害羞也可能相互影响，存在一定程度的重叠。

到了青春期，儿童的生理和心理上都发生了重大的变化，儿童的自我认知能力和社会认知能力进一步提高。同时，儿童的同伴交往需求不断增长，同伴接纳对儿童来说越来越重要。那些缺乏社交技能、在社会交往中频繁遭遇消极事件的儿童，他们的焦虑程度会加剧，退缩行为会达到顶峰，甚至出现各种心理问题，如社交焦虑障碍等。到了成年期之后，个体会面临更多的生活压力，包括独立自主、接受高等教育、发展职业、进入婚姻、为人父母等。个体在面临这些压力的时候，仍然会保持其之前的行为特征。但是，他们的社会行为也受到环境、文化的影响。

相对于西方国家，在中国文化中存在一种特殊形式的害羞——内敛，主要表现为在群体中低调、不张扬、不炫耀，沉默、谦逊、礼貌，尤其是在众目睽睽（例如，被表扬）或存在潜在冲突（面临与他人的分歧）的情况下最为突出。这种害羞可能主要源于中国文化的影响。中国的传统价值观更多地强调群体的和谐，并不鼓励个性的表达，因此，高调、张扬并不是社会所提倡、推崇的一种行为方式。“枪打出头鸟”“木秀于林，风必摧之”等俗语也提醒着人们，自我表达、自我张扬有可能会导致一些消极的后果。在这种文化价值观的熏陶下，很多人学会了隐藏自己的锋芒，在群体中保持沉默，不过多发表自己的意见，这就是内敛。研究发现，内敛的个体一般不会体验恐惧和焦虑，相反，他们拥有更好的自我调节能力，也比一般个体适应得更好。

综上所述，许多研究者认为，婴儿期对新异刺激的高反应性，学步期对新异刺激的行为抑制，童年期的害羞、焦虑退缩行为，这些是一脉相承的，它们都源于杏仁核的兴奋性及其对皮层、下丘脑、交感神经系统、纹状体和中央灰质的投射的差异。目前的研究结果也在很大程度上支持了这一观点。从幼儿时期开始，2 岁时观察到的行为抑制是 4 岁以后社交谨慎和沉默的重要预测因素（Rubin，Burgess，& Hastings，2002）。此外，行为抑制、害羞、社交沉默和社交退缩似乎从学龄前到青春期和成年早期都相当稳定（Degnan，Henderson，Fox，& Rubin，2010）。在所有发育阶段，极端退缩儿童的行为表现出最大的稳定性（Asendorpf & Van Aken，1994；Schwartz et al.，1999）。例如，Rubin 等人（1995）发现，在极端社交退缩的儿童中，大约三分之二在 5—11 岁期间保持稳定。

除了时间稳定性，儿童的社交退缩也表现出跨情境的一致性。例如，Schneider 及其同事发现，社交退缩的儿童和青少年在各种社交环境中，包括在学校、家庭和社区中，更经常回避同龄人（Schneider，Richard，Younger，& Freeman，2000；Schneider，Younger，Smith，& Freeman，1998）。总之，这些发现很好地说明抑制、害羞、退缩行为表现出跨时间、跨情境的稳定性。然而，并不是所有行为抑制的婴幼儿后来都会变得退缩、焦虑（Degnan & Fox，2007）。父母教养方式、亲子关系以及同伴关系质量等因素都会影响社交退缩行为的发展、维持和调节。

二、孤僻/不合群/社交淡漠的起源与发展

对于社交淡漠的早期发展，已有的研究相对较少，且不太成熟。一方面可能是因为在童年早期，不合群/社交淡漠与其他形式的社交退缩（如害

羞）比较难以区分，因为它们行为上都表现为独处和交往不足，区别只在于内在动机。不合群/社交淡漠主要是由于个体内在接近动机不足，害羞主要是由内在的趋避冲突导致的。在童年早期，父母很难准确地区分儿童的内在动机，在测量上难以有效地将其区分出来，因此，对童年早期不合群/社交淡漠的研究相对不足。另一方面，也可能是因为不合群/社交淡漠个体的行为反应和生理反应不像害羞、回避个体那样明显、突出，因此得到的关注较少。

有研究者考察了童年早期的安静退缩行为，理论上来看，这种行为与儿童的社交淡漠/不合群存在高度关联。安静退缩行为包括单独探索行为和单独建构行为，表现为儿童独自探索周围环境，或安静地玩拼图、画画、搭积木等游戏活动。在童年早期，这些行为主要是由个体对同伴交往缺乏兴趣引起的。Jennings（1975）认为，个体在合群性上的差异主要是由于个体的兴趣不同所致。合群儿童的主要兴趣在于人，所以他们更喜欢社会交往；而不合群儿童的主要兴趣在于物，他们更喜欢探索物理世界的奥秘，对人际交往则兴趣寥寥。

从学步期开始，个体在合群性上的差异就逐渐显露出来。因此，孤僻/社交淡漠可能有其遗传基础，但是很少有研究对儿童的合群性/不合群性进行长期的追踪研究，至于其早期的气质根源，则更少有研究者涉及。由于不合群儿童通常花更多时间在对物理世界的探索上，他们通常会有更高的认知能力和常识；相反，合群儿童通常花更多时间在社会交往上，所以他们应该会有更好的社会认知能力。而这种能力上的分化反过来又会使得他们原有的兴趣得以继续维持下去，那些合群的儿童因为在社会认知方面的优势，会更加乐于人际交往，而那些不合群的儿童因为在认知能力和常识方面的优势，会对探索物理世界更加感兴趣。

也有一些儿童的社交淡漠/孤僻主要是由后天环境因素导致的。有些儿童一开始的时候并不孤僻，但由于他们在人际交往过程中经常遭遇一些消极事件（例如同伴拒绝、同伴排斥等），他们被迫与群体疏离；也有一些儿童一开始是想与同伴交往的，但是由于紧张、焦虑而难以发起、维持与同伴的交往。久而久之，这些儿童对同伴交往丧失了兴趣，变得孤僻。

三、害羞和合群性的绝对水平的发展变化

大部分研究者认为，害羞和合群性是相对稳定的心理结构。然而，很少有长期纵向研究考察从童年早期到成年晚期害羞和合群性的平均水平变化。

因此，尚不清楚这两个特征在整个生命过程中的发展趋势究竟是相似的还是不同的。

有一项横断研究试图通过大样本调查来考察害羞在生命全程中的发展规律，它的研究对象是 17 岁至 70 岁的个体（Van Zalk，Lamb，& Rentfrow，2017）。研究发现，从成年早期到成年晚期，男性害羞水平会逐渐降低。相比之下，女性的害羞水平总体上高于男性，且相对稳定，在各个年龄段保持不变。也有研究发现，在 20 岁至 30 岁之间，害羞水平会下降（尤其是冲突性害羞）（Xu，Poole，Van Lieshout，Saigal，& Schmidt，2019）。

另一项横断研究在 4 岁到 86 岁群体中考察了害羞的发展规律（Brook & Schmidt，2022）。结果显示，在儿童样本中，害羞水平在学龄前相对较高，但在童年中期下降，在童年晚期/青少年早期再次上升。在成人样本中，害羞的最低水平出现在青春期晚期至成年早期（即 17—22 岁），而在青年期（即 30—39 岁）达到顶峰，成人初显期晚期至中年期（即 26—55 岁）的害羞水平与其他年龄组（即 17—25 岁和 56—86 岁）相比明显更高。总体而言，在整个生命周期内害羞水平的平均变化趋势似乎呈倒 U 形曲线。

关于合群性，一项研究发现，合群性在青春期上升，在青春期后期至成年中期下降，然后在成年后期上升（Ashton & Lee，2016）。其他研究发现，成人的合群性在 20 岁至 30 岁期间是下降的（Xu et al.，2019）。另一项横断研究在 3 岁到 86 岁的人群中考察了合群性的发展变化（Brook & Schmidt，2020）。研究发现，在儿童/青少年样本中，合群性最低的时期是童年晚期到青少年早期；在成人样本中，17 岁至 22 岁的人合群性最强，而 30 岁至 39 岁的人合群性最低；在整个样本中，女性的合群性平均水平明显高于男性。

四、儿童社交退缩行为的影响因素

尽管儿童的社交退缩行为受到遗传因素的影响，相对稳定，但环境因素也在很大程度上影响着儿童退缩行为的发展。在儿童的抑制、退缩行为的发展过程中，家庭环境、同伴环境是最重要的影响因素，其中又以家庭环境的影响最为重要、长远。在过去的几十年间，研究者从多个角度考察了家庭环境对儿童的退缩行为的影响，其中重点关注了父母养育方式、亲子依恋以及一些具体的养育行为对儿童退缩的影响。但需要说明的是，父母养育方式与儿童的害羞、退缩行为之间的关系并不是单向的，而是双向的，父母的养育会影响儿童的害羞、退缩行为的发展，而儿童的害羞、退缩行为也容易激发父母特定的养育行为。

害羞和社交退缩起源于婴儿对新异刺激的情绪反应，早期在面对新异刺激时表现出强烈负面情绪反应的婴儿后来很可能形成抑制性气质（Kathryn Amey Degnan & Fox，2007）。照顾这些婴儿对父母的要求很高，如果父母对婴儿发出的线索、提示足够敏感，则会降低婴儿的紧张和退缩（Early et al.，2002）。同样，如果父母能与幼儿积极互动，给幼儿安排适当的活动，经常表扬、鼓励儿童，不吝于表达对儿童的爱意，那么儿童的退缩、焦虑行为会大大减少（Bayer，Sanson，& Hemphill，2006）。

但一些高反应性婴儿的父母不理解婴儿的需求，或不能及时、有效地对婴儿的需求做出反应（Kiang，Moreno，& Robinson，2004）。这种情况下，婴儿很容易形成不安全的亲子依恋（Bowlby，1980）。依恋研究者认为，形成不安全依恋关系的婴儿无法将父母作为安全基地去自由地探索周围环境、应对新的挑战，他们害怕失败或拒绝，所以他们经常逃避社会交往。一些研究结果支持了这一模型，不安全依恋的婴儿，特别是形成了矛盾型依恋的婴儿，到了学龄前和学龄期更可能是恐惧的、抑制的，表现出更多的退缩行为（Matas，Arend，& Sroufe，1978；Spangler & Schieche，1998）。Booth LaForce 和 Oxford（2008）发现，在 24 个月时依恋不安全的孩子在小学阶段更加害羞。

与抑制、退缩行为特别相关的一种养育方式是父母的过度担忧、保护与控制。那些害羞、退缩儿童的父母，大多对孩子表现出过度保护的倾向，父母生怕孩子受到伤害，在孩子不需要帮助、安慰时对孩子表达强烈的关注，对孩子的事情大包大揽，限制孩子对外界的探索（Rubin et al.，1997）。这种育儿模式剥夺了孩子独自应对挑战的机会，向孩子传递了一个信息，即他们在没有父母帮助的情况下无法独自处理好事情，这会削弱幼儿的主动性。这样的父母养育出来的孩子面对陌生同伴时更加退缩，面对陌生成人时更加抑制。Rubin，Burgess 和 Hastings（2002）发现，对于那些退缩的学步儿童，如果他们的母亲过度保护与控制，那么两年之后他们大概率会继续退缩，但如果他们的母亲不那么过度控制，两年之后他们大概率不再退缩。

这并不意味着父母应该对孩子放任不管，区分正常的、恰当的父母关爱与不恰当的、过度关爱之间的一个重要标准就是，在具体的亲子互动情境中，孩子到底需不需要父母的指导与关爱。Rubin、Cheah 和 Fox（2010）创设了自由玩耍（对孩子来说很容易）和结构化教学任务（对孩子来说非常困难）两种情境来考察母亲与 4 岁孩子的交往模式。研究发现，在自由玩耍情境中，对于那些可以自己平静下来、并不需要母亲干预的儿童，如果他们的母亲过于关注，那么他们在与同伴互动时会更加沉默寡言。但是，在教学任务情境中，当孩子可能经历挑战和痛苦时，若母亲给予充分的关注，那么这些儿童在与同伴交往时则较少沉默寡言。因此，对于害羞、退缩儿童来说，母亲的保护、控制到底是好还是坏取决于具体情境和儿童的需求。

在儿童年幼时，父母对害羞、退缩的儿童容易表现出过度保护的养育行为，而随着儿童年龄的增长，父母对待害羞、退缩儿童容易走向另一个极端，他们对害羞、退缩儿童表现出的温暖和积极情感越来越少，变得缺乏耐心，甚至会过度批评儿童。Rubin 及其同事发现，父母的贬损和拒绝会威胁孩子对亲子关系的信心，侵蚀孩子的自我价值和对他人的信任（Rubin et al.，2002）。退缩幼儿如果经常遭到父母的嘲笑、批评，那么他们的退缩倾向很可能会继续保持下去，反之，在那些具有挑战性的情境中，如果父母能够给予儿童支持和鼓励，那么这些儿童的退缩行为将会减少。通常情况下，在进入青春期之后，随着儿童自主活动能力的提高，父母的控制会减少，但有些过度退缩、焦虑儿童的父母对儿童的侵扰、干预和心理控制仍然保持较高水平。父母的心理控制与青少年的内隐问题正相关，父母的支持与退缩、害羞之间负相关（Barber，Olsen，& Shagle，1994）。因此，父母对儿童的过度控制，无论是溺爱还是贬损，都会让幼儿的退缩行为维持下去，这种不利影响在整个童年期都存在。

其他一些研究考察了父母的性格和精神病理学特征对儿童的害羞、退缩行为的影响。那些神经质或容易产生心理压力的母亲，或自身有焦虑或情感问题的母亲，更可能有抑制、害羞或焦虑的孩子（Zahn-Waxler，Klimes-Dougan，& Slattery，2000）。焦虑的母亲与害羞、抑制的儿童毫无疑问具有遗传上的共同点，但焦虑母亲的行为也可能会额外增加孩子害羞的风险。首先，害羞、焦虑程度高的母亲可能通过榜样作用向孩子传递他们的害羞、抑制倾向，当儿童观察到母亲经常表现出焦虑行为后，他们自身的抑制、害羞行为会增加（Murray et al.，2008）。此外，害羞的母亲可能会无意中向孩子传达负面社会评价预期，导致儿童出现信息加工偏向（Bogels，Stevens，& Majdandzic，2011）。害羞的父母也可能会因为自己的焦虑而减少孩子的社交经验（Ollendick & Hirshfeld-Becker，2002）。害羞、焦虑或神经质的母亲在育儿过程中更容易过度控制、保护和嘲笑儿童，反应性也更低（Coplan，Arbeau，& Armer，2008）。

同伴关系也是影响儿童的害羞、退缩行为的重要因素。在西方国家中，儿童的退缩行为通常会导致不利的同伴关系，而消极的同伴经历，尤其是同伴拒绝、排斥和欺辱，反过来又会增加或维持儿童的退缩行为（Gazelle & Ladd，2003），也就是说，害羞、退缩的儿童通常会陷入退缩—同伴拒绝与欺辱—退缩的恶性循环之中。同伴欺凌和糟糕的友谊质量可能会增加儿童害羞或社交退缩的可能。那些经历过更多同伴排斥和欺凌、友谊不稳定的儿童，他们的社交退缩水平会不断增加；而那些较少经历同伴排斥和欺凌的儿童，他们的社交退缩水平会减少。另一项研究发现，同伴欺凌和同伴排斥强化了从童年到青少年早期的害羞轨迹（Booth-LaForce & Oxford，2008）。

除此之外，其他一些因素也会影响儿童的害羞、退缩行为。在气质/人格精神病理学文献中，许多研究者考察了压力生活事件对个体的内隐问题（如焦虑、抑郁）的影响。大多数研究发现压力性生活事件对焦虑有单独的影响（Broeren，Newall，Dodd，Locker，& Hudson，2014）。Meyer 等人（2016）发现，那些在学前阶段焦虑水平较高的儿童，如果他们在 6 岁时经历了灾害事件，那么他们的内隐问题增加最多。

另外，文化价值观也会影响社交退缩行为的发展。如果在一个社会中，抑制、退缩行为是被提倡、鼓励的，那么个体的抑制、退缩行为就会被肯定、强化，稳定地保持下去；相反，如果在这个社会中，抑制、退缩行为不被提倡和鼓励，那么这种行为就会受到否定和拒绝，从而会相应地减少。以往研究也发现，东亚人群中害羞、退缩行为的整体水平要高于欧美人群，这可能与两种文化对害羞、退缩行为的价值判断不同有关。西方文化崇尚自主和自我表达，害羞、退缩行为通常被看作不成熟、缺乏能力的表现；而东亚文化则强调群体的和谐，并不太鼓励个性的表达，害羞、内敛往往被认为是懂事、成熟的表现。这种文化价值观上的差异会影响到退缩行为的表达、维持和发展。

除了这些外部因素外，儿童自身内部的一些因素也会影响到其退缩行为的发展。其中，儿童的自我调节能力是最为重要的一个因素。根据个体自我调节过程中意识的参与程度，可以将自我调节分为反应性控制和努力控制两种。在早期，儿童的自我调节主要是反应性控制，随着儿童的成熟和注意能力的提高，儿童的努力控制能力开始显现。有关努力控制在儿童社交退缩行为的发展中的作用，目前存在着一些分歧和争论。在 Rothbart 等人的模型中，努力控制作为一种自上而下的加工过程，可以帮助儿童根据环境的要求灵活地调节自己的行为，减少退缩行为。另外一些研究者则认为，努力控制对抑制、退缩的儿童来说非但没有积极作用，反而会加剧这些儿童的抑制、退缩倾向，增加他们出现各种适应困难问题的风险（Henderson et al.，2015）。

这两种观点分别得到了一些实证研究的支持。这些不一致可能源于不同研究对努力控制的测量方式不同。努力控制可以划分为相互联系但又不同的几个方面，如注意转移、注意集中、抑制控制和激活控制等，不同成分在社交退缩行为的发展中所起的作用可能不同。已有的研究比较一致地发现，注意转移有助于抑制、退缩儿童将注意力从威胁性刺激中分离出来，关注环境中的积极方面，降低他们的恐惧，减少他们的害羞、退缩（White，McDermott，Degnan，Henderson，& Fox，2011）。但有关抑制控制在社交退缩行为发展中的作用，目前的研究结果不太一致。在以往大多数研究中，抑制控制被视为一个积极的保护因素，有助于个体的社会适应和情绪适应。但是近来的一些研究表明，抑制控制可能会增加抑制、退缩儿童出现焦虑问题的风险（White et al.，2011）。因此，抑制控制在儿童社交退缩行为的发展中的作用，还需要进一步的研究。

第二节　社交退缩行为发展变化规律与影响因素的实证研究

虽然西方国家的研究者对儿童社交退缩进行了较为系统的研究，但到目前为止，国内很少有对儿童的退缩行为进行的长期的、系统的追踪研究，因此，对于国内儿童的退缩行为的发展变化规律，我们了解得并不多。以往有限的研究发现，中国儿童的害羞、退缩水平整体上要远远高于西方儿童，但是除了绝对水平上的差别，社交退缩在中国儿童中的发展变化规律是否也与西方国家存在不同，这是值得我们关注的问题。

一、研究目的与假设

本研究采用追踪设计，从儿童 6 个月时开始追踪，一直追踪到儿童 10 岁左右，以期系统地考察儿童害羞、退缩行为的前因、发展变化规律及其影响因素。通过本研究，我们拟回答如下问题：（1）婴儿期的哪些气质特征会预测儿童后期的退缩行为；（2）从 2 岁到 10 岁，儿童退缩行为的绝对稳定性和相对稳定性如何；（3）家庭环境因素和儿童自身因素在儿童的退缩行为的发展过程中起着什么样的作用。

二、研究方法

（一）研究对象与研究程序

本研究的研究对象和研究方法与第二章第五节研究中的研究对象和研究程序一致。招募了 428 名 6 个月的儿童参与研究，然后在这些儿童 2 岁、4 岁、7 岁和 10 岁时再次对他们进行了研究。在儿童 6 个月和 2 岁时，通过实验室观察测量了儿童的早期气质，包括消极情绪、积极情绪和行为抑制性等；在儿童 4 岁和 7 岁时，采用实验室观察法测量了儿童的社交退缩行为；另外，在儿童 2 岁、4 岁、7 岁和 10 岁时，父母分别报告了自身的养育行为、儿童的社交退缩和抑制控制。

（二）研究工具

其中，有关儿童 6 个月、2 岁时的实验室观察程序和父母报告的社交退缩方面的内容具体可参见第二章第五节相关介绍。此处，我们只详细介绍父母教养方式的测量方法以及儿童 4 岁和 7 岁时的实验室观察程序。

1. 教养方式

采用由陈欣银等人根据 Block 等人编制的养育方式分类卡片（Child-Rearing Practices Report Q-Sort）修订而来的问卷来测查父母养育方式（Chen et al.，1998）。采用 5 级评分，从 1（“完全不符合”）到 5（“完全符合”）。该问卷在中国人群中具有良好的信效度。该问卷包括保护担忧（例如“我担心我的孩子的身体是否健康”）、鼓励独立（例如“我觉得我的孩子要有独立性，不要依赖我”）、拒绝否认（例如“我觉得我的孩子有点使我失望”）和惩罚定向（例如“我相信斥责和批评会促进孩子成长”）等维度。各个维度的内部一致性信度 Cronbach α 系数在 0.69 以上，信度良好。在某些部分的分析中，为了结果的简洁，在考虑了理论上的适当性和维度间的相关性之后，我们将惩罚与拒绝合成为消极/严厉教养维度，将鼓励成就、鼓励社交和接纳维度合成为积极教养维度，将担忧和鼓励独立（反向）合成为过度保护维度。

2. 实验室观察的社交退缩行为

每次邀请 4 个同性别同年龄的儿童来到观察室进行小组活动，包括两个自由游戏阶段和其他一些活动任务，对儿童在两个自由游戏阶段的行为进行编码来考察儿童的社交退缩行为。对儿童交往行为的编码依照 Rubin 编制的

《儿童游戏观察量表》中规定的程序进行（Rubin，2001）。该量表是通过区分游戏行为和非游戏行为，并把认知游戏分类嵌套于社会性游戏中而建立起来的一套完整、详细的儿童行为观察评定系统。其中，社会性游戏类型包括单独游戏、平行游戏和群体游戏；认知游戏包括机能游戏、探索、建构游戏、假想游戏、规则游戏；非游戏行为包括探索、阅读、无所事事、旁观、过渡、谈话、攻击、打斗游戏。选取其中的旁观行为和无所事事行为作为焦虑退缩行为的指标，选取单独探索和单独建构游戏作为安静退缩行为的指标，选取其中的机能游戏和单独假想游戏作为活跃退缩行为的指标，计算每种行为所占时间在总时间中的比例。编码者一致性系数在 80% 以上。

3. 父母报告的儿童害羞、合群性、抑制控制

采用 Rothbart 等人编制的系列气质问卷来测量儿童的气质。在儿童 6 个月时，采用的是 Rothbart 等人（1981）编制的《婴儿行为问卷》，从中节选了部分题目；儿童 2 岁时，采用的是《儿童早期行为问卷》（Putnam et al.，2006）；儿童 4 岁和 7 岁时，采用的是《儿童行为问卷》（Rothbart et al.，2001）；儿童 10 岁时，采用的是《青少年早期气质问卷》（Capaldi & Rothbart，1992）。这一系列问卷都是根据 Rothbart 等人的气质理论编制而成，具有相同的理论基础，各问卷都包括外向性、消极情绪性和努力控制三个大维度，每个大维度又由若干个小维度组成。由于各个年龄段儿童的具体行为特征不同，所以各问卷在具体题目和小维度上会稍有不同。该系列问卷在国内外的研究中广泛使用，具有良好的信效度。各维度的内部一致性信度均在 0.60 以上。本研究中，我们主要选取了与本课题密切相关的维度，如害羞、合群性、恐惧、抑制控制等。

三、研究结果

（一）儿童社交退缩行为的绝对稳定性

1. 实验室观察的儿童社交退缩行为的绝对稳定性

各个年龄段实验室观察到的儿童退缩行为相关变量的平均值和标准差如表 3.1 所示。方差分析显示，4 岁和 7 岁时观察到的活跃退缩行为存在显著的性别差异，男孩在实验室中表现出的活跃退缩行为指标显著高于女孩，而在其他变量上则不存在显著的性别差异。

由于儿童 6 个月、2 岁与 4 岁及 7 岁时采用的观察程序不同，所得的指标也不相同，所以没有办法考察从 6 个月到 7 岁时实验室观察任务中儿童退缩行为

的发展变化趋势，但是4岁和7岁时所用的观察程序和编码方案是相同的，所以可以对4岁和7岁时的数据进行分析。重复测量方差分析结果表明，在焦虑退缩行为上，时间主效应显著，$F(1, 175)=29.52$，$p<0.001$，$\eta_p^2=0.14$，儿童7岁时的焦虑退缩行为显著低于4岁；在安静退缩行为上，时间主效应显著，$F(1, 175)=22.64$，$p<0.001$，$\eta_p^2=0.12$，儿童7岁时的安静退缩行为显著低于4岁。从这一结果可以看出，从4岁到7岁，儿童的退缩行为显著下降。

表3.1　实验室观察的儿童退缩相关变量的平均值（*M*）和标准差（*SD*）

变量	男孩			女孩			*F*
	n	*M*	*SD*	*n*	*M*	*SD*	
1. 消极情绪_6个月	174	0.08	0.33	162	0.09	0.29	0.14
2. 行为抑制_2岁	145	−0.19	2.66	140	0.12	2.65	0.99
3. 焦虑退缩_4岁	161	0.09	0.12	153	0.10	0.12	0.59
4. 安静退缩_4岁	161	0.33	0.14	153	0.35	0.16	1.28
5. 活跃退缩_4岁	161	0.12	0.09	153	0.08	0.08	18.39***
6. 焦虑退缩_7岁	105	0.05	0.08	86	0.06	0.08	0.86
7. 安静退缩_7岁	105	0.24	0.15	86	0.26	0.16	0.40
8. 活跃退缩_7岁	105	0.08	0.08	86	0.05	0.06	7.10**

注：* $p<0.05$，** $p<0.01$，*** $p<0.001$。下同。

2. 父母报告的儿童社交退缩行为的绝对稳定性

父母报告的儿童退缩相关变量的平均值和标准差如表3.2所示。方差分析结果显示，在6个月时母亲报告的儿童恐惧水平和2岁时母亲报告的儿童害羞水平存在显著的性别差异，女孩6个月时的恐惧水平和2岁时的害羞水平显著高于男孩。在其他变量上不存在显著的性别差异。

表3.2　父母报告的儿童退缩相关变量的平均值和标准差

变量	男孩			女孩			*F*
	n	*M*	*SD*	*n*	*M*	*SD*	
1. 恐惧_母_6个月	221	1.96	0.53	206	2.19	0.52	20.07***
2. 害羞_母_2岁	171	2.67	0.71	155	2.95	0.69	12.53***
3. 合群性_母_2岁	171	3.91	0.79	155	4.00	0.84	0.91

续表

变量	男孩			女孩			F
	n	M	SD	n	M	SD	
4. 害羞_父_2 岁	182	2.73	0.63	166	2.85	0.66	3.19
5. 合群性_父_2 岁	182	3.91	0.81	166	3.89	0.83	0.05
6. 害羞_母_4 岁	155	3.88	1.25	144	4.11	1.25	2.43
7. 害羞_母_7 岁	108	3.01	1.02	90	3.28	1.09	3.11
8. 害羞_父_7 岁	100	3.13	0.94	84	3.38	1.09	2.61
9. 害羞_母_10 岁	112	2.42	1.03	109	2.57	0.83	1.31
10. 害羞_父_10 岁	100	2.43	0.78	89	2.66	0.88	3.52

儿童 2 岁、4 岁、7 岁和 10 岁时，父母报告了儿童的害羞水平，因此可以考察从 2 岁到 10 岁期间，儿童害羞水平的发展变化趋势。但 2 岁和 10 岁时采用的是 5 点计分，4 岁和 7 岁时采用的是 7 点计分，为了使量尺统一，我们先把 2 岁和 10 岁时父母报告的儿童害羞水平转化成 7 点计分，转换公式为害羞$_{转换}$ = 害羞$_{原始}$ * 7/5。采用重复测量方差分析比较各年龄段儿童害羞水平的差异，结果发现，在母亲报告的儿童害羞水平上，时间主效应显著，F（3, 342）= 96.706，$p<0.001$，$\eta_p^2=0.46$，2 岁与 4 岁时的害羞水平差异不显著，但 2 岁和 4 岁时的害羞水平高于 7 岁和 10 岁时的害羞水平，7 岁时的害羞水平低于 10 岁，见图 3.1。在父亲报告的儿童害羞水平上也发现了类似的趋势。也就是说，儿童的害羞水平在 2—4 岁期间处于较高水平，7 岁时儿童的害羞水平降至最低，10 岁时儿童的害羞水平又有所回升。

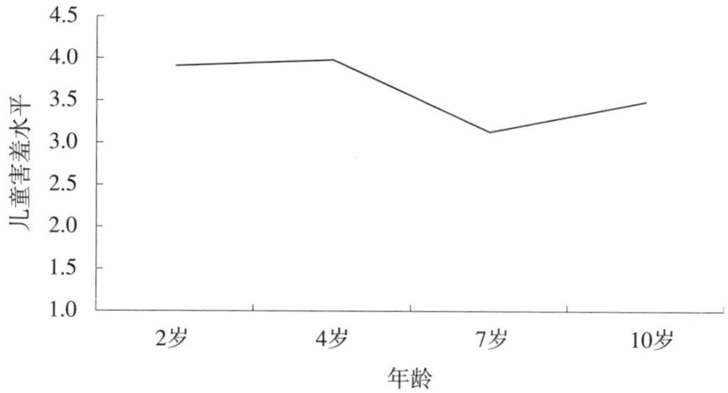

图 3.1　儿童害羞水平的发展变化趋势

（二）儿童社交退缩行为的相对稳定性及其与早期气质的关系

1. 实验室观察到的抑制、退缩行为的相对稳定性

计算儿童6个月时的消极情绪、2岁时的行为抑制分数与儿童4岁及7岁时的社交退缩行为之间的相关系数，结果见表3.3。结果表明，儿童6个月时的消极情绪不能预测儿童2岁时的行为抑制及4岁和7岁时的退缩行为，但儿童2岁时的行为抑制与儿童4岁时的焦虑退缩行为具有低度相关；儿童4岁时的焦虑退缩行为与儿童7岁时的焦虑退缩行为具有中度相关；4岁时的活跃退缩行为与7岁时的活跃退缩行为也具有中度相关。由此可见，6个月时实验室情境下观察到的儿童对新异刺激的消极情绪反应性不能预测儿童后来的抑制、退缩行为，但是儿童2岁时在实验室情境中观察到的行为抑制能够预测后来的退缩行为，从4岁到7岁，儿童的退缩行为保持中等程度的稳定性。

表3.3 实验室观察到的退缩行为的相对稳定性及其与早期气质之间的相关

变量	1	2	3	4	5	6	7	8
1. 消极情绪_6个月	—							
2. 行为抑制_2岁	-0.07	—						
3. 焦虑退缩_4岁	-0.04	0.16*	—					
4. 安静退缩_4岁	0.08	-0.04	-0.11	—				
5. 活跃退缩_4岁	-0.06	0.00	-0.09	-0.27**	—			
6. 焦虑退缩_7岁	-0.05	0.10	0.40**	0.01	-0.16*	—		
7. 安静退缩_7岁	-0.02	0.07	0.07	0.13	-0.04	0.06	—	
8. 活跃退缩_7岁	-0.04	-0.01	-0.02	-0.15*	0.23**	-0.08	-0.18*	—

2. 父母报告的儿童社交退缩行为的相对稳定性

计算各个年龄段父母报告的社交退缩行为之间的相关系数，结果见表3.4。儿童6个月时母亲报告的儿童恐惧水平能够正向预测儿童2岁、4岁和7岁时母亲报告的害羞水平以及2岁时父亲报告的害羞水平。儿童2岁、4岁、7岁和10岁时的害羞水平保持着中等程度的稳定性。父亲和母亲报告的数据之间存在中等程度的一致性。

表 3.4　父母报告的儿童社交退缩行为的稳定性及其与早期气质之间的相关

变量	1	2	3	4	5	6	7	8	9	10
1. 恐惧_母_6 月	—									
2. 害羞_母_2 岁	0.21**	—								
3. 合群_母_2 岁	-0.20**	-0.16**	—							
4. 害羞_父_2 岁	0.14**	0.53**	-0.15**	—						
5. 合群_父_2 岁	-0.05	-0.19**	0.32**	-0.24**	—					
6. 害羞_母_4 岁	0.15**	0.35**	-0.18**	0.36**	-0.16**	—				
7. 害羞_母_7 岁	0.16*	0.45**	-0.17*	0.38**	-0.21**	0.59**	—			
8. 害羞_父_7 岁	0.13	0.18*	-0.05	0.27**	-0.18*	0.33**	0.56**	—		
9. 害羞_母_10 岁	0.03	0.33**	-0.15*	0.17*	-0.08	0.43**	0.63**	0.43**	—	
10. 害羞_父_10 岁	0.04	0.22**	-0.06	0.20**	-0.12	0.23**	0.43**	0.54**	0.53**	—

3. 实验室观察数据与父母报告数据之间的一致性

分别计算各年龄段实验室观察数据与父母报告数据之间的相关系数。儿童 6 个月时实验室观察到的儿童消极情绪与母亲报告的儿童恐惧水平之间低度正相关（$r=0.12$，$p<0.05$）。2 岁时实验室观察的行为抑制性与父亲（$r=0.22$，$p<0.001$）和母亲（$r=0.27$，$p<0.001$）报告的害羞水平正相关，与父亲（$r=-0.13$，$p<0.05$）和母亲（$r=-0.15$，$p<0.05$）报告的合群性负相关。4 岁时儿童在实验室的行为与母亲报告的害羞水平之间不相关。7 岁时，儿童在实验室观察到的焦虑退缩行为与父亲（$r=0.18$，$p<0.05$）和母亲（$r=0.20$，$p<0.05$）报告的害羞水平正相关，安静退缩与活跃退缩与父母报告的害羞水平无关。由这些结果可知，实验室观察到的儿童退缩行为与父母报告的退缩行为之间只有低度相关；实验室观察到的焦虑退缩行为主要与父母报告的害羞水平有关，即与儿童内在的趋近—回避动机冲突有关，而安静退缩与活跃退缩行为与父母报告的害羞无关，即与儿童内在的动机冲突无关。

（三）父母养育方式与儿童退缩行为的关系

1. 父母养育方式与儿童退缩行为的交叉滞后回归分析

为了考察父母养育方式与儿童社交退缩行为之间的纵向作用关系，研究者在 Mplus7.0 软件中建立结构方程模型，进行交叉滞后回归分析。首先，分别以父亲和母亲养育方式的各个维度为自变量，以父母报告的害羞为因变量，建立从 2 岁到 10 岁的交叉滞后回归模型。在这个模型中，分别设定养育方式和害羞水平的自回归路径，以及害羞水平与养育方式之间的纵向回归路径，并设定各年龄段的养育方式与害羞水平（或其残差）相关。分别以养育方式各维度得分作为养育方式的指标；由于 2 岁、7 岁和 10 岁时的害羞水平分别由父母报告，因此在每个年龄段（4 岁除外）以父亲和母亲报告的害羞水平为观测指标来提取害羞的潜变量。

结构方程模型的结果显示，各个模型的拟合指数都良好，CFI 和 TLI 的值在 0.90 以上，RMSEA 和 SRMR 的值在 0.08 以下。从 2 岁到 10 岁期间，害羞和父母养育方式的稳定性都较高。在控制了害羞和父母养育方式各自的稳定性以后，2 岁时母亲的鼓励成就能够负向预测 4 岁时的母亲报告的儿童害羞（$\beta=-0.17$，$p<0.05$）。儿童 7 岁时父亲的保护担忧正向预测儿童 10 岁时父亲报告的儿童害羞（$\beta=0.25$，$p<0.05$）；其他的纵向预测作用不显著。

接下来，以同样的方式建立结构方程模型，考察父母养育方式与实验室观察到的儿童社交退缩行为之间的关系，各个模型的拟合指标良好。儿童 2 岁时，母亲的惩罚定向负向预测儿童 4 岁时的安静退缩行为（$\beta=-0.18$，$p<0.05$），父亲的惩罚定向正向预测儿童 4 岁时的活跃退缩行为（$\beta=0.18$，$p<0.05$）。儿童 4 岁时，母亲的鼓励成就负向预测 7 岁时的焦虑退缩行为（$\beta=-0.21$，$p<0.05$）和安静退缩行为（$\beta=-0.20$，$p<0.05$），母亲的保护担忧正向预测儿童 7 岁时的焦虑退缩行为（$\beta=0.14$，$p<0.05$）；父亲的鼓励独立正向预测儿童 7 岁时的安静退缩行为（$\beta=0.27$，$p<0.05$），父亲的鼓励社交负向预测儿童 7 岁时的安静退缩行为（$\beta=-0.24$，$p<0.05$）。

2. 父母养育方式在儿童退缩行为发展中的调节作用分析

以 2 岁时的害羞为因变量进行回归分析，第一层进入行为抑制性分数，第二层进入父亲/母亲的养育方式，第三层进入行为抑制性与父亲/母亲养育方式的交互作用。结果发现，行为抑制性与母亲积极教养的交互作用能够显著预测儿童的害羞。进一步的简单效应分析发现，当母亲的积极教养比较低（$M-1SD$）时，儿童的行为抑制性显著预测其害羞（$b=0.16$，$p<0.01$）；当母亲的积极教养比较高（$M+1SD$）时，儿童的行为抑制性不能预测其害羞（$b=0.02$，$p>0.05$），见图 3.2。

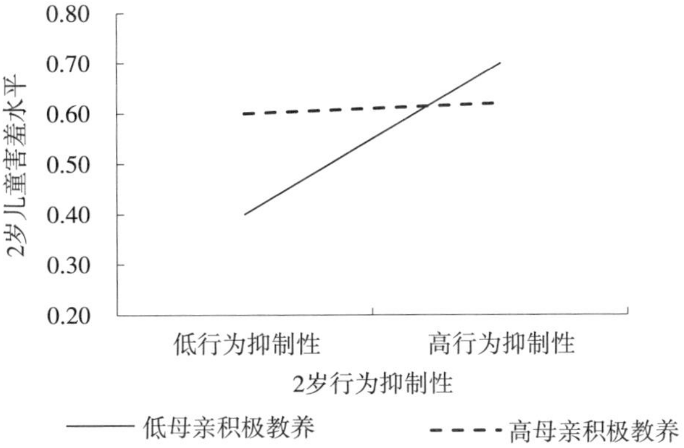

图 3.2　母亲积极教养水平对 2 岁儿童的行为抑制性与害羞之间的调节作用

分别以 4 岁、7 岁和 10 岁的儿童退缩变量为结果变量进行分层回归分析。在模型的第一层进入前一个阶段的相应退缩行为变量，以控制变量自身的稳定性；在模型的第二层进入前一个阶段的父母养育方式变量；在模型的第三层进入前一个阶段的退缩变量与父母养育方式变量的交互作用项，来检验父母养育方式在儿童退缩行为发展中的调节作用。进入回归方程之前，自变量和调节变量都进行了标准化。以儿童 7 岁时的焦虑退缩行为为例，在回归模型的第一层进入儿童 4 岁时的焦虑退缩分数，第二层进入儿童 4 岁时父母的教养方式，第三层进入儿童 4 岁时的焦虑退缩行为与父母教养方式的交互作用项。

研究结果发现，儿童 4 岁时的焦虑退缩行为与父亲的严厉教养之间的交互作用对儿童 7 岁时的焦虑退缩行为的预测作用显著（$\beta=-0.22$，$p<0.01$）。进一步的简单效应分析发现，当父亲的严厉教养行为比较少（$M-1SD$）时，儿童 4 岁时的焦虑退缩行为不能预测儿童 7 岁时的焦虑退缩行为（$\beta=0.14$，$t=1.45$，$p>0.05$）；当父亲的严厉教养行为比较多（$M+1SD$）时，儿童 4 岁时的焦虑退缩能够正向预测儿童 7 岁时的焦虑退缩行为（$\beta=0.50$，$t=5.72$，$p<0.001$），见图 3.3。

同样地，研究发现，儿童 7 岁时的害羞与母亲惩罚水平之间的交互作用对儿童 10 岁时的害羞行为的预测作用显著（$\beta=0.13$，$p<0.05$）。进一步的简单效应分析发现，当母亲的惩罚水平比较高（$M+1SD$）时，儿童 7 岁时的害羞对其 10 岁害羞的预测作用（$\beta=0.77$，$p<0.001$）要强于当母亲的惩罚水平比较低（$M-1SD$）时的预测作用（$\beta=0.51$，$p<0.001$），见图 3.4。

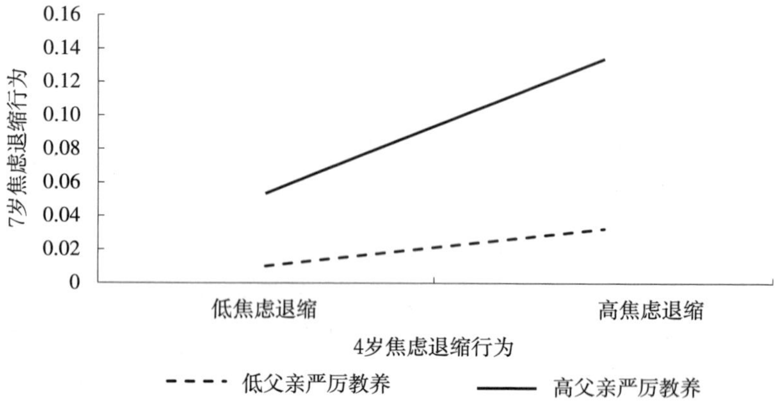

图 3.3　父亲严厉教养水平在儿童 4 岁焦虑退缩行为与 7 岁焦虑退缩行为之间的调节作用

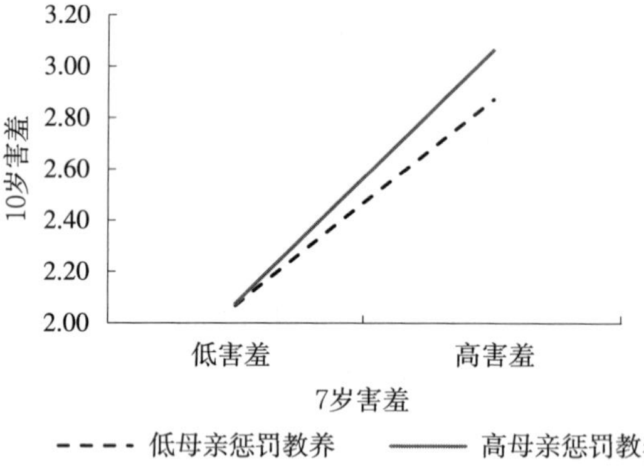

图 3.4　母亲惩罚水平在儿童 7 岁害羞与 10 岁害羞之间的调节作用

3. 儿童抑制控制能力对害羞的调节作用

为了考察儿童的自我调节能力在儿童退缩发展中的作用，分别以各个年龄段的儿童退缩变量为结果变量进行分层回归分析，在模型的第一层进入前一个阶段的退缩行为，在模型的第二层进入前一个阶段的抑制控制能力，在模型的第三层进入前一个阶段的害羞与抑制控制能力的交互项，进入回归方程之前，自变量和调节变量都进行了标准化。研究发现，7 岁儿童的害羞与儿童抑制控制之间的交互作用对儿童 10 岁时的害羞的预测作用显著（$\beta=-0.14$，$p<0.05$）。进一步的简单效应分析发现，当儿童的抑制控制水平比较高（$M+1SD$）时，儿童 7 岁时的害羞对其 10 岁时的害羞的预测作用（$\beta=0.50$，$p<0.001$）要弱于当儿童的抑制控制水平比较低（$M-1SD$）时的预测作用（$\beta=0.81$，$p<0.001$），见图 3.5。

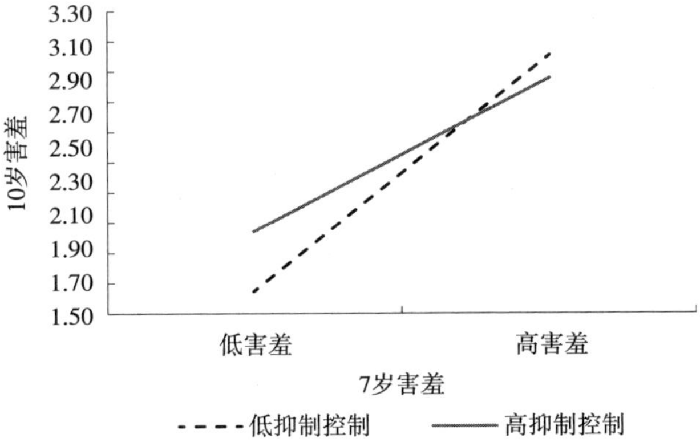

图 3.5　儿童抑制控制在 7 岁害羞与 10 岁害羞之间的调节作用

四、讨论

（一）社交退缩的早期气质基础

本研究发现，儿童 6 个月时母亲报告的恐惧能够预测儿童 2 岁、4 岁和 7 岁时的害羞，这表明，儿童社交退缩中的害羞亚型主要是由儿童早期的恐惧性气质引起的，这与以往的研究结果是一致的。儿童的社交退缩行为，尤其是害羞，有其遗传基础，在儿童很小的时候就会表现出一些征兆。那些在 6 个月时就表现出较高恐惧水平的婴儿，长大后大概率会比较害羞。

但是，本研究中，儿童 6 个月时实验室观察到的消极情绪不能预测儿童后来实验室观察的退缩行为，这与以往研究的结果不太一致。以往研究发现，儿童早期在面对新异刺激时表现出的消极情绪反映了婴儿对新异刺激的高恐惧反应性，这种恐惧反应性是后期儿童抑制、退缩行为的生理基础（Kagan, 2018）。在本研究中，我们在儿童 6 个月的时候给儿童呈现了一些新异的视觉刺激和听觉刺激，在 2 岁时儿童面对的是新异的环境和陌生的实验人员，在 4 岁和 7 岁的时候儿童面对的是陌生的同伴，也就是说，在几个年龄段的实验室观察任务中，主要刺激都是新异的，但是儿童 6 个月时的消极情绪反应与 2 岁时的抑制行为以及 4 岁和 7 岁时的社交退缩行为都没有关联。一方面，这可能是因为实验室观察到的行为具有一定的偶然性，本研究中，实验室观察和父母报告之间的相关系数较低这一结果也在一定程度上支持了这种可能性。另一方面，从婴儿期到学步儿期，儿童生理上和心理上都发生了巨大的变化，因此行为可能并不那么稳定。

本研究发现，童年早期的行为抑制性与童年中后期的社交退缩（主要是焦虑退缩行为）存在关联。那些在童年早期表现得比较抑制的儿童，在童年中后期会表现出更多的焦虑退缩行为，这一结果支持了 Fox 等人的观点，即童年早期的行为抑制性与童年中后期的焦虑退缩行为具有共同的心理机制（Fox，Henderson，Rubin，Calkins，& Schmidt，2001）。但要注意的是，本研究中，童年早期的行为抑制性与童年中后期的焦虑退缩行为之间的相关系数较以往研究要低一些，这表明行为抑制虽然是焦虑退缩行为的有力预测源，但仍然有其他一些因素影响儿童退缩行为的发展，稍后我们将对这个问题展开详细讨论。另一方面，童年早期的行为抑制性与童年中后期的安静退缩行为和活跃退缩行为没有显著相关，这表明安静退缩行为、活跃退缩行为的心理基础与行为抑制性是不同的，儿童的安静退缩、活跃退缩行为不是由儿童的紧张、焦虑导致的。

（二）社交退缩的绝对稳定性

父母报告的结果表明，从 2 岁到 4 岁，儿童的害羞水平保持稳定，从 4 岁到 7 岁，儿童的害羞水平有所下降，从 7 岁到 10 岁，儿童的害羞水平又有所上升。也就是说，在童年期，7 岁左右的害羞水平最低。实验室观察的结果也发现，儿童 7 岁时的社交退缩低于 4 岁时的社交退缩。也就是说，在整个童年期，父母报告的儿童害羞和实验室观察到的儿童退缩行为都在 7 岁时达到最低水平，这一结果与 Brook 和 Schmidt（2022）的研究结果是一致的。这可能是因为，从学步期到幼儿园前期，儿童的社交范围逐渐扩大，面临的社交挑战越来越多，但是儿童的自我调节能力还不完善，因此儿童的害羞保持在较高水平。到了幼儿园中大班以后，随着儿童的自我调节能力逐渐完善，社交技能逐步改善，社交经验越来越多，儿童能够越来越好地应对日常社交情境，因此他们的害羞水平会有所下降。而随着儿童逐渐进入青春期早期，他们的自我意识高度觉醒，对自我的过分关注和对他人评价的高度敏感使得儿童的害羞再次上升。

（三）社交退缩的相对稳定性

本研究的结果表明，社交退缩行为中的抑制、害羞、焦虑退缩行为具有一定的连续性和稳定性。从 2 岁到 10 岁，父母报告的儿童害羞具有中等程度的稳定性，且随着儿童年龄的增长，害羞的稳定性越来越高。而实验室观察到的 4 岁和 7 岁的焦虑退缩行为也保持中等程度的稳定性。这些结果表明，那些在童年早期表现出较高害羞水平的儿童到了童年中后期仍然有较大可能表现出较高水平的害羞。结合第二章中的研究结果可以看出，儿童的抑制、害羞、焦虑退缩行为具有遗传基础，是相对稳定的一种行为特征。

而社交退缩行为中的另外两种形式的发展，则似乎不是那么稳定。其中，活跃退缩保持低度的稳定性，而安静退缩的稳定性未达到统计显著水平。前人的研究发现，活跃退缩行为可能是儿童由于社交技能不佳而被同伴拒绝之后选择的一种行为方式。也就是说，活跃退缩行为虽然是儿童主动选择的，但它是儿童应对同伴拒绝的一种被动表现，可能会随着儿童的同伴地位的变化而发生变化，因此，它的稳定性比较低是可以理解的。

令人意外的是，本研究中，实验室观察到的儿童安静退缩行为在 4 岁和 7 岁之间并不稳定。以往的研究发现，安静退缩行为主要是由于儿童对社会交往缺乏兴趣导致的（Coplan et al.，1994），也就是人们常说的孤僻、内向。一般而言，孤僻、内向是一种比较稳定的性格特征。但本研究的结果并没有支持这一假设。这可能是因为，随着儿童年龄的增长，儿童的自我调节能力逐渐发展，儿童会逐渐学会用一些社会可接受的方式来表达自己的行为倾向，那些原本焦虑、害羞的儿童会逐渐地表现出更多的安静退缩行为来掩盖自己的紧张、焦虑（Asendorpf，1991），那些活跃退缩的儿童也可能转向安静退缩这种更容易为人接受的行为方式。也就是说，到了 7 岁时，安静退缩行为可能并不完全是由于儿童对社会交往不感兴趣而导致的，还可能混杂了其他的一些因素。在实验室观察情境中，年龄较大的一些儿童会有意识地对自己的行为进行调节、管理，因此，行为背后的意义可能会发生一些改变。用问卷法来测量儿童的孤僻、社交淡漠有时也会存在困难，尤其是在儿童年幼时，很多家长难以区分儿童的退缩行为究竟是因为害羞还是因为对社会交往不感兴趣。因此，目前这个领域的研究相对来说还不够成熟。未来的研究需要发展出更为灵敏、准确的测量方法来考察儿童的孤僻、内向、社交淡漠的发展轨迹。

（四）内外因素在社交退缩发展中的作用

本研究的结果也发现，父母的教养方式会影响儿童的抑制、退缩行为的发展变化。整体来看，对于害羞、焦虑退缩行为和活跃退缩行为，父母积极的养育方式会减少这些退缩行为，而父母消极的养育方式会增加、维持这些行为。例如，父母的鼓励成就、鼓励社交能够减少儿童的害羞、焦虑退缩行为和活跃退缩行为，而父母的惩罚、严厉则会增加儿童的害羞、焦虑退缩行为，或使儿童的害羞、焦虑退缩行为维持下去。一方面，父母的鼓励成就、鼓励社交会给儿童提供一种明确的信号，即害羞、焦虑退缩行为不是社会所鼓励、提倡的，是需要改变的；另一方面，父母的鼓励、支持会给儿童创设一种积极的、安全的亲子互动氛围，在这种氛围中，儿童乐于接纳父母为他们设置的行为目标，改变自己那些不被接纳、认可的行为。而父母的惩罚，虽然也向害羞、退缩儿童传递了明确的信号，即父母不认可他们目前的行为表现，但同时也给儿童创设了一种非安全性的亲子互动环境，在这种氛围中，儿童由于缺乏安全感，在同伴交往中会表现得更加退缩、抑制。

但是对于儿童的安静退缩行为而言，结果有所不同。本研究发现，儿童 2 岁时母亲的惩罚定向负向预测儿童 4 岁时的安静退缩行为，儿童 4 岁时父亲的鼓励独立正向预测儿童 7 岁时的安静退缩行为。这一结果也是可以理解的，安静退缩行为是儿童的一种自主选择，反映的是儿童对物理世界的兴趣、探索和投入。父母的鼓励独立意味着他们对儿童这种行为的认可和肯定，这会使儿童的自主性需求得到满足，儿童的这种行为得以保持下去。而父母的惩罚会破坏儿童的自主性需求，使儿童心理上出现不安全感，儿童对物理世界的探索、建构有可能会被抑制。因此，父母养育方式与儿童安静退缩行为之间的关系与焦虑退缩行为和活跃退缩行为是相反的，父母积极的养育方式会增加儿童的安静退缩行为，父母消极的养育方式会减少儿童的安静退缩行为。

研究还发现，对于焦虑退缩儿童来说，父母的保护担忧是一个危险性因素，会加剧他们的退缩倾向。一方面，父母的保护担忧会向儿童传递这样一种信息，即这个世界是充满危险的，而儿童是没有能力独自去应对这些危险的，这会使得儿童对这个世界、对自己都形成一种消极的认知，从而会表现出更多的退缩行为。另一方面，父母的保护担忧水平越高，给儿童提供的社交机会和锻炼可能就越少，儿童的社交技能得不到锻炼，那么儿童发起、参与社会交往的可能性就越低。

父母的养育方式不仅直接影响儿童的社交退缩行为的绝对水平，还会影响儿童社交退缩行为的相对稳定性。父母消极的养育方式，如惩罚、严厉，会使儿童的社交退缩行为稳定地保持下去，而父母积极的养育方式则有助于儿童克服先天的这种回避反应倾向，对环境中的刺激做出更加主动的反应，从而打破这种既有的行为模式和习惯。

此外，本研究还发现，儿童的自我调节能力会影响儿童害羞的稳定性，那些抑制控制能力比较高的儿童，他们的害羞水平的稳定性要低于那些抑制控制能力比较低的儿童，换句话说，抑制控制能力有助于缓解、减少儿童的退缩行为。这一结果与之前在西方国家中发现的一些结果不太一致。西方国家中的许多研究发现，儿童的抑制控制能力会加剧儿童的抑制、害羞行为(White et al.，2011)。研究者推测，抑制、害羞儿童本身就存在过度控制的问题，而抑制控制能力可能会加剧抑制、害羞儿童的这种过度控制倾向，因此对于抑制、害羞的儿童来说，抑制控制不是一个保护性因素而是一个危险性因素。但本研究发现，儿童的抑制控制能力对抑制、害羞儿童来说是一个保护性因素而不是危险性因素，它会减少儿童的害羞倾向。抑制控制作为努力控制的一个成分，反映了儿童的自我调节能力。一般来说，儿童的自我调节能力越好，自上而下的调节能力就越强，越能够根据环境的要求来调整自己的行为。本研究的结果与这一理论观点吻合。

本研究的结果表明，儿童虽然生来对外界刺激的反应性不同，有些儿童更容易恐惧、害羞、退缩，但是这种行为倾向并不是不能改变的，因为儿童生来还有另一种能力，即自我调节。那些自我调节能力较高的儿童，可以根据环境的要求来灵活地调整自己的行为。当退缩行为不适应社会的要求时，那些自我调节能力高的儿童可以调用自身的调节能力有效地调节自己的行为倾向，更多地参与社会交往。我们之前的研究也证实了这一点，那些在 2 岁时表现出较高的行为抑制水平但是自我调节能力比较好的儿童，在 11 岁时的适应结果更好，适应问题更少（张光珍，梁宗保，陈会昌，& 陈欣银，2013）。因此，自我调节能力对于退缩、害羞的儿童来说是一个保护性因素。

本研究通过 10 年的追踪研究发现，儿童的退缩行为中，抑制、害羞、焦虑退缩行为早在婴儿期就会表现出一些征兆，且在发展过程中具有相当程度的稳定性。然而，儿童的自我调节能力和父母积极的养育方式都能够在一定程度上缓解、减少儿童的抑制、害羞、焦虑退缩行为。也就是说，有些儿童虽然生来比较害羞、退缩，但是并不是说这些儿童就无法改变。一方面，家长可以通过积极的养育方式来增强儿童的安全感，帮助儿童积极地探索周围世界，减少儿童的焦虑退缩行为；另一方面，儿童自身也具有自我调节、自我改变的潜力，那些自我调节能力比较强的儿童，是能够有效地根据社会环境的要求调节、减少自身的退缩行为的。相对而言，儿童的安静退缩行为的稳定性则相对要低一些，因为其背后的动机可能会多样化一些，而父母养育方式对儿童安静退缩行为的影响与其对焦虑退缩和活跃退缩的影响有些不同，父母的鼓励独立会增加儿童的安静退缩行为，而父母的惩罚会减少这种行为。

第四章

社交退缩行为对儿童适应的影响

第一节　理论争议

虽然关于社交退缩的适应性功能的实证研究是近几十年才兴起的，但是相关的理论探讨却由来已久。许多理论家都论述了社会交往对人类发展的重要作用，但不同学者的关注点有所不同。从进化的角度来看，在原始社会，社会交往、人际联结对人类的生存至关重要，可以帮助人们应对外部环境的威胁，防止被野兽捕食，并能使人们合作狩猎、共享食物。社会心理学家认为，与他人产生联结、获得归属感是人类的基本需求，如果这种归属需求得不到满足，可能会对个体的幸福产生深远的负面影响。发展心理学研究者认为，同伴互动是儿童学习各种技能和适当行为的重要社会背景，这些技能和行为是取得成功和社会情绪适应所必需的。

瑞士著名发展心理学家让·皮亚杰（Jean Piaget，1896—1980）认为，社会交往尤其是同伴交往在儿童的认知发展中具有非常重要的作用，同伴交往为儿童认知的发展提供了独一无二的社会背景（Piaget，1926）。在儿童与成人的关系中，双方并不是处于平等的地位，成人一般会优先考虑、照顾儿童的观念、想法和感受，因此儿童很少体验到认知冲突。但是在儿童与同伴的关系中，双方处于一个平等的地位，他们在知识、经验、能力等方面都是相似的，因此在日常交往中不可避免地会产生各种观念上的分歧，这种分歧使儿童产生了认知上的冲突。为了同伴交往的顺利进行，儿童不得不学着去克服自我中心状态，关注他人的意图、欲望、想法和情绪，区分自己与他人的不同，协调自身与他人的行动，解决自身内在的认知冲突以及与同伴间的冲突。而冲突解决过程有助于儿童更好地理解他人的想法和情感，增强儿童解决人际冲突的能力，认识社会交往中的因和果。另一方面，儿童在与同伴的交往中也在不断地学习、掌握同伴交往的规则。

美国现代著名社会心理学家、符号互动论的奠基人乔治·赫伯特·米德（George Herbert Mead，1863—1931）关于自我的理论（Mead，1934），在心理学研究中具有独特的地位。米德认为，自我包括主我和客我两个方面。“主我”是正在进行社会互动的主体，是个体的自发性、创造性活动的源泉，而“客我”则是从他人的态度和视角出发观察和评价的自我，是作为审视和评价对象的自我，以“一般化的他人”的形式存在。自我的形成要经过三个阶段：模仿阶段、游戏阶段和一般化他人阶段。在模仿阶段，儿童主要通过学习语言、玩耍来形成自我。儿童在玩耍的过程中逐渐意识到自我，主体与客体逐渐分化，儿童开始把外物对象化，并在与家庭成员的交往中形成初步的社会关系。自我发展的第二阶段是游戏阶段，游戏与玩耍有着本质不同，游戏具有规则和竞争性。儿童需要协调多种角色才能顺利完成游戏，这有助于儿童形成更有组织的整体自我。自我形成的第三个阶段是一般化他人阶段。随着儿童更多地参与社会互动，儿童的社会关系得到进一步发展，他们开始学会从他人的立场与观点去思考、想象，进而采取行动，这种从社会关系中抽象出来的有组织的态度就被称为一般化他人。儿童逐渐从他人对自己的态度、反应中了解、认识到他人眼中的自己是什么样子的，形成“镜像自我”。随着社会化活动的深入，自我不断发展、成熟。在米德看来，个体自我只有通过社会关系以及不断进行的社会互动过程才能产生和存在。通过社会活动，自我与他人、与社会、与外部世界统一起来。

美国著名的精神病学家和人际精神分析学的创始人哈里·斯塔克·沙利文（Harry Stack Sullivan，1892—1949）从人际关系理论出发，主张精神疾病主要是由人际关系的困境造成的。沙利文认为，人的本质是人的社会性，这种社会性表现为人际关系，在个体发展中，社会交往的作用比生物因素更重要。个体通过人际交往来进行社会化、形成人格，人格的发展过程就是人际关系不断扩展的过程。人格只有在人际关系中才能观察到，也只有在人际关系中才能获得其意义（Sullivan，1953）。沙利文认为，同伴交往对儿童形成相互尊重、公平、互惠等观念非常重要。与同性密友之间的亲密互动能够改善儿童的心理幸福感，促进儿童同一性的形成，也有助于之后亲密关系的形成。倘若个体不能形成友谊，缺乏密友，那么可能会导致个体出现交往困难。

美国人本主义心理学家的代表人物亚伯拉罕·马斯洛（Abraham Maslow，1908—1970）认为，人的行为都是由需要驱动、指导的，如果个体的需要得到满足，那么个体就会适应良好，反之，如果个体的需要长期不能得到满足，那么个体就会出现各种适应问题（Maslow，1970）。他把人类的需要划分为五个层次，从低到高依次是生理的需要、安全的需要、爱与归属的需要、尊重的需要和自我实现的需要。马斯洛认为，每个人都有爱与被爱的需要，渴望亲情、友情和爱情。要满足这一需求，个体就必须参与社会交往。如果社会交往不足，个体爱与归属的需求就无法得到满足，那么个体心理上就会处于紧张状态，继而出现各种问题，威胁个体的生存和发展。该理论认为，社会交往是个体保持心理与社会功能正常的前提，社会交往的缺失会带来一系列的心理和社会适应问题。

根据这些理论，社交退缩儿童由于缺少同伴交往的经验，很可能会出现社会和心理适应问题。Rubin 及其同事在总结前人研究的基础上，提出了一个综合性的模型来解释社交退缩与社会情绪功能之间的相互作用过程（Rubin et al.，2009）。简而言之，一个生来就具有高反应性/抑制性气质的儿童，在父母的眼里是脆弱的，这会导致父母感到焦虑并对他们采取过度保护、过度控制的养育方式。而这会使这些儿童形成不安全—焦虑的亲子依恋关系，这些儿童会形成不安全的内部工作模型（例如，他们会认为“世界是不安全的，不可预测的”）。当这些儿童进入正规教育场所，他们会产生紧张、不安全感，这使他们在同伴交往中表现出退缩行为。因为退缩行为不符合一般的社交规范，也不符合人们对儿童行为的期望，退缩儿童会被同伴消极对待。久而久之，就会形成恶性循环，消极的同伴经历会加剧害羞儿童对自己和他人的消极看法，表现出更多的退缩行为，而这又会进一步招致和加剧消极的同伴经历。最终，害羞儿童会形成低自尊、孤独感，以及严重的焦虑和抑郁症状。这一模型描绘了社交退缩儿童最糟糕的适应结果。

然而，许多理论家和研究人员也一直呼吁要关注社交退缩行为（如独处）的积极方面。例如，Montaigne（1965）认为，个人应该努力获得独处的体验，这不仅是为了缓解社会压力，也是为了摆脱教条主义、传统思维方式和群体的压力。有些发展心理学家也认为，独处为心理成熟、自我认知和自我实现提供了一个有利的环境，特别是在婴幼儿期（Winnicott，1958）和青少年期（Larson，1990）等发展关键期。马斯洛也认为，当个体爱与归属的需要得到充分的满足后，他们不再需要通过社会交往来获得心理满足，他们在独处中就能找到乐趣，并从中受益（Maslow，1970）。马斯洛对自我实现者的研究发现，独处是自我实现者的一个典型特征。虽然自我实现者很受朋友的喜爱，但他们中的大多数人都会花大量的时间来独处。自我实现者虽喜欢独处但并不感到孤独，他们不管是身处人群中还是独自一人，都会感到放松。独处时，他们可以触碰心灵的伤口，慢慢地疗愈；也可以沉思冥想，探寻自然界的奥秘，领悟人生的哲理。总体来说，独处有两个积极作用，一是积蓄、恢复力量，二是个人成长。中国古代也有“沉默是金”“静以修身，俭以养德”“非淡泊无以明志，非宁静无以致远”的说法，可见古人早就认识到了独处的益处。

总地来说，关于社交退缩对个体发展的影响，目前存在着理论上的争议。大部分理论认为，社交退缩对个体的发展尤其是儿童的发展会造成诸多负面影响，但也有研究认为，如独处之类的社交退缩行为的作用不全是消极的。但即便是那些认为独处对个体发展具有积极作用的研究者也认为，独处具有积极作用的前提是个体社会交往的需求已经得到了一定程度的满足。从发展的角度来说，在早期，社会交往尤其是同伴交往的严重缺乏会对儿童的发展带来消极的作用；而到了后期，当个体的社会交往需求得到满足之后，适度的独处可以帮助个体更好地积蓄、恢复力量，获得个人成长。

第二节　研究概述

在早期有关社交退缩的研究中，认为社交退缩对儿童的发展不利的观点占据了上风。而早期的许多研究也确实发现，社交退缩会对儿童的同伴关系、自我认知、社会认知、学业适应等带来一系列的消极影响。然而，越来越多的研究发现，社交退缩与儿童的适应结果之间的关系是复杂的。在试图解释这些复杂性的过程中，研究人员开始关注社交退缩行为的原因，以及不同的原因如何导致不同的后果。研究者区分了社交退缩的两种亚型，害羞和社交淡漠/不合群。研究者认为，社交淡漠/不合群是自我导向、自我决定的一种行为偏好，而害羞则是由个体的趋避动机冲突导致的。因此，虽然害羞和社交淡漠的个体由于社会交往不足都会经历同伴关系方面的困难，但社交淡漠的人一般不会经历情绪问题，而害羞的个体则会经历情绪上的冲突、紧张、焦虑，产生适应问题。

同时，研究也发现，社交退缩的适应性价值受到许多背景因素的影响。其中一个背景因素就是儿童的年龄。有研究者认为，与青少年期和成年期相比，童年期社交退缩的代价更高，因为成长中的儿童需要大量的、积极的同伴互动，以保证健康的社会、情感和社会认知发展（Rubin，Bukowski，& Bowker，2015）。到了青春期，随着个体对隐私和独处需求的增加（Larson，1990）以及社会对个体自主需求的认可和接纳，童年时期与社交退缩相关的一些负面同伴经历（如同伴排斥和同伴受害）在青少年期可能会减少（Bowker et al.，2016）。然而，也有研究者认为，童年期独处的代价可能会随着时间的推移而积累，任何年龄的独处都会助长孤独和焦虑。到目前为止，关于独处"何时"会带来最大代价的争议尚未解决。

另外一个会影响社交退缩的适应性功能的背景因素就是文化。不同文化对独处方面的态度和信念存在很大差异。如果在特定的文化中，人们重视甚至鼓励独处，那么个体的社交退缩可能是相对适应的，会带来更积极的发展结果。相反，如果在特定文化中，人们对独处的态度是负面的，那么个体的社交退缩就是不适应的，会导致消极的适应结果。西方国家重视个体的自由和自主，而中国文化强调人际的和谐。在西方文化中，害羞、抑制、退缩被认为是缺乏社会能力和不成熟的表现。然而，在中国文化中，害羞、抑制行为被认为是成熟稳重的表现，害羞、谨慎和抑制的儿童经常被认为举止适当、善解人意。而社交淡漠作为一种自我选择，在西方文化中是被接受的，但在中国文化中，其与集体主义价值观相冲突。两种文化对待社交退缩行为的不同态度可能使得不同文化中的社交退缩儿童经历不同的社会情境，从而产生不同的适应结果（Chen & French，2008）。

另外，还需要注意的是，尽管一些社交退缩儿童可能出现适应不良，但是仍然有许多社交退缩儿童并没有持续经历社会情绪方面的困难，也就是说，社交退缩儿童的适应结果存在巨大的个体差异。这就引出了一个问题，为什么一些社交退缩儿童比另外一些退缩儿童适应得更好？在近些年的研究中，研究者们越来越关注社交退缩儿童身上的弹性因素，即那些能够帮助社交退缩儿童克服不利处境、适应良好的因素。研究者们探索了儿童自身因素、父母养育和家庭环境因素、同伴关系因素、学校因素的保护性作用。

到目前为止，关于社交退缩对儿童发展的影响，研究结果是复杂的，其对儿童的社会适应、情绪适应和其他方面的影响，会因时因地因人而异。但总体来说，目前的结果发现，社交退缩对儿童发展会带来一些消极影响，需要引起家长、教育工作者的重视。下面，我们分别论述社交退缩对儿童发展各方面的影响。

一、社交退缩对同伴关系的影响

早期关于社交退缩与同伴关系的研究大多考察的是抑制、害羞儿童的同伴关系。一开始，研究者推测，害羞儿童更可能遭到同伴忽视（同伴既不喜欢也不拒绝他们）（Coie & Kupersmidt，1983）。后来的研究发现，害羞儿童更多地招致同伴拒绝/不喜欢（Gazelle et al.，2005）。这种差异可能与社会测量技术的改进以及独处和害羞行为的进一步区分有关（Gazelle，2008）。

此外，研究者还考察了害羞与同伴排斥和同伴欺辱之间的关系。同伴接纳和拒绝考察的是态度（喜欢或不喜欢），而同伴排斥（被动地忽视、主动地拒绝）和欺辱（如讽刺、贬低、身体伤害）考察的是实际的行为。尽管态度和行为之间有关联，但是二者在同伴关系过程中的作用是不同的。研究发现，害羞与同伴排斥之间的关联要强于其与同伴拒绝之间的关联（Gazelle & Ladd，2003）。这可能是因为同伴更倾向于将害羞儿童看作排斥的对象，因为他们看起来容易上当、不太容易反抗、体弱多病、焦虑脆弱（Gazelle，2008；Gazelle & Ladd，2003）。

近些年来，研究者开始关注社交退缩的另一亚型即社交淡漠儿童的同伴关系，研究发现，社交淡漠儿童也会经历与害羞儿童一样的同伴困境。例如，Coplan 及其同事（2004）对学龄前儿童进行了研究，发现儿童的社交淡漠与同伴排斥之间成正相关，其后来在 6—8 岁儿童中也发现了同样的结果。研究者推测，社交淡漠儿童可能很少邀请他人一起玩耍，同伴可能对这样的孩子感到厌烦。Coplan 等人（2007）发现，社交淡漠的孩子对同伴来说缺乏吸引力，比一般儿童和害羞儿童更不受欢迎。

总地来说，尽管害羞和社交淡漠的孩子的动机不同，但是在同伴眼里，他们的行为都是缺乏吸引力、难以接受的。由于他们缺乏同伴交往的经验，所以在交往技能上可能也存在欠缺，因此导致同伴不太喜欢他们，也更容易拒绝、排斥、欺辱他们。

同伴排斥不仅是害羞/退缩行为的结果，它反过来也会影响到儿童的退缩行为的发展，乃至他们的情绪适应。Gazelle 和 Ladd（2003）发现，那些遭受同伴排斥的儿童的焦虑退缩行为更加稳定，抑郁水平在童年中期上升。Gazlle 和 Rudolph（2004）发现，从五年级到六年级，那些遭受同伴拒绝的安静退缩儿童，会维持、加剧他们的社交回避和抑郁倾向，而如果这些儿童遭遇的同伴排斥较少，那么他们的社交趋近水平会逐渐上升，抑郁会下降。频繁的同伴欺辱会增加儿童对同伴的恐惧，导致他们在同伴交往和学校活动中更加退缩（Hoglund & Leadbetter，2007）。这些发现支持了“素质—压力模型”，这个模型认为，个体的脆弱性素质（焦虑退缩）会被不利的人际处境所激化。总地来说，这些研究发现，社交退缩和同伴关系不佳（人际/环境逆境）之间的作用是双向的，相互加剧的。

那么害羞儿童最早从何时开始出现同伴关系困难呢？已有的研究证据在不断变化。早期的研究发现，在童年早期，害羞儿童并不会被同伴拒绝，但到了童年中期之后，害羞儿童会遭遇同伴拒绝。同伴拒绝之所以发生得比较晚，可能是因为同伴对害羞行为的看法随着年龄的增长会发生改变。在童年早期的时候，害羞行为看起来并不像其他行为（如攻击）那么格格不入，因为它不太会直接影响到其他人。但后来的研究发现，早在幼儿园阶段，退缩儿童就会遭遇同伴拒绝和欺辱（Coplan et al.，2008；Coplan，Prakash，et al.，2004）。在儿童进入小学以后，害羞行为与同伴关系困难之间的关联越来越紧密。

小学低年级阶段害羞行为与同伴排斥的同步发生对童年中期后的心理适应具有重要影响。害羞儿童遭遇的同伴排斥能够预测他们在童年中期抑郁症状的增加（Gazelle & Ladd，2003）。在青少年早期也发现了相同的结果。在为期一年的追踪中，那些遭受了同伴排斥的五、六年级害羞儿童，抑郁症状会越来越重，而那些没有遭受同伴排斥的儿童的抑郁症状有所改善，亲社会行为也会增加（Gazelle & Rudolph，2004）。这些结果符合素质—压力模型，害羞特质与不良的同伴关系构成了双重脆弱性因素，那些最开始有社交焦虑素质的儿童（例如担忧自己会如何被同伴对待的儿童），一旦遭遇压力性的同伴关系（如同伴排斥），他们的社会和情绪问题就会稳定保持下去；但如果这些儿童没有遭遇同伴压力，那么他们就能够适应得比较好。

二、社交退缩对友谊的影响

童年期和青少年早期的友谊通常是发生在同性别、同年龄儿童之间的一种双向关系。童年期的友谊可以为儿童：（1）提供支持，增强自尊，增加积极自我评价；（2）提供情绪安全；（3）提供亲密的自我表露的机会；（4）提供工具性和信息帮助；（5）确认兴趣、希望和恐惧；（6）增加人际敏感性；（7）为将来的爱情、婚姻和为人父母的角色提供基础（Newcomb & Bagwell，1995）。研究发现，那些拥有朋友的儿童的心理压力更小，自尊更高（Berndt & Hoyle，1985）。积极的友谊质量会让儿童拥有更高水平的自尊，对自我社会能力的知觉更加积极，内隐问题更少（Fordham & Stevenson-Hinde，1999）。

研究发现，大多数儿童至少拥有一个好朋友或最好的朋友。例如，Parker 和 Asher（1993）报告，大约 78%的三、四、五年级儿童都至少有一个双向选择的朋友，55%的儿童有一个最好的朋友（双向提名为最好的朋友）。友谊一旦形成，大多数友谊至少会持续一年（Cillessen，Jiang，West，& Laszkowski，2005），且随着儿童年龄的增长友谊会越来越稳定。Berndt 和 Hoyle（1985）的研究发现，50%的 5 岁儿童的友谊能持续一年以上，而在 11 岁儿童中这个比例是 75%。

因为友谊的形成与社会能力有关，研究者认为，许多社交退缩儿童可能无法形成友谊。然而，事实却非如此，绝大多数的退缩儿童都能至少形成一个稳定的、双向选择的友谊（Rubin，Bukowski，& Parker，2006）。例如，Rubin 等人（2006）发现，约 65%的 11 岁退缩儿童至少有一个双向选择的最好的朋友，其中约 70%的友谊能持续一年，这个比例与非退缩儿童是相近的。然而，退缩儿童的朋友大多是跟他们一样退缩的儿童，退缩儿童及他们的朋友更可能被同伴欺辱。因此，尽管退缩儿童可能缺乏社交技能，但退缩儿童之间会形成友谊。当然，并不是所有的退缩儿童都会获得友谊。

然而，与非退缩儿童相比，退缩儿童的朋友数量整体较少（Pedersen，Vitaro，Barker，& Borge，2007），友谊质量也相对较差（Rubin，Wojslawowicz，et al.，2006）。退缩儿童认为他们的好朋友很少给他们提供帮助、指导，也很少对他们表露亲密的情感，而他们的好朋友对他们的看法也是如此。退缩青少年在思考友谊的时候，更多地考虑他们自己的需求，把友谊当作一种获取帮助的来源（Schneider & Tessier，2007）。在与朋友的交往中，退缩儿童的言语交流很有限（Schneider，1999）。总体来看，退缩儿童与朋友之间可能存在“同病相怜”的情况。行为上的相似使他们容易成为朋友，但他们无法有效地应对社交情境。

三、社交退缩对学校适应的影响

（一）害羞对学校适应的影响

从幼儿园开始，害羞似乎就对儿童的言语能力造成了一定的影响。那些在老师眼里比较害羞的学龄前儿童在语言评估中的得分更低（Vitiello，Moas，

Henderson，Greenfield，& Munis，2012）。在幼儿园和一年级学生中，害羞儿童的词汇量更少，言语流畅度更差，语音意识更低（Spere & Evans，2009）。但也有研究者认为，害羞儿童在言语方面的缺陷可能与测试场景有关。如果是由陌生人一对一测试害羞儿童的词汇，他们表现得比同龄人更差，但在小组中进行测试时却没有发现这种差异（Crozier & Hostettler，2003）。也就是说，害羞儿童在语言能力上可能并不存在缺陷，只是由于测试环境通常会给他们带来社会性压力，影响了他们的表现和发挥，才导致他们在语言测试上分数较低，因此，这可能是一种表现缺陷而不是能力缺陷。

但是，害羞儿童的确在学业和学校适应上存在一定的困难。大量研究表明，害羞是学校适应困难的一个风险因素。害羞儿童在标准化数学测验中的表现更差（Vitiello et al.，2012），除此之外，他们课堂参与较少（Hughes & Coplan，2010），不喜欢学校（Eggum-Wilkens，Valiente，Swanson，& Lemery-Chalfant，2014），与教师的积极互动较少（Arbeau，Coplan，& Weeks，2010）。

害羞之所以会影响儿童的学习成绩，一方面是因为害羞会影响儿童的课堂参与。因为害羞儿童过于关注他人的评价，他们在课堂上可能会过于紧张、焦虑，害怕被老师点名回答问题，使得他们在课堂上不太愿意参与课堂互动，这可能会影响他们对课堂内容的吸收，久而久之会影响他们对学习的自信心（Crozier，1995）。研究发现，害羞儿童在进入小学一年级后，在课堂上的参与度较低（Buhs，Rudasill，Kalutskaya，& Griese，2015）。到了高中，害羞儿童在课堂上仍然比较被动，不愿意向同伴和教师表达自己的想法，也不愿积极参与课堂讨论（Paulsen & Bru，2008）。

另一方面，害羞会影响儿童的注意力。害羞儿童因为过于关注自我，所以无法根据环境和任务的要求灵活地转移注意力（Deiters，Stevens，Hermann，& Gerlach，2013）。而在课堂环境中，个体必须快速灵活地关注外部环境要求，并根据外部要求来调整自己内部的认知过程。如果不能灵活转移注意力，将会导致各种不适应的结果。

另外，教师可能对害羞学生存在偏见，这可能会影响他们与这些学生互动的方式。在西方国家中的研究发现，教师往往认为害羞的孩子智商更低，他们在学业上会表现得更差（Coplan，Hughes，Bosacki，& Rose-Krasnor，2011）。教师之所以会产生这种偏见，一方面可能是因为害羞孩子课堂参与度低，教师可能会将其归因为他们智力低下、缺乏学习兴趣（Arbeau & Coplan，2007）；另一方面可能是因为害羞儿童很少参与课堂活动，这可能会限制教师客观评估害羞儿童的学习能力。

教师的认知和归因也会反过来影响他们与害羞儿童互动的数量和质量。Evans（1992）发现，教师与害羞学生的对话风格大多是高度控制的，以重复性和指导性提问为特征。但也有部分教师会过分表扬害羞的孩子，试图以此来减少害羞孩子的课堂不适感，鼓励他们更多地参与。但过度控制和表扬都不会增加害羞学生的参与度，反而会让害羞的学生受到不必要的关注，产生不适感。

尽管大部分文献都发现害羞对学校适应的影响是消极的，但是也有零星的文献发现了害羞对学校适应的积极影响。一般来说，害羞的孩子在课堂上更听话、更遵守课堂纪律、更认真细致，对环境更敏感。害羞的学生在课堂上通常都安静地学习，而不会调皮捣蛋，这会减少师生冲突（Rudasill & Rimm-Kaufman，2009）。

另外，DiLalla、Marcus 和 Phillips（2004）发现，尽管焦虑的小学生通常会过分关注他人对自己的评价，但他们在高中的学业成就却高于同龄人。这表明，对他人评价的关注与学业成功之间可能存在曲线关系，只要儿童不是过分关注他人的评价，那么对他人评价的关注可以在一定程度上激励学生。Vitiello 等人（2012）发现，在教学支持高的班级中，害羞儿童在语言和识字方面进步更加迅速。

（二）社交淡漠对学业适应的影响

Jennings（1975）和 Coplan 等人（2004）认为，社交淡漠的儿童之所以缺乏社会交往，是因为他们对物的兴趣大于对人的兴趣，他们不太喜欢人际交往，更喜欢探索物理世界的奥秘。当他们沉浸在物理世界中时，是他们感到最舒服的时候。因此，对他们来说，学校也是一个充满压力的地方，因为他们必须近距离地与其他人待在一起，需要经常在课堂上回答老师的问题或者与同伴进行讨论，并且频繁在不同的学习任务之间进行转换，这些都会让他们感到不舒服。

但与害羞儿童相比，社交淡漠儿童在学校里的适应总体上来说是积极的。社交淡漠的儿童一般来说比较爱独自探索、思考，这为他们提供了更多的了解物理世界的机会，教师通常也会发现社交淡漠儿童的这个特点并会鼓励他们。社交淡漠儿童更喜欢、更擅长跟教师交流而不是跟同伴进行交流。教师如果用心观察的话，经常会在社交淡漠儿童身上发现智慧的光芒。

与外向儿童相比，内向、社交淡漠的儿童对信息的加工通常是缓慢而又深沉的，他们乐于在事物之间建立连接，对事物的思考更深入。如果教师在教学的过程中，能够将新知识、新经验与学生头脑中已有的旧知识、旧经验联系起来，那么社交淡漠儿童将能够从中获益，产生一些创造性的想法。研究发现，他们在对物理材料进行组织和分类的测试中比其他儿童表现得更好，在学业成绩上的表现也更好。Asendopf 和 Meier（1993）也报告说，社交淡漠儿童尽管说话少，但他们的言语能力与同龄人没有区别。也有研究发现，童年早期的单独游戏有助于儿童的注意集中、掌握和自主（Rubin，1982）。

总体上来说，目前关于社交淡漠儿童的学业适应的研究相对较少，但有限的文献似乎都说明，社交淡漠儿童的学业适应情况并不差，甚至他们在某些方面还要优于一般儿童。

四、社交退缩对社会情绪适应的影响

关于社交退缩对儿童情绪适应的影响，目前已经进行了大量的研究。早期的研究者通常将社交退缩作为一个整体来研究其对儿童适应的影响，但随着研究者对退缩的原因进行了细致的区分，研究者们越来越认识到，社交退缩的两个主要方面（害羞和社交淡漠）对儿童的情绪适应的影响是不同的，总体来说，害羞对儿童的情绪适应具有消极作用，会导致儿童的情绪适应困难，而社交淡漠与儿童的情绪适应之间的关系并不一致。下面我们将分别来进行论述。

（一）害羞儿童的社会情绪适应

大量的研究发现，抑制、害羞会导致一系列的情绪适应困难。例如，抑制、害羞的儿童会表现出更多的内隐问题，消极情绪更多、自尊更低、焦虑水平更高（Coplan et al.，2008；Coplan，Findlay，& Nelson，2004；Sette，Baldwin，Zava，Baumgartner，& Coplan，2019）。且随着儿童年龄的增长，抑制、退缩与社会情绪适应不良之间的关系越来越稳固。极端抑制、害羞是后期焦虑症，尤其是社交焦虑症的一个最有力的预测源。

许多研究考察了儿童早期的行为抑制与儿童中期、青春期或青年期的精神障碍或症状之间的关系。这些研究一致表明早期行为抑制与后期社交焦虑障碍之间存在联系（Chronis-Tuscano et al.，2009）。尤其是当儿童的行为抑制水平比较稳定的时候，其与社交焦虑障碍之间的关联就异常明显。在一项元分析中，Clauss 和 Blackford（2012）发现，如果个体在早期有行为抑制史，那么他们在后期出现社交焦虑障碍的比例大概是43%，而在早期没有行为抑制史的儿童中，后来出现社交焦虑障碍的比例只有12%。除此之外，行为抑制对其他焦虑障碍也有显著的预测作用（Biederman et al.，1993）。

行为抑制还可以预测抑郁障碍。Caspi等人（1996）发现，儿童3岁时的行为抑制可以预测其成年早期时的抑郁症，这一结果并不令人惊讶。一方面，行为抑制、害羞的典型特征就是儿童在面对不熟悉的同伴或社会评价情境时会表现出紧张、焦虑、恐惧等情绪，这与焦虑、抑郁等情绪障碍在行为特征和病程上表现出相当大的重叠，所以很多研究者认为抑制、害羞是焦虑尤其是社交焦虑的遗传基础。另外，行为抑制、害羞的儿童通常会遭遇同伴拒绝与排斥，这种消极的同伴关系往往又反过来加剧抑制、害羞儿童的焦虑、抑郁。这一过程与"素质—压力模型"的主要观点是一致的，即抑制、害羞本身是个体情绪适应的一个脆弱性因素，如果具备这种脆弱性因素的儿童同时又遭遇不良的同伴关系，那么抑制、害羞儿童大概率会出现心理和情绪问题。但如果抑制、害羞的儿童并没有经历不利的同伴关系，那么他们先天的这种不良素质就不一定会转化为心理障碍。

此外，其他研究证据表明，在西方国家中，抑制、害羞个体可能会出现成熟上的延迟。例如，Caspi等人发现害羞的儿童长大后在各项人生大事上都比非临床儿童要晚一些，如，与异性约会、开始有性生活、结婚生子以及建立职业生涯等（Caspi，Elder，& Bem，1988）。因此，一些研究者认为害羞反映了社会性发展的不成熟或晚熟（Rubin & Asendorpf，1993）。但是其他一些研究并没有发现害羞个体在职业生涯上的延迟（Kerr，Lambert，& Bern，1996）。

当然，抑制、害羞对个体的社会情绪适应来说也并不是一无是处。众多研究表明，与一般儿童相比，抑制、害羞个体表现出更少（或差不多）的外显问题行为，如违纪、攻击、多动等。鉴于抑制、害羞儿童对恐惧的过度敏感以及过度控制的行为特征，这并不难理解，甚至很多人会想当然地这么认为。但最近的一项研究发现，行为抑制水平较高的儿童的纹状体对奖赏非常敏感，这导致他们在青春期出现物质滥用的概率大大增加（Lahat et al.，2012）。这一结果表明在发展的过程中，其他生物行为系统可能会改变抑制、害羞儿童的发展轨迹。

（二）社交淡漠儿童的社会情绪适应

鉴于社交淡漠的儿童通常会遭遇同伴关系方面的问题，而同伴关系对儿童情绪适应具有重要作用，人们有理由认为，社交淡漠的儿童也会遭遇情绪适应问题。但目前在西方国家进行的研究大多发现，社交淡漠的儿童似乎并不感到孤独、抑郁、焦虑，他们的自我感觉通常也不差。几项研究结果表明，社交淡漠与社会情绪适应困难之间总体缺乏关联（Asendorpf & Meier，1993；Coplan，Prakash，O'Neil，& Armer，2004）。这似乎意味着社交淡漠儿童在同伴群体中的经历与他们的社会情绪适应之间出现了“断裂”。一个可能的解释是，社交淡漠的孩子可能不重视他们的同伴关系，不太受到他人社交行为的影响，也就是说，他们可能对同伴拒绝“不敏感”。然而，也有一些研究发现，社交淡漠与孤独、抑郁、焦虑等情绪问题有关（Liu et al.，2015）。

Coplan 等人（2019）认为，之所以会出现这样一些不一致的结果，是因为被试的年龄因素可能在社交淡漠对儿童的情绪适应中起调节作用。社交淡漠的适应性价值受个体年龄的影响，在不同的发展阶段，社交淡漠对个体情绪适应的影响可能是不同的，因此不能一概而论。总体上来说，从童年早期到童年晚期，社交淡漠的适应性价值会越来越低，也就是说，社交淡漠儿童的情绪适应会越来越差，在青春期，社交淡漠的负面作用达到了顶峰；青春期之后，社交淡漠的适应性价值又逐渐回升。也就是说，从童年早期到成年初期，社交淡漠的适应性功能的变化呈“U”型曲线。

之所以会出现这种变化，是因为环境要求的改变和儿童自身的独立需求的变化。从童年早期到青春期，儿童与父母相处的时间在逐渐减少，与同伴在一起的时间在逐渐增加，而外界对儿童在同伴交往方面的期待和要求也在不断提高，因此，社交淡漠的适应性功能会逐渐降低。例如，在幼儿园阶段，经常自己一个人安静玩耍的儿童在同伴和成人眼里可能是正常的，因为这个阶段的孩子大多是自我中心的，很少关注到同伴的活动。但是，到了小学高年级，如果儿童仍然经常形单影只、缺少玩伴的话，在同伴和成人眼里可能就有问题了。Rubin 和 Asendorpf（1993）的研究也发现，尽管社交淡漠在童年早期一般都是良性的，但是到了童年后期和青春期，所有的社交退缩都变得不再适应。

到了青春期，来自同伴的压力以及青少年希望与同伴保持一致的愿望达到了顶峰。但是此后，随着儿童自主意识的不断增强，儿童对隐私和独处的需求不断增长，外在的社会规范和期望对他们的影响越来越小。青春期后，个体独处的时间呈上升趋势，人们对独处的态度也变得越来越积极，社交淡漠的儿童也不再像在童年期一样受到批评。例如，到了初中阶段，很多初中生都开始有了自己的秘密和独处空间。在这种情况下，社交淡漠的适应性价值又开始回升，对个体的情绪适应的消极作用也变得不那么明显了。

Coplan 等人（2019）的理论模型得到了许多研究的支持。大量研究发现，在童年早期和中期，社交淡漠与焦虑、抑郁、内隐问题等情绪问题之间无显著关联，但是到了童年后期和青春期，社交淡漠与孤独、抑郁、社交焦虑之间的关系开始显现。但社交淡漠对个体的情绪适应不全是消极作用，也会产生一些积极作用。在青春期和成年初期，独处能给个体带来一些独特的好处，它有助于青少年发展个性，形成自我同一性；也可以为青少年提供一个环境，让他们体验、释放某些强烈的情绪；也可以用来做自己喜欢做的事情、成就自己（Goossens & Marcoen，1999；Larson，1990）。

总地来说，目前西方国家的研究表明，社交淡漠对儿童的情绪适应并不一定会带来消极影响，甚至还可能带来某些积极的作用。

第三节　社交退缩行为的适应性价值的文化差异

长期以来，有关社交退缩的研究大都是在西方国家中进行的。这些研究整体上表明，社交退缩对儿童的发展来说是不利的，退缩儿童面临发展上的风险。然而，最近几十年来，一些跨文化的研究发现，在不同的文化中，社交退缩儿童的适应结果可能存在不同。研究者认为，文化规范和价值观可能会影响人们对社交退缩行为的认知和评价，并在一定程度上决定社交退缩的适应性价值。

在西方社会中，人们推崇、奉行的是个人主义价值观，因此，自我表达、张扬个性在西方文化中是被认可的，胆小、抑制、害羞则通常被认为是缺乏能力的表现，孤僻、不合群或社交淡漠可能被视为个人选择、自主或自我导向行为的表现，因此，与抑制、害羞相比，它可能并不那么糟糕（Leary，Herbst，& McCrary，2003）。然而，以中国为代表的东亚文化是以群体为导向的集体主义文化，人们更加关注的是群体的和谐，并不那么看重自我表达，因此，在东亚文化中，行为抑制、害羞似乎相对可接受，甚至被认为是乖巧、懂事、善解人意的表现，但孤僻、社交淡漠、不合群则通常被认为是自私的、不可接受的（Chen，Wang，& Cao，2011）。

研究人员探索了不同文化中的人对社交退缩的看法。Weisz 等人（1991）要求泰国和美国的家长、教师对表现出过度控制行为（包括害羞和恐惧）的孩子进行评价。相对于美国的家长和教师，泰国家长和教师认为害羞儿童的行为问题并不那么严重，也不那么令人担忧。Weisz 等人认为，泰国成年人能容忍儿童行为的广泛差异，这与泰国广为流行的佛教提倡避免强烈情绪反应的价值观有关。

Heinrichs 等人（2006）向被试展示了有关社交退缩行为的情境，并要求他们判断这种行为是否合适。结果表明，集体主义社会（日本、韩国和西班牙）里的人比个体主义社会（澳大利亚、加拿大、德国、荷兰和美国）里的人更容易接受社交退缩行为。Rapee 等人（2011）在给被试呈现了害羞相关的情境之后，让被试对情境中的人物的受欢迎程度及其在职业生涯中的成功程度进行评价。研究表明，西方国家的青年认为害羞行为明显不如外向行为可取。然而，包括中国、日本和韩国在内的东亚国家的年轻人认为二者之间的差异较小，这表明东亚的年轻人比西方的年轻人更容易接受害羞行为。

从以上研究可以看出，东西方文化对待退缩的看法是不同的，东亚文化对害羞的看法和态度更加积极、宽容一些。而文化价值观会通过一系列的社会化过程影响儿童的行为及其发展。在儿童社会化的过程中，父母和同伴是最重要的两个因素。东西方文化价值观的不同会导致东西方社会中父母和同伴对待退缩儿童的态度和反应的不同。如果父母和同伴对儿童退缩的评价和反应是积极的，则会促进儿童的此类行为，儿童的此类行为会保持下去；如果父母和同伴对退缩的评价和反应是消极的，那么则会抑制儿童的这种行为，儿童的行为有可能会发生改变。

一、父母对儿童害羞的态度的文化差异

不同文化中的父母吸纳了不同的文化规范和价值体系，在儿童发展过程中，父母的社会化目标是不同的。在西方社会，父母的社会化目标侧重于自主、竞争和自我表达。相比之下，在许多亚洲社会中，实现和维持群体和谐是首要关注的问题，在这些社会中，抑制个人欲望和控制情绪表达是社会所期望的。这些社会中的父母可能对孩子的害羞行为表现出积极的态度（例如，Chen，2010）。

在西方社会中进行的研究发现，害羞被看作不成熟、无能和适应不良的表现，父母面对害羞儿童时更多地感到失望、担忧、尴尬和拒绝（Van Zalk，Van Zalk，& Kerr，2011），更多地采取高权力的社会化策略（Rubin，Nelson，

Hastings，& Asendorpf，1999）。害羞孩子的父母对孩子的行为过分保护、干预和控制（Hane，Cheah，Rubin，& Fox，2008）。Hastings 和 Rubin（1999）观察了加拿大母亲对儿童抑制、退缩行为的社会化策略，发现幼儿期的行为抑制预测了父母之后的过度控制，这表明父母试图通过重新引导孩子的行为来改变幼儿的行为抑制。

一系列跨文化研究表明，中国父母和北美父母对害羞的态度存在差异（Chen，Dong，& Zhou，1997）。Chen 等人（1998）比较了加拿大母亲和中国母亲的养育方式与幼儿行为抑制之间的关系。结果表明，在加拿大样本中，儿童的行为抑制与母亲的拒绝、惩罚等消极养育方式相关，而在中国样本中，儿童的行为抑制与母亲的温暖、接纳等积极养育方式相关。在拉丁美洲，孩子的害羞也往往与父母的积极态度有关。例如，在拉丁美洲家庭中，孩子的害羞与母亲的温暖呈正相关，与父权主张和敌意性控制呈负相关（Varela，Jose Sanchez-Sosa，Biggs，& Luis，2009）。

二、同伴对儿童害羞的态度的文化差异

同伴是重要的社会化媒介，他们对害羞的态度可能因文化而异。在西方社会，害羞的孩子往往会受到同伴的排斥和孤立（Rubin et al.，2009）。由于同龄人经常将害羞的儿童排除在社交活动之外，害羞的儿童容易产生社交焦虑和其他内化问题（Gazelle & Ladd，2003）。

与西方社会相比，亚洲国家中同伴对害羞儿童的态度更为积极。Chen 等人（2006）对中国和加拿大 4 岁儿童的同伴互动进行了比较，发现在不同的文化中，害羞儿童发起的社交互动招致的同伴反应不同。在加拿大，当害羞的孩子发起社交互动时，同伴往往会公开表示拒绝、不同意和有意忽视。然而，在中国，同伴对害羞儿童的社交发起表现出了更积极的回应和支持。在其他亚洲国家也发现了类似的结果。与西方国家的青年相比，东亚国家的青年更喜欢害羞和不张扬的行为（Heinrichs et al.，2006；Rapee et al.，2011）。

三、害羞在不同文化中的表现

跨文化研究表明，不同社会的儿童和青少年在害羞方面存在差异。整体上来看，东亚文化中成长起来的人们的害羞水平更高。例如，Rubin 等人（2006）在新异的实验室环境中观察了中国、韩国、澳大利亚、加拿大和意大利幼儿，发现中国和韩国幼儿比西方幼儿表现出更多的恐惧和焦虑反应。在

新异情境中，亚洲幼儿更多待在母亲身边，更不愿意探索新的环境，他们接近陌生人的潜伏期也更长。与西方国家的孩子相比，东亚国家的孩子在压力环境中更害羞、恐惧，更不容易接触陌生的情境（Gartstein et al.，2006）。与欧美儿童相比，韩裔美国儿童在学前阶段表现出更多的害羞行为和更少的自我表达行为（Farver，Kim，& Lee，1995）。加拿大华裔儿童在害羞方面的得分高于加拿大欧裔儿童（Chen & Tse，2008）。

四、退缩的适应性价值：文化背景的作用

文化背景可能会影响气质特征的表现及其在发展中的适应性价值，这可以从其与适应结果的关系中看出。在重视、鼓励自信和自我表达的社会中，害羞行为可能会导致适应问题。而在不那么强调个体主义价值观的社会中，害羞行为可能与更积极的结果相关。

已有文献中发现了害羞与适应结果之间关系的跨文化差异。在西方社会，害羞通常与一系列的消极结果有关，表明害羞行为可能在短期内导致社会和心理问题，并对适应产生持久的不良影响。而在中国进行的一些研究发现，害羞与社会、情感和学校适应呈正相关（Chen et al.，2011）。在中国，害羞的孩子不仅获得了同伴的认可和接纳，在学业上也取得了成功，老师对他们的评价也是积极的（Chen，Rubin，& Li，1995a）。此外，害羞儿童比不害羞的儿童更有可能当班干部、获得奖励。害羞儿童的孤独感或抑郁比较低，但他们的社会能力却比较高（Chen，Rubin，Li，& Li，1999）。这些结果表明，在中国文化中，害羞儿童的适应结果是积极的。

而社交退缩的另一种类型，社交淡漠/不合群的儿童在中国通常会经历适应问题。例如，Chen 等人（2011）的研究发现，社交淡漠与积极同伴提名、学校适应能力、学习成绩负相关，与消极同伴提名、学习问题、抑郁正相关。

五、社会变革、文化适应和害羞

文化价值观并不是静止的、一成不变的。随着中国改革开放的深入和市场经济体制的建立，个人和家庭收入增加，工业私有化，竞争迅速加剧。这种经济体制的转变也带动了文化价值观层面的转变，竞争、独立、自主、自我表达等个体主义的价值观也越来越被中国老百姓所接受。这种价值观层面的转变也影响到社交退缩的适应性价值。

Chen 等人（2005）的研究证明了社会变革对害羞儿童的适应结果的影响。研究发现，在 1990 年的研究对象中，害羞与社会能力、领导力和学业成绩呈正相关；但到了 1998 年，害羞与适应结果之间则没有明显的关联；而到了 2002 年，害羞与各种适应问题呈正相关，害羞的孩子被老师和同伴认为是缺乏能力的，更多地出现抑郁问题。这一结果表明，当社会发生变革，人们的价值观发生改变，害羞与社会的期望不相容时，害羞儿童可能会出现适应困难。

但中国各地的经济发展和城市化进程速度并不相同，城市的现代化进程要远远快于农村地区，因此有研究者推测，害羞的适应性价值可能存在城乡差异，这一观点也得到了研究的证实。Chen、Wang 和 Wang（2009）发现，在城市儿童中，害羞与社会适应问题、学校适应问题以及抑郁相关，但在农村流动儿童中，害羞与领导能力、教师评定的能力以及学业成绩正相关。

这些研究结果表明，社交退缩儿童适应结果的好坏取决于他们所处文化中人们对这种行为的看法。如果人们认为这种行为是好的、可接受的，那么退缩儿童的发展就会比较积极，如果人们认为这种行为是不好的，那么退缩儿童的发展结果就比较差。从这个意义上来说，社交退缩本身并无好坏。从进化的角度来看，在陌生或具有挑战性的环境中，害羞可能有助于保护个体，使其免受潜在风险的影响。在这些环境中的警惕、谨慎行为使个体能够警惕和避免风险，同时保持必要的社会联系。然而，在当代社会，害羞通常被视为无能和不成熟的表现，因为它阻碍了探索、主动性和自我表现，而这些都是在竞争激烈的商业和工业化环境中取得成功所必需的。因此，在当代社会，害羞的适应性价值大大降低。

目前，世界上许多传统农业社会正朝着工业化和现代化方向迅速发生社会变革。社会变革如何影响害羞和适应之间的关系，是发展心理学研究人员关心的重要问题。而我国在经历了几十年的改革开放和高速发展之后，人们的价值观念已经发生了巨大的转变，在当前的社会背景下，社交退缩儿童的适应情况如何，还需要进行系统性的考察。

第四节　社交退缩儿童适应过程中的保护性因素

在很长一段时间里，儿童的抑制、害羞行为都被看作儿童发展中的一个危险性因素，将会导致儿童的一系列适应问题，如同伴交往困难、学业问题、社会情绪适应问题等。然而，在以往的研究中也反映了另外一个事实，即并不是所有抑制、害羞的儿童都会出现适应问题，有相当一部分抑制、害羞儿童的适应结果还不错，甚至有一部分儿童适应良好。也就是说，抑制、害羞儿童的发展路径并不是唯一的，而是存在着多种可能性。近几十年来，研究者越来越感兴趣于那些能够帮助抑制、害羞儿童良好适应的因素，即保护性因素。研究者从儿童自身因素和环境因素两个方面来对这个问题进行了探讨，发现儿童良好的自我调节能力、恰当的父母养育以及良好的亲子关系和同伴关系是抑制、害羞儿童的保护性因素。

一、儿童自身特征的保护性作用

（一）自我调节能力

个体的气质不仅表现在个体对外界刺激的反应性方面，还体现在个体对自身反应性的调节方面。虽然有部分抑制、害羞的儿童可能存在自我调节方面的缺陷，但是仍然有一部分抑制、害羞儿童具有良好的自我调节、自我控制能力，能够有效地应对自身的焦虑、恐惧，根据环境的特征、要求灵活地调整自己的行为，实现良好适应。这种气质与气质的交互作用在儿童发展中起着非常重要的作用。儿童的自我调节能力包括几个相互联系但又不同的成分，如注意控制、抑制控制等，它们在对儿童的抑制、害羞、退缩行为的调节方面的作用不太一样。

注意控制是个体调节、转换自己的注意力的能力。一般来说，抑制、害羞、焦虑儿童存在对威胁刺激的注意偏向，这种注意偏向是他们的社交退缩行为产生和维持的原因（Morales，Perez-Edgar，& Buss，2015）。那么，如果这些儿童能够灵活地调节、转移他们对威胁刺激的注意偏向，这对于抑制、害羞、焦虑儿童的社会功能来说将会非常有利。这一观点得到了许多研究的证实，在注意控制水平比较低的儿童中，害羞与同伴冲突正相关，与同伴交往负相关；而在那些注意控制水平比较高的儿童中，二者之间的关系削弱了（Acar，Rudasill，Molfese，Torquati，& Prokasky，2015）。

抑制控制是个体抑制自动化的优势反应、激活一个劣势反应的能力。抑制控制对于儿童抑制不恰当的社会反应来说很重要，因此抑制控制一般与积极的适应结果相关。然而，对于抑制、害羞、焦虑的儿童来说，抑制控制似乎并不是一个保护性因素，而更像是一个危险性因素。Sette 等人

（2018）发现，当儿童的抑制控制水平较高时，害羞与亲社会行为和同伴欢迎负相关；当儿童的抑制控制水平较低时，二者之间的关系被削弱了。这可能是因为抑制、害羞、焦虑的儿童在与同伴的交往中已经很抑制了，高水平的抑制控制可能会更加抑制他们的接近动机，使他们错失发展社会技能的机会。

研究者也考虑了与自我调节有关的一些生理指标在害羞儿童的适应中的作用。研究发现，有效调节皮质醇反应和心率变化的能力在害羞儿童的适应过程中具有重要作用。在那些皮质醇调节能力比较差的儿童中，害羞与沉默寡言行为有关；而在那些皮质醇调节能力比较好的儿童中，二者之间的关系减弱了（Davis & Buss，2012）。在那些 RSA 抑制水平较高的儿童中，恐惧性气质与儿童较低的社交焦虑风险有关；而在那些 RSA 抑制反应较低的儿童中，他们的恐惧敏感性预测了他们的社会性抑制。这些结果表明，如果害羞儿童无法有效地调节皮质醇反应和心率变化，那么他们在面临社会情境压力时将表现出一些无效的行为反应（退缩行为）（Buss et al.，2018）。

总地来说，这些研究提供了初步的证据来证明低水平的抑制控制、高水平的注意控制、更好的皮质醇调节水平和心率调节水平能帮助害羞儿童在社交情境中做出更好的应对。这又会反过来促进害羞儿童的一些重要能力的发展，如儿童的社会情绪能力、社会交流能力和社交能力。这些重要能力的获得，有助于儿童的适应。

（二）情绪能力

对于抑制、退缩的儿童来说，情绪相关的能力可能特别重要。例如，那些不能很好识别他人情绪的儿童可能会对他人的情绪做出不恰当的反应，从而经历更多的同伴拒绝（Garner & Waajid，2008）。相反，那些能够很好地识别他人情绪（及其原因）的儿童往往社交能力更强，更受同伴欢迎。Sette 等人（2016）对意大利学前儿童进行的研究发现，如果儿童的情绪识别能力较低，那么害羞与焦虑退缩和同伴拒绝相关，但如果儿童的情绪识别水平较高，那么二者之间的关系被削弱。识别他人情绪的能力将帮助害羞儿童对同伴和教师做出更加容易让人接受的行为，也会获得对方更加积极的反应，从而促进他们的社会和情绪适应。

同时，个体的情绪调节能力也会影响抑制、害羞儿童的适应。总体而言，因为抑制、害羞儿童的自信较低，又不能灵活地撤回、转移注意力（Burgess，Wojslawowicz，Rubin，Rose-Krasnor，& Booth-LaForce，2006），他们在面对压力情境时更多地采用情绪中心的应对策略，而这种应对策略往往会增加个体的压力，导致不良的适应结果（Findlay，Coplan，& Bowker，2009）。但是，也有少量证据表明，如果害羞儿童能够以更加适应性的方式来应对压力，那么就可以调节、改变害羞儿童的这一过程，降低他们出现消极适应结果的概率（Kingsbury，Coplan，& Rose-Krasnor，2013）。

（三）社交技能

对害羞儿童来说，友好待人是很重要的。研究发现，那些更加随和的害羞儿童更招人喜爱，同伴关系质量更高（Gazelle & Shell，2017）；幽默能增加害羞女孩的同伴接纳，减少同伴欺辱，同时也能增加男孩的受欢迎度（Markovic & Bowker，2015）。更直接的证据来自社交技能干预。最近的研究表明，对害羞儿童进行的社交技能训练干预项目能够有效降低儿童的焦虑症状（Chronis-Tuscano et al.，2015）。

（四）言语交流能力

另一个对害羞儿童具有保护意义的特征就是儿童的言语交流能力。虽然沉默寡言是害羞的一个特征，害羞儿童在言语交流能力方面的得分往往比他们的同伴要低，但如果害羞儿童能够更好地表达他们的想法，那么他们在与同伴交往的时候就不会感到那么焦虑了（Coplan & Weeks，2009）。在语言能力上的自信有助于减少害羞儿童对社会评价的担忧，促进积极的社会交往，帮助害羞儿童建立、维持友谊。Coplan 和 Armer（2005）考察了表达性语言在害羞与童年早期的适应不良之间的调节作用。如果儿童的表达性语言水平较低，那么害羞与社交退缩和低自我评价有关；如果儿童的表达性语言水平较高，这些变量之间的关系就减弱了。在小学低年级儿童中发现了相似的结果，在那些具有高水平的语言能力的儿童中，害羞与内隐问题（社交焦虑、孤独、退缩行为）之间的关联被削弱了（Coplan & Weeks，2009）。总地来说，这些研究结果表明，言语交流能力能够帮助害羞儿童参与同伴交往。

（五）学习成绩

Chen，Yang 和 Wang（2013）发现，那些学习成绩好的害羞儿童适应得更好。对于那些学习成绩不好的儿童来说，害羞能够预测教师报告的内隐问题、孤独、抑郁，但是对于学习成绩好的儿童来说，害羞并不会导致儿童的适应问题。这一结果不难理解，在中国文化中，人们对学习特别地强调和重视。在学校环境中，人们追求的首要目标就是良好的学习成绩，学习成绩好的儿童很容易得到老师和同学的肯定和认可，哪怕他/她在社会交往方面存在一定的缺陷，但只要他/她的学习成绩好，那么这些缺陷就很容易被忽略或接纳。所以如果害羞、退缩的儿童的学习成绩良好的话，那么他们在学校环境中一般是处于比较有利的同伴地位的，这种有利的社会地位会促进他们积极地适应。

二、同伴关系的保护性作用

对害羞、退缩的儿童来说，同伴关系是一个关键的方面。与外向的儿童相比，害羞儿童更容易经历同伴拒绝、同伴排斥、同伴欺辱。然而，在中国文化中进行的研究却发现，抑制、害羞儿童的同伴关系良好（Chen，Rubin，& Li，1995b），良好的同伴关系是中国抑制、害羞儿童所经历的积极适应结果的重要原因。越来越多的研究证据表明，无论是在哪种文化中，积极的同伴关系和师生关系都能够缓冲害羞带来的消极适应结果（Arbeau et al.，2010；Sette，Zava，Baumgartner，Baiocco，& Coplan，2017）。

友谊也会对退缩儿童的适应产生一定的影响。尽管退缩儿童的友谊质量整体不高，但是这种友谊对于退缩儿童的适应和主观幸福感仍然具有一定的积极作用。那些有朋友的退缩儿童更爱社交、更受欢迎（Rubin，Wojslawowicz，et al.，2006）。友谊，尤其是高质量的友谊，为退缩儿童提供了积极的社交经验，提高了他们在群体中的地位，帮助他们减轻社交焦虑。而友谊的缺乏、不稳定以及低质量的友谊，对退缩儿童来说是风险性因素。

三、父母的保护性作用

父母在退缩儿童的发展及其适应中也起着至关重要的作用。那些宜人性（以信任、同情、谦逊为主要特征）水平较高的父母，与他们的孩子交往的时候更加温暖、敏感，反应性水平更高（Metsapelto & Pulkkinen，2003）。宜人性的父母更可能给孩子树立积极情绪调节的榜样，给孩子创设一个适应性的环境，满足害羞儿童的需求。研究发现，如果母亲的宜人性和温暖/支持的水平较高，那么儿童害羞与内隐问题和同伴交往困难之间的关系就减弱了。Chen 等人（2014）在对中国儿童的研究中发现，母亲高水平的民主型教养方式能够削弱害羞（行为抑制）与社会能力之间的消极关联。

父母的情绪社会化过程对害羞儿童来说也很重要。例如，与儿童讨论情绪（而不是仅仅教他们一些情绪标签）会给儿童提供一些重要的情绪知识，帮助他们发展情绪能力，教会他们如何应对、调整情绪（Denham，Bassett，& Wyatt，2007）。当父母使用更多的解释性情绪语言的时候，害羞与高水平的亲社会行为有关（Grady & Hastings，2018）。

父母的养育方式也会通过亲子依恋关系来影响退缩儿童的适应。如果父母对儿童的需求不敏感、不一致，反应性、支持性水平较低，儿童很可能会形成不安全的依恋模式，即他们会在潜意识里形成世界不可信、自己不值得被爱的认知。这种消极的内部认知会妨碍儿童社会情绪调节能力的发展，导致他们的人际关系不佳。婴儿期的不安全依恋与后来一系列的社会情绪困难有关（Groh，Roisman，van Ijzendoorn，Bakermans-Kranenburg，& Fearon，2012）。相反，如果父母对儿童的需求的反应是一致的、支持性的，反应性水平较高，那么儿童就会形成安全型的依恋，认为世界是值得信赖的，自己是值得被爱的，这有助于儿童探索社会环境，发展重要的社交技能。

以往文献证实了安全型依恋对退缩儿童的保护性作用。研究发现，害羞（行为抑制）与青少年的焦虑正相关，但这种相关只存在于那些具有不安全依恋风格的儿童中（Lewis-Morrarty et al.，2015）。也有研究发现，害羞青少年的亲子依恋如果不安全的话，他们会变得越来越挑剔自己，相反，如果儿童的依恋是安全的，那么他们在面临消极情绪和人际挑战的时候，对自己有更多的理解与接纳（Peter & Gazelle，2017）。Bohlin 等人（2005）发现，在不安全依恋儿童中，害羞能够预测后来的社会能力缺陷，而在安全依恋儿童中，这种关联被削弱了。不安全依恋调节了害羞与消极同伴交往之间的关系，回避型和矛盾性依恋增加了害羞儿童遭受同伴欺辱和拒绝的可能性（Chen & Santo，2016）。

这些研究结果表明，积极的养育特征能够缓解害羞儿童的消极适应结果。如果母亲宜人性水平较高，采取的是温暖、支持性的养育方式，使用解释性语言教给儿童情绪方面的知识，与儿童之间形成安全的依恋关系，那么就为害羞儿童提供了一些理想的成长环境，帮助害羞儿童建立安全感，促进他们探索社交环境，改善儿童的社交技能和适应结果。

四、总结：社交退缩儿童发展的“最好状况”

在社交退缩儿童的发展过程中，一系列保护因素可以帮助减少退缩儿童的发展风险和适应不良。把这些因素整合起来，就构成了社交退缩儿童发展的“最好状况”。生来害羞的儿童在面对陌生情境或者意识到正面临社会评价时，往往会产生警惕。然而，有些儿童能够调节、转移他们的注意力（高注意控制），表现出较低水平的压力反应（更好的皮质醇调节）。同时，如果父母能够给儿童示范恰当的情绪反应，或者与儿童讨论与情绪有关的问题，那么能够帮助儿童更好地调节消极情绪。良好的父母养育方式，能够帮助父母与儿童建立良好的亲子依恋关系，反过来又将帮助儿童建立起充满安全感的内部工作模型（“世界是安全的、可预测的、充满爱的”“我是值得被人爱的”）。积极的内部工作模型会进一步鼓励儿童探索社会环境，对社交充满积极期待，发起社会交往。随着时间的推移，儿童与环境之间逐渐形成良性循环，即与同伴的积极交往经验、与老师的亲密关系会强化儿童对自身/他人的积极看法，缓解儿童的社会评价恐惧。即使在社交情境中依然会感到紧张，但儿童仍然会与他人进行积极的社会交往，这有助于他们获得、发展关键的社会能力。如果害羞儿童学习成绩优异的话，他们将会获得老师和同学的认可和肯定，这会进一步促进他们积极的社会交往。在这种情况下，害羞儿童走在一条积极发展、身心健康、适应良好的道路上。

第五节　社交退缩行为的适应性价值的追踪研究

到目前为止，虽然有很多研究关注了社交退缩儿童的社会适应情况，但总体来说，对国内儿童的社交退缩行为进行长期、系统追踪研究的还比较少，少数几项追踪研究开展的时间也比较早。而近几十年来，随着改革开放的持续深入和社会主义市场经济体制的逐步建立，人们的价值观也发生了一定的变化，独立、自主、竞争等观念越来越深入人心。那么在当今的社会中，社交退缩儿童会面对些什么，社交退缩行为的适应性价值如何？这需要系统的、深入的研究。另外，随着儿童年龄的增长，社交退缩行为的适应性价值是否会发生变化，这也是亟需厘清的问题。

一、研究目的与假设

本研究采用追踪设计，从儿童 2 岁开始追踪，一直追踪到儿童 10 岁左右，拟系统地考察儿童社交退缩行为与儿童社会适应之间的关系。通过本研究，我们拟回答如下问题：（1）在每个年龄段，社交退缩行为与其社会适应之间的关系如何？（2）家庭环境因素在儿童社交退缩与其适应结果之间起着什么样的作用？（3）儿童自身其他因素在社交退缩与其适应结果之间起着什么样的作用？

我们假设：（1）社交退缩会给儿童的社会适应带来消极影响，随着年龄的增长，这种影响可能越来越明显；（2）父母积极的养育方式会缓解社交退缩的消极影响，父母消极的养育方式会加剧社交退缩的消极影响；（3）儿童自身的调节能力会缓解社交退缩的消极影响，那些自我调节能力较高的儿童，不一定会经历适应困难，但那些调节能力低的儿童，往往会经历适应困难。

二、研究方法

（一）研究对象与程序

本研究的研究对象和研究方法与第二章第五节中所介绍的研究对象和研究方法一致。在儿童 2 岁时，通过打电话的方式邀请儿童及其监护人（主要是母亲）来到实验室，对其进行观察，并要求儿童的父母分别填写问卷。在儿童 4 岁、7 岁和 10 岁，再次邀请儿童及其监护人（主要是母亲）来到实验室，对其进行观察，并要求儿童的父母分别填写问卷，报告儿童的心理、行为特征。另外，在儿童 7 岁时，还邀请到了部分儿童的班主任老师填写了学校适应问卷，评价儿童在学校的适应能力和适应问题。在儿童 10 岁时，邀请儿童填写了抑郁问卷、社会焦虑问卷和自尊问卷，并要求儿童报告了自己的学习成绩和学习压力。

（二）研究工具

有关实验室观察和父母报告的儿童气质方面的具体内容可以参见第二章第五节的介绍，有关父母养育方式方面的内容可以参见第三章第二节的介绍。此处，我们只详细介绍父母报告的儿童适应结果方面的内容。

1. 父母报告的儿童适应

儿童 2 岁时，父母填写简版婴幼儿社会情绪能力量表（Carter et al.，2003），该量表测量了儿童的内隐问题、外显问题和社会能力，其中内隐问题包括焦虑、抑郁，外显问题包括攻击、违纪，社会能力包括掌握动机、亲社会行为、顺从。该问卷在以往研究中被广泛使用，具有良好的信度和效度，在本研究中，各维度的内部一致性信度在 0.70 以上。

儿童 4 岁和 7 岁时，父母填写 Achenbach（1991）编制的儿童行为检核表

(4—18 岁版)。该问卷测量了儿童的内隐问题、外显问题和社会能力，其中内隐问题包括抑郁、退缩，外显问题包括多动、攻击、违纪。该问卷在以往研究中被广泛使用，具有良好的信度和效度，在本研究中，各维度的内部一致性信度在 0.70 以上。

2. 教师报告的儿童学校适应

儿童 7 岁时，邀请儿童的班主任填写教师—儿童评价量表（Hightower et al.，1986)，该量表为 5 点计分，分为学校适应能力和学校适应问题两部分。其中学校适应能力包括挫折耐受、任务定向、果敢社交和同伴社交技能四个子维度，由于四个子维度间存在高相关，所以本研究中只使用学校适应能力的总分。学校适应问题包括学习问题、外显问题、内隐问题和同伴欺辱四个维度。各维度的内部一致性信度均在 0.70 以上。

3. 儿童报告的适应结果

抑郁问卷（Kovacs，1992）包括 13 道题目，每个条目都有三种描述，儿童根据自己过去 2 周内的感受选择最符合自己情况的那个描述。这些条目叙述了与抑郁有关的想法、感受和行为，按照 0、1、2 计分，总分越高，代表儿童的抑郁水平越高。自尊量表（Rosenberg，1965）包括 10 个题目，4 点计分。社交焦虑量表（La Greca & Stone，1993）包括 18 道题目，5 点评分。抑郁问卷、社交焦虑量表和自尊量表的内部一致性信度均在 0.70 以上。学习成绩测量只有 1 题，即儿童在 5 点量表上（1=很不好，5=非常好）回答“你的学习成绩总地来说如何”这一题目。学习压力测量也只有 1 题，即儿童在 5 点量表上（1=完全没有压力，5=压力非常大）回答“目前的学习压力对你来说如何”这一题目。

三、研究结果

(一) 社交退缩与社会适应之间的即时相关

计算儿童 2 岁时行为抑制性与父母报告的社会适应之间的相关，见表 4.1。由表 4.1 可知，儿童的行为抑制性与父母报告的内隐问题中的抑郁显著正相关，与外显问题、社会能力之间的相关不显著。

表 4.1　儿童 2 岁时行为抑制性与父母报告的社会适应之间的相关

变量	1	2	3	4	5	6	7
1. 行为抑制	—	0.22**	0.20**	0	-0.04	-0.06	0.01
2. 害羞	0.27**	—	0.44**	0.12*	-0.08	0	-0.04
3. 焦虑	-0.06	0.09	—	0.46**	0.06	0.14**	-0.13*
4. 抑郁	0.17**	0.20**	0.04	—	0.32**	0.33**	-0.18**
5. 攻击	-0.05	-0.10	0.15**	0.16**	—	0.43**	-0.24**
6. 违纪	0.01	-0.02	0.19**	0.28**	0.38**	—	-0.24**
7. 社会能力	-0.08	0.01	-0.06	-0.29**	-0.25**	-0.29**	—

注：下三角为母亲报告结果，上三角为父亲报告结果。

计算儿童 4 岁时父母报告的退缩行为与社会适应之间的相关，见表 4.2。由表 4.2 可知，4 岁时母亲报告的儿童害羞与母亲报告的抑郁显著正相关，与社会能力负相关；父亲报告的儿童害羞与父亲报告的多动和社会能力显著负相关，与父亲报告的抑郁正相关。

表 4.2　儿童 4 岁时父母报告的退缩行为与社会适应之间的相关

变量	1	2	3	4	5	6
1. 害羞	—	-0.16*	-0.03	-0.07	0.25**	-0.21**
2. 多动	-0.06	—	0.62**	0.53**	0.32**	-0.01
3. 攻击性	0.03	0.56**	—	0.58**	0.46**	-0.09
4. 违纪	0.01	0.58**	0.57**	—	0.24**	-0.18**
5. 抑郁	0.47**	0.24**	0.42**	0.22**	—	-0.14*
6. 社会能力	-0.34**	-0.04	-0.13*	-0.16**	-0.22**	—

注：下三角为母亲报告结果，上三角为父亲报告结果。

计算儿童 7 岁时父母报告的退缩行为与社会适应之间的相关，见表 4.3。由表 4.3 可知，7 岁时母亲报告的儿童害羞与母亲报告的抑郁显著正相关，与社会能力负相关；父亲报告的儿童害羞与父亲报告的社会能力显著负相关，与父亲报告的抑郁正相关。

表 4.3　儿童 7 岁时父母报告的退缩行为与社会适应之间的相关

变量	1	2	3	4	5	6
1. 害羞	—	−0.05	−0.06	−0.03	0.33**	−0.34**
2. 多动	−0.08	—	0.63**	0.55**	0.35**	−0.22**
3. 攻击	−0.03	0.57**	—	0.65**	0.57**	−0.15*
4. 违纪	−0.07	0.58**	0.68**	—	0.35**	−0.21**
5. 抑郁	0.44**	0.36**	0.46**	0.33**	—	−0.17*
6. 社会能力	−0.43**	−0.18**	−0.23**	−0.18**	−0.20**	—

注：下三角为母亲报告结果，上三角为父亲报告结果。

计算儿童 7 岁时父母报告的社交退缩与教师报告的学校适应之间的相关，见表 4.4。由表 4.4 可知，母亲报告的害羞与教师报告的外显问题存在边缘显著的负相关，与教师报告的内隐问题存在边缘显著的正相关；父亲报告的害羞和社交淡漠与教师报告的同伴欺辱之间存在显著正相关。

表 4.4　儿童 7 岁时父母报告的社交退缩与教师报告的学校适应之间的相关

变量	害羞（母亲报告）	害羞（父亲报告）	社交淡漠（母亲报告）	社交淡漠（父亲报告）
适应能力_教师报告	0.04	−0.17	0.12	−0.14
外显问题_教师报告	−0.30+	−0.10	−0.14	−0.08
学习问题_教师报告	−0.25	−0.06	−0.23	0.01
内隐问题_教师报告	0.28+	0.21	0.15	0.18
同伴欺辱_教师报告	0.05	0.32*	0.09	0.39*
学习成绩_教师报告	0.14	−0.17	0.18	−0.04

计算儿童 10 岁时父母报告的退缩行为与儿童报告的社会适应之间的相关，见表 4.5。由表 4.5 可知，10 岁时母亲报告的儿童害羞与儿童报告的抑郁和社交焦虑显著正相关，与自尊负相关；父亲报告的儿童害羞与儿童报告的抑郁显著正相关。父母报告的儿童害羞与儿童的学习成绩和学习压力无显著关联。

表 4.5 儿童 10 岁时父母报告的退缩行为与社会适应之间的相关

变量	1	2	3	4	5	6	7
1. 害羞_M	—						
2. 害羞_F	0. 53**	—					
3. 抑郁_C	0. 16*	0. 15*	—				
4. 自尊_C	−0. 14*	−0. 09	−0. 58**	—			
5. 社交焦虑_C	0. 24**	0. 10	0. 54**	−0. 36**	—		
5. 学习成绩_C	−0. 04	0. 01	−0. 32**	0. 37**	−0. 25**	—	
6. 学习压力_C	0. 03	0. 04	0. 33**	−0. 20**	0. 34**	−0. 36**	—

注：M=母亲报告，F=父亲报告，C=儿童报告。

（二）儿童退缩与父母养育方式之间的相关

分别计算儿童在各个年龄段的退缩行为与父母养育方式之间的相关。结果发现，儿童 2 岁时的害羞与父亲和母亲的保护担忧正相关，与其他的养育方式相关不显著（见表 4.6）。儿童 4 岁时的害羞与母亲的保护担忧和拒绝否认正相关，与其他的养育方式相关不显著（见 4.7）。儿童 7 岁时的害羞与母亲的保护担忧和拒绝否认正相关，与母亲的接纳、鼓励独立和鼓励社交负相关，与父亲的拒绝否认正相关，与父亲的接纳和鼓励独立负相关；社交淡漠与母亲的接纳、鼓励独立和鼓励社交负相关，与父亲的保护担忧、拒绝否认、惩罚定向正相关，与父亲的接纳、鼓励独立和鼓励社交负相关（见表 4. 8）。儿童 10 岁时的害羞与父母的养育方式无关（见表 4. 9）。这一结果表明，从 2 岁到 7 岁，随着儿童年龄的增长，儿童的退缩行为越多，父母的保护担忧、拒绝越来越多，接纳、鼓励越来越少，但当儿童进入青春期早期之后，社交退缩与父母养育方式之间的关联减弱了。

表 4.6 儿童 2 岁时退缩行为与父母养育方式之间的相关

变量	1	2	3	4	5	6	7	8	9	10
1. 行为抑制	—	0.22**	−0.13*	0.06	0.04	−0.02	−0.06	0.03	−0.04	0
2. 害羞	0.27**	—	−0.24**	0.16**	0.03	0.08	0.09	0.06	0.06	0.02
3. 合群性	−0.15*	−0.16**	—	0.01	−0.08	−0.04	0.25**	0.27**	0.26**	0.22**
4. 保护担忧	0.07	0.28**	−0.05	—	0.34**	0.28**	0.14*	−0.05	0.25**	0.03
5. 拒绝否认	0.02	0.03	−0.06	0.45**	—	0.51**	−0.36**	−0.29**	−0.02	−0.19**
6. 惩罚定向	0.01	0.04	−0.05	0.37**	0.47**	—	−0.11*	−0.03	0.15**	−0.05
7. 接纳	0.01	0.07	0.04	−0.09	−0.40**	−0.19**	—	0.69**	0.49**	0.66**
8. 鼓励独立	−0.01	0.03	0.07	−0.17**	−0.37**	−0.19**	0.76**	—	0.55**	0.69**
9. 鼓励成就	−0.12	0.06	0.02	0.18**	−0.03	0.12*	0.38**	0.42**	—	0.54**
10. 鼓励社交	−0.10	−0.03	0.05	−0.19**	−0.28**	−0.07	0.60**	0.68**	0.50**	—

注：下三角为母亲报告结果，上三角为父亲报告结果。

表 4.7 儿童 4 岁时退缩行为与父母养育方式之间的相关

变量	1	2	3	4	5	6	7	8
1. 害羞	—	0.06	0.06	−0.04	0.04	0.04	0.03	0.01
2. 保护担忧	0.21**	—	0.39**	0.20**	0.06	−0.24**	0.17**	−0.08
3. 拒绝否认	0.18**	0.32**	—	0.57**	−0.38**	−0.30**	0.07	−0.14*
4. 惩罚定向	0.08	0.18**	0.48**	—	−0.20**	−0.06	0.20**	0.06

续表

变量	1	2	3	4	5	6	7	8
5. 接纳	−0.07	−0.02	−0.36**	−0.11	—	0.60**	0.26**	0.48**
6. 鼓励独立	−0.01	−0.18**	−0.33**	−0.08	0.69**	—	0.34**	0.64**
7. 鼓励成就	−0.01	0.17**	0.08	0.21**	0.22**	0.20**	—	0.40**
8. 鼓励社交	0	−0.13*	−0.21**	−0.04	0.56**	0.66**	0.31**	—

注：下三角为母亲报告结果，上三角为父亲报告结果。

表 4.8 儿童 7 岁时退缩行为与父母养育方式之间的相关

变量	1	2	3	4	5	6	7	8	9
1. 害羞	—	0.54**	0.13	0.21**	0.01	−0.15*	−0.18*	−0.03	−0.11
2. 社交淡漠	0.56**	—	0.21**	0.27**	0.16*	−0.22**	−0.30**	−0.06	−0.25**
3. 保护担忧	0.24**	0.08	—	0.40**	0.24**	−0.02	−0.13	0.14	−0.07
4. 拒绝否认	0.24**	0.12	0.40**	—	0.52**	−0.41**	−0.38**	−0.04	−0.24**
5. 惩罚定向	0.02	−0.10	0.35**	0.55**	—	−0.19**	−0.12	0.21**	0.01
6. 接纳	−0.17**	−0.20**	−0.12	−0.51**	−0.28**	—	0.67**	0.31**	0.56**
7. 鼓励独立	−0.22**	−0.24**	−0.28**	−0.44**	−0.27**	0.72**	—	0.34**	0.65**
8. 鼓励成就	−0.14	−0.10	0.25**	0	0.27**	0.22**	0.24**	—	0.41**
9. 鼓励社交	−0.19**	−0.28**	−0.17*	−0.33**	−0.01	0.52**	0.67**	0.43**	—

注：下三角为母亲报告结果，上三角为父亲报告结果。

表 4.9　儿童 10 岁时退缩行为与父母养育方式之间的相关

变量	1	2	3	4
1. 害羞	—	0.01	−0.12	0.05
2. 温暖支持	−0.02	—	0.61**	−0.55**
3. 鼓励独立	−0.11	0.68**	—	−0.38**
4. 拒绝惩罚	0.03	−0.61**	−0.38**	—

注：下三角为母亲报告结果，上三角为父亲报告结果。

（三）父母养育方式在儿童社交退缩与儿童适应之间的调节作用

通过分层回归分析来考察父母养育方式在儿童社交退缩与儿童适应之间的调节作用，以弄清楚父母养育方式对退缩儿童的社会适应的影响。以儿童 2 岁时的社会能力为因变量进行回归分析，第一层进入行为抑制性分数，第二层进入父亲/母亲的养育方式，第三层进入行为抑制性与父亲/母亲养育方式的交互作用。结果发现，行为抑制性与母亲积极教养的交互作用能够显著预测儿童的社会能力，进一步的简单效应分析发现，当母亲的积极教养比较低（$M-1SD$）时，儿童的行为抑制性显著预测其社会能力（$b=-0.07$，$p<0.05$）；当母亲的积极教养比较高（$M+1SD$）时，儿童的行为抑制性不能预测其社会能力（$b=-0.01$，$p>0.05$），具体见图 4.1。

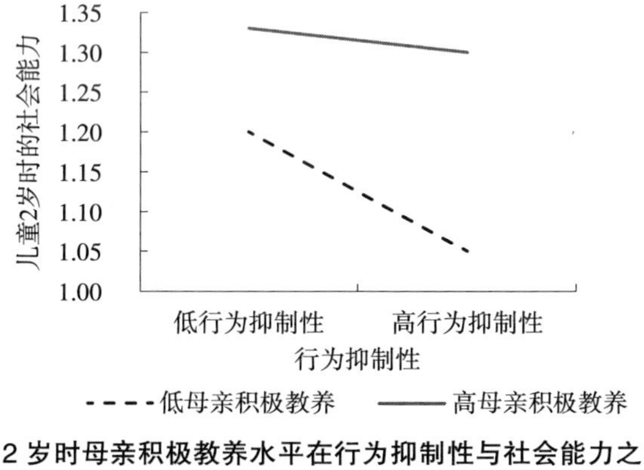

图 4.1　儿童 2 岁时母亲积极教养水平在行为抑制性与社会能力之间的调节作用

分别以儿童 4 岁时的社会适应（内隐问题、外显问题、社会能力）为因变量，以儿童 2 岁时的害羞和父母教养方式及其交互作用为自变量，同时控制儿童 2 岁时的社会适应，考察儿童 2 岁时的害羞对儿童 4 岁时的社会适应的纵向预测作用及养育方式的调节作用。结果发现，儿童 2 岁时的害羞对儿童 4

岁时的社会适应的主效应不显著，但 2 岁时的害羞与母亲鼓励成就、鼓励社交的交互作用对 4 岁外显问题的预测作用显著。简单效应分析表明，当母亲的鼓励成就水平较低（$M-1SD$）时，儿童 2 岁时的害羞不能预测 4 岁时的外显问题；但是当母亲的鼓励成就水平较高（$M+1SD$）时，儿童 2 岁时的害羞负向预测 4 岁时的外显问题（$b=-0.07$，$p<0.05$），见图 4.2。当母亲的鼓励社交水平较高（$M+1SD$）时，儿童 2 岁时的害羞不能预测 4 岁时的外显问题；但是当母亲的鼓励社交水平较低（$M-1SD$）时，儿童 2 岁时的害羞负向预测 4 岁时的外显问题（$b=-0.08$，$p<0.05$），见图 4.3。儿童 2 岁时的害羞与母亲鼓励成就的交互作用对 4 岁内隐问题的预测作用显著。简单效应分析表明，当母亲的鼓励成就水平较高（$M+1SD$）时，儿童 2 岁时的害羞不能预测 4 岁时的内隐问题；但是当母亲的鼓励成就水平较低（$M-1SD$）时，儿童 2 岁时的害羞正向预测 4 岁时的内隐问题（$b=0.07$，$p<0.05$），见图 4.4。

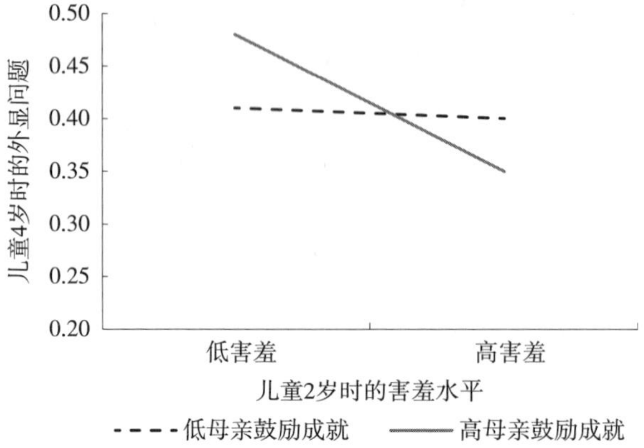

图 4.2　母亲鼓励成就在儿童 2 岁时的害羞与 4 岁时的外显问题之间的调节作用

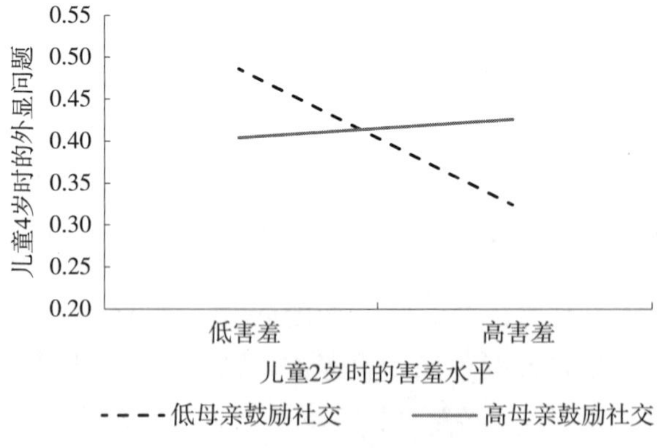

图 4.3　母亲鼓励社交在儿童 2 岁时的害羞与 4 岁时的外显问题之间的调节作用

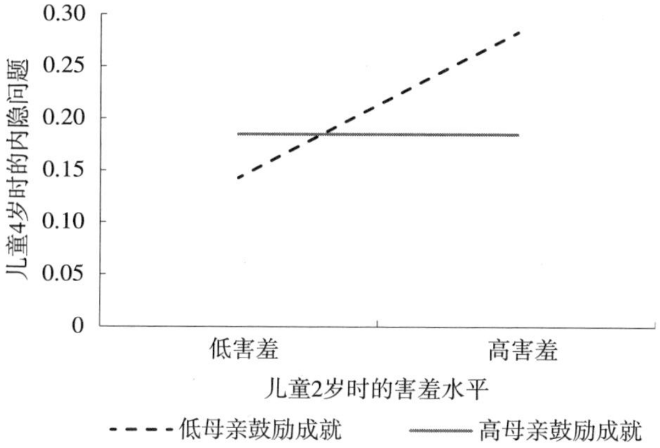

图 4.4　母亲鼓励成就在儿童 2 岁时的害羞与 4 岁时的内隐问题之间的调节作用

儿童 2 岁时的害羞与父亲保护担忧的交互作用对 4 岁外显问题和内隐问题的预测作用显著。简单效应分析表明，当父亲的保护担忧水平较高（*M*+1*SD*）时，儿童 2 岁时的害羞不能预测 4 岁时的外显问题，但能预测儿童 4 岁时的内隐问题（$b=0.09$，$p<0.05$）；但是当父亲的保护担忧水平较低（*M*−1*SD*）时，儿童 2 岁时的害羞负向预测 4 岁时的外显问题（$b=0.05$，$p<0.05$），但不能预测儿童 4 岁时的内隐问题，见图 4.5 和图 4.6。

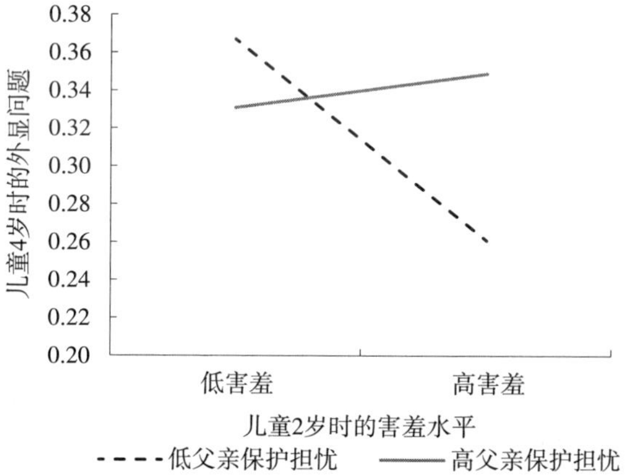

图 4.5　父亲保护担忧在儿童 2 岁时的害羞与 4 岁时的外显问题之间的调节作用

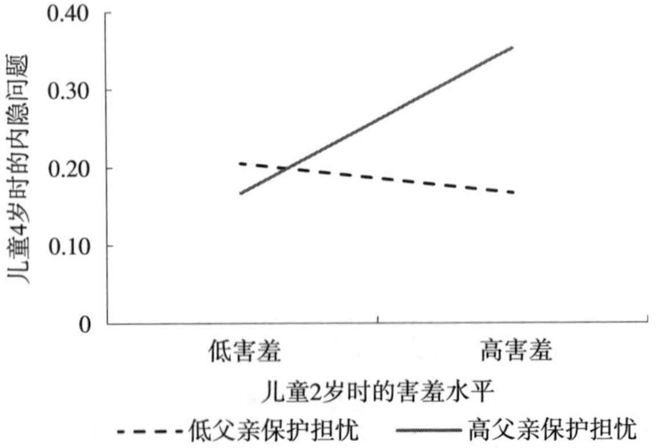

图 4.6 父亲保护担忧在儿童 2 岁时的害羞与 4 岁时的内隐问题之间的调节作用

儿童 2 岁时的害羞与父亲拒绝的交互作用对 4 岁的内隐问题的预测作用显著。简单效应分析表明，当父亲的拒绝水平较高（*M*+1*SD*）时，儿童 2 岁时的害羞不能预测 4 岁时的内隐问题；但是当父亲的拒绝水平较低（*M*−1*SD*）时，儿童 2 岁时的害羞正向预测 4 岁时的内隐问题（$b=0.08$，$p<0.05$），见图 4.7。

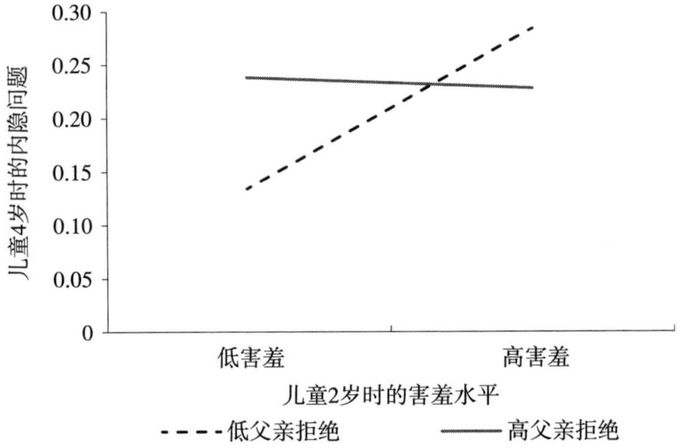

图 4.7 父亲拒绝在儿童 2 岁时的害羞与 4 岁时的内隐问题之间的调节作用

儿童 2 岁时的害羞与父亲接纳的交互作用对 4 岁的内隐问题的预测作用显著。简单效应分析表明，当父亲的接纳水平较高（*M*+1*SD*）时，儿童 2 岁时的害羞不能预测 4 岁的内隐问题；但是当父亲的接纳水平较低（*M*−1*SD*）时，儿童 2 岁时的害羞正向预测 4 岁时的内隐问题（$b=0.07$，$p<0.05$），见图 4.8。

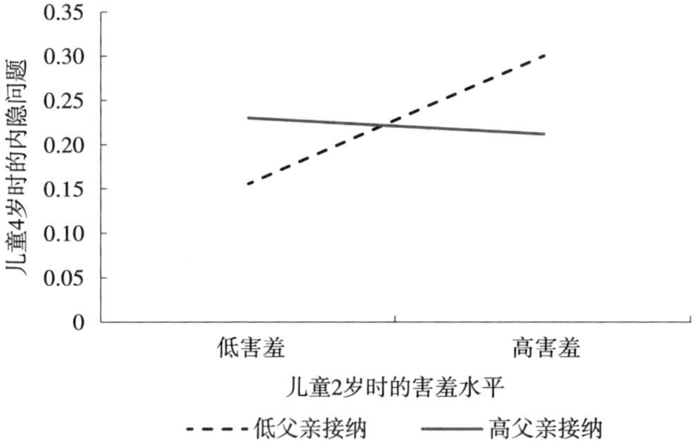

图 4.8　父亲接纳在儿童 2 岁时的害羞与 4 岁时的内隐问题之间的调节作用

儿童 7 岁时的害羞与母亲的鼓励社交之间的交互作用对儿童 10 岁时的自尊的预测作用显著。当母亲的鼓励社交水平较高（$M+1SD$）时，儿童 7 岁时的害羞对 10 岁时的自尊的预测作用不显著，但是当母亲的鼓励社交水平较低（$M-1SD$）时，儿童 7 岁时的害羞负向预测 10 岁时的自尊（$b=-0.20$，$p<0.05$），见图 4.9。

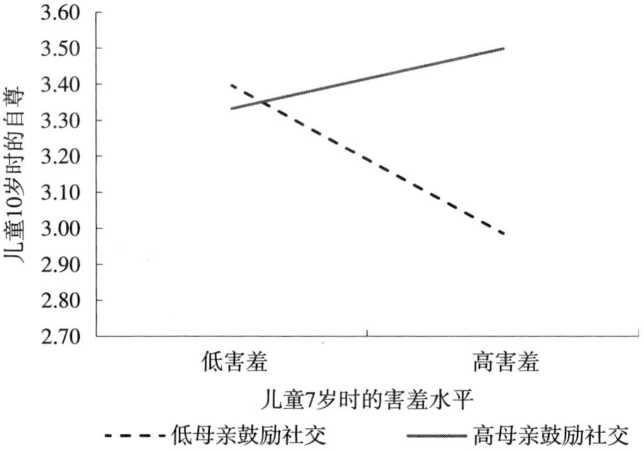

图 4.9　母亲鼓励社交在儿童 7 岁时的害羞与 10 岁时的自尊之间的调节作用

（四）儿童的自我调节能力在社交退缩与社会适应之间的关系

儿童 7 岁时的害羞与注意集中和注意转移的交互作用对儿童 10 岁时的学习成绩的预测作用显著。当儿童的注意转移能力比较低（$M-1SD$）的时候，儿童 7 岁时的害羞负向预测 10 岁时的学业成绩（$b=-0.17$，$p<0.05$）；但是

当儿童的注意转移能力比较高（$M+1SD$）的时候，儿童 7 岁时的害羞正向预测儿童 10 岁时的学业成绩（$b=0.14$，$p<0.05$），见图 4.10。

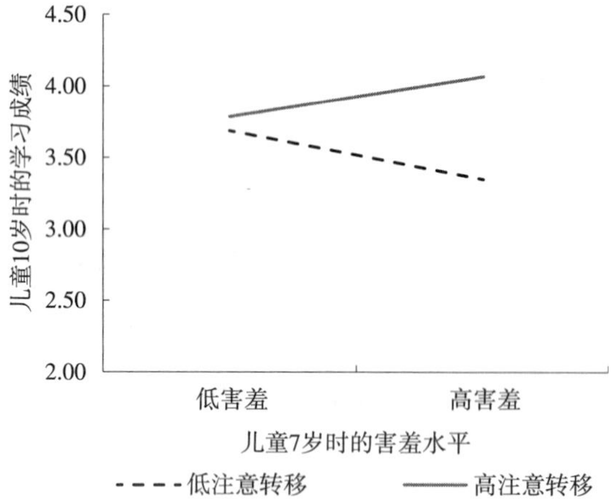

图 4.10　注意转移在儿童 7 岁时的害羞与 10 岁时的学业成绩之间的调节作用

四、讨论

研究发现，在儿童 2 岁、4 岁、7 岁和 10 岁的时候，儿童的抑制、害羞等退缩行为都与父母报告的儿童抑郁正相关，在 4 岁和 7 岁时，退缩与父母报告的儿童社会能力负相关，10 岁的时候，退缩与儿童自我报告的自尊负相关。这表明，在当今中国，从儿童很小的时候起，退缩行为就会对儿童的情绪适应和社会适应产生消极影响。且随着儿童年龄的增长，社交退缩对儿童的适应方面的消极影响会越来越明显，逐渐形成“滚雪球”的累积效应。这个结果与 20 世纪末在中国进行的研究结果不太一致（Chen et al.，1995b；Chen，Rubin，& Sun，1992），但是与近期在中国进行的研究结果是相似的（Liu et al.，2019；Liu et al.，2015）。

抑制、害羞的儿童之所以表现出更多的抑郁、低自尊等情绪适应问题，一方面可能是因为他们对消极刺激或威胁性刺激的反应阈限较低、反应性水平较高。因此，他们在面临生活中的一系列刺激时，往往会经历更高强度、更长时间的消极情绪。另一方面，可能是因为抑制、害羞的儿童在社会交往情境中可能会经历更多的挫折，而这些挫折经历反过来又会加剧他们的消极情绪。

从分析可以看出，从 2 岁开始，儿童的退缩就与母亲的保护担忧正相关；

随着儿童年龄的增长，社交退缩与父母的消极养育方式之间的正相关越来越强，与父母的积极养育之间的负相关越来越紧密。同样地，儿童 7 岁时教师报告的结果表明他们在同伴交往中也经历了较多的拒绝、排斥、欺辱等负性经历。这表明，在当前的社会环境下，退缩儿童面临的社会处境是不利的，无论是父母还是同伴，对社交退缩儿童的态度和反应都是负面的、消极的。这些消极经历会极大地影响他们的社会情绪适应。这些结果可能表明，随着中国市场经济体制的建立和经济的快速发展，独立、自主、竞争的价值观越来越深入人心，退缩行为越来越不符合当前的价值取向和社会规范，因此退缩的儿童会招致外界的消极反应和态度，从而导致他们出现情绪问题。

但是研究也发现，退缩儿童的适应情况也不全都是坏的，虽然退缩儿童容易出现情绪适应问题，但是社交退缩也能够在一定程度上降低儿童出现外显问题的风险。因为退缩儿童的过度控制倾向以及对他人评价的过分关注，他们可能能够更好地遵守社会规范和规则，更少出现攻击、违纪等行为。对教师来说，这样的儿童不会制造麻烦，因此教师对他们的态度和反应可能是积极的。但本研究并没有考察教师对于社交退缩儿童的态度和反应以及教师和社交退缩儿童的互动情况，未来的研究需要进一步考察社交退缩儿童在课堂上的互动情况。

同时，研究也发现，社交退缩与儿童的适应之间的关系受到父母养育方式的调节。总体来说，如果父母的养育方式是积极的、温暖的、接纳的，对孩子经常鼓励，那么可以在很大程度上缓解甚至消除社交退缩给儿童带来的消极影响；相反，如果父母经常惩罚孩子，对孩子过于严厉，那么社交退缩就会导致儿童的消极适应结果。从这个意义上来说，儿童的社交退缩是否会导致儿童的适应不良在很大程度上取决于父母的养育方式。但是有一个例外，当父亲的拒绝水平比较高的时候，害羞并不会导致儿童的内隐问题；而当父亲的拒绝水平比较低的时候，害羞会导致儿童内隐问题的增加。也就是说，父亲的拒绝对于儿童的内隐问题来说是一个保护性因素，这可能是因为，父亲的拒绝向儿童传递了这样一种信息，即“你不好，你需要改变”，在中国的传统文化中一直有“严父慈母”的说法，父亲对儿童行为方面的影响可能更大，父亲对退缩儿童的拒绝可能会让这些儿童意识到自己的行为是不恰当的，继而对自己的行为做出相应的调整，从而适应得更好。

另外，父母的保护担忧对于退缩儿童来说是一个危险性因素，当父母的保护担忧比较低时，儿童的害羞不仅不会导致内隐问题，还会减少儿童的外显问题，但是如果父母的保护担忧较高，那么儿童的害羞会导致儿童内隐问题的增加。父母的保护担忧一方面向孩子传递了“世界是危险的”信息，另一方面也向孩子传递了“你无法独自应对”的信息，这会强化儿童的恐惧反应倾向。同时，父母的保护担忧也减少了儿童应对挑战、参与外界活动的机会，不利于儿童社交技能的发展，儿童社交技能的缺陷会使儿童出现适应困难。

儿童自身的调节能力也会影响退缩儿童的适应结果。高注意转移对害羞儿童来说是一个保护、促进因素，那些害羞但注意转移能力较高的儿童的学习成绩较好，但那些害羞且注意转移能力较差的儿童的学习成绩往往不佳。这与以往的研究结果也是一致的（White et al.，2011）。害羞的儿童往往对负面刺激过分关注，如果他们能够根据环境的要求灵活地将注意力从负面刺激中脱离出来，那么就可以有效地调节、减少内心的恐惧，将注意力集中于当前任务上，促进他们的学习成绩。而如果害羞的儿童不能够将注意力从负面刺激中脱离出来，那么他们将会长时间地被恐惧支配，干扰他们当前的认知任务，影响他们的学习成绩。

总地来说，本研究的结果发现，在当今中国，社交退缩儿童的处境不太有利，父母对他们的态度相对消极，他们会表现出更多的情绪问题。但是如果父母的养育方式比较积极，儿童自身的调节能力也比较强，那么社交退缩儿童的适应状况就不一定差。

第五章

社交退缩儿童的情绪特征

社交退缩儿童的主要行为表现就是在人际交往情境中不主动参与交往，甚至主动远离社交情境。这些行为表现的背后是一系列生理和心理过程，了解社交退缩儿童的内在心理过程对于广大的家长和教育工作者来说非常重要。我们只有充分理解了社交退缩儿童的内在心理过程，才可以对这一过程进行针对性的干预，以改善他们的社会适应。

以往研究发现，行为抑制的儿童在面对新异的、威胁性刺激时，神经系统和生理反应系统都表现出更高的反应性，且这种高反应性持续时间较长。那么在心理过程上，社交退缩不同亚型的儿童在情绪反应性、情绪调节和情绪理解方面有哪些独有的特征，这是很多研究者关注的问题。在本章中，我们将对这一问题进行探讨。

第一节　社交退缩儿童的情绪反应性与情绪调节概述

一、情绪反应性

情绪反应性指个体在面临内外部刺激时产生的情绪反应的强弱及持续时间，主要体现在个体情绪唤起的阈限和容易程度以及情绪体验的强度及时间特征（潜伏期、上升期、恢复期）。情绪反应性又分为积极反应性和消极反应性两方面。积极反应性反映了个体对积极情绪的易感性，如高兴和积极参与的状态；消极反应性指的是个体对消极情绪的易感性，可以进一步分为内隐消极情绪（如焦虑、恐惧）反应性和外显消极情绪（如愤怒）反应性。

从行为抑制和害羞的定义性特征来看，它们与情绪反应性方面的个体差异有关。抑制、害羞的定义中包括了警觉、恐惧、担忧和社交焦虑。因此，研究者们普遍认为，抑制、害羞与内隐消极情绪反应性有关。研究发现，害羞似乎与社交恐惧、非社交恐惧、焦虑、孤独和怀疑等消极情绪有关（Boer & Westenberg，1994）。

与内隐消极情绪反应性相比，害羞与外显消极情绪（例如愤怒）反应性之间的关联并不明确，存在争议。Asendorpf（1993）认为，如果行为抑制的儿童具有正常的社交能力，那么他们就不会表现出异常的外显情绪。也有研究者认为，抑制、害羞儿童的恐惧、焦虑水平更高，而这些情绪都与回避动机有关，那么相应地，这些儿童的愤怒情绪应该较少，因为愤怒情绪与接近动机有关。有研究也证实了这一点，过度控制的儿童（包括害羞儿童）的外显问题相对较少（Robins，John，Caspi，Moffitt，& Stouthamer Loeber，1996）。但如果害羞儿童害怕被拒绝，或有些儿童本身就是因为被拒绝而变得退缩的话，那么他们可能表现出愤怒和沮丧的外显消极情绪。Izard 等人（1993）发现，成年人报告的害羞与他们报告的愤怒、轻蔑和厌恶之间存在相关，但这种关联比其与内隐消极情绪的关联要弱一些。

在抑制、害羞与积极情绪性的关系上，研究者的看法也出现了分歧。由于抑制、害羞的儿童经常表现出恐惧、焦虑等消极情绪，所以有研究者认为，抑制、害羞儿童的积极情绪比较少。这一观点得到了一些研究的证实，例如，Eisenberg 等人（1995）的研究也发现，害羞与积极情绪之间呈负相关。但是 Gray 认为，行为抑制儿童的行为接近系统和行为抑制系统都很敏感，他们对惩罚性刺激和奖赏性刺激都很敏感，按照 Gray 的逻辑，抑制、害羞儿童的消极情绪和积极情绪都比较多。这一主张也得到了一些研究的支持。冲突性害羞的个体，无论是在面对积极的刺激还是威胁刺激时，报告的情绪反应性都更高（Poole et al.，2020）。研究者推测，冲突性害羞的个体对消极、退缩相关情绪（即焦虑）和积极、接近相关情绪（如快乐）的体验都会增加。

关于社交淡漠与情绪反应性之间的关系，目前的研究证据比较少。Eisenberg 和 Fabes（1992）认为，社交淡漠的儿童可能对奖赏刺激和回避刺激都不敏感，也就是说，这些儿童的情绪表达整体是比较平淡的，积极情绪和消极情绪都比较少，他们不喜不悲、不嗔不怒、不怨不恨，对任何事情都不太在意。Eisenberg 等人（1995）的研究也发现，低合群性的个体的情绪反应性整体都比较低。

二、情绪调节

情绪调节是个体启动、回避、抑制、维持或调节内部感受状态、与情绪有关的生理过程、与情绪有关的目标或情绪导致的行为（其发生、形式、强度或持续时间）的过程，是一个从无意到有意的连续体，它不仅包含有意的、控制性的、主动的调节，还包括无意的、自动化的、被动的调节。在这个过程中，个体采取的各种措施就是情绪调节策略。

在婴儿期，儿童主要通过照料者的帮助来调节情绪。在婴儿产生强烈情绪后，照料者会采用各种方式（抚摸、拥抱、言语安慰等）来平复婴儿的情绪，这些称为外部调节策略。到了学步儿期，儿童已经可以在一定程度上依靠自己的行为来调节情绪了，这就是内部调节策略。但此时儿童的情绪调节大多是无意的、反应性的调节。在这个阶段，儿童最重要的情绪调节手段就是接近和回避。通过接近、够物、抓握、操纵，儿童可以增加对刺激的反应性，体验到更加强烈的情绪。通过抑制、走开、移开，儿童能够克制激活水平，降低刺激的影响，调节自身的情绪水平。例如，当儿童碰到令他们愉快的刺激时，会忍不住去接近，而当儿童碰到令他们恐惧的刺激时，会忍不住躲避，这就是一个自动化的、反应性的情绪调节过程，是一种趋乐避苦的自然本能。如果儿童的内部调节策略不奏效的话，那么儿童就有可能转向外部的调节策略，例如，寻求大人的安慰、帮助和支持。

随着儿童年龄的增长和大脑的逐渐成熟，个体从主要依赖外部情绪调节策略（如寻求支持）和反应性的内部调节策略（如接近、回避）转向依赖控制性的内部情绪调节策略（如注意转移和认知重评），儿童开始对自我和环境的许多方面积极主动地施加影响。这种主动的、有意识的控制对儿童的发展非常重要，它可以使个体有目的地做出与内在感受相反的行为。例如，为了获得更大的奖励和回报，儿童可以暂时克制自己的欲望和冲动，不去接近某些积极刺激；为了完成任务，儿童可以努力去做一些自己本来不想做的事情，或者去接近一些会给他们带来痛苦的刺激。这一过程称为努力控制，指的是有意地抑制、激活或改变（调节）注意和行为的能力。

努力控制在儿童的情绪调节方面起着重要作用。大约 18~24 个月大的婴儿开始发展出自主控制注意力的能力，并将其用于情绪调节（Ursache，Blair，Stifter，Voegtline，& Family Life Project，2013）。进入幼儿园后，儿童通过接触同伴来学习和适应不同的社会和情感需求，并提高他们的情绪调节能力，有效使用情绪调节策略，发展出更自主、适应性和情境敏感性的情绪调节（Eisenberg & Morris，2002）。

国内学者将学前儿童的情绪调节策略分为发泄、自我安慰、被动应对、替代活动、问题解决和认知重建六种类型（陆芳 & 陈国鹏，2007）。发泄是指通过破坏性或有害的行为来表达和发泄他们的消极情绪，发泄的形式包括言语和身体攻击，如尖叫、哭泣、扔东西。自我安慰是指通过语言或行为进行的以自我为中心的安慰，如儿童使用特定的词语自我安慰，或重复一些无意义的身体动作，如吮吸手指、前后摇晃等。被动应对是指在面对需要解决的问题时"什么也不做"，有时可能会逃避引发消极情绪的情境。替代活动是指将注意力从导致挫折或负面情绪的情境转移到其他活动上（如与其他孩子交谈或玩其他玩具），包括实际行为和认知转变。问题解决是指积极地面对问题，试图消除引起挫折的根源，表现出适应性行为。认知重建是指试图以更积极的方式看待令人沮丧或消极的事件。

情绪调节策略也可以分为适应性、建设性的策略和非适应性、破坏性的策略。适应性的情绪调节策略包括个体在情绪唤醒后能专注于更好地了解情况，试图解决问题，寻求帮助（Mirabile，Oertwig，& Halberstadt，2018），如问题解决策略、认知重评策略，这些适应性策略对于成熟的社交互动是必不可少的（Morris，Silk，Steinberg，Myers，& Robinson，2007）。而非适应性的调节策略包括短时间内产生大量的情绪（不稳定）、不主动解决问题、以减少人际支持的方式发泄痛苦或愤怒，或是压抑情绪，如发泄策略、被动应对策略，这些情绪调节策略会导致情绪和问题情境都不会得到有效改善。

儿童的情绪调节存在巨大的个体差异，那些容易产生强烈情绪特别是负面情绪的儿童，如果无法调节自己的情绪，那么他们很容易被负面情绪淹没（Derryberry & Rothbart，1988）。高强度的情绪唤醒对儿童的社会交往来说往往是不利的。如果个体觉得自己在社交中不成功的话，那么他们又会产生消极的情绪体验。久而久之，消极情绪和不良的社会交往之间就会形成恶性循环。随着年龄的增长，有些儿童会逐渐学会有效地调节自身的情绪来避免可能的社交失败。

Eisenberg 和 Fabes（1992）提出了一个理论模型，试图将个体在情绪调节风格方面的个体差异与一系列的气质特征联系起来，包括害羞和社交淡漠。在他们的模型中，他们区分了各种调节模式，包括注意转移、注意集中、激活控制和抑制控制。从定义上来看，行为抑制、害羞与抑制性和回避型的调节风格有关，他们往往以非建设性的方式来应对环境压力，无法灵活地应用其他适应性的调节方式。尽管抑制、害羞个体在抑制控制能力方面不存在缺陷，但他们往往不能激活或维持理想的行为方式。因此，害羞可能与激活控制不足有关。

Eisenberg 和 Fabes（1992）认为，社交淡漠的儿童与害羞儿童一样，在抑制控制方面水平较高，而在其他调节方式方面相对欠缺。但对社交淡漠儿童来说，他们可能不需要像害羞个体那样去调节他们的情绪唤醒，因为他们的整个情绪反应和表达是比较平淡的。所以，尽管他们在情绪调节方面可能缺乏灵活性，但情绪调节机制对他们来说可能并没有那么重要。Eisenberg 等人（1995）的研究发现，害羞与注意转移、抑制控制、激活控制和适应性的应对方式负相关，与情绪掩饰、回避、无所作为的应对方式正相关；而低合群性与抑制控制、情绪掩饰正相关，与寻求支持负相关。

总体上来说，一些研究者对社交退缩儿童的情绪反应和调节进行了研究，发现了一些一致的结果，如社交退缩的儿童在情绪调节方面，比较偏爱抑制性的情绪调节策略，缺乏灵活性，但是也有一些不一致的结果，例如在情绪反应性方面，目前还存在一些争议。

第二节　社交退缩儿童的情绪反应性与情绪调节的实证研究

西方一些研究者从社交退缩各成分（害羞，社交淡漠）的定义和心理过程出发，论述了它们与儿童的情绪反应性和情绪调节之间的关系。大多数研究者也都有这样一种潜在假设，即害羞与消极情绪反应性（尤其是恐惧情绪的失调）有关，这一假设得到了众多研究证据的支持，但是在害羞与积极情绪反应性的关系上，目前还存在着一些争议。许多研究者认为，害羞个体的消极反应性比较高，那么他们的积极反应性自然就比较低。但是也有学者认为，害羞实际上是一种高敏感性人格，也就是说害羞个体对积极刺激和消极刺激的反应性都比较高（伊莱恩·阿伦，2018）。而在社交淡漠与情绪反应性的关系上，目前的研究还比较少。

在社交退缩与情绪调节的关系上，已有研究大多是从整体的情绪调节能力入手，从具体的情绪调节策略入手的研究则相对较少。有研究者认为，反应性和调节是相互独立的两个气质维度，二者之间没有必然的关系，害羞儿童不一定会表现出情绪调节能力方面的缺陷。但也有研究者认为，害羞个体由于其对消极刺激的过度反应，及其行为上的抑制性风格，所以在情绪调节方面也表现出过度抑制和控制、不灵活的调节倾向。由于害羞儿童不能够有效调节自己的消极情绪，所以他们的消极情绪可能会持续很久，对他们的社会适应造成负面影响。而对于社交淡漠，有研究者认为，尽管他们的情绪调节策略也存在一些欠缺，但由于社交淡漠个体整体上情绪反应平淡，所以他们情绪调节策略上的欠缺并不会对他们的社会适应造成影响。

但到目前为止，国内这方面的研究还比较少，尤其是对幼儿的研究非常少，适用于学前儿童的研究工具也较少。相对于一般儿童，社会退缩儿童在情绪反应性和情绪调节方面存在哪些特点，这是亟待厘清的问题。

一、研究目的与假设

本研究意在开发适用于中国学前儿童情绪反应性、情绪调节策略的测量工具；了解幼儿社会退缩与其情绪反应性及情绪调节之间的关系。

我们假设，幼儿害羞与消极情绪反应性、消极情绪调节策略正相关，与积极情绪反应性、积极情绪调节策略负相关；幼儿社交淡漠与消极情绪反应性无关，与积极情绪反应性、寻求支持策略负相关。

二、研究方法

（一）研究对象

本研究选取了浙江省两所公立幼儿园3—6岁幼儿作为研究对象，共计660人。参与研究的幼儿家长在签署知情同意书后，由更熟悉孩子的父母一方在线上问卷调查平台填写相应的问卷。无效问卷的剔除标准为：（1）填写时间过短；（2）同一问卷内所有题目作出的答案相同；（3）重复填写。满足任一剔除标准便予以剔除。剔除无效问卷后，剩余有效人数为588人（$M_{年龄}$ = 4.91岁，SD = 0.92；男孩283人，占比48.1%）。其中，父亲学历在高中及以下、专科及本科、研究生及以上的比例分别是37.2%、61.8%、1.0%，母亲学历在高中及以下、专科及本科、研究生及以上的比例分别是24.3%、74.5%、1.2%。

（二）研究程序

由于目前没有适合学前幼儿的情绪反应性和情绪调节策略问卷，因此首先要修订适合本研究的情绪反应性和情绪调节策略问卷。在情绪反应性和情绪调节策略问卷修订完成之后，进行正式的问卷调查。

1. 情绪反应性问卷的修订

针对幼儿的情绪反应性，目前国际上用得比较多的是 Mirabile（2014）编制的《儿童情绪表达问卷》，该问卷为英文版，我们对此问卷进行了中文版修订。由 2 名发展心理学方向的专业教师和应用心理专业硕士生共同合作完成本土化翻译并进行回译，使量表语言符合中国文化和语义，由此形成中文版《儿童情绪表达问卷》。以班级为单位发放给幼儿家长，由熟悉幼儿情况的家长填写，两周之内回收。对问卷进行验证性因素分析，检验问卷的结构效度。验证性因素分析的结果表明，模型拟合良好，$\chi^2=257.49$，$df=92$，$\chi^2/df=2.80$，RMSEA = 0.078，CFI = 0.93，TLI = 0.91，SRMR = 0.06。修订后的情绪反应性问卷包含 16 个项目，共分为 4 个分量表：开心反应性（4 题，因子载荷为 0.73-0.89）、伤心反应性（4 题，因子载荷为 0.55-0.85）、生气反应性（4 题，因子载荷为 0.57-0.83）、恐惧反应性（4 题，因子载荷为 0.68-0.88）。该问卷 4 个维度的内部一致性信度分别为 0.88、0.76、0.80、0.85。一个月后，抽取其中的 75 名幼儿进行重测，计算重测信度，各分量表的重测信度分别为 0.61、0.47、0.51、0.53。

2. 情绪调节问卷的修订

以卢玲（2011）的《幼儿情绪调节策略调查问卷》为基础编制幼儿情绪调节策略问卷，但该问卷中涉及的生活情境比较有限，我们结合《早期情绪调节行为问卷》（The Early Emotion Regulation Behavior Questionnaire，EERBQ）的生活情境（Perry & Dollar，2021），扩充了幼儿在其他一些生活情境中的情绪调节策略，使其更具有生态效度。问卷的情境包括亲子、师幼、同伴及陌生人等人际交往情境，也包括打雷、打针等非人际情境。这些情境可能引发个体的消极情绪（如恐惧、愤怒），针对每种情境，分别列出了个体可能使用的不同的情绪调节策略，如回避、情绪发泄、攻击行为、自我安慰、替代活动、认知重评、问题解决，根据各个情境的实际情况设计题项，形成了本研究的情绪调节策略问卷，共包括 71 道题目。采用 Likert 式 5 点计分（1 = 从不，5 = 总是），每种策略上的所有题目加和求平均，作为该策略上的得分。得分越高，表示被试使用该种情绪调节策略的频率越高。

以班级为单位将问卷发放给幼儿家长，由熟悉幼儿情况的家长填写，两周之内回收。采用 Mplus8.3 软件对幼儿情绪调节策略调查问卷的数据进行验证性因素分析，检验问卷的结构效度。结果发现，其中有 13 个项目因子载荷低于 0.35，有 4 个项目与其他维度高相关，予以删除。在 8 个维度中，认知重评策略与问题解决策略存在高相关（$r=0.52$），情绪发泄与攻击行为存在高相关（$r=0.59$），回避与寻求支持存在高相关（$r=0.53$）。考虑到理论的相关性，将认知重评策略与问题解决策略合并为重评与解决策略，将情绪发泄和攻击行为合并为发泄攻击，最后形成 6 个因子。使用因子平衡法对一个维度内的项目进行打包以减少指标数，然后再次进行验证性因素分析。结果表明，模型拟合良好，$\chi^2=626.27$，$df=153$，$\chi^2/df=4.09$，$p<0.001$，RMSEA = 0.073，CFI = 0.88，TLI = 0.85，SRMR = 0.058。修订后的幼儿情绪调节策略调查问卷包括 54 个项目，共有 6 个维度：回避（6 个项目，因子载荷为 0.43-0.53）、发泄攻击（16 个项目，因子载荷为 0.35-0.65）、自我安慰（9 个项目，因子载荷为 0.36-0.72）、替代活动（7 个项目，因子载荷为 0.39-0.53）、寻求支持（5 个项目，因子载荷为 0.40-0.66）、重评与解决（11 个项目，因子载荷为 0.36-0.58）。回避、发泄攻击、自我安慰、替代活动、寻求支持、重评与解决维度的内部一致性系数分别为 0.66、0.82、0.80、0.64、0.67、0.76。一个月后，抽取其中的 75 名幼儿进行重测，计算重测信度，各维度的重测信度分别为 0.67、0.63、0.51、0.55、0.49、0.68。

3. 正式研究

参与研究的幼儿家长签署知情同意书后填写相应的问卷。以班级为单位向家长发放问卷，由熟悉儿童情况的父母一方报告儿童的害羞、社交淡漠、情绪反应性和情绪调节策略。发放之后两周内收回问卷。

（三）研究工具

1. 情绪反应性

采用修订的儿童情绪表达问卷测量幼儿的情绪反应性。原量表共 16 个项目，用于评定儿童的情绪反应性，包括开心、伤心、生气、恐惧 4 种情绪，每个维度下均有 4 个项目，分别涉及该情绪出现的速度、频率、强度和持续时间。采用 Likert 式 7 点计分，每个维度上的所有题目加和求平均，作为该维度上的得分。得分越高，表示被试在该维度上的情绪反应性越强，即出现速度越快、频率和强度越高、持续时间越长。该问卷 4 个维度的内部一致性信度分别为 0.88、0.76、0.80、0.85。

2. 情绪调节策略

采用修订的情绪调节策略问卷测量幼儿的情绪调节策略。该问卷包括 54

个项目，考察了6种幼儿常见的情绪调节策略：回避、发泄攻击、自我安慰、替代活动、寻求支持、重评与解决。采用Likert式5点计分（1=从不，5=总是），每个维度上的所有题目加和求平均，作为该维度上的得分。得分越高，表示被试使用该种情绪调节策略的频率越高。回避、发泄攻击、自我安慰、替代活动、寻求支持、重评与解决维度的内部一致性系数分别为0.66、0.82、0.80、0.64、0.67、0.76，信度良好。

3. 社交退缩

采用儿童社会偏好量表来测量幼儿的社交退缩水平（Coplan，Prakash，O'Neil，& Armer，2004），该量表区分了害羞退缩和社交淡漠两个维度，共计11题，5点计分。每个维度上的所有题目加和求平均，作为该维度上的得分。在本研究中，害羞维度、社交淡漠维度的内部一致性信度分别为0.86、0.65。

三、研究结果

本研究中的变量均由父母报告，因此可能会产生共同方法偏差。为降低可能存在的偏差，本研究在程序上采取匿名测量、对部分题目反向计分等方法进行控制。在统计上采用Harman单因素检验共同方法偏差。最终结果显示，第一个因子能解释29.1%的变异，小于40%的临界标准，表明本研究不存在严重的共同方法偏差问题。

（一）描述统计结果

各个变量之间的相关系数见表5.1。由表5.1可知，儿童害羞与社交淡漠存在中等程度的正相关。害羞与家长报告的开心反应性呈负相关，与伤心、生气、恐惧反应性呈正相关；与回避、发泄攻击、自我安慰、寻求支持策略呈正相关，与重评与解决策略呈负相关。儿童社交淡漠与家长报告的开心反应性呈负相关，与生气反应性呈正相关；与发泄攻击、自我安慰呈正相关，与重评与解决策略呈负相关。

表 5.1　各变量之间的相关系数

变量	1	2	3	4	5	6	7	8	9	10	11	12
1. 害羞	—											
2. 社交淡漠	0.47**	—										
3. 开心反应性	-0.18**	-0.18**	—									
4. 伤心反应性	0.14**	0.07	-0.05	—								
5. 生气反应性	0.17**	0.09*	-0.10**	0.59**	—							
6. 恐惧反应性	0.23**	0.05	-0.14**	0.39**	0.55**	—						
7. 回避策略	0.26**	0.03	-0.01	0.19**	0.28**	0.37**	—					
8. 发泄攻击策略	0.22**	0.16**	-0.10*	0.28**	0.42**	0.28**	0.36**	—				
9. 自我安慰策略	0.18**	0.12**	0.05	0.09*	0.09*	0.14**	0.21**	0.41**	—			
10. 替代活动策略	-0.02	-0.08	0.30**	-0.03	-0.06	0.02	0.21**	-0.05	0.25**	—		
11. 寻求支持策略	0.12**	0.05	0.14**	0.16**	0.15**	0.18**	0.52**	0.28**	0.20**	0.26**	—	
12. 重评与解决策略	-0.22**	-0.16**	0.35**	-0.08	-0.18**	-0.18**	-0.20**	-0.15**	0.22**	0.59**	0.11**	—

（二）情绪反应性对社交退缩的回归分析

相关分析的结果表明，害羞与社交淡漠存在中等程度的正相关，那么它们与情绪反应性之间的相关系数可能混淆了另一个变量的影响。为了考察害羞和社交淡漠对情绪反应性的独特影响，以情绪反应性4维度为因变量，以害羞、社交淡漠为自变量来进行多元线性回归分析，结果如表5.2所示。在控制了害羞与社交淡漠的共同作用之后，害羞负向预测开心反应性，正向预测恐惧反应性、伤心反应性和生气反应性，而社交淡漠只能负向预测开心反应性，不能预测消极情绪反应性。

表5.2 情绪反应性对社交退缩的回归分析

因变量	预测变量	R^2	β	t
开心反应性	害羞	0.06***	−0.14	−2.97**
	社交淡漠		−0.11	−2.41*
伤心反应性	害羞	0.03**	0.17	3.66***
	社交淡漠		0.02	0.42
生气反应性	害羞	0.03***	0.16	3.42**
	社交淡漠		0.01	0.23
恐惧反应性	害羞	0.06***	0.28	6.06***
	社交淡漠		−0.08	−1.73

（三）情绪调节策略对社交退缩的回归分析

同样地，以情绪调节策略6维度为因变量，以害羞、社交淡漠为自变量来进行多元线性回归分析，以考察害羞和社交淡漠对情绪调节策略的影响，结果如表5.3所示。在控制了害羞和社交淡漠的共同作用之后，害羞正向预测回避策略、发泄攻击策略、自我安慰策略、寻求支持策略，负向预测重评与解决策略；社交淡漠负向预测回避策略和寻求支持策略。

表5.3 情绪调节策略对社交退缩的回归分析

因变量	预测变量	调整 R^2	β	t
回避策略	害羞	0.11***	0.29	6.51***
	社交淡漠		−0.11	−2.54*

续表

因变量	预测变量	调整 R^2	β	t
发泄攻击策略	害羞	0.10***	0.18	4.05***
	社交淡漠		0.04	0.94
自我安慰策略	害羞	0.04***	0.16	3.39***
	社交淡漠		0.05	0.96
替代活动策略	害羞	0	0.01	0.25
	社交淡漠		−0.08	−1.67
寻求支持策略	害羞	0.05***	0.16	3.40***
	社交淡漠		−0.13	−2.89**
重评与解决策略	害羞	0.06***	−0.19	−4.01***
	社交淡漠		−0.06	−1.32

（四）情绪调节策略对情绪反应性的回归分析

以情绪调节策略6维度为因变量，以情绪反应性4维度为自变量来进行多元线性回归分析，以考察情绪反应性对情绪调节策略的影响，结果如表5.4所示。恐惧反应性正向预测回避策略、自我安慰策略、替代活动策略、寻求支持策略，负向预测重评与解决策略。伤心反应性正向预测发泄攻击策略与寻求支持策略。生气反应性正向预测发泄攻击策略。开心反应性正向预测自我安慰策略、替代活动策略、寻求支持策略和重评与解决策略。

表5.4 情绪调节策略对情绪反应性的回归分析

因变量	预测变量	R^2	β	t
回避策略	开心反应性	0.19***	0.04	1.14
	伤心反应性		0.02	0.44
	生气反应性		0.09	1.61
	恐惧反应性		0.33	7.17***
发泄攻击策略	开心反应性	0.24***	−0.04	−1.14
	伤心反应性		0.09	1.99*
	生气反应性		0.30	5.83***
	恐惧反应性		0.08	1.79

续表

因变量	预测变量	R^2	β	t
自我安慰策略	开心反应性	0.03***	0.09	2.17*
	伤心反应性		0.07	1.28
	生气反应性		0.01	0.11
	恐惧反应性		0.12	2.38*
替代活动策略	开心反应性	0.09***	0.30	7.40***
	伤心反应性		-0.01	-0.14
	生气反应性		-0.08	-1.45
	恐惧反应性		0.10	2.15*
寻求支持策略	开心反应性	0.10***	0.17	4.20***
	伤心反应性		0.11	2.08*
	生气反应性		0.02	0.37
	恐惧反应性		0.15	3.13**
重评与解决策略	开心反应性	0.15***	0.33	8.49***
	伤心反应性		0.01	0.11
	生气反应性		-0.07	-1.29
	恐惧反应性		-0.10	-2.20*

四、讨论

本研究发现害羞与开心反应性显著负相关，与伤心反应性、生气反应性、恐惧反应性显著正相关；害羞与回避策略、发泄攻击策略、自我安慰策略、寻求支持策略显著正相关，和重评与解决策略显著负相关。在回归分析中控制了与社交淡漠的共同作用之后结果仍然如此，这与以往研究一致（Coplan, Prakash, et al., 2004；Findlay et al., 2009），支持了研究假设。这表明，幼儿的害羞水平越低，幼儿越容易感受到开心，越少体验到伤心、生气、恐惧情绪，且会更多使用积极的认知重评、问题解决策略，更少使用回避策略、发泄攻击策略、自我安慰策略、寻求支持策略等消极的情绪调节策略；反之，幼儿的害羞水平越高，幼儿越容易感受到伤心、生气、恐惧等消极情绪，越少体验到开心，且会更多使用消极的回避策略、发泄攻击策略、自我安慰策略、寻求支持策略，更少使用积极的认知重评、问题解决策略。有研究指出，情绪反应性与情绪调节有一定的关系，容易体验消极情绪的幼儿更倾向于使用消极情绪调节策略（Morris et al.，2007）。害羞儿童更容易感受到伤心、生气、恐惧等消极情绪，这可能导致他们更多采用回避策略、发泄攻击策略等消极情绪调节策略。相反，积极情绪反应性高的儿童更容易采用积极的情绪调节策略，害羞儿童的开心反应性较低，这解释了害羞儿童的重评与解决策略较低的结果。

本研究还发现社交淡漠与开心反应性显著负相关，与生气反应性显著正相关；与发泄攻击策略、自我安慰策略显著正相关，与重评与解决策略显著负相关。但是在回归分析中控制了与害羞的共同作用之后，社交淡漠只能负向预测开心反应性、回避策略和寻求支持策略。对于这种不一致，一个可能的原因是，相关分析中发现的社交淡漠与生气反应性、发泄攻击、自我安慰策略之间的相关主要是因为社交淡漠与害羞之间的相关引起的。这一结果表明，幼儿的社交淡漠水平越低，幼儿越容易感受到开心；反之，幼儿的社交淡漠水平越高，幼儿越少体验到开心。这一结果与害羞的结果是相似的。但与害羞不同的是，社交淡漠与生气反应性、伤心反应性、恐惧反应性无关。这说明，社交淡漠儿童所经历的消极情绪的种类和强度要比害羞儿童低，这一结果与 Eisenberg 等人（1992）的理论模型是一致的。害羞的核心是人际交往时的焦虑、恐惧、回避，而社交淡漠的核心是对独处的偏好，与恐惧、回避无关。相对而言，害羞儿童在社交情境中的情绪反应性更强，而社交淡漠儿童的情绪反应更加平淡。但他们的共同点在于都表现出较多的独处行为，容易引起同伴的忽视和排斥，这可能会让儿童感到失落，难以体验到积极情绪。

此外，以往研究发现害羞个体习惯在产生消极情绪时寻求安慰和支持，但社交淡漠个体却相反，他们更少寻求支持，而本研究中也发现了相同的结果。本研究还发现，社交淡漠幼儿在产生情绪体验时更少使用回避的情绪调节策略。这与社交淡漠儿童的内在动机有关（Eisenberg et al.，1995）。他们对人际交往缺少兴趣，但也不恐惧人际交往。所以，在情绪唤醒适中的情况下，社交淡漠幼儿更倾向于自己处理情绪，不会去寻求他人的支持，但也不会回避社交情境，如同他们对待社交的态度，既不主动回避，也不主动寻求支持。

本研究的结果表明，害羞和社交淡漠儿童在情绪反应性和情绪调节策略方面表现出一些独特的特点。害羞的儿童消极情绪反应性高，积极情绪反应性低；同时，由于害羞儿童具有高消极情绪反应性，他们经常被消极情绪所支配，未能习得适应性的情绪调节策略，在生活中经常采取回避、自我安慰、发泄攻击、寻找他人支持与安慰这些非适应性的情绪调节策略，较少采用认知重评、问题解决这些适应性的情绪调节策略。相比较而言，社交淡漠儿童主要是缺乏积极情绪体验，但他们并不会过多地产生消极情绪体验；他们的情绪调节策略相对来说更加适应，既不回避情境，也较少寻求他人的支持与安慰，也不像害羞儿童那样经常向外发泄自己的消极情绪。

总体上来看，害羞儿童在情绪反应和情绪调节上都存在一些缺陷，而社交淡漠儿童在情绪反应和情绪调节上更加灵活、适应。从内在情绪过程来看，害羞幼儿存在消极情绪反应性过高、情绪调节不佳的问题；而社交淡漠幼儿在情绪适应上并不存在太大的问题，但是他们不合群的行为方式可能会导致他人的消极反馈，从而出现一些情绪问题。也就是说，社交淡漠儿童的适应困难可能更多源于外部环境的压力，但他们内部心理过程大体是和谐的。在第四章的追踪研究中发现，害羞儿童和社交淡漠儿童容易经历同伴欺辱，这些消极的同伴经历可能是社交淡漠儿童出现情绪适应问题的主要原因。而害羞儿童可能同时面临内部心理失调和外部环境两方面的压力，在社交情境中，他们内心充满恐惧、焦虑，自己又没有办法有效地调节这种情绪，同时环境中的他人又对他们的这种行为方式表现出不认同、拒绝，在这双重压力之下，他们很容易出现适应不良。

第三节　社交退缩与儿童的情绪理解

情绪理解是个体对情绪行为、情绪情境的识别与解释。Pons 等人（2002）把情绪理解分为面部表情识别、情绪原因的理解、基于信念的情绪理解、基于愿望的情绪理解、基于记忆的情绪理解、情绪调节理解、隐含情绪理解、混合情绪理解和道德情绪理解 9 种层次。情绪理解对个体的社会交往和社会功能的正常发展具有重要作用。

面部表情识别指幼儿能够通过辨识他人的面部表情来推断其当前的情绪状态；情绪原因的理解指幼儿能够解释和判断出个体情绪产生的原因；基于信念的情绪理解指幼儿在具体的情绪情境中能够基于他人的错误信念做出情绪归因，即幼儿能够辨认出个体的主观情绪状态与客观事实的区别；基于愿望的情绪理解指幼儿能够根据个体的愿望来对个体的情绪做出判断；基于记忆的情绪理解指幼儿能够根据原先回忆中发生过的情绪事件线索来推断和理解人物的情绪状态；情绪调节理解指幼儿知道情绪是可以通过一定方法或策略加以调节和控制的；隐含情绪理解指幼儿能够辨识故事主人公外在与内心真实情绪的不一致；混合情绪理解指幼儿能够认识到个体在某一情境中可能会出现两种不同或冲突的情绪状态；道德情绪理解指幼儿能够理解道德上值得称赞的行为会使个体产生相应的正向情绪，而道德上受到谴责或批评的行为会使个体产生相应的负向情绪。

幼儿阶段是儿童情绪理解能力迅速发展的时期，随着年龄的逐渐增长，儿童能在更为复杂的情境下理解自己和他人的情绪体验，对其做出合理解释。例如，儿童在 2 岁时就能正确识别面部表情，能谈论和情绪有关的话题（Southam-Gerow & Kendall，2002）；3 岁儿童能根据情境线索判断他人的情绪状态（Denham & Couchoud，1990）；5—6 岁儿童已经能对自己和他人的情绪状态给出合理的解释（Cassidy，Parke，Butkovsky，& Braungart，1992）。随着年龄的增长，儿童对情绪的理解由简单到复杂。

情绪理解的发展存在很大的个体差异。不同的童年经历，可能会导致儿童情绪理解上的个体差异。根据皮亚杰的认知发展观，同伴交往在儿童社会能力发展中具有重要的作用。同伴交往可以促进个体多方面心理特质的发展。在同伴交往情境中，交往双方处于平等的地位，个体可以在该情境下学会合作，学会从他人角度思考问题，与之相关的观点采择能力、移情能力和角色扮演能力均可以得到发展。而社交退缩儿童由于同伴交往经历的缺乏，可能导致其诸如观点采择能力、移情能力和角色扮演能力发展的滞后，从而影响儿童的情绪理解能力。

已有研究发现，社交退缩儿童可能存在社会认知方面的困难。国内学者采用三类经典的心理理论任务（错误信念任务、外表事实任务和欺骗故事任务）测量 6—7 岁社交退缩和非社交退缩儿童的心理理论水平，发现退缩儿童在心理理论总分方面低于非退缩儿童，在两个错误信念任务和一个外表事实任务中退缩组的分数显著低于非退缩组（池丽萍 & 安静，2009）。韩国的一项研究选取 4 年级的儿童作为被试，研究了退缩组和非退缩组之间的心理理论水平的差异，发现退缩组仅在高级心理理论的得分上显著低于非退缩组，在低水平的心理理论任务中两组没有差异（Byun，2004）。但是也有一些研究者发现社交退缩与儿童的社会认知之间并没有关系，例如，土耳其的一项研究对福利机构中 66 名 4—5 岁儿童进行了为期一年的追踪研究，考察了儿童错误信念理解水平和社交退缩行为之间的关系，结果发现两者并没有显著相关（Selcuk，Yavuz，Etel，Harma，& Ruffman，2018）。

总体来说，目前关于社会认知和社交退缩之间关系的研究文献较少，直接考察社交退缩儿童的情绪理解能力的研究就更少，且大多数都是从整体的社交退缩角度进行论述，没有考虑到社交退缩的异质性。儿童可能由于不同的原因表现出独处行为，这些儿童的内部心理过程可能不同，对儿童的情绪理解能力的影响也可能存在不同。例如，害羞的儿童在社交情境中可能产生紧张、焦虑、不安等情绪，高度的情绪唤醒可能会干扰他们对社会信息的加工，使得他们不能准确地理解他人的情绪状态以及情绪产生的原因；而社交淡漠的儿童，在社交情境中并不会出现焦虑不安的情绪，因此他们的社会认知与理解可能并不会受到干扰。但到目前为止，已有的研究并没有对这个问题进行深入的探讨，我们对社交退缩儿童的情绪理解能力还知之甚少。

一、研究目的与假设

本研究拟在学前儿童中考察不同类型的社交退缩与儿童的情绪理解能力之间的关系。我们假设，相较于非退缩儿童，社交退缩儿童的情绪理解能力可能存在一定程度的缺陷，且不同类型的社交退缩儿童的情绪理解能力也可能存在不同，害羞儿童的情绪理解能力可能受损最严重，而社交淡漠儿童的情绪理解能力受损较轻。

二、研究方法

（一）研究对象

本研究选取了浙江省一所公立幼儿园的大班幼儿作为研究对象，共计 60 人（男孩 27 人；$M_{年龄}=5.86$ 岁，$SD=0.27$），参与研究的幼儿家长填写相应问卷，最终 60 名幼儿的父母一方完成幼儿社交退缩的评定，60 名幼儿完成情绪理解测试。

（二）研究工具

1. 情绪理解

采用 Pon 等人（2004）的情绪理解范式，测量儿童 9 种层次情绪理解发展，分别是面部表情识别、情绪原因的理解、基于愿望的情绪理解、基于信念的情绪理解、基于记忆的情绪理解、情绪调节理解、隐含情绪理解、混合情绪理解、道德情绪理解。每种任务下的图片材料由研究者在前人基础上自绘而成。为减少由面孔性别带来的差异，分别设计男孩版和女孩版图片，施测于男孩与女孩。计分标准借鉴前人研究，回答正确计 1 分，回答错误计 0 分，总分 0—9 分。在测试结束后，送给幼儿他们喜欢的贴纸作为奖励。

在面部表情识别部分，给儿童呈现伤心、开心、生气、害怕四张情绪图片，让儿童根据主试说出的情绪词汇指出相应的情绪图片。在情绪原因理解部分，主试给儿童依次呈现四张图片，并说明每张图片中的人物正在经历的事情，询问儿童图片中人物当前的感受，例如给儿童呈现一张女孩画画的照片，并对儿童说："这个女孩想画画，但她的弟弟阻止了她，她感觉怎么样？"在基于愿望的情绪理解部分，主试给儿童呈现一张图片，告诉儿童："这是一只小花猫和一只小白兔。小白兔喜欢吃胡萝卜，但小花猫不喜欢吃胡萝卜。"接着，主试让被试打开盒子，看到里面装的东西，并问儿童："现在盒子里有一根胡萝卜。如果小花猫（小白兔）看到了，它会感到伤心、高兴、生气还是没有反应？"基于信念和记忆的情绪理解部分也采取了类似的方式。在情绪调节理解部分，主试给儿童呈现一张图片，询问儿童："图片中的主人公因为心爱的小白兔死掉了所以很伤心，主人公应该如何做才能让自己不再伤心？"在混合情绪理解部分，主试给儿童呈现图片，告诉儿童故事里的主人公正在经历一些冲突的想法，然后向儿童提问主人公的情绪是什么。在隐含情绪理解部分，主试给儿童呈现图片，告诉儿童图片中的主人公被人嘲笑了，但是他不想让对方知道自己内心的感受，然后问儿童主人公内心的感受是怎么样的。在道德情绪理解部分，主试给儿童呈现图片，告诉儿童图片中的主人公在没有经过他人同意的情况下吃了别人的东西，但是他/她没有把这件事情告诉自己的妈妈，然后问儿童主人公的情绪是怎么样的。

2. 社交退缩

采用 Coplan 等人（2004）编制的儿童社会偏好量表来测量幼儿的社交退缩水平，该量表用于区分幼儿害羞退缩和社交淡漠两个维度，共计 11 题，采用 Likert 式 5 点计分，由幼儿一方家长报告。每个维度上的所有题目加和求平均，作为该维度上的得分。在本研究中，害羞维度、社交淡漠维度的 Cronbach′s α 系数分别为 0.82、0.54。

三、研究结果

（一）幼儿社交退缩、情绪理解的相关分析

为了探讨社交退缩与情绪理解的关系，本研究对幼儿的社交退缩（害羞、

社交淡漠）、情绪理解各维度进行了相关分析，结果见表5.5。由表5.5可知，儿童害羞与社交淡漠存在中等程度的正相关，害羞与混合情绪理解呈正相关，儿童社交淡漠水平与情绪原因的理解呈负相关。而在面部表情识别、基于愿望的情绪理解、基于信念的情绪理解、基于记忆的情绪理解、情绪调节理解、隐含情绪理解、道德情绪理解和情绪理解总分上，社交退缩与各项的相关并未达到统计显著水平。

（二）幼儿社会退缩、情绪理解的回归分析

鉴于害羞与社交淡漠存在一定程度的相关，为了考察害羞、社交淡漠对幼儿情绪理解的独特影响，进行线性回归分析，考察社交退缩各亚型对儿童情绪理解的影响，结果发现，害羞正向预测对混合情绪的理解能力（$\beta=0.35$，$t=2.52$，$p=0.015$），社交淡漠负向预测对情绪原因的理解能力（$\beta=-0.31$，$t=-2.26$，$p=0.027$）。

四、讨论

本研究考察了社交退缩的两个亚型（害羞与社交淡漠）与大班幼儿的情绪理解的关系。研究结果发现，整体上来说，社交退缩儿童与非退缩儿童在情绪理解能力上不存在大的差异，社交退缩儿童的情绪理解不存在大的缺陷，但在情绪理解的特定维度上，社交退缩儿童存在一定的缺陷。具体表现为，儿童的社交淡漠水平越高，在对他人情绪原因的理解上表现越差。但是，本研究也发现，社交退缩儿童在有些情绪理解任务上的表现优于一般儿童，例如，儿童的害羞水平越高，儿童对混合情绪的理解越好。

这一结果与我们的预期不太一致。根据皮亚杰的理论，在同伴交往场景中，交往双方处于平等的地位，而儿童的认知能力还没有发展成熟，因此，儿童不能很好地理解他人的愿望、意图、情绪和信念，交往过程中经常会发生一些冲突，这种冲突为儿童的社会认知发展提供了独一无二的背景，在解决冲突的过程中，儿童逐渐认识到他人的愿望、意图、感受和想法是不同于自己的，儿童逐渐地去除认知上的自我中心特征，学会理解他人的愿望、意图、感受和想法。而如果儿童的同伴交往经验不足，儿童较少经历这种认知冲突，儿童就缺少相应的经验来发展他们的社会认知。

表 5.5　社交退缩与情绪理解各维度的相关分析

变量	1	2	3	4	5	6	7	8	9	10	11	12
1. 害羞	—											
2. 社交淡漠	0.41**	—										
3. 面部表情识别	0.02	−0.08	—									
4. 情绪原因的理解	−0.21	−0.34**	−0.06	—								
5. 基于愿望的情绪理解	0.00	−0.12	−0.19	0.17	—							
6. 基于信念的情绪理解	−0.03	−0.03	0.10	−0.02	−0.03	—						
7. 基于记忆的情绪理解	−0.02	−0.03	0.20	0.23	0.17	0.06	—					
8. 情绪调节理解	−0.14	−0.10	0.00	0.24	−0.07	−0.07	−0.02	—				
9. 隐含情绪理解	−0.12	0.16	0.12	−0.15	−0.09	0.05	−0.13	0.18	—			
10. 混合情绪理解	0.26*	−0.07	0.03	0.06	0.02	0.15	0.09	−0.05	−0.18	—		
11. 道德情绪理解	0.03	0.02	−0.16	−0.12	0.11	0.01	−0.21	0.02	0.10	0.21	—	
12. 情绪理解总分	−0.04	−0.19	0.21	0.44**	0.40**	0.39**	0.45**	0.37**	0.17	0.46**	0.34**	—
M	1.70	1.67	0.90	0.75	0.55	0.65	0.47	0.33	0.12	0.38	0.43	4.58
SD	0.67	0.68	0.30	0.44	0.50	0.48	0.50	0.48	0.32	0.49	0.50	1.45

但是本研究的结果表明，社交退缩儿童的情绪理解整体上不存在大的缺陷，只有社交淡漠儿童在理解情绪产生的原因时存在一些困难。这一研究结果可能表明，只需要一定的同伴交往经验，儿童的情绪理解能力就能够正常发展，社交退缩儿童虽然在同伴交往数量上不如一般儿童，但是他们在日常生活中也有基本的同伴交往经验，这些经验足以让他们发展出正常的情绪理解能力。

当然，也存在另一种可能的解释，就是这一阶段已经过了情绪理解能力发展的关键期，儿童的情绪理解能力都发展得比较成熟了，因此社交退缩儿童与一般儿童的情绪理解能力之间没有太大差异。也就是说，社交退缩的儿童即便在情绪理解能力上确实存在一定的延迟，但只要假以时日，他们也能赶上一般儿童的情绪理解水平。但是，当我们仔细审视儿童在情绪理解任务上的表现时，我们就会发现，这一解释并不成立。从平均值和标准差可以看出，大班幼儿在面部表情识别上确实已经达到了很高的正确率，出现了“天花板效应”，在情绪原因的理解上表现也很优异，但是在情绪理解的其他任务上，正确率并不是那么高，在隐含情绪理解、情绪调节理解和混合情绪理解上，正确率很低。这表明，大班幼儿的情绪理解能力还远未成熟，本研究中发现的结果并不是由于“天花板效应”导致的。

本研究发现，社交淡漠儿童在对情绪原因的理解上存在缺陷，可能是因为他们对人际交往不感兴趣，所以他们不愿意花费时间精力去理解他人情绪产生的原因，而情绪原因理解任务上给予儿童的线索和提示相对较少，因此社交淡漠儿童会在这个任务上表现得较差，但其实他们并不欠缺这方面的能力，只要给予他们足够的提示与线索，他们在其他情绪理解任务上的表现与一般儿童并无差异。

本研究还发现，害羞儿童在对混合情绪的理解上优于一般儿童，这可能与害羞儿童经常体验到趋避动机冲突有关。在社交情境中，害羞儿童一方面希望与同伴交往，另外一方面又害怕与同伴交往，这种动机冲突会导致他们的情绪体验冲突。由于害羞儿童经常体验到这种情绪冲突，所以他们对复杂的混合情绪可能有更好的理解，因此他们在混合情绪理解任务上的表现优于一般儿童。

总体来说，本研究的结果表明，对于学前儿童来说，社交退缩可能并不会导致他们情绪理解上的缺陷，甚至害羞儿童在对混合情绪的理解上还要优于一般儿童。当然，由于学前阶段儿童的社会交往还不成熟，社交退缩对儿童情绪理解和其他社会认知能力的影响可能还没有完全展现出来。未来的研究可以对儿童持续进行追踪，以考察长期的社会交往的缺乏是否会对儿童的情绪理解和社会认知能力产生不良影响。

第六章

社交退缩儿童的认知特征

我们的追踪研究发现，在当前的社会背景下，社交退缩行为会影响儿童的社会功能，导致适应问题的出现，如焦虑、抑郁。长此以往，社交退缩行为可能发展成为严重的社交焦虑障碍，因此，对社交退缩水平较高的儿童进行早期干预是非常必要的。而了解社交退缩儿童的病因学机制并对其进行针对性的干预至关重要。

抑制、害羞儿童的主要特点是对陌生情境或他人负面评价的持续恐惧，为了避免这种恐惧，个体会避免跟陌生人交往，或避免处于被评价的境地。社交退缩儿童之所以会对新异刺激或社会评价情境感到恐惧，可能与他们独特的认知过程有关。以往研究也发现，社交退缩儿童在对社会信息加工的过程中表现出一系列特定的偏向，在本章，我们将对儿童的认知特征进行探讨。

第一节 社会信息加工模型

个体对社会信息的加工包括了一系列的认知过程。Crick 和 Dodge（1994）的社会信息加工模型将个体对社会情境的加工过程按照时间上的先后关系分成了六个加工阶段，个体在前一个阶段的加工过程会影响后一个阶段的加工，并最终影响个体的行为，该模型主要强调认知因素在个体社会行为中的作用。后来，Lemerise 和 Arsenio（2000）对这个模型进行了扩展，在这个模型中加入了情绪因素，论述了认知因素和情绪因素在个体社会行为中的作用。

Nikoli（2020）在上述两个模型的基础上，专门讨论了有社交焦虑倾向的儿童的社会信息加工过程，论述了有社交焦虑倾向的儿童在社会信息加工的各个阶段会出现的一些认知偏向或信息加工障碍，以及这些认知偏向与个体的社会适应之间的关系。该模型指出，社会认知过程中的认知偏向和情绪失调与儿童早期的社交焦虑相关，具有这些特征的儿童往往会发展成社交焦虑障碍。

一、社会信息加工模型

简而言之，社会信息加工模型认为，个体对社会信息的加工包括六个连续的加工阶段：（1）线索编码，个体选择性地注意到某些内部和外部线索，并对这些线索进行编码；（2）线索解释，个体通过因果归因、意图归因和其他解释过程对进入注意范围的线索加以解释；（3）目标澄清和选择，个体在线索解释的基础上，澄清自己期望的目标或结果；（4）反应产生和形成，个体在记忆数据库中搜索并形成适合当前情境的反应模式；（5）反应评估与决策，个体对上一阶段产生的各种行为反应选项及其结果以及自身在各行为选项上的自我效能感进行评估，选择最有利的反应，做出决定；（6）反应执行，个体执行上一阶段选择的行为反应。

该理论认为，在面对相同的社会情境时，不同的个体之所以会有不同的行为表现，是因为他们的社会信息加工过程存在不同。如果个体经常性地表现出某种行为倾向，那么他们的社会信息加工过程可能也存在特定的倾向。这个理论一经提出，就引起了心理学工作者的广泛关注。许多研究者以这个理论模型为基础，对具有某些特定行为倾向的个体的认知加工过程进行了研究，获得了非常丰硕的成果。

二、社交退缩儿童的社会信息加工偏向

在过去的几十年间，随着社交退缩行为研究的兴起，越来越多的研究者开始关注退缩儿童的社会信息加工过程。研究发现，退缩儿童在信息加工的很多阶段都表现出一些特定的偏向，有一些认知偏向出现得较早，可能受到先天的遗传因素的影响，有些认知偏向则出现得较晚，可能是退缩儿童在与环境的交互过程中累积的某些经验、记忆所导致的。例如，相对于非退缩儿童，一部分退缩儿童在社交情境中会产生强烈的情绪反应（Burgess et al.，2006），这种强烈的情绪反应可能与个体对新异/威胁性刺激的注意偏向有关，而这种注意偏向很可能与先天遗传因素有关。如果这些儿童无法调节自己的情绪、克服内心的恐惧，那么他们可能无法正确地对社交情境中的信息进行知觉、编码、解释，也无法产生恰当的策略来解决问题，从而导致他们的社交活动以失败告终。而对社会信息的解释、归因等则更可能是个体遗传素质

与后天经验的交互所致。

（一）线索编码

线索编码是指个体对相关社会刺激的注意和加工。在同一个社会情境中，个体关注的刺激不同，他们的情绪反应就会有所不同。研究发现，焦虑、害羞型退缩儿童对环境中的新异刺激、消极刺激和威胁性刺激非常敏感。当新异刺激、消极刺激或威胁性刺激出现时，焦虑、害羞儿童的注意力会迅速地指向这些刺激（即对这些刺激的注意偏向），保持对这些刺激的警觉状态（Abend et al.，2018）。但很快，他们会对这些刺激避而远之，因为这些刺激引起了他们强烈的情绪反应。如此一来，他们就失去了习惯化或重新评价这些刺激的机会（Stirling，Eley，& Clark，2006）。

焦虑、害羞儿童不仅表现出对新异刺激、消极刺激和威胁性刺激的注意偏向，还表现出对积极社交线索（例如，快乐的面孔）的注意回避（Perez-Edgar et al.，2010）。也就是说，焦虑、害羞的儿童会选择性地去注意环境中的消极社交线索，而忽视环境中的积极社交线索。焦虑、害羞儿童不仅对来自环境的威胁信号表现出过度关注，也对来自自身内部的威胁信号（例如脸红、心跳加快）表现出过度关注（Blote，Miers，Heyne，Clark，& Westenberg，2014）。这种对内部线索过度关注的倾向在童年后期和青少年时期才出现，但是对威胁刺激的注意偏向在童年早期就已经在社交退缩和行为抑制儿童中发现了。因此，在整个童年时期，社交焦虑儿童对来自环境的威胁线索有更高的关注度，对自我的关注度也更高。

（二）线索解释

焦虑、害羞儿童在对内部和外部线索进行解释时也表现出特定的偏向。首先，他们在面对模糊的、模棱两可的社会情境时，往往对其进行负面的、消极的解释，我们将其称为消极解释偏向（Stuijfzand，Creswell，Field，Pearcey，& Dodd，2018）。也就是说，焦虑、害羞的儿童会带着消极的滤镜来看待这个世界。例如，面对笑着擦肩而过的同伴，焦虑儿童会认为这些同伴在嘲笑自己；面对几个在一起窃窃私语的同伴，焦虑儿童会认为这些同伴在说自己的坏话。

退缩儿童不仅仅对外界的看法是消极的，对自己的看法也是消极的，经常对自己身上发生的事情做出消极归因，表现出消极归因偏向。退缩的儿童不仅倾向于将自己社交方面的失败归因于自身内部原因，也倾向于将一般性的消极事件归因于自身内部原因，而将积极事件归因于外部原因（Haller，Raeder，Scerif，Kadosh，& Lau，2016）。Wichmann，Coplan 和 Daniels（2004）的研究中，给9—13岁的退缩儿童呈现一个假想的模棱两可的消极事件，结果发现，退缩儿童倾向于进行内在的、稳定的“自我打击式”归因。

如果儿童经常对社会经验进行消极的、不恰当的、不准确的解释，那么他们会变成自己最强劲的敌人，形成恶性循环。退缩的儿童认为他们的社交失败是自身原因导致的，这种自我责备式的信念会不断被失败的社交经验所强化。这种自我责备式的、消极的社会认知倾向，使得他们在社交情境中缺乏自信，不敢自我表达，不敢发起社会交往，不能达成他们的社交目标。

（三）目标澄清

在儿童对社会线索进行编码和解释后，他们可能会产生某些情绪，这些情绪会激发他们为当前的社交情境选择一个目标。例如，在关注到某些社交线索并将其看作威胁性刺激之后，儿童的战/逃系统可能会激活，他们会体验到恐惧，并伴随着自主神经系统的高度唤醒，例如心率加快、出汗（Nikolic，Colonnesi，de Vente，& Bogels，2016）。

此外，那些具有较高的社会认知能力的社交退缩儿童，会花更多的时间观察他人，更容易意识到自己正在被他人评价，这导致他们会经历更高水平的自我意识情绪唤醒（Nikolic，Brummelman，Colonnesi，de Vente，& Bogels，2018）。这种情绪唤醒和生理亢奋在学步儿期和童年早期已经出现。退缩儿童往往担心这些生理反应（例如脸红、出汗）会令人尴尬，其他人会注意到这些并对他们作出负面评价。因为害怕他人的负面评价，他们在社交场合中的目标是减少生理唤醒，以便保护自己、避免他人的消极评价（Erdley & Asher，1996）。

Rubin等人将4—5岁退缩儿童、非退缩儿童分别与同性别、同年龄的非退缩儿童配对（即退缩—非退缩组、非退缩—非退缩组）（Rubin，Daniels-Beirness，& Bream，1984），对他们在自由游戏阶段的行为进行编码。结果发现，退缩儿童与非退缩儿童在交往目标、为了达到交往目标而采取的交往行为以及交往成功率方面都存在显著差异。在交往目标方面，退缩儿童更多地试图获得同伴的关注，而不是去获得他们想要的物体。退缩儿童之所以选择注意寻求目标，可能是因为这种目标更加安全，因为对方只需要付出很少就能够满足儿童的目标。人们可能会认为，退缩儿童的这些目标、要求应该更容易获得满足，但实际情况并非如此，退缩儿童的社交目标成功率低于非退缩儿童。研究还发现，相对于非临床儿童，退缩儿童指向同伴的要求总数和直接要求（命令）数目都要少很多。也就是说，退缩儿童的交际性和自我主张行为都要少得多。

（四）反应生成、决策和行动

一旦退缩儿童明确了他们的社交目标，即减少情绪唤醒、避免负面评价，他们就会在头脑中搜索可能的反应选项，并评估这些反应选项的可能后果。研究发现，社交退缩儿童在人际情境中的问题解决能力要低于外向型儿童（Adalbjarnardottir，1995）。Rubin 等人（1984）询问 5 岁儿童，他们如何从另一个孩子那里获得他们想要的东西、如何交新朋友、如何从他人那里获得帮助。结果发现，与非退缩儿童相比，退缩儿童说出的策略要少得多，思考这些策略的时候更加紧张，更容易依赖大人。

当孩子们想到不同的反应选项时，他们会选择并实施最有利的反应。他们会综合考虑这种行为是不是被社会接受、会带来什么样的社会后果、自己是否有足够的能力去做出这种行为（即自我效能感）等因素来对这些反应进行评估。退缩儿童对他们自身的交往行为或表现以及他人对他们的反应有消极预期（Blote et al.，2014）。因此，尽管他们可能认为积极主动的社会交往是必要的（Erdley & Asher，1996），但他们可能会选择不参与社交活动，因为他们对社交参与缺乏信心。社交焦虑儿童可能会选择回避社交场合，因为社交回避可能会带来他们想要的情感和工具性结果，即降低情绪唤起、避免他人的负面评价。

与非退缩儿童相比，退缩儿童在面对消极事件的时候，他们更喜欢采用的策略就是退缩和逃避（Erdley & Asher，1996）。当回避行为不合时宜或他人无法接受时，这些儿童可能会选择继续待在社交情境中并表现出安全行为，这样既能在一定程度上减少唤醒，又能避免他人的负面评价（Spence & Rapee，2016）。然而，也有研究发现，到了童年中晚期之后，许多退缩儿童在社交问题解决策略上与非临床儿童并无差别（Rubin，1985）。这可能说明，儿童其实只需要少量的同伴交往经验（或者通过观察他人的问题解决过程）就能够习得人际问题的解决方案。然而，并不是所有的退缩儿童都能够正确习得人际问题解决策略。

（五）影响社会信息加工过程的因素

根据社会信息加工理论，儿童的认知结构（如自我观点、社会图式和记忆表征）作为一种工作模式，指导着他们的社会信息加工过程。退缩儿童往往存在消极的自我观点和社会图式。简而言之，他们自尊低下，对自己的社交能力缺乏信心，认为自己缺乏社交技能。他们还表现出记忆偏向，不断回忆过去的消极事件，并对过去的社会互动经验做出消极解释。消极的自我观点和消极的记忆表征会影响社交焦虑儿童在社交情境中处理社交信息的方式。例如，消极地回忆过去的事件可能会导致个体的情绪唤醒，从而使个体回避即将到来的社交情境。社交回避会导致个体的唤醒降低，这种强化作用可能会导致个体在未来遇到相同情境时再次表现出社交回避（Spence & Rapee，2016）。

儿童过往的经验和生物特征通过认知结构（如自我观点和记忆表征）直接或间接地影响儿童的社会信息加工。例如，成长过程中缺乏父母的心智化过程（父母在与孩子谈话时使用与心理状态、情感、愿望、认知相关的语言）以及不安全的亲子依恋可能会导致儿童情绪识别和情感理解不佳（Zeegers，Meins，Stams，Bogels，& Colonnesi，2019）。但是，如果父母经常进行心智化过程，但却惯于拒绝、批评，缺乏温暖，那么可能会导致退缩儿童对他人心理状态过度理解（Muris & Meesters，2014）。生物学特征（如恐惧性气质）也可能影响儿童的社会信息处理。具有恐惧性气质的儿童，进入社交环境时，可能高度警觉、过度唤醒，这可能会阻碍他们的社会信息处理。

第二节　社交退缩与注意偏向及注意控制

Nikoli（2020）的社会信息加工模型提出，有社交焦虑倾向的个体存在对负面的、威胁性刺激的过度注意偏向。众多有关社交焦虑的理论模型也都指出，焦虑个体会选择性地注意威胁性信息。这一理论观点得到了众多研究结果的支持，相比于中性刺激，社交焦虑个体对负性的、具有威胁性的刺激更敏感（Amir，Elias，Klumpp，& Przeworski，2003）；他们对威胁性刺激的注意更加迅速，更难以从对威胁性刺激的关注中脱离出来。研究者们把社交焦虑个体的这种注意特点称为对威胁性刺激的注意偏向（以下简称注意偏向）。

其实从进化的角度来说，人类对威胁刺激的注意偏向是适应性的。无论是临床、亚临床社交焦虑个体还是非社交焦虑个体，都存在对威胁刺激的注意偏向。甚至早在婴幼儿时期，个体就表现出对威胁刺激的注意偏向。相比于中性面孔，婴幼儿对于愤怒面孔的反应更快；相比于快乐面孔，婴幼儿对恐惧面孔的注视时间更长（Nelson & Dolgin，1985），更难从恐惧面孔中脱离出来（Peltola，Yrttiaho，& Leppanen，2018；Perez-Edgar et al.，2017）。在ERP研究中，N290和P400能够反映婴幼儿对面孔信息的感知处理，相比于中性面孔，婴幼儿看到恐惧面孔之后，N290和P400振幅显著增强，表明个体将更多的注意资源分配到了恐惧面孔上（Leppanen，Cataldo，Bosquet，& Nelson，2018）。

尽管所有个体都表现出对威胁刺激的注意偏向，但相比较而言，社交焦虑个体的注意偏向似乎更严重（Dudeney，Sharpe，& Hunt，2015）。研究者们使用多种任务、从多个角度对社交焦虑个体的注意偏向进行研究，发现了较为一致的结果。

注意偏向主要采用认知任务来测量，目前注意偏向的测量主要有4种范式，即点探测范式、空间线索任务、情绪Stroop任务和视觉搜索任务。在这些任务中，个体对不同刺激的反应时不同，反映了个体的注意偏向。从反应时来看，社交焦虑个体对负性刺激或威胁性刺激的反应更迅速。使用点探测任务的研究发现，相比于非社交焦虑个体，社交焦虑个体对负性情绪面孔的反应更快（Mogg & Bradley，2002）。使用空间线索任务的研究发现，相比于低社交焦虑个体，高社交焦虑个体对情绪面孔的反应更快，更难从威胁刺激中脱离出来（Moriya & Tanno，2011）。使用视觉搜索范式研究发现，在中性面孔矩阵中，相比于积极面孔，社交焦虑个体能够更快地搜索到消极面孔；相比于非社交焦虑个体，社交焦虑个体对愤怒面孔的反应时更短（Eastwood et al.，2005；Mogg，Philippot，& Bradley，2004）。使用修改后的情绪Stroop任务（呈现不同情绪面孔，在情绪面孔上叠加不同颜色的字母，被试对字母颜色作反应）的研究发现，相比于中性和快乐面孔，高社交焦虑个体会受到愤怒面孔的干扰，对字母颜色的反应更慢（Hadwin，Donnelly，Richards，French，& Patel，2009）。

从眼动轨迹来看，社交焦虑个体对厌恶情绪面孔的注视时间比正常个体更长；当正性—中性、负性—中性情绪面孔配对出现时，高社交焦虑大学生对负性面孔表现出早期警觉及注意维持的注意偏向，在负性—正性面孔配对出现时，高社交焦虑个体表现出对负性面孔的注意脱离困难（李辞等，2019）。

从大脑活动上来看，社交焦虑个体在面对负性刺激时出现更大的脑电振幅。在ERP研究中，P1与注意力分配、对新颖和情绪面孔的注意有关。与低社交焦虑个体相比，高社交焦虑个体在看到愤怒面孔时P1振幅增强（Helfinstein，White，Bar-Haim，& Fox，2008）。

在脑成像研究中，相比于健康个体，社交焦虑症个体看到愤怒情绪面孔时的杏仁核激活更强（Straube，Mentzel，& Miltner，2005），杏仁核的主要作用是通过对其他皮质网络的调节来处理注意资源的分配，这说明个体将更多的注意资源分配到愤怒情绪面孔上。

稳态视觉诱发电位能够反映出个体在不同情绪面孔刺激和呈现时间下的视觉过程，反映出个体对不同刺激的注意分配。在高社交焦虑个体中，相比于快乐和中性面孔，愤怒面孔诱发的稳态视觉诱发电位波幅最大，表明高社交焦虑个体对威胁刺激存在注意偏向（郑俊猛，曹斐臻，陈燕铃，余林伟，徐强，2021）。

综上，在不同的测试任务中，无论是行为指标上还是生理指标上，都发现了较为一致的结果，即社交焦虑个体具有注意偏向，他们对威胁性刺激的反应更快，对威胁性刺激的注视时间更长，在看到威胁性刺激之后会有更强烈的生理反应。

研究发现，早在学步期，行为抑制儿童就表现出对威胁刺激的注意偏向；相比于未对威胁性刺激表现出注意偏向的抑制儿童，表现出这种注意偏向的抑制儿童在青少年时期和成年时期更容易患社交焦虑障碍（Morales et al.，2015）。元分析研究发现，随着年龄的增长，社交焦虑与注意偏向之间的相关在不断增强（Dudeney et al.，2015）。这可能意味着，抑制、焦虑儿童对威胁刺激的注意偏向一开始是由他们的气质特征所决定的，是一种基于遗传素质的生物特性。随着退缩儿童与环境的不断交互，他们的这种特征不断地被环境所强化（退缩儿童得到了消极对待，他们对外界环境的恐惧越来越强烈），因此二者之间的关联越来越强。

注意偏向与社交焦虑之间的关联已经被众多的研究所证实。大部分的理论都认为，社交焦虑个体对威胁刺激的注意偏向是一种刺激驱动的、自动化的过程，这一过程发生得非常迅速，不受到其他认知过程的调控。但注意控制理论认为，注意系统包含目标导向和刺激驱动两个系统，两个系统共同作用，影响着个体的注意偏向。当个体遇到威胁性刺激时，个体在刺激驱动的作用下注意负性刺激，但这一过程也受到注意控制过程的影响。注意控制包括抑制、转移功能，抑制功能能够防止注意资源分配到与任务无关的刺激和反应上，转移功能能够使个体保持对任务相关刺激的关注。那些注意控制能力强的个体，能够有效地调节对威胁性刺激的自动化注意，但那些注意控制能力弱的个体，则可能无法实现对注意的有效调节。该理论认为，焦虑会破坏目标导向系统和刺激导向系统两个注意系统之间的平衡，刺激导向注意系统的作用增加，目标导向注意系统的作用减少，损害了注意的抑制功能和转移功能，导致焦虑个体在遇到威胁性刺激时无法将注意从中脱离出来，因此才会表现出对威胁刺激的过度注意偏向（Williams，Watts，Macleod，& Mathews，1997）。

焦虑的注意控制理论得到了研究的支持。一项研究考察了社交焦虑易感性、注意控制和注意偏向之间的关系，发现注意控制在社交焦虑和注意偏向中起调节作用，低注意控制水平被试的社交焦虑易感性和对负面社会信息的选择性注意呈正相关，而高注意控制水平被试的社交焦虑易感性与对负面社会信息的选择性注意不相关（郑俊猛等，2021）。

综合以上几个方面，可以看出，对威胁刺激的注意偏向是社交焦虑产生和维持的重要原因之一。相比于中性刺激，社交焦虑个体更容易注意到威胁刺激，更难从威胁刺激中脱离出来；社交焦虑水平越高，个体对威胁性刺激的注意偏向就会越严重。但是，个体对威胁刺激的注意偏向可能在一定程度上受到个体的注意控制能力的调节。但到目前为止，这些研究大都是在西方国家中进行的，且大多是在临床样本中发现的。因此，我们探讨了抑制、害羞、焦虑儿童的注意偏向，以及注意控制在其中所起的作用。

一、被试和研究程序

研究选择两所小学的282名五年级学生为被试，以班级为单位开展研究。发放问卷282份，回收问卷271份，有效回收率为96.09%。其中男生有146人（53.8%），女生有125人（46.1%），平均年龄11.24（SD=0.54）岁。父亲和母亲的文化程度是“小学及以下”的分别占总数的10.4%和21.5%，“初中”的分别占30%和23%，“高中”的分别占16.3%和17%，“本科以上”的分别占43.3%和38.5%。

研究人员先向被试监护人发放知情同意书。同意参与研究的被试以班级为单位在教室完成问卷，研究人员讲解问卷填写方式与注意事项。完成问卷后，被试以班级为单位在计算机教室完成点探测任务与Flanker任务，在任务开始前，研究人员讲解操作方法及注意事项，确保每个被试都能理解并完成任务，每个任务时长约15分钟。

二、研究工具

（一）焦虑

焦虑测量采用《儿童焦虑相关情绪障碍筛查表》（The Screen for Child Anxiety Related Emotional Disorders，SCARED）（Birmaher et al.，1997）和《儿童社交焦虑量表》（Social Anxiety Scale for Children-Revised，SASC-R）（La Greca & Stone，1993）。SCARED 包括躯体化/惊恐、广泛性焦虑、分离焦虑、社交焦虑和学校恐惧 5 个维度，共 41 个项目。该表采用 3 点计分（0=完全不符合，1=不太符合，2=有点符合），得分越高表示焦虑水平越高，在本研究中该量表内部一致性 α 系数为 0.91。

SASC-R 共 18 个项目，包括负面评价恐惧、社交回避—新环境以及社交回避——一般环境三个分量表。量表采用 5 点计分（1=从不，5=总是），各维度下的各题目得分相加得到维度分，所有题目得分相加得到总分，分数越高说明社交焦虑程度越强。在本研究中该量表内部一致性 α 系数为 0.93。

（二）注意偏向

注意偏向采用修正后的点探测范式（见图 6.1），在电脑上进行，具体步骤如下：（1）在电脑屏幕中央呈现 500ms 的注视点；（2）在注视点的顶部和底部显示一对面孔，持续 500ms；（3）随机在其中一个面孔位置出现箭头探针（“<”或“>”），持续 500ms；（4）呈现 1500ms 的空屏。被试需要在探针出现后尽快地对箭头的方向做出按键反应，箭头朝左则按鼠标的左键，箭头朝右则按鼠标的右键。

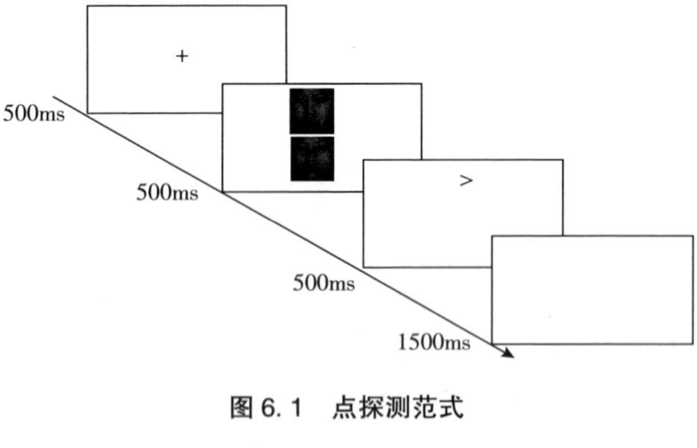

图 6.1　点探测范式

练习阶段有 10 个试次，被试只有正确率达 100% 时才能进入正式实验。正式实验共 160 试次，120 试次为中性—负性情绪面孔配对，其中，探针出现在中性和负性情绪面孔后的试次各占 50%，40 试次为中性—中性情绪面孔配对。情绪面孔图片来自中国情绪图片系统（白露，马慧，黄宇霞，罗跃嘉，2005），选取了唤醒度高的平静情绪、愤怒情绪面孔图片各 16 张（男女各半）。

剔除反应时小于等于 150ms 或大于等于 1200ms 的试次和反应错误试次，再按试次类型（中性—负性，中性—中性）结合面孔效价计算 Z 分数，剔除 Z 分数大于 2.5 的试次，对剩下的试次进行分析。注意偏向得分 = 中性面孔平均反应时 - 负性面孔平均反应时。分数为正说明个体对负性面孔具有注意偏向，分数为负表明个体对负性面孔存在回避反应。

（三）注意控制

采用量表加行为任务的方式测量注意控制。其中量表采用的是中文版《注意控制量表》（Chinese Version of Attentional Control Scale，ACS-C），该量表包含注意集中（9 个项目）和注意转移（11 个项目）两个分量表，共 20 个项目，4 点计分，从 1（从不）到 4（总是）（Yuan，Zhang，& Cui，2021）。计算被试在所有题目上的分数之和，总分在 20—80 分之间，分数越高说明受测者对注意力的控制能力越强。注意集中分量表反映了个体保持注意的能力，而注意转移分量表则反映了个体将注意从一项任务或刺激转移到另一项任务或刺激的能力。在本研究中注意控制量表的内部一致性 α 系数为 0.86，注意集中分量表的内部一致性 α 系数为 0.77，注意转移分量表的内部一致性 α 系数为 0.74。

Flanekr 任务（Klawohn，Santopetro，Meyer，& Hajcak，2020）是测量注意控制的经典任务（见图 6.2），在电脑上进行，具体流程如下：（1）在电脑屏幕中央呈现一个 500ms 的注视点；（2）呈现 5 个箭头，中间的箭头方向和其余 4 个箭头方向一致或者不一致，呈现时间为 500ms；（3）呈现 1500ms 的空屏。被试需要在箭头呈现后尽快地判断中间箭头的方向。任务共 200 试次，中间箭头和其余箭头方向一致/不一致的条件各出现 100 试次，任务分成两组，每组之间休息 30s。在正式实验开始之前有 10 个试次的练习，被试只有正确率达到 80% 才能进入正式实验。先剔除了反应时小于等于 150ms 或大于等于 1200ms 的试次和错误试次，再剔除 2.5 个标准差之外的试次，最后计算平均反应时。干扰分数 = 箭头方向不一致试次平均反应时 - 箭头方向一致试次平均反应时，分数越大，说明个体受到的干扰越大，有效抑制干扰的能力越低，注意控制能力越低。

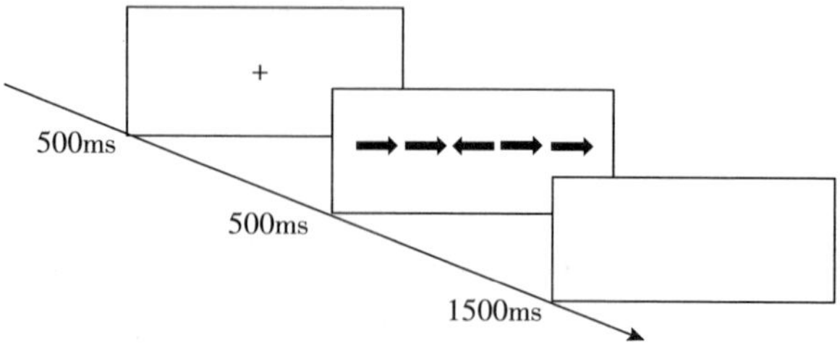

图 6.2　Flanker 任务

三、研究结果

各变量描述性统计结果见表 6.1。为了考察男生和女生在各变量上的性别差异，进行了 t 检验，结果发现，男女生在注意偏向、注意控制、社交焦虑水平及焦虑水平上差异显著。在注意偏向上，男生对愤怒情绪面孔的注意偏向明显低于女生。在注意控制能力上，男生的注意控制能力明显低于女生（Flanker 任务的得分越高代表个体的注意控制能力越差）。在社交焦虑上，男生在 SASC-R 量表上的总分和在 SCARED 社交焦虑分维度上的得分均显著低于女生，即男生的社交焦虑水平显著低于女生。

表 6.1　各变量描述性统计结果及性别差异检验

变量	总样本（N=271）		男生（n=146）		女生（n=125）		t
	M	SD	M	SD	M	SD	
1. 注意偏向	−2.85	48.42	−10.52	50.24	6.23	44.92	−2.81**
2. 注意控制[a]	18.44	15.52	21.48	16.26	14.90	13.92	3.21**
3. 注意控制总分[b]	57.48	9.81	56.76	9.80	58.30	9.80	−1.26
4. 注意集中[b]	26.76	4.87	26.54	4.77	27.00	4.99	−0.76
5. 注意转移[b]	30.73	5.64	30.17	5.67	31.37	5.56	−1.72
6. 焦虑总分[c]	30.31	14.60	28.25	14.48	32.77	14.42	−2.47*
7. 焦虑的躯体化[c]	7.78	5.33	7.44	5.20	8.19	5.47	−1.14
8. 广泛性焦虑[c]	7.43	3.57	7.01	3.43	7.93	3.68	−2.09*
9. 分离焦虑[c]	7.04	3.73	6.67	3.61	7.49	3.84	−1.79
10. 社交焦虑[c]	7.03	3.78	6.25	3.79	7.95	3.56	−3.76**
11. 学校回避[c]	1.10	1.67	1.06	1.57	1.15	1.78	−0.45

续表

变量	总样本（N=271）		男生（n=146）		女生（n=125）		t
	M	SD	M	SD	M	SD	
12. 社交焦虑总分[d]	40.26	15.22	37.73	15.04	43.45	14.97	−2.90**
13. 负面评价恐惧[d]	19.09	8.54	17.64	8.33	20.78	8.51	−3.02**
14. 社交焦虑—新环境[d]	13.86	5.88	13.15	5.86	14.69	5.81	−2.15*
15. 社交焦虑——般环境[d]	7.27	3.38	7.03	3.43	7.55	3.20	−1.26

注：[a] 是指 Flanker 任务得分，[b] 是指 ACS 量表得分，[c] 是指 SCARED 量表分数，[d] 是指 SASC－R 量表分数。

为探究各变量之间的相关关系，进行皮尔逊相关分析，相关分析结果见表 6.2。社交焦虑与对愤怒面孔的注意偏向（以下简称注意偏向）呈显著正相关。SCARED 量表的社交焦虑维度、SASC－R 量表的社交焦虑—新环境、SASC－R 量表的社交焦虑——般环境得分均与注意偏向呈显著正相关。此外，注意偏向还与 SCARED 量表里的一般性焦虑、广泛性焦虑和 SCARED 总分呈显著正相关。

社交焦虑与儿童自我报告的注意控制呈显著负相关。SASC－R 量表总分、SASC－R 量表的社交焦虑—新环境、SASC－R 量表的社交焦虑——般环境以及 SCARED 量表中的社交焦虑总分均与 ACS 量表中的注意转移、注意集中以及注意控制总分呈显著负相关。

为了检验注意控制在社交焦虑与注意偏向中的作用，进行调节作用分析，将社交焦虑作为自变量，注意控制作为调节变量，注意偏向作为因变量，进行回归分析。在回归模型的第一层，进入年龄、学校等控制变量；在模型的第二层，进入社交焦虑分数；在模型的第三层，进入注意控制分数；在模型的第四层，进入社交焦虑与注意控制的交互作用项。在回归分析之前，对自变量和调节变量进行中心化处理。

结果发现，注意控制在社交焦虑与注意偏向之间的调节作用不显著。我们又对焦虑的其他维度进行了分析，发现注意集中在 SCARED 量表的广泛性焦虑及注意偏向之间的调节效应显著。进一步的简单斜率分析发现，当个体的注意集中水平较低时，广泛性焦虑对注意偏向具有显著正向预测作用；而当个体的注意集中水平较高时，广泛性焦虑对注意偏向的预测作用不显著（见图 6.3）。

表 6.2　各变量之间的相关系数

变量	1	2	3	4	5	6	7	8	9	10	11	12	13	14	15
1. 注意偏向	—														
2. 注意控制[a]	0.10	—													
3. 注意控制总分[b]	0.10	-0.04	—												
4. 注意集中[b]	-0.12	-0.04	0.91**	—											
5. 注意转移[b]	-0.07	-0.03	0.94**	0.71**	—										
6. 焦虑总分[c]	0.14*	-0.06	-0.48**	-0.47**	-0.42**	—									
7. 焦虑的躯体化[c]	0.10	-0.01	-0.46**	-0.44**	-0.41**	0.90**	—								
8. 广泛性焦虑[c]	0.14*	-0.08	-0.37**	-0.35**	-0.33**	0.82**	0.67**	—							
9. 分离焦虑[c]	0.05	-0.09	-0.37**	-0.36**	-0.32**	0.79**	0.62**	0.54**	—						
10. 社交焦虑[c]	0.16*	0	-0.35**	-0.34**	-0.31**	0.78**	0.58**	0.55**	0.51**	—					
11. 学校回避[c]	0.17**	-0.05	-0.36**	-0.38**	-0.29**	0.60**	0.52**	0.39**	0.41**	0.31**	—				
12. 社交焦虑总分[d]	0.11	-0.04	-0.34**	-0.32**	-0.30**	0.75**	0.63**	0.68**	0.55**	0.67**	0.38**	—			
13. 负面评价恐惧[d]	0.04	0.01	-0.15*	-0.13*	-0.14*	0.58**	0.48**	0.59**	0.43**	0.48**	0.22**	0.89**	—		
14. 社交焦虑_新环境[d]	0.14*	-0.05	-0.43**	-0.42**	-0.38**	0.72**	0.60**	0.56**	0.50**	0.73**	0.38**	0.83**	0.51**	—	
15. 社交焦虑_一般环境[d]	0.14*	-0.04	-0.44**	-0.44**	-0.38**	0.68**	0.58**	0.56**	0.50**	0.53**	0.46**	0.81**	0.56**	0.70**	—

注：[a] 是指 Flanker 任务得分，[b] 是指 ACS 量表得分，[c] 是指 SCARED 量表分数，[d] 是指 SASC-R 量表分数。

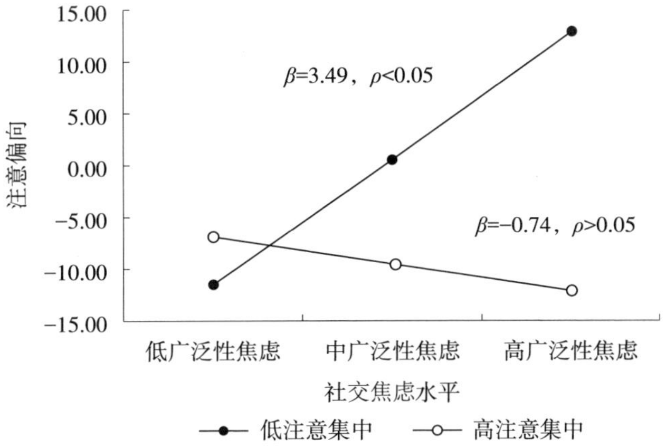

图 6.3　注意集中在广泛性焦虑与注意偏向之间的调节作用

四、讨论

本研究考察了处于青春期早期儿童的社交焦虑与其注意偏向、注意控制之间的关系。研究结果发现，儿童的社交焦虑程度越高，其面对消极刺激时的注意偏向越强。这一结果与前人的研究结果是一致的，前人研究发现社交焦虑与注意偏向呈显著正相关（Dudeney et al.，2015）。这表明，社交焦虑的儿童可能确实存在对威胁刺激的注意偏向，对威胁性刺激的注意偏向是个体社交焦虑产生、维持的关键因素。

本研究还发现，儿童的社交焦虑分数越高，其注意控制能力越差。也就是说，社交焦虑的儿童，存在注意控制方面的缺陷，这一结果与注意控制理论的主张是一致的。该理论认为，注意系统包括目标导向系统和刺激驱动系统，焦虑破坏了两个注意系统之间的平衡，使得刺激驱动注意系统的作用增加，而目标导向注意系统的作用减少了。因此，焦虑个体在面对威胁性刺激的时候，一方面表现为刺激驱动注意系统的高度激活，另一方面，他们的目标导向注意系统的作用受损，个体不能根据环境和任务的要求，灵活地调整、转移自己的注意力，无法使注意力从对威胁刺激的注意中脱离出来，因此，他们就无法有效地调节自身对威胁刺激的注意偏向。

前人研究发现，低注意控制水平下，社交焦虑易感性和对负面社会信息的选择性注意呈正相关，而高注意控制水平下，社交焦虑易感性与对负面社会信息的选择性注意不相关（郑俊猛等，2021）。在低注意转移的水平下，社交焦虑个体难以从对威胁刺激的注意中脱离出来；在高注意转移水平下，社交焦虑个体能够从对威胁的注意中脱离出来（Seefeldt，Kramer，Tuschen-Caffier，&

Heinrichs，2014）。本研究发现，注意控制在社交焦虑及注意偏向之间未能起到调节作用，但注意控制在广泛性焦虑及注意偏向之间起到了调节作用。当个体的注意集中水平较低时，广泛性焦虑对注意偏向有显著正向预测作用；当个体的注意集中水平较高时，广泛性焦虑对注意偏向的预测作用不显著。但是，本研究未发现个体的注意转移能力在焦虑与注意偏向之间的调节作用。

这一结果部分支持了我们的研究假设，个体的注意控制能力能够调节焦虑个体的注意偏向，如果个体的注意控制能力高，那么焦虑水平较高的个体就能够有效地将他们的注意从威胁刺激上脱离出来，就不会表现出对威胁刺激的注意偏向；但如果个体的注意控制能力较低，那些焦虑水平较高的个体就无法将注意从威胁刺激上脱离出来，因此就会表现出对威胁刺激的注意偏向。在儿童的注意控制能力中，注意转移能力对于焦虑个体的注意偏向来说非常重要，但本研究并没有发现注意转移能力的调节作用，而是发现了注意集中能力的调节作用。我们推测，这可能与我国儿童的社会化经验有关，在我们的教育环境中，我们比较强调注意集中的作用，例如上课的时候要集中注意力，但是较少强调注意转移的作用，因此儿童对注意转移的有意识使用可能不那么成熟。儿童的注意集中能力能帮助儿童将注意力集中于当前任务，避免儿童关注那些无关的刺激，这种灵活调节注意的能力，反映了儿童一般的注意控制能力，对于焦虑的儿童来说是非常重要的。

总地来说，本研究发现，社交焦虑的儿童确实存在对威胁刺激的注意偏向，当威胁刺激出现的时候，他们更容易被威胁刺激所吸引，更难从对威胁刺激的关注中脱离出来。但是，儿童的注意控制能力能够调节这一倾向，那些焦虑水平较高但是注意控制能力也较好的儿童，能够有效地调节自己的注意，及时地从对威胁刺激的注意中脱离出来，而那些注意控制水平较低的焦虑个体，则容易陷在对威胁刺激的关注中无法自拔。不幸的是，社交焦虑的儿童大多存在注意控制方面的缺陷，他们无法有效地调节自身对威胁刺激、负面刺激的过度关注。这种对威胁刺激的过分关注，是焦虑个体的紧张情绪产生、维持的原因。

第三节　社交退缩与解释偏向和自我意象

在人际交往中，个体往往会接收到很多模糊信息，然后根据自己的认知对这些信息进行解释，个体的解释可能是积极的、中性的或消极的，这种对模糊信息表现出的积极、中性或消极解释的倾向就是解释偏向。而自我意象就是个体对自己的形象的感知。

以往在成人被试中进行的研究发现，在面临模糊情境时，社交焦虑的个体通常会表现出消极的解释偏向和自我意象。例如，Amir 等人（2012）采用词汇联想范式探讨解释偏向在被诊断为社交焦虑障碍的个体中的作用，结果发现，与健康个体相比，焦虑个体倾向于对模糊信息做出更多的消极解释和更少的积极解释。Chen 等人（2019）通过模糊情境范式对高、低社交焦虑的大学生进行研究，发现与低社交焦虑个体相比，高社交焦虑群体更容易对模糊情境做出消极解释，同时更容易将模糊面孔解释为消极的。Hirsch 等人（2007）在其研究中通过操纵个体的解释偏向，发现消极解释偏向组比积极解释偏向组的预期焦虑程度更高。

解释偏向在青少年社交焦虑中的作用也引起了广泛关注。一项长期追踪研究发现，随着年龄的增长，焦虑青少年会表现出一定的解释偏向和记忆偏向（Songco，Booth，Spiegler，Parsons，& Fox，2020）。Klein 等人（2018）在其研究中对 681 名 11—18 岁的青少年的解释偏向和社交焦虑进行研究，结果发现青少年的解释偏向与焦虑显著相关。随后，Klein 等人（2019）又在对 6—12 岁临床焦虑症儿童进行的研究中发现，相比于对照组，临床组被试对模糊情境做出更多的消极解释，表现出消极解释偏向。元分析研究结果显示，儿童社交焦虑与消极解释之间存在中度正相关，焦虑程度越高的个体越容易做出消极解释（Stuijfzand et al.，2018）。因此，解释偏向在儿童社交焦虑中发挥了重要作用。

社交焦虑的个体还表现出消极的自我意象。Hackman 等人（2000）对 22 名社交焦虑症患者进行半结构化访谈，结果发现这些社交焦虑症患者都具有消极的自我意象，随着时间的推移，这些意象相对稳定地保留在头脑中并开始泛化，在不同的社交场合中被反复激活，这进一步维持了社交焦虑。Hirsch 等人通过半结构化访谈和视频反馈形式研究自我意象对社交恐惧症者的影响，结果发现社交恐惧症者往往具有消极的自我意象，同时发现其自己报告的自我意象比他人报告的自我意象更负面；当研究者要求这些患者在与他人交谈时保持一种更积极的自我形象时，患者的焦虑症状会减轻（Hirsch，Clark，Mathews，& Williams，2003；Hirsch，Meynen，& Clark，2004）。有研究者在研究中操纵了个体的自我意象，让个体在演讲活动中保持消极或中性的自我意象，之后对他们的焦虑和抑郁进行评估。结果发现，不论高社交焦虑者还是低社交焦虑者，在演讲活动中保持消极自我意象个体的社交焦虑都比保持中性自我意象的个体更严重（Makkar & Grisham，2011）。

在儿童和青少年群体中也发现了类似的结果。Franziska 等人（2013）采用半结构化访谈对 31 名被诊断为社交焦虑症的青少年的消极自我意象、社交焦虑和抑郁程度进行评估，结果发现，与非社交焦虑个体相比，社交焦虑个体报告更多的消极自我意象，且消极自我意象能够预测社交焦虑的严重程度。Ranta 等人（2014）发现，高社交焦虑组产生消极自我意象的频率高于非社交焦虑组，临床和亚临床组的消极意象也高于非焦虑组。Leigh 等人（2020）在其研究中对 33 名 11—15 岁的青少年的自我意象进行操纵，要求每个青少年根据指示在头脑中产生积极意象或消极意象，随后对这些被试的焦虑进行评估，结果发现，当被试持有消极自我意象时，个体报告了更多的焦虑，并认为自己在任务中的表现更差。

一些研究者提出了相关的理论模型来阐述解释偏向和自我意象在社交焦虑的产生和维持中的作用。Clark 和 Wells（1995）的社交焦虑认知模型指出，个体的不合理信念和其对社交场合的危险性的感知在社交焦虑的产生和维持中发挥了重要作用。社交焦虑个体在早期成长过程中的经历让他们形成了一些信念，这些信念更多是关于自己和他人的负面信念，这些信念会让他们将社交情境知觉为一种危险因素。同时他们会表现出对自我的关注，个体将更多的注意资源转移到自我上，认为他人会对自己做出和自己相同的评价，例如自己感知到紧张、害怕的情绪，就觉得别人对自己的评价也是如此，一旦个体关注自我，他们会利用内部产生的信息构建一个自我形象，作为自己在社交场合中他人能够看到的形象，这个形象也会影响个体对社交场合的知觉，一旦个体再次进入社交场景，就会自动激活这一程序，从而产生焦虑的情绪。对自我的关注和对威胁刺激的注意会让个体产生更多的安全行为，例如躲在角落避免引起他人注意、在脑中对自己的行为进行预演避免自己出错，但是这些安全行为可能会使自己变得更焦虑。

Rapee 和 Heimberg（1997）的社交焦虑认知行为模型强调个体感知的自我形象与对外部威胁刺激的关注在社交焦虑中的作用。当个体进入社交场合时，会对自己在该场合中的形象和行为有一个预期，并因此形成一个心理表征，这种内部表征受到多个因素的影响，包括从长时记忆中提取的内部线索（本体感觉、身体感受）以及外部因素（他人反应）。个体在将注意力资源分配给自我形象和行为的同时也会分配给潜在的外部威胁性刺激，认为这些外部威胁性刺激（如皱眉头）可能会传递出一种负面信息。此外，个体还会形成在某些特定情境下的行为标准或规范，并将他人对自己的预期评价和这些标准或规范进行比较，来确定他人对自己的感知。他人对自己形象和行为的感知与标准之间的差异决定了个体对其负面评价的感知以及对负面评价的社会后果的预期。预期的负面评价恐惧会进一步引发焦虑，主要表现在生理、认知和行为方面，这又会影响到个体的自我形象，由此形成恶性循环。

Hirsch 等人在 Clark 与 Rapee 等理论模型的基础上提出了综合偏向认知假说（Hirsch，Clark，& Mathews，2006）。该假说考虑了自我意象与解释偏向两种认知偏向之间的关系，认为各种认知偏向之间会相互影响、相互作用，其中一个认知偏向会影响另一个偏向，反之亦然。该假说认为对原始事件作出的消极解释会影响自我意象的内容，从而增加了对不良社会表现的预期和焦虑；同时，负面自我意象也会影响解释过程，具体来说，就是对情境事件或对原始事件的解释可以以图像的形式储存在头脑中，如果个体对当时的事件以消极的方式进行解释，夸大的消极解释就被吸收到对原始事件的形象记忆中，并且随着时间的推移，解释越来越消极，一个扭曲的消极自我形象就会形成。一旦有社会情境线索诱发，个体就会再次进行消极的解释并影响个体的自我意象。

总之，目前的实证研究和理论模型都支持消极的自我意象和解释偏向在社交焦虑的产生和维持中的作用，但目前这些研究大多数都是在成人样本或临床样本中进行的，在非临床的儿童样本中的研究还比较少。同时，适用于国内青春期儿童的解释偏向和自我意象方面的测量工具还非常缺乏。因此，本研究在参考国内外研究的基础上，编制相应的测量工具，并在此基础上考察刚进入青春期的小学高年级儿童的社交焦虑症状与其解释偏向和自我意象之间的关系。

一、研究目的与假设

本研究主要有两个目的：（1）编制一套适用于中国儿童的自我意象、解释偏向工具；（2）探讨儿童社交焦虑与消极自我意象、消极解释偏向之间的关系。我们假设：（1）编制的自我意象问卷、解释偏向问卷具有良好的信度和效度；（2）消极自我意象与消极解释偏向与个体的社交焦虑存在显著相关，个体自我意象越消极，解释偏向越消极，社交焦虑水平越高。

二、研究方法

（一）研究程序

由于目前适合儿童的中文版的解释偏向和自我意象方面的测量工具较为缺乏，因此我们首先参照国内外已有研究，编制了中文版的解释偏向问卷和自我意象问卷等研究工具，在儿童中施测以评定问卷的信度和效度。然后，在另外的样本中对儿童进行施测以考察社交焦虑与解释偏向及自我意象之间的关系。

1. 解释偏向问卷编制及评定

首先对数十名小学生进行访谈，请学生写出一些生活中发生的令自己感到尴尬、愤怒、生气的事件，根据学生的回答选择在学生生活中经常发生的社交事件，参考国内外同类研究材料进行改写或扩写（Dudeney et al.，2015；Pan，Wang，Lei，& Li，2019；李楠，2019），共编制 360 个与学生生活、学习相关的模糊情境，每个模糊情境下包含 2 个解释，一个积极解释，一个消极解释。随后，请 8 名心理学研究生对这些材料进行评定。首先，对情境的社交性进行评定，对不属于社交情境的材料进行修改或删除；然后对社交情境的模糊性进行评价（1＝非常消极，5＝非常积极）。情境模糊性是指该情境没有明确的积极或消极含义，学生既可能对该情境做出积极解释也可能做出消极解释。若平均分在 2.50—3.50 分之间，则该题保留，若平均分高于 3.50 分或低于 2.50 分则进行修改，之后请评价者再次进行评定，直至所有社交情境符合模糊性的要求。之后，对每个模糊情境下的积极解释和消极解释进行评价（1＝非常消极，5＝非常积极），对分数低于 3.50 分的积极解释及高于 2.50 分的消极解释进行修正，直至符合要求。最终共有 290 个社交情境符合要求。材料编制完成后，请 3 名小学生对这些情境在自己生活中发生的频率进行评定（1＝从未，3＝经常）。最终，选择发生频率最高的 30 个情境组成解释偏向问卷。

在计分方式的选择上，本研究参考了众多国内外研究者的做法。Butler 与 Mathews（1983）最早使用文本材料对解释偏向进行研究，后来的研究者在他们的基础上继续对实验材料进行完善。在他们的研究中，研究者编写了一系列描述模糊情境的句子，让被试阅读这些情境并写下自己看到该情境后的第一想法，然后主试给被试提供对该情境的 3 个解释（积极、中性和消极），被试按照自己做出各解释的可能性进行排序。在国内研究中，多数学者提出了两种计分方式。许书萍（2010）在其研究中，让被试每次只能看到一个积极解释或消极解释，之后让被试对自己做出这种解释的可能性进行评定。在杨剑霞（2011）的研究中，每个情境后会呈现三类解释（积极、中性和消极），然后被试对每个情境下的 3 类解释进行 5 级评分。而在任跃强（2017）与李楠（2019）等人的研究中，均采用两点计分的方式对解释偏向进行评定。以往研究中所选用的被试多为 12 岁以上的中学生或成年人，本研究中被试为 11 岁左右的小学生，理解能力较低。基于此，在本研究中，每次给被试呈现 2 个解释（积极和消极），让被试选择，被试若选择积极解释计-1 分，被试若选择消极解释计 1 分。编制完成后，对山西省临汾市 100 名小学生进行测试。结果表明，解释偏向问卷的内部一致性信度为 0.87。

2. 自我意象问卷编制

根据解释偏向问卷中的情境，在 Vassilopoulos 等人（2012）的研究基础上进行自我意象测试材料的编制，选择了经常发生在学生生活和学习中的 20 个社交情境，请 8 名心理学研究生对该情境的生动性进行评定（1=一点也不生动，5=非常生动）。生动性是指当个体想到该情境就能迅速形成自己在该情境中的形象，最终生动性评分均在 4 分以上，同时请 3 名小学生对处于这些情境中时的压力进行评定（1=一点也不大，5=非常大），最后发现学生在这些情境中的压力等级没有显著性差异，可以用于自我意象评定。

编制完成后，选取山西省临汾市某小学 100 名小学生进行测试，其中有 2 个场景的内部一致性系数低于 0.70，将其删除后，最终该问卷主要包括 18 个场景，所有场景的内部一致性系数为 0.93，信度良好。

3. 压力任务编制

根据学校发生频率较高的社交情境编写 4 个压力任务，请 3 名小学生对这些压力任务进行评定（1=一点也不大，5=非常大），选取得分最高的两个任务作为测试预期焦虑的压力任务。

4. 正式研究

选取南京市一所小学的五年级学生进行研究。向学生及监护人发放知情同意书，经监护人签字同意后共招募到 10—12 岁的被试 202 名。以班级为单位向被试发放问卷，让被试当场填写并返回问卷。问卷包括了社交焦虑问卷、自我意象问卷、解释偏向问卷和压力任务。整个过程由受过培训的研究生主试来负责完成。剔除无效问卷后，问卷有效率为 99.50%。

（二）研究对象

被试是来自南京市某小学的 201 名五年级学生（M = 10.96 岁，SD = 0.26），其中，男生 106 名，女生 95 名。户籍地为南京市的被试占 87.40%，非南京市占比 12.60%；父亲文化程度为本科及以上的占比 82.70%，专科占比 9.73%，高中占比 4.32%，初中占比 2.70%，小学占比 0.55%；母亲文化程度为本科及以上的占比 76.50%，专科占比 9.30%，高中占比 12.00%，初中占比 2.20%。所有参与研究的儿童智力正常，身体健康。

（三）研究工具

1. 儿童社交焦虑

采用由 La Greca 等人（1993）编制的《儿童社交焦虑量表》（Social Anxiety Scale for Children，SASC）。共包含 18 个题目，由负面评价恐惧和社交回避——般情境及社交回避—新异情境 3 个因子构成，题目采取 5 级评分。本研究中总量表的 Cronbach α 系数为 0.92，负面评价恐惧维度的 Cronbach α 系数为 0.93，社交回避—新异情境维度的 Cronbach α 系数为 0.84，社交回避——般情境维度的 Cronbach α 系数为 0.74，具有较好的信度。

2. 自我意象

采用自行编制的自我意象问卷，该问卷共包含 9 个题目，每个题目由一个模糊的社交情境和 5 个形容词组成，被试阅读模糊的社交情境并想象自己在该情境下的自我意象，之后在 5 个形容词上对自己产生的自我意象进行 5 级评分（1 = 完全不符，5 = 完全符合）。这 5 个形容词由 Vassilopoulos 等人（2012）编制，由 2 个积极形容词和 3 个消极形容词组成，分别为：冷静的、自信的（积极）和紧张的、尴尬的、焦虑的（消极）。积极项目反向计分，每个题目分数相加即为被试在一个情境下的分数，最后计算 9 个情境的平均数，即为被试消极自我意象得分，分数越高，则消极意象越严重。本研究中该问卷的 Cronbach α 系数为 0.94。

自我意象测试示例如下：

现在班级正在举行一个演讲比赛，你正站在台上演讲。请努力地想象自己在该情境中的形象，并根据自己产生的形象在以下描述中进行评分。

	完全不符	有些不符	不确定	有些符合	完全符合
我是冷静的	1	2	3	4	5

续表

	完全不符	有些不符	不确定	有些符合	完全符合
我是自信的	1	2	3	4	5
我是紧张的	1	2	3	4	5
我是焦虑的	1	2	3	4	5
我是尴尬的	1	2	3	4	5

3. 解释偏向

采用自行编制的解释偏向测试问卷。共包括 15 个测试情境，每个情境包含 2 个解释，1 个积极解释，1 个消极解释。例如，给儿童呈现这样一个情境："你参加了学校的演讲比赛，当你演讲完成后，你听到台下的观众在窃窃私语。"然后询问儿童对这个情境的想法，给儿童提供两个选项供其选择，如"他们对我演讲的内容很感兴趣"（积极解释）和"他们在讨论我演讲过程中出现的错误"（消极解释）。被试选择积极解释计-1 分，选择消极解释计 1 分，最后相加的总分即为消极解释偏向的分数。总分越高，个体的解释偏向越消极。本研究中问卷的 Cronbach α 系数为 0.80，信度良好。

4. 预期焦虑和预期表现

采用压力任务对儿童的预期焦虑进行测试。例如，告诉被试："稍后我会随机抽取一个同学担任我们本次活动的组长，每位同学都有机会被抽中，当选的同学要公开发表讲话。"宣布完压力任务后请同学们在问卷上对自己焦虑的程度（1=完全不害怕，5=非常害怕）和预期表现（1=表现很差，5=非常好）进行评定。

三、研究结果

（一）共同方法偏差

采用 Harman 单因素方法检验共同方法偏差，第一个公因子方差解释百分比为 22.32%，小于临界值 40.00%，因此，本研究中不存在严重的共同方法偏差。

（二）消极意象、解释偏向与社交焦虑之间的关系

1. 消极意象、解释偏向与社交焦虑等变量的相关分析

各变量的平均值、标准差及变量之间的相关系数见表 6.3。结果发现，

消极自我意象与预期焦虑、消极解释偏向、社交焦虑总分、负面评价恐惧、社交回避—新异情境、社交回避——一般情境正相关；消极解释偏向与预期焦虑、社交焦虑总分、负面评价恐惧、社交回避—新异情境、社交回避——一般情境正相关；预期表现与预期焦虑、消极自我意象、消极解释偏向、社交焦虑总分、负面评价恐惧、社交回避—新异情境、社交回避——一般情境均负相关。

表 6.3 各变量的平均值、标准差及变量之间的相关系数

变量	$M\pm SD$	1	2	3	4	5	6	7	8
1 预期焦虑	2.58±1.45	—							
2 预期表现	3.43±1.08	-0.55**	—						
3 消极自我意象	11.17±3.35	0.24**	-0.44**	—					
4 负面评价恐惧	18.59±8.29	0.19**	-0.23**	0.41**	—				
5 社交回避—新异情境	12.16±5.25	0.22**	-0.27**	0.42**	0.46**	—			
6 社交回避——般情境	6.30±2.80	0.17**	-0.25**	0.37**	0.52**	0.63**	—		
7 社交焦虑总分	37.04±13.70	0.23**	-0.30**	0.49**	0.89**	0.79**	0.76**	—	
8 消极解释偏向	-11.03±4.92	0.16**	-0.25**	0.46**	0.43**	0.30**	0.37**	0.46**	—

2. 消极自我意象、消极解释偏向与社交焦虑的回归分析

本研究对变量之间的关系进行进一步探讨，以社交焦虑总分为因变量，以消极解释偏向和消极自我意象分数作为预测变量进行回归分析，并控制其他变量可能的影响，结果如表 6.4 所示。结果表明，在控制性别（0=女，1=男）和父母文化程度（1=本科及以上，2=专科，3=高中，4=初中，5=小学）之后，消极自我意象对社交焦虑有正向预测作用，解释力达到 28%。在控制性别、父母文化程度、消极自我意象后，消极解释偏向正向预测社交焦虑，消极解释偏向对社交焦虑的额外解释力为 8%。综上，消极自我意象、消极解释偏向与社交焦虑均存在显著正相关，消极自我意象与消极解释偏向能够显著正向预测社交焦虑。

表 6.4　社交焦虑对消极自我意象与消极解释偏向的回归分析

变量	ΔR^2	F	β	t
模型一				
性别	0.04	6.89**	−0.19	−2.63**
模型二				
性别	0.00	3.49*	−0.19	−2.64**
父母文化程度			0.03	0.35
模型三				
性别	0.28	28.38***	−0.13	−2.08*
父母文化程度			−0.13	−2.02*
消极自我意象			0.55	8.68***
模型四				
性别	0.08	29.66***	−0.10	−1.65
父母文化程度			−0.15	−2.50*
消极自我意象			0.43	6.56***
消极解释偏向			0.31	4.82***

四、讨论

本研究采用自编的解释偏向问卷和自我意象问卷，考察了社交焦虑与自我意象和解释偏向之间的关系。研究发现，社交焦虑与消极的解释偏向和自我意象存在正相关，消极解释偏向与消极自我意象能够正向预测个体的社交焦虑，个体解释偏向与自我意象越消极，社交焦虑程度越高，这与以往研究结果一致。同时，本研究还发现消极解释偏向、消极自我意象与预期焦虑呈正相关，与预期表现呈负相关，这也与以往研究结果一致。以往在成年人的研究中发现社交焦虑个体会表现出消极解释偏向与消极的自我意象（Hirsch et al.，2003）。在儿童群体中也发现了相似的结果，例如，在 Vassilopoulos 等人（2012）的研究中，社交焦虑程度较高的儿童更可能对模糊的社交情境做出消极解释。

Clark 与 Wells（1995）的社交焦虑认知模型及 Rapee 与 Heimberg（1997）的社交焦虑认知行为模型中提到，当个体知觉到环境中的信息后会自动将其与大脑中原先储存的信息匹配，那些与已有认知结构匹配的信息会被优先加工。对于社交焦虑个体而言，当个体进入模糊的社交情境时，个体会自动激活、加工那些与以往负面社交经历相匹配的信息，因此会对环境刺激做出消极的解释。本研究的结果支持了这一主张。对于高社交焦虑的个体来说，当他们进入社交情境时，更容易唤起他们在该场景中的消极回忆，这些消极刺激会占用他们大量的注意资源，从而引发个体对自己表现的担忧，并做出消极的解释，形成消极的自我意象，同时这些负面刺激在其记忆中的长期维持也会增加个体对自己即将参加的社交活动的担忧，从而使个体做出自己在社交活动中会更紧张、表现更差的推断。

社交焦虑症患者在社交场合经常体验到负面的自我意象。在 Hirsch 等人（2003）的研究中，研究者让患有社交焦虑症的患者与陌生人交谈，一组被试在脑海中保持着他们平时的自我意象，另一组被试在头脑中保持比较积极的自我意象（控制组），结果发现，与控制组相比，在头脑中保持负面自我意象的个体感受到更大的焦虑，认为他们自己的表现更差。而不知道被试分组的评估者也认为保持负面意象的个体表现更差、更焦虑。在本研究中，研究结果也支持了消极自我意象维持社交焦虑的假设。Moscovitch 等人（2013）的研究指出了高社交焦虑个体与低社交焦虑个体对负面自我意象的调节策略的差异，90%的低社交焦虑个体报告他们通过改变自己的自我意象的内容或知觉特征自发进行调节，但是只有 50%的高社交焦虑个体使用这种策略，剩余 50%的高社交焦虑者报告他们要么压抑自己的自我意象，要么屈服于它们，而这可能是高社交焦虑者比低社交焦虑者的消极自我意象与社交焦虑程度更高的原因之一。Leigh 等人（2020）的研究发现，负面自我意象对社交焦虑的维持作用可能是由于自发使用了回避型安全行为。

第四节　社交退缩与归因偏向

害羞、社交焦虑个体的一个核心特质就是担忧、恐惧他人对自己的评价，也就是评价恐惧。认知心理学认为评价恐惧是由个体消极的自我表征和消极的他人图式而产生的焦虑、不安等情绪所导致的。自我表现理论认为人们试图管理自己给他人留下的印象，当个体过于在乎给他人留下好印象而又认为自己没有能力达到这样的标准时，将会导致个体对他人评价的恐惧，从而产生一些退缩的安全行为，如减少甚至避免一些交流（Ryan，Gheen，& Midgley，1998）。

一开始，研究者们认为，人们只会对他人的负面评价产生恐惧和痛苦，即产生负面评价恐惧。然而后来，研究者发现，当害羞、焦虑个体面对他人的积极评价时，他们也会产生焦虑和不安，即产生正面评价恐惧。正面评价之所以会使个体产生恐惧，是因为个体认为当前的正面评价会使他人对自己未来的行为产生更高的期望，而自己的能力是不变的，因此自己可能很难达到他人期待，最终会使他人对自己产生负面评价。

Wallace 和 Alden（1995）等人认为，正面评价恐惧和负面评价恐惧是同一种心理结构，正面评价恐惧产生的原因是个体害怕由于这次的成功经历使他人对自己的期待值提高，而下一次达不到他人的期望会使他人对自己产生负面、消极的评价，于是对他人正面、积极的评价产生不安、焦虑的情绪，这与害怕他人的负面评价是一致的，是负面评价恐惧的扩展和延伸，其与负面评价恐惧具有相同的心理过程。但后来，Weeks 等人（2012）通过因素分析发现，正面评价恐惧和负面评价恐惧是不同的结构。还有学者认为，正面评价恐惧和负面评价恐惧高度相关，很可能存在一个更高阶的评价恐惧因子。

归因是指人们推论行为或事件结果的原因的过程。归因理论最早由社会心理学家 Heider（1958）提出来。他认为归因在人们的日常活动中具有普遍性，人们对事件发生原因的解释可以分为内部因素和外部因素两种。内部因素指个体认为事件的发生主要是个人内部因素主导，主要包括人格、态度、能力、情绪等；外部因素指个体将事件原因归结为外部环境的影响，包括外在环境因素、任务的难易程度等。Weiner 扩展了 Heider 的理论，从内外因、稳定性和可控性三个维度来对归因进行了分类。内外因维度指的是个体将行为或事件原因归结为个体自身因素还是外部环境因素，稳定性指行为或事件原因是稳定的、持久的还是变化的，可控性指行为或事件的原因是否在个人控制范围内（Weiner，1972）。能力属于内部的、稳定的、不可控的归因，努力属于内部的、不稳定的、可控的归因，运气属于外部的、不稳定的、不可控的归因，任务难度属于外部的、稳定的、不可控的归因。

不同的归因会导致个体不同的情绪唤醒，从而影响个体的后续行为。若将成功归因于内在稳定因素，如能力，可能会提高个体的自信和对未来的积极期望，有助于以后的成功。相反，如果将成功归因于运气等不稳定的因素，则会刺激个体做出消极的行为方式，并产生适应问题（Gordeeva，

Sychev，Osin，& Grandchamp，2019）。如果将失败归结于能力，会打击个体的自信和自尊，使个体产生无助感。而如果将失败归结于努力，则有可能激励个体在今后更加努力地去实现自己的目标。研究者由此区分了不同的归因风格，积极的归因风格倾向于将积极事件的原因归为内部的、稳定的原因，而消极的归因风格则恰恰相反，其将积极事件的原因归为外部的、暂时的原因。

大多数正常人在进行归因时存在自我服务偏向，也就是说人们常常对良好事件的结果进行内部归因，而对消极事件进行外部归因。但害羞、退缩、焦虑个体对社交情境的归因存在自我贬抑倾向，倾向于对成功的事件进行外部归因，对失败的事件进行内部归因（Reichenberger & Blechert，2018）。认知模型假设，害羞、焦虑个体在对消极、负面社交结果的信息处理中会表现出认知偏向，对模糊、不明确的事件倾向于进行负面的解释，或者是夸大负面结果的可能性。但越来越多的证据表明，害羞、焦虑个体也会对积极的社交结果产生认知偏向。当他们得到积极的社交结果反馈时，害羞、焦虑的个体会将这种积极、成功的社交结果归功于他人，否认自己本身的因素所产生的贡献（如，别人对我讲的笑话感到好笑只是出于礼貌，并不是因为我的笑话很好笑）。也就是说，害羞、焦虑的个体一般不承认自己对社交成功的贡献，又倾向于将社交失败的责任揽到自己身上。

害羞与个体对社交结果的归因方式之间的关系已经得到了较多研究的证明，但害羞个体的这种消极归因方式具有领域特殊性还是领域一般性？到目前为止，并没有太多研究考察害羞个体对其他领域事件的归因方式。此外，以往研究发现，评价恐惧是害羞的核心特征，但评价恐惧究竟是一个单一的结构，还是可以分为负面评价恐惧和正面评价恐惧两个因子，目前还存在争论，越来越多的研究倾向于认为负面评价恐惧和正面评价恐惧是相互关联但又不完全相同的两个因子，那么这两个因子与归因方式之间的关系是否一致，目前还不得而知。

一、研究目的与假设

本研究的目的是探讨害羞的核心特征即评价恐惧与归因方式之间的关系，我们将检验评价恐惧到底是一个单一的结构还是包括了两个不同的因子，同时，我们还将探讨儿童的评价恐惧是否会影响儿童对学业成功/失败的归因方式。我们假设：（1）正面评价恐惧与负面评价恐惧是相关但不同的两种心理结构；（2）儿童的评价恐惧越高，儿童对学业成功/失败的归因方式越消极，越倾向于将成功归结于外部因素，而将失败归因于内部因素。

二、研究方法

（一）研究对象与程序

研究者选取了安徽省2所中学的初一、初二学生作为本研究的研究对象来填写问卷。在填写问卷之前，学生和家长填写了知情同意书。共发放问卷999份，回收有效问卷942份，有效回收率94.3%。其中，男生447人（47.5%），女生495人（52.5%）；独生子女185人（19.6%），非独生子女747人（79.3%），缺失10人；班干部273人（29.0%），非班干部636人（67.5%），缺失33人；留守儿童432人（45.9%），非留守儿童504人（53.5%）。在父亲和母亲文化程度上，初中占比最多（分别为71.0%和64.5%）；其次是高中（含中专或职校、父母文化程度在此水平的占比分别为14.9%和12.7%）和小学及以下（分别为11.4%和20.0%），最少的是大学（含大专）及以上（分别为2.5%和2.2%）。

（二）研究工具

1. 正面评价恐惧

采用由Weeks等（2008）编制的《正面评价恐惧量表》（Fear of Positive Evaluation Scale，FPES），包括10道题目，采用10点计分（0分为“完全不符合”，9分为“完全符合”），其中包括2道反向计分题，不计入总分。总分只包括8道正向题的总分，得分越高，表示正面评价恐惧程度越高。本研究中量表的Cronbach's α系数为0.79，信度好。

2. 负面评价恐惧

采用由Leary（1983）开发的《简明负面评价恐惧量表》（The Brief Fear of Negative Evaluation Scale，BFNES），共12道题目，采用5点计分，从1（一点不符合）到5（非常符合）。包括8道正向计分题和4道反向计分题，总分采用的是8道正向计分的题目。本研究中该量表的Cronbach's α系数为0.85。

3. 归因方式

选用Lefcourt等人（1979）编制的多维度—多归因因果量表测量个体的归因风格。原量表包括学业成就归因和人际关系归因两部分，本研究选择学业成就归因部分，共24题，分为4组，分别是能力、努力、情境和运气，每组6题，采用5级计分方式。本研究只考虑了内外因和可控性维度，所以将情境和运气归因合并，并分别考虑了成功和失败两种情境。因此，最后分为6个维度，分别是成功情境下的努力、能力和外归因，失败情境下的努力、能力和外归因。成功情境下的努力、能力和外归因的 α 系数分别是 0.57、0.52 和 0.69；失败情境下的努力、能力和外归因的 α 系数分别是 0.65、0.57 和 0.69。其中，失败的能力归因维度删除了“要是我没学好某门课程，很可能是因为缺乏技巧”这道题，因为这道题存在歧义，会削弱内部一致性信度。

三、研究结果

（一）共同方法偏差检验

因为本研究中所有变量均为初中生自我报告，为检验共同方法带来的偏差，采用 Harman 单因子检验法进行检验，第一公因子的方差解释为13.78%，远小于40%的临界标准，说明本研究不存在严重的共同方法偏差。

（二）评价恐惧的因子结构分析

采用 Mplus7.0 对评价恐惧的结构进行验证性因素分析。本研究建立了两个竞争性的假设模型：模型 1，从正面评价恐惧和负面评价恐惧的所有题项中提取一个潜变量，即单因素模型；模型 2，分别从正面评价恐惧和负面评价恐惧的题目中各提取一个潜变量，即双因素模型。

验证性因素分析的结果表明，模型 1 的拟合不佳，$\chi^2/df = 13.90$，RMSEA = 0.12，CFI = 0.68，TLI = 0.64，SRMR = 0.11，各个模型拟合指标均未达到可接受的标准，因子载荷见图 6.4；而模型 2 的拟合指数较好，$\chi^2/df = 3.58$，RMSEA = 0.05，CFI = 0.94，TLI = 0.93，SRMR = 0.04，各拟合指数均在可接受范围内，因子载荷见图 6.5。该结果表明，正面评价恐惧和负面评价恐惧是相关但独立的两个因子，正面评价恐惧并不是负面评价恐惧的延迟，二者的心理过程有所不同。

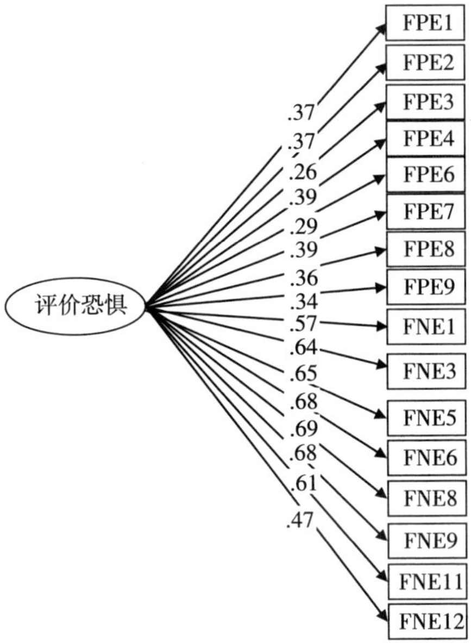

图 6.4　单因素验证性因素分析结果

注：FPE = 正面评价恐惧；FNE = 负面评价恐惧。

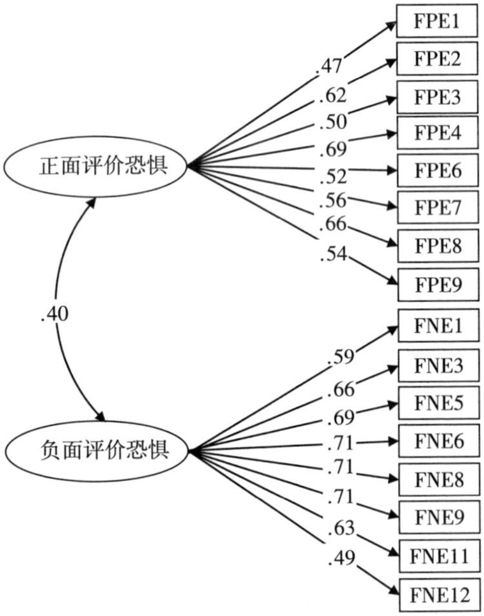

图 6.5　双因素验证性因素分析结果

注：FPE = 正面评价恐惧；FNE = 负面评价恐惧。

（三）评价恐惧与归因方式之间的关系

各变量的平均值、标准差和变量间的相关系数见表 6.5。相关分析表明，正面评价恐惧与成功情境下的努力归因显著负相关，与成功情境下的外归因、失败情境下的能力归因、失败情境下的外归因显著正相关；负面评价恐惧与归因各维度（成功情境下的努力归因除外）显著正相关。

表 6.5　评价恐惧与归因方式的描述统计和相关分析

变量	1	2	3	4	5	6	7	8
1. 正面评价恐惧	—							
2. 负面评价恐惧	0.35**	—						
3. 成功能力归因	0.02	0.12**	—					
4. 成功努力归因	−0.08*	0.03	0.46**	—				
5. 成功外归因	0.23**	0.29**	0.13**	−0.05	—			
6. 失败能力归因	0.27**	0.36**	0.22**	0.11**	0.37**	—		
7. 失败努力归因	−0.01	0.17**	0.22**	0.37**	0.11**	0.32**	—	
8. 失败外归因	0.25**	0.23**	0.06	−0.18**	0.46**	0.29**	−0.10**	—
M	3.49	3.23	3.14	3.65	2.77	2.95	3.77	2.03
SD	1.91	0.92	0.84	0.85	1.17	0.95	0.94	0.72

为进一步探讨初中生评价恐惧与其学业归因方式的关系，采用 Mplus7.0 建立结构方程模型，检验评价恐惧与归因方式之间的关系。分别以正面、负面评价恐惧为预测变量，以归因方式为结果变量，以各问卷所包含的题目（或分维度）为观测指标，建立全模型。由于评价恐惧和归因方式的题目和维度过多，我们将正面评价恐惧和负面评价恐惧、成功情境和失败情境下的归因方式分开进行分析，同时控制了性别（0＝男，1＝女）对结果变量的影响，构建了 4 个模型。4 个模型的拟合指数都良好，CFI 和 TLI 都高于 0.90，RMSEA 和 SRMR 都小于 0.08。

模型 1 中，性别对成功情境下的努力归因的正向预测作用显著（$b=0.09$，$p<0.05$）；性别对成功情境下的外归因（$b=0.05$，$p>0.05$）和能力归因（$b=0.04$，$p>0.05$）预测作用不显著。在控制了性别对归因方式的影响后，正面评价恐惧能显著正向预测成功情境下的外归因，显著负向预测成功情境下的努力归因，见图 6.6（图中只显示主要结果）。

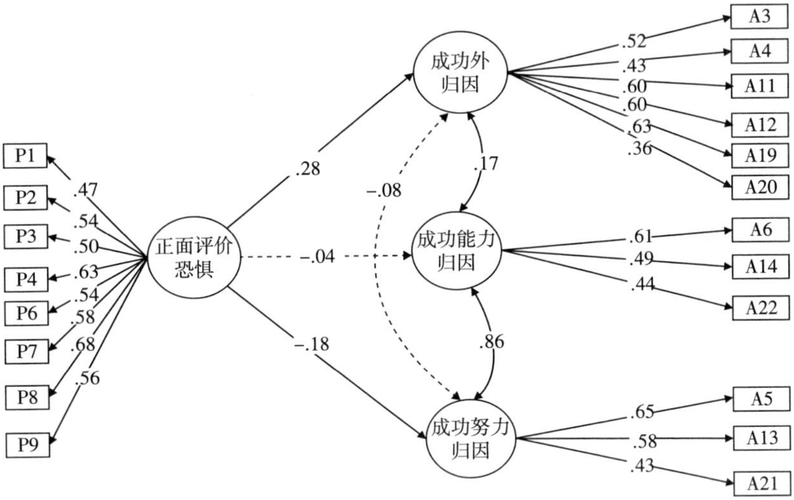

图 6.6　正面评价恐惧与成功情境下归因方式之间的关系

注：实线表示系数显著，虚线表示系数不显著。

模型 2 中，性别对成功情境下的努力归因的正向预测作用边缘显著（$b=0.08$，$p<0.05$）；性别对成功情境下的外归因（$b=-0.02$，$p>0.05$）和能力归因（$b=0.01$，$p>0.05$）预测作用不显著。在控制了性别对归因方式的影响后，负面评价恐惧能显著正向预测成功情境下的外归因和能力归因，对成功情境下的努力归因预测作用不显著，见图 6.7（图中只显示主要结果）。

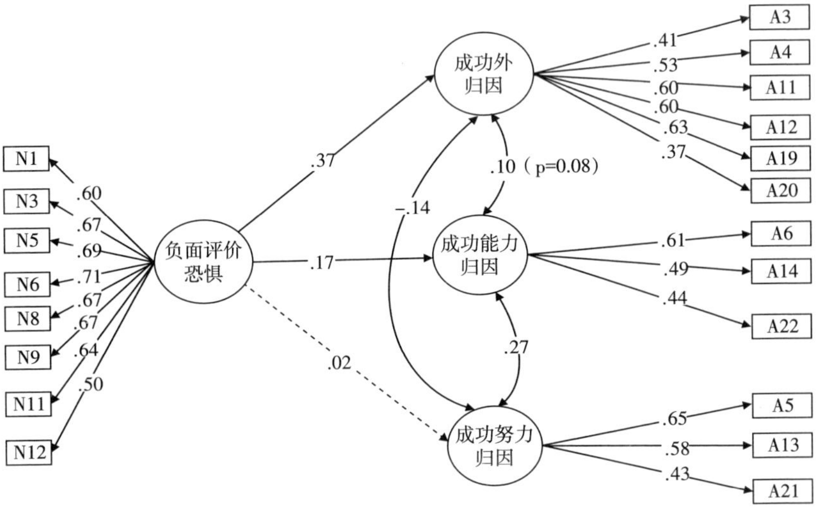

图 6.7　负面评价恐惧与成功情境下归因方式之间的关系

注：实线表示系数显著，虚线表示系数不显著。

模型3中，性别对失败情境下的努力归因的正向预测作用显著（$b=0.09$，$p<0.05$），对失败情境下的能力归因的正向预测作用显著（$b=0.25$，$p<0.05$）；性别对失败情境下的外归因（$b=-0.04$，$p>0.05$）预测作用不显著。在控制了性别对归因方式的影响后，正面评价恐惧能显著正向预测失败情境下的外归因和能力归因，对失败情境下的努力归因的预测作用不显著，见图6.8（图中只显示主要结果）。

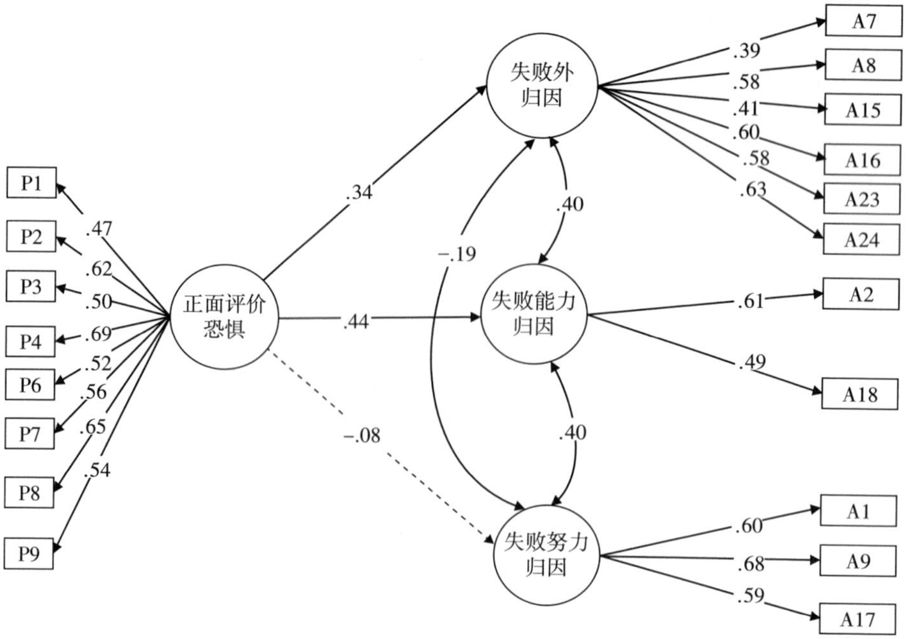

图6.8 正面评价恐惧与失败情境下归因方式之间的关系

注：实线表示系数显著，虚线表示系数不显著。

模型4中，性别对失败情境下的努力归因的正向预测作用不显著（$b=0.05$，$p>0.05$）；性别对失败情境下的外归因（$b=-0.09$，$p<0.05$）和能力归因（$b=0.17$，$p<0.05$）预测作用显著。在控制了性别对归因方式的影响后，负面评价恐惧能显著正向预测失败情境下的外归因、能力和努力归因，见图6.9（图中只显示主要结果）。

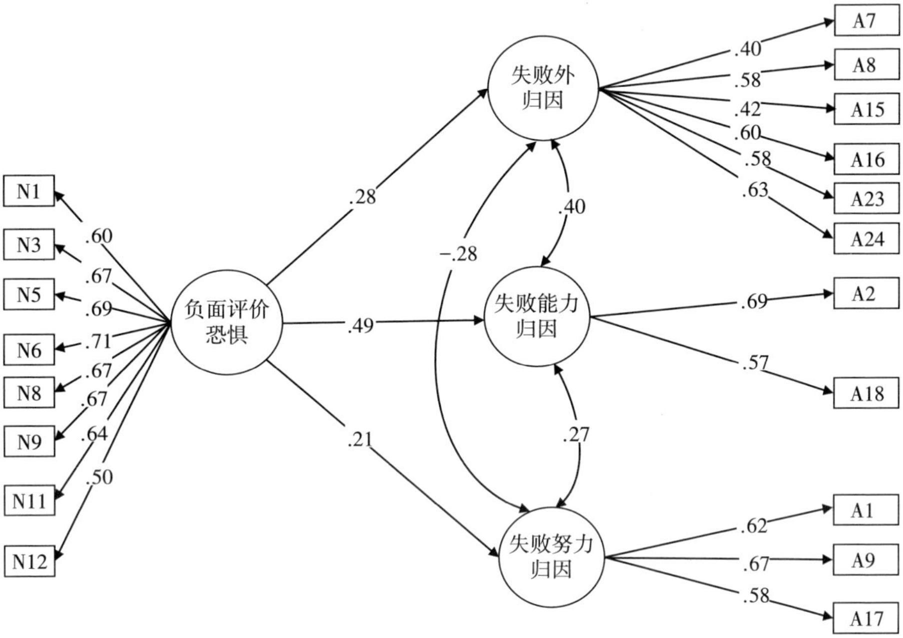

图 6.9　负面评价恐惧与失败情境下归因方式之间的关系

注：实线表示系数显著，虚线表示系数不显著。

四、讨论

验证性因素分析发现，评价恐惧的双因素模型拟合指数优于单因素模型的拟合指数，表明负面评价恐惧与正面评价恐惧是相关但独立的两个因子，二者的心理过程是不同的。这一结果与 Weeks 等人（2012）的研究结果一致，表明正面评价恐惧并不只是负面评价恐惧的简单扩展。正面评价会提升个体的社会地位，增加个体与他人之间的竞争。为避免和他人发生人际冲突，有些个体会尽量避免被他人正面评价，所以当被外界正面评价时会感到担忧。而具有负面评价恐惧的个体则是害怕他人的消极评价会让自己的社会地位下降，害怕自己被群体排斥。所以，从动机上来说，导致正面评价恐惧和负面评价恐惧的动机是不同的。综上，理论解释和因子结构分析的结果都表明，正面评价恐惧和负面评价恐惧是不同的。

本研究考察了正面评价恐惧、负面评价恐惧与归因方式之间的关系。相关分析和结构方程模型的结果都表明，正面评价恐惧与成功的努力归因负相关，与成功的外归因正相关，与失败的能力归因和外归因正相关，这与前人的研究结果一致（Weeks，Coplan，& Kingsbury，2009）。正面评价恐惧的主要特征之一是对积极认知的否认，在归因方面表现为自我服务偏向减弱。常人在归因时会产生自我服务偏向，表现为对成功结果进行内归因，而对失败结果进行外归因，以此来维护自尊，保持积极心态。而正面评价恐惧水平高的个体会对成功结果进行外归因，认为成功结果的发生并不是由于自身能力强或付出了足够的努力而产生的，而是由于外部因素如运气好或者任务难度低而偶然产生的，即成功的结果与自己无关。但面对失败的时候，正面评价恐惧水平较高的个体会更多地认为是自己能力不足导致了失败。本研究还发现，正面评价恐惧也能显著正向预测失败情境中的外归因，这是前人研究中未曾发现的。无论是将失败归因于能力还是将失败归因为外部因素，都是归因为个体不能控制的因素。

也就是说，正面评价恐惧水平较高的个体，无论是面对成功还是失败时，都倾向于自我打击式的归因方式，他们倾向于将成功归结于外部不可控的因素，将失败归结于内部不可控的因素或者外部不可控的因素。正是这种归因方式使得正面评价恐惧的个体无法在学业成功事件中获得自豪感、成就感（Graham，2020），在面对学业失败的时候体验到一种深深的无力感，丧失应对学业困难的信心，长此以往会形成习得性无助（Maier & Seligman，1976），降低学习动机和自我效能感，导致学习倦怠的发生（杜方蕾 & 侯广彦，2022）。进化心理学认为，正面评价恐惧水平高的个体会尽力否认或者回避外界的积极评价，防止被排斥以维持和谐的人际关系（Stein，Jang，& Livesley，2002；Wallace & Alden，1997），所以他们会对成功结果做外部归因，用任务简单或者运气好去解释良好结果产生的原因；另一方面，他们又认为自己需要对失败的结果负责，即糟糕结果的发生是自己能力不足导致的。

此外，本研究发现，负面评价恐惧与成功的能力归因、外归因显著正相关，与失败的能力、外归因及努力显著正相关。总体上来看，负面评价恐惧水平较高的个体的归因方式也是消极的，即在成功的事件中，他们倾向于将成功归结为外部因素，这种不可控的归因方式使个体对下一次的成功不会有所期待。在面对失败结果时，负面评价恐惧水平较高的个体倾向于将失败归因为外部和能力这些不可控的因素上，这和正面评价恐惧个体的归因方式一致。负面评价恐惧水平高的个体会在失败时怀疑自己的能力，而能力是一种稳定的、不可控的因素。这种归因方式会使个体形成对失败结果的稳定预期，从而对个体的学业适应起阻碍作用。这一结果与以往对害羞和社交焦虑个体的研究结果类似，以往研究发现，害羞和焦虑个体在对社交成功/失败的归因上存在自我打击、贬抑的倾向。

然而，本研究也发现，负面评价恐惧水平较高的个体在学业归因上也存在一些积极的因素，这是本研究的新发现。例如，在学业成功情境中，负面评价恐惧水平高的个体有时也会进行能力的归因，这种归因方式有助于提升个体的自尊心；在失败情境中，负面评价恐惧水平高的个体有时也会归因为个人的努力不够，这种归因方式可能会促使个体在今后的学习中更加努力，以追求更加积极的学习结果。以往很多研究都发现了负面评价恐惧对个体的社会交往和学业的消极影响，但本研究发现其对个体的学业归因也有一定程度的积极作用。这可能是因为负面评价恐惧高的个体害怕他人对自己消极评价，所以会尽力避免他人对自己的批评。从动机的角度来说，负面评价恐惧水平较高的个体存在着追求成功的动机，这种向上的动机会促使他们做出努力和尝试。因此，这些个体在面临学业失败时，有时候也会从个人努力的角度来进行归因。

综上，正面评价恐惧和负面评价恐惧水平较高的个体，在对学业成败的归因上都存在自我打击、自我贬抑的倾向，但相对而言，正面评价恐惧水平较高的个体的归因方式是完全消极的，而负面评价恐惧水平较高的个体的归因方式中还存在着一些积极因素。例如，他们会在一定程度上将成功归因为能力，将失败归因于努力。这可能是因为，正面评价恐惧水平较高的个体害怕他人的正面评价，因此可能会回避积极结果的出现，从动机的角度来说，他们追求成功的动机可能较低，因此，他们的归因方式完全是自我打击式的。而负面评价恐惧高的个体对他人的批评非常敏感，为避免他人的负面评价和社会等级地位的下降，他们可能会做出更多的努力来使好的结果发生。从动机的角度来说，他们有一定的追求成功的动机。因此，他们偶尔也会采取自我肯定式的归因方式。

以往研究发现，害羞、焦虑的个体在对社交成败的归因上存在自我打击、自我贬抑的倾向；而本研究发现，评价恐惧高的个体，在对学业成败的归因上也存在自我贬抑、自我打击倾向。这表明，害羞、焦虑个体在归因上的自我贬抑倾向可能具有领域一般性，也就是说，他们这种自我打击、自我贬抑式的归因风格可能表现在生活中的方方面面，而不仅仅是人际交往领域。这可能是因为，害羞、焦虑个体在人际交往中的失败经历可能会让他们形成消极的自我认知，随着时间的推移，这种消极的自我认知会逐渐泛化成为一般化的消极自我概念，而消极的自我概念会影响个体的归因。

当然，也存在另外一种可能性，那就是害羞、焦虑、评价恐惧较高的个体的学业适应往往不佳，那么学业适应方面的困难可能会导致个体在学业方面的自我评价也比较低，从而在学业方面也表现出消极的、自我打击式的归因风格。未来的研究可以把儿童的学业成绩作为一个协变量来考察害羞、评价恐惧与儿童学业归因风格之间的关系，或者通过干预研究来进一步确定变量之间的因果关系。

第七章

社交退缩的干预

焦虑症是儿童和青少年中最常见的精神病理学类型之一，其中又以社交焦虑症最为典型。社交焦虑症通常的发病期为青春期中期（Schneier, Johnson, Hornig, Liebowitz, & Weissman, 1992），但也有少数儿童在七八岁的时候就被确诊（Beidel & Turner, 1998）。社交焦虑症通常持续到成年以后，终生患病率超过13%，如果不对其进行干预和治疗，那么个体后期出现其他问题（如其他焦虑障碍、抑郁症、药物滥用、自杀）的风险会大大增加（Kendall, Safford, Flannery-Schroeder, & Webb, 2004）。

以往研究发现，早期的行为抑制、害羞是青春期焦虑尤其是社交焦虑最强有力的预测源（Chronis-Tuscano et al., 2009）。早期抑制、害羞的儿童后来罹患社交焦虑症的概率要远远高于非抑制的儿童。从定义上来看，行为抑制、害羞与社交焦虑一样，都会在社交场合中表现出紧张和不适。另外，行为抑制、害羞的儿童与社交焦虑的儿童表现出相似的行为回避、社交技能缺陷以及一系列的自主神经系统相关的生理反应。很多研究者认为，行为抑制、害羞与社交焦虑存在相同的心理过程。也有研究者认为，社交焦虑就是行为抑制、害羞的极端表现（Degnan & Fox, 2007）。也就是说，早期的抑制性气质、害羞是后来的社交焦虑症的前兆。

鉴于此，很多研究者试图对行为抑制、害羞的儿童进行早期干预，以预防他们发展成严重的社交焦虑障碍；或对社交焦虑的儿童进行干预，以减轻他们的症状，促进他们的适应。也就是说，对于儿童干预项目，人们最主要关注的是其预防作用。到目前为止，有许多学者在这方面进行了尝试，不同学者关注的重点有所不同。有的学者直接对儿童的社会交往行为进行指导、训练，旨在减少儿童的退缩、回避行为，增加儿童的主动社交行为，提高儿童的社交技能。有的学者则侧重于从那些影响儿童退缩、焦虑的因素入手，通过对这些因素进行干预来改善儿童的焦虑、退缩。例如，通过改善儿童非适应性的情绪反应特征和社会认知特征，来达到改善儿童社交退缩和社交焦虑的目的；或者通过改善父母的教养方式，来改善儿童的社交退缩。还有些学者将重点放在帮助焦虑、退缩儿童更好地适应上，通过给儿童提供支持性的措施和环境，帮助儿童改善他们的同伴关系、学业适应和学校适应。

尽管对成人社交焦虑的治疗相对来说已经比较成熟，但对抑制、害羞、焦虑儿童的预防性干预项目还在探索之中，效果并不一致。儿童和成人在认知、情绪、行为和社会特征等许多方面都是不同的，因此，在对儿童进行治疗和干预时，要考虑儿童的年龄、认知、情感特点以及儿童的社会背景因素。

首先，在选择干预方案的时候，要选择那些有趣的、有吸引力的、令人愉快的干预方式。只有当儿童对干预活动感兴趣并积极地参与进来时，他/她才会从中受益。对于年幼的儿童，游戏活动可以多一些，在活动过程中可以使用木偶、玩偶等道具；而对于青少年，游戏活动可以少一些，对话活动可以多一些。

其次，选择干预方案时还需要考虑儿童的记忆、注意、语言、理解和推理能力等因素。例如，年幼儿童注意力集中的时间比较短，如果干预活动持续的时间较长，他们可能很难坚持下来。年幼儿童的语言、认知能力也非常有限，很难让他们去进行自我反思，因此在成人焦虑干预中常用的认知疗法对特别年幼的儿童来说可能并不合适。因此，了解各个年龄段儿童的一些认知、情感和社会性方面的特点，有助于干预的实施。

另外，儿童和青少年并不是生活在真空中的，而是生活在一个复杂的社会环境中。他们生活环境中的一些重要他人，包括父母、同学和密友等，对他们的心理、行为都有很大的影响，如果能将他们纳入治疗是很有价值的。也就是说，在干预的过程中，不仅仅要关注儿童，也要关注他们的社会关系，如果他们的生活环境能有所改变的话，那么治疗可能更加有效。这其中，父母的作用尤其重要，当父母的问题得到解决时，儿童的适应能力和症状可能会有所改善。这一点对于年幼儿童来说尤其重要。

第一节　认知行为疗法在社交退缩儿童干预中的作用

到目前为止，对抑制、害羞儿童进行干预的方式有很多，其中，认知行为疗法是历史最悠久、使用最广泛的一种疗法，对儿童和青少年焦虑症也比较有效。

一、认知行为疗法

认知行为疗法是一组通过改变思维、信念和行为来达到消除不良情绪和行为的短程心理治疗方法。它主要着眼于个体不合理的认知，通过改变个体对已、对人或对事的看法与态度来改变心理问题。不同的认知行为干预项目的具体做法有所不同，但归纳起来，针对退缩、焦虑儿童的大多数认知行为干预项目可以分为以下几个方面：（1）心理教育；（2）认知重构；（3）放松训练；（4）暴露练习；（5）社交技能训练。

（一）心理教育

针对焦虑儿童的认知行为疗法的一个核心成分是对他们进行焦虑唤醒和情绪困扰方面的教育，让他们有机会了解思想、感受和行为之间的相互联系、相互影响。同时，教给儿童一些自我监控技术，帮助他们识别与社交焦虑有关的生理反应、想法和行为模式。这种心理教育有助于儿童了解社交焦虑的前因后果。心理教育不仅仅对青少年有用，也可能对其父母有用。害羞、焦虑儿童的父母通常也是焦虑的，焦虑的父母通常会过度关注威胁刺激（Creswell，Schniering，& Rapee，2005），他们在应对环境挑战时往往表现得焦躁不安（Coplan et al.，2008），经常采用回避策略（Wood，McLeod，Sigman，Hwang，& Chu，2003）。他们的这种表现给孩子做了不好的榜样，让孩子更容易焦虑。如果能对父母进行焦虑方面的心理教育，可能有助于减少儿童的焦虑。

（二）认知重构

认知行为疗法的一个基本观点是，恐惧、焦虑、担忧等情绪都是认知的产物，也就是说，导致我们的情绪和行为的并不是生活中发生的事情，而是我们看待这些事情的方式。一旦我们改变了看待事情的方式，就能打破这种不良的反应模式。认知重构旨在通过质疑、自我反思、去灾难化思维等心理治疗过程来挑战人们头脑中那些容易引发焦虑的不合理信念，用更理性的信念来修改和取代这种认知和解释（Friedberg & McClure，2002）。通过这个过程，焦虑个体能够更好地理解自身存在的非理性思维，了解它们是如何产生的、它们是如何加剧个体的消极情绪的。

（三）放松训练

害羞和社交焦虑的个体在社交情境中通常会紧张，并表现出其他一些躯体症状。放松训练有助于减少、缓解害羞、焦虑个体在面临社交情境时的痛苦。

常用的放松技术包括深呼吸、肌肉放松等。放松可以帮助减少身体不适，并有效地降低焦虑。放松可以让儿童重新获得控制感，有效应对周围环境。然而，尽管放松练习很有用，但它可能并不是有效治疗的必要组成部分。一些研究发现，从治疗方案中删除放松训练并不会导致治疗效果下降（Hudson，2005）。

(四) 暴露练习

这种技术已经使用了很久，但不同的学者使用的术语可能有所不同，如“脱敏疗法”“习惯化”等。在焦虑儿童接受了一些技能培训课程并获得应对焦虑的心理工具后，干预者还要为他们提供面对恐惧的机会。也就是说，焦虑儿童要学习直面压力情境、战胜焦虑。如果令儿童焦虑的刺激每次出现时，儿童都能做出与焦虑相反的行为（如放松），那么随着刺激的反复出现与时间的推移，儿童的唤醒水平会逐渐降低，过去引发儿童焦虑的刺激将不再让儿童产生恐惧和痛苦。人们普遍认为，暴露疗法是有效治疗害羞和社交焦虑的积极手段。

(五) 社交技能训练

害羞和社交焦虑个体的社交能力通常都比较差，他们不能有效地向别人介绍自己，无法有效地开启对话或加入对话，也不知道如何与他人有效地合作。这些社交技能方面的缺陷是害羞、退缩行为保持下去的关键。因此，治疗师通常使用社交技能培训来教给社交焦虑儿童适应性的行为模式，然后让他们练习。这种方法主要关注的是社交技能培养，而不是减少焦虑。

在具体的干预项目中，这五方面的干预内容既可以单独实施，也可以结合起来实施。针对不同年龄、不同特征的群体，可以灵活地制定干预方案。目前，针对抑制、害羞、焦虑儿童的认知行为干预项目有很多，根据干预的指向，可以大致将其分为三类：以儿童为中心的认知行为干预项目、以父母为中心的认知行为干预项目以及综合性认知行为干预项目。

二、以儿童为中心的干预项目

以儿童为中心的干预项目主要以年龄较大的青春期儿童为干预对象，因为青少年的注意、认知、情感和行为等方面的能力已经相对成熟，对干预具有较好的反应性和敏感性。目前，针对害羞、焦虑青少年的干预项目比较多，其中比较有影响力的干预项目主要有 Kendall 等人开发的“适应猫”项目、Albano 等人开发的“青少年认知行为团体治疗”、Spence 开发的“社交技能训练项目”和 Masia 等人开发的“学业与社交成功技能训练项目”。

（一）“适应猫”项目

“适应猫”项目是一个针对焦虑青少年的个体治疗项目（Kendall & Hedtke，2006）。项目共包含 16 次课程。前 8 节课是心理教育课，主要聚焦于四个方面：（1）识别焦虑的身体反应信号；（2）反思自己在特定情况下的焦虑认知，即自己认为会发生什么，自己恐惧什么；（3）改变焦虑认知，解决问题，制定应对计划；（4）对自己的表现进行评价，对自己做出的努力给予犒赏。治疗师使用角色扮演法，依次向个体介绍各种技能，给青少年演示各种压力情境下的“应对模式”，帮助青少年学会如何应对情境挑战、克服困难。后 8 节课的任务主要是练习、实践。个体在想象的生活情境以及现实的生活情境中进行脱敏练习，面对自己的恐惧和担忧，最终战胜焦虑。

（二）青少年认知行为团体治疗

青少年认知行为团体治疗是一个专门针对青少年的社交焦虑症团体治疗项目（Albano，DiBartolo，Heimberg，& Barlow，1995）。该项目的目标是帮助青少年学会控制过度焦虑，应对正常水平的焦虑，掌控他们的社交恐惧，打破社交回避行为模式。项目以小组方式进行，每组包括 4—6 名学员，共 16 次活动，每次活动持续 1.5 小时。干预分为两个阶段，前 8 节课是心理教育，在此期间向参与者介绍有关社交焦虑的信息，然后通过示范、角色扮演、反馈和纠正等方法教给参与者社交技能、问题解决技能以及自我表达和认知重构的技能。后 8 节课的主要任务是暴露练习。在治疗开始时，来访者制定了自己的恐惧和回避等级清单；在后 8 次课中，参与者使用前 8 次课中学习的技能，系统地去面对这些令其恐惧的情境。在小组活动中，青少年也可以通过观察同伴的暴露活动或在同伴的暴露练习中进行角色扮演，获得一些替代性经验。

（三）社交技能训练项目

社交技能训练项目是一个团体干预项目，主要针对社交焦虑青少年的社交技能缺陷（Spence，1995）。项目以小组形式进行，每组包括 6—8 人，共持续 12 周，每周 1 小时。项目首先教授参与者一些基本技能（如眼神交流、面部表情、语调），以及会话和亲社会技能（如倾听、分享、赞美）。该项目还给参与者提供问题解决方面的培训，教参与者识别问题，集思广益，从各种可能的解决方案中选择最佳方案，并制定实施计划，解决社交难题。每次活动结束后，都会要求参与者在家练习所学的技能。

（四）学业与社交成功技能训练项目

学业与社交成功技能训练项目（Masia，Klein，Storch，& Corda，2001）针

对青少年人群的特点，将社交技能训练与认知行为成分结合起来，创造了一种适合在学校环境中开展、充分利用学校资源的干预方法（Fisher，Masia-Warner，& Klein，2004）。该项目总共12节课，每周1次课，每次课40分钟左右，在学校内以团体辅导形式进行。该项目包括五个部分：第一节课专门介绍社交焦虑；第二节课关注参与者的非理性思维；接下来的4节课，通过角色扮演、示范等方式，教给参与者一些社交技能（例如，发起对话、保持对话、倾听和记忆、自信）；后面5节课让参与者进行脱敏练习，尤其是在学校的真实环境中进行练习；最后一节课的主题是预防复发，帮助参与者准备好应对潜在的挫折以及未来的困难。除此之外，干预者还会与参与者进行两次简短的个人会面，确定参与者面临的主要问题，讨论具体的治疗目标。此外，干预者还让焦虑青少年与其他亲社会水平较高的同伴一起参加四项社交活动（例如，逛商场）。此外，还要举行两次家长小组会议，给家长提供应对青少年焦虑的建议。最后，每月进行两次强化训练，监测青少年进展。

（五）认知行为干预项目的效果

前述这些干预项目主要针对的是有社交焦虑问题的青少年，这些干预项目的有效性得到了众多研究的证明。经过干预之后，青少年的焦虑症状得到了很大的改善，且这种干预效果能够持续较长的时间。这表明，无论干预的形式如何（例如，个人、团体），将认知策略和行为策略结合起来，干预都能显著减少青少年的社交焦虑症状，认知行为疗法对于改善青少年的害羞、焦虑具有良好的效果（Cartwright-Hatton，Roberts，Chitsabesan，Fothergill，& Harrington，2004）。

三、以家长为中心的干预项目

前述这些干预项目都是针对青少年的，但不太适用于那些年纪尚幼的儿童，因为年幼儿童各方面的能力还不太成熟，干预起来相对比较困难，所以有学者开始将目光转向年幼儿童的家长。目前，针对低龄幼儿的干预项目总体还比较少，其中最有影响力的是Rapee等人（2010）开发的“酷小孩”计划。“酷小孩”计划是针对抑制、害羞的学前儿童家长的一个团体干预项目，旨在通过对抑制、害羞儿童的家长进行教育，改变家长的养育方式，从而减少和预防儿童的焦虑和相关情绪问题。因此，项目的核心内容包括教导父母减少对抑制、害羞儿童的保护行为，不鼓励、不支持孩子的回避行为，以及如何促进孩子的主动接近行为。该项目包括6次团体活动，比较简短，能够更好地在公共卫生环境中实施。到目前为止，研究证据表明，该项目的干预效果很好。在干预结束 1 年、2 年和 3 年之后，干预组儿童达到焦虑症诊断标准的比例要大大低于对照组儿童。甚至在干预结束 11 年后，这些儿童进入青春期，干预组的女孩出现焦虑症或其他情绪障碍的比例都要大大低于对照组女孩，但在男孩组中结果没有显著差异（Rapee，Kennedy，Ingram，Edwards，& Sweeney，2010）。

四、综合性干预项目

Tuscano 等人（2015）结合了以儿童为中心的干预项目和以父母为中心的干预项目的优点，开发了针对学前儿童的“海龟计划”，该项目分别为儿童和父母开设 8 次课程，每次课程持续 90 分钟左右。在父母课程中，组织者会详细教授父母一些育儿策略，以帮助建立儿童的自信，促进儿童的接近行为；在儿童课程中，组织者教给儿童一些社交和焦虑管理技能。初步的证据显示，与对照组儿童相比，参与“海龟”项目的学前儿童在焦虑和内化症状方面得分更低。Lau 等人（2017）也进行了类似的尝试，他们将“酷小孩”项目的家长活动部分与社交技能促进训练相结合，对 3—6 岁的学前儿童及其家长进行了干预。结果显示，干预组中的儿童在焦虑症、焦虑症状和生活困难方面的比例要远远低于对照组儿童。

五、未来方向

在对抑制、害羞、焦虑儿童的干预和治疗中，最有影响的就是认知行为疗法。但各个认知行为干预项目的侧重点和具体干预过程往往有所不同，有的干预着眼于抑制、害羞儿童本身，有的干预着眼于抑制、退缩儿童的父母，有的干预同时关注了抑制、害羞儿童及其父母。有的干预项目采取了多种干预策略，有的干预项目的干预策略相对单一。有的项目着眼于减少儿童的抑制、害羞、焦虑，但大部分项目则着眼于改变与抑制、害羞、焦虑密切相关、相互作用的其他一些因素（如父母养育因素、儿童的非理性认知），以减少抑制、害羞对儿童的消极影响。

尽管这些干预项目间存在着巨大的差异，但已有的研究证据证实，从整体上来看，认知行为疗法对于改善儿童的抑制、害羞、焦虑行为有着良好的效果，潜力巨大。然而，到目前为止，认知行为疗法的效果还远远不能令人满意，还需要进一步改善其干预效果。而要达到这个目标，可以从两方面入手，一是理论研究的进展，二是实践研究的成果。

首先，理论研究的进展有助于我们更好地理解儿童社交焦虑的自然发展过程以及其维持或改变的机制，这将为干预提供有用的信息。例如，关于父母在抑制、害羞、焦虑发展中的作用的纵向研究有助于我们在干预中针对相应的父母因素进行干预。另外，对非临床儿童的正常社会互动的深入了解也有助于我们识别儿童发展的风险因素和保护性因素，如语言技能、同伴友谊、同伴排斥和课堂氛围等，这些因素都将是干预的潜在目标；此外，理论研究也将告知我们预防和干预工作的最佳时机。

其次，改善社交焦虑的干预、治疗方案也需要对干预、治疗实践进行研究。我们要探索各种干预方法对各个特定人群（临床样本 vs 非临床样本、年幼儿童 vs 青少年）的效果是否存在差异；不同的干预形式（团体、个人、家庭）和疗程数在干预效果上是否存在不同；还应关注儿童与干预者之间的关系是否会影响干预效果；其他一些因素（如年龄、共病、性格特征和自我调节能力）是否会影响干预效果；同样的干预方法在不同的环境、不同的文化中是否有同样的效果。

尽管认知行为疗法对害羞、焦虑的儿童比较有效，但是，它对治疗师、场地、时间等方面的要求比较高，不利于大规模的推广，且主要用于对临床样本的事后治疗。但对于儿童来说，事前预防同样重要。近些年来，在心理治疗领域出现了一些新技术，如正念、冥想等，学者们开始尝试将这些简便易行、易于大规模推广的新技术用于对抑制、害羞儿童的早期预防，这些新技术的效果如何还有待时间的检验。另外，近些年来，计算机技术也广泛应用于心理干预和治疗中，初步的证据表明，计算机辅助干预技术对成人和青少年的焦虑症状有一定效果（Cukrowicz & Joiner，2007；Kendall & Khanna，2008），未来的研究可以继续评估互联网和计算机对焦虑青少年进行辅助干预的可行性和有效性。

第二节　基于情绪调节策略的社交退缩儿童干预研究

社交退缩儿童的社会适应不良与诸多因素有关，因此许多研究从不同角度对社交退缩儿童的社会适应进行干预。但以往干预主要面向青少年，针对幼儿的干预较为稀缺。到目前为止，针对学前阶段的抑制、害羞、退缩幼儿的干预主要以幼儿家长为干预目标，通过改变幼儿家长的养育方式来间接地改善幼儿的退缩行为。但这些干预需要家长的参与和配合，费时费力，且对干预者的专业性要求较高。因此，本研究拟将幼儿作为干预对象，探索一种适用于退缩幼儿的干预方法。

因为学前儿童的理解能力有限，适用于青少年的认知重构的干预方法并不适用于年幼的学前儿童。我们的研究发现，焦虑、害羞幼儿在情绪调节策略上存在一定的缺陷，尤其是对恐惧情绪的调节存在缺陷（见第五章第二节）。因此，本研究拟从幼儿的情绪调节策略入手，对焦虑、害羞幼儿进行干预。

在干预内容上，以往针对情绪调节的干预更多涉及情绪调节能力的整体提升或者某几种情绪调节策略的改善，比如吴忧的研究中仅关注了对大学生认知重评和表达抑制策略的干预（吴忧，2018）。但实际上，已有研究表明害羞幼儿在注意转移、问题解决上均存在困难，因此对整体的情绪调节策略进行干预尤为重要。

此外，幼儿是一个特殊的群体，他们的心理还未完全成熟，认知还在不断发展，因此，对幼儿的情绪调节训练不仅针对情绪调节本身，还必须结合其他情绪教育，如情绪知识、情绪理解等，个体只有在充分认知、体验情绪的基础上，才能决定选择什么样的方式来调节情绪。在情绪调节的干预中促进幼儿形成积极的情绪体验也是很重要的，积极情绪拓宽了人们的思维方式，通过增强灵活性和创造力，帮助孩子思考并选择适应性的应对方式和问题解决方案。一系列的研究表明，在经历负面事件后激发积极情绪，有助于一个人从负面情绪的影响中恢复，有些治疗也会通过让焦虑的孩子参与愉快的活动，来帮助他们融入到他们通常害怕的情境当中（Hannesdottir & Ollendick，2007）。

综上所述，在设计针对情绪调节策略的干预方案时需要考虑到三个方面的主题：情绪的认识和表达、积极情绪的培养、情绪调节策略的实际应用。在干预形式上，可以采用绘本教学的方式，并在情绪调节策略的训练中适当配合暴露练习。

在对照组方案的选择上，秉持儿童受益且不影响研究设计的原则，开展与情绪方面无关的心理健康课程。目前已有研究表明消极的自我认知与消极的社会行为有关，研究者认为可以从自我认知角度出发，帮助个体客观认识自己、改善不足、树立信心，使个体形成积极的自我意象（尹铧娟，2019）。且个体的自我认知是一种思维上的、脱离具体情境的认知能力，情绪调节则带有情绪色彩，更多受到动机和具体情境的影响，已有研究并未发现两者存在直接关系（谢庆斌，王英杰，胡芳，刘晓洁，& 李燕，2020）。自我认知包括自我认识、自我接纳、自我完善三个阶段，自我认识是指个体对自己的生理、心理、社会特征都有足够的了解，能够正确认识自己的特点和价值；自我接纳是指个体能够无条件地接纳自己的特点，对自己的特点保持认可、肯定的态度；自我完善是指个体在自我认识、自我接纳的基础上，努力提升自我，发挥自我潜能并适应社会要求的过程（潘乐，李雪，鲁顺珍，& 朱琳，2015；吴娟娟，2008）。良好的自我认知有利于培养个体良好的心理素质和健全的人格，减少心理问题的发生（纪梓慧，2022）。因此，本研究对对照组的幼儿不做具体的行为训练，只教授普通的自我认知课程，课程围绕自我认识、自我接纳、自我完善三个方面展开。

在干预形式上，我们以幼儿所在的自然班级为单位开展教学活动。一方面是出于平等对待所有幼儿的原则；另一方面，群体动力学理论认为群体是一个整体，良性的群体互动可以产生一种积极向上的内部动机，且群体中的个体时刻都会感受到与群体保持一致的压力，积极的群体通过营造良好的合作氛围，为个体的改变提供群体支持，因此对集体进行干预更容易取得好的干预效果（冯琛琛，2014）。社会学习理论认为个体乐于学习与自己相似的同龄人的成功经验，针对整个班级的干预可以让幼儿看到同学拥有和自己不同的想法和情绪，通过学习他人积极的想法来改善情绪，这也是一种积极的情绪调节策略。

一、研究目的与假设

本研究从情绪认识与理解、情绪觉察与表达、情绪管理与积极情绪三方面入手，对幼儿实施情绪教育。情绪认识与理解方面的干预旨在提升儿童对各种情绪的识别，了解情绪产生的原因；情绪觉察与表达方面的干预旨在帮助儿童将知识用于实践，学会识别情绪的发生以及如何健康地表达情绪；情绪管理与积极情绪方面的干预旨在提高儿童的情绪管理能力，展现更多的积极情绪。我们假设：（1）干预后，干预组幼儿展现出更多的适应性情绪调节策略，如替代活动策略、重评与解决策略，积极情绪增加；（2）干预后，干预组幼儿的社会适应能力得到改善。

二、研究方法

（一）研究对象与程序

本研究选取了浙江省一所公立幼儿园 2 个大班的幼儿作为研究对象，共计 47 人，其中男孩 21 名，女孩 26 名。以自然班为单位，将两个班级随机分为干预班和对照班，其中干预班 25 人（男孩 11 名，女孩 14 名），对照班 22 人（男孩 10 名，女孩 12 名）。参与研究的幼儿家长均签署了知情同意书。

研究程序分为三个阶段。（1）前测阶段：对干预组和对照组幼儿进行情绪调节策略的一对一测试，并让父母报告儿童的情绪调节策略和社会适应。（2）干预阶段：在干预班开展情绪调节课程，在对照班开展自我认知课程，每周两次，每次 20—25 分钟，一共 12 次。（3）后测阶段：干预结束的一周后，对干预组和对照组幼儿进行情绪调节策略的一对一测试，并让父母报告儿童的情绪调节策略和社会适应。

（二）研究工具

1. 干预方案

本研究旨在通过情绪调节策略的教学提升幼儿的情绪调节能力。对照组采取自我认知教学方案，将重点放在自我认识、自我接纳、自我完善与人际交往三方面；干预组结合 Gross 等人（2014）的情绪调节过程理论和幼儿生活实际，采取情绪调节教学方案，将重点放在情绪认识与理解、情绪觉察与表达、情绪管理与积极情绪三方面，形成以情绪觉察、表达、调节为主线，消极情绪的接纳、调节及积极情绪的发展为辅线的最终方案。每组共分为三大干预单元，12 个课时，具体的课时目标如表 7.1 和表 7.2 所示。

2. 情绪调节策略

本研究通过幼儿自评、家长他评的方式收集幼儿情绪调节策略的数据。对幼儿家长采用改编的《幼儿情绪调节策略调查问卷》，共计 54 题，5 点计分（1=从不，5=总是），由幼儿家长一方报告。在本研究中，回避维度、发泄攻击维度、自我安慰维度、替代活动维度、寻求支持维度、重评与解决维度的 Cronbach's α 系数分别为 0.66、0.82、0.80、0.64、0.67、0.76。另外，选取问卷中的三个代表性情境对幼儿进行一对一测试，分别是人际恐惧情境、人际非恐惧情境、非人际恐惧情境，在问卷基础上分别扩展成相应的故事情境并制作对应的彩色图片，在增加趣味性的同时以便幼儿能够准确理解，询问幼儿在该情境下的反应。在测试结束后，幼儿得到喜欢的贴纸。为排除性别因素的影响，测试分为男孩与女孩两个版本，前后测的研究材料保持形式一致（涉及相同的三种情境），内容不同。借鉴前人的计分标准，将情绪调节策略分为三大类：积极情绪调节策略（替代活动、重评与解决策略）、中性情绪调节策略（自我安慰、寻求支持策略）、消极情绪调节策略（回避、发泄攻击策略），分别计分为 3、2、1 分。

表 7.1　对照组教学活动单元主题与教学目标

课程单元	单元目标	教学活动	具体活动目标
第一单元 认识自我	帮助幼儿： 1. 加强对自己身体、行为、情绪等方面的认识； 2. 透过对自己的了解培养自信，为自我接纳做准备。	第 1 课 比较五官找差异	帮助幼儿： 1. 认识自己的五官，唤起了解身体的兴趣； 2. 通过观察比较，发现每个人的五官都有自己的特点，并接纳自己的特点。
		第 2 课 不一样的我（上）	帮助幼儿： 1. 从外形入手，认识到自己是区别于任何一个人的独立个体； 2. 知道每个人的外形特征、兴趣爱好、能力特长都是不同的，理解“独一无二”的含义。
		第 3 课 不一样的我（下）	帮助幼儿： 1. 对自己的身体和情感更加了解，并学会表达自己的独一无二； 2. 通过同伴的评价了解自己的独一无二，从而体验到快乐和自豪。发现自己的与众不同，树立自信，增强自我认同感。
		第 4 课 你能记住我吗	帮助幼儿： 1. 培养观察力和记忆力； 2. 认识到在生活中要记住他人的特征，有利于交友。
第二单元 自我接纳	帮助幼儿： 1. 学会自我悦纳； 2. 从喜欢自己的过程中认识到“喜欢”的意义与乐趣所在，进而能从喜欢自己到喜欢他人、喜欢周围的事物。	第 5 课 我的小刺猬烫发	帮助幼儿： 1. 欣赏并理解故事内容； 2. 学会看到自己的优点，不和别人盲目攀比。
		第 6 课 我喜欢自己	帮助幼儿： 1. 培养自信心，喜欢自己； 2. 大胆表述，学说简单句； 3. 增强自我认知和自我接纳。

续表

课程单元	单元目标	教学活动	具体活动目标
第三单元 自我完善 与人际交往	帮助幼儿： 1. 认识到个体是班集体的一员，良好的自我离不开良好的班级； 2. 认识到交往的重要性，培养友好交往的能力； 3. 学会化解人际冲突，做到人际和谐。	第 7 课 培养集体意识	帮助幼儿： 1. 懂得自己是班集体的一员，认识到自己的重要性； 2. 知道每个人都要遵守班集体的规则，提高遵守规则的意识。
		第 8 课 桃花树下的小白兔	帮助幼儿： 1. 感受小兔子与朋友们之间的友谊以及共享的快乐； 2. 乐意参与故事情境表演，通过分享讨论学习维持友谊的方法，能主动地让自己开心，让周围人开心。
		第 9 课 我想和你交朋友（上）	帮助幼儿： 1. 认识到朋友的重要性，并敢于交朋友； 2. 学会使用“我想和你交朋友”来获得更多的朋友，在交往过程中树立更多的自信心。
		第 10 课 我想和你交朋友（下）	帮助幼儿： 1. 能在同伴面前说话自然流畅，遵守游戏规则，使用礼貌用语； 2. 知道什么是友好，能够友好对待他人。
		第 11 课 化解人际冲突	帮助幼儿： 1. 体会到交往过程中可能遇到的困难和人际冲突； 2. 通过小组讨论的方式，找到办法解决交往中可能遇到的种种挫折。
巩固与分离		第 12 课 课程巩固	帮助幼儿： 1. 回顾之前课程的内容，培养自信心，增强人际和谐的能力； 2. 养成在日常生活中友好待人的习惯。

表 7.2　干预组教学活动单元主题与教学目标

课程单元	单元目标	教学活动	具体活动目标
第一单元 情绪认识与理解	帮助幼儿： 1. 学习情绪识别和理解，认识各种情绪，可以通过身体线索和面部表情识别、命名该情绪； 2. 认识到情绪的重要性：了解生活离不开情绪，包括身体健康、人际关系、艺术创作等。	第 1 课 认识情绪	帮助幼儿： 1. 了解情绪的内涵（面部表情、身体线索、主观感受）和类型； 2. 认识情绪对应的五官变化特征； 3. 能命名基本情绪以外的多种常见情绪（如放松、烦躁、好奇）。
		第 2 课 理解情绪	帮助幼儿： 1. 知道人的情绪是多变的，情绪受到具体情境的影响； 2. 了解情绪的产生以需要和认识为基础，并运用到实际中。
第二单元 情绪觉察与接纳	帮助幼儿： 1. 学习情绪觉察和表达：觉察自己和他人的情绪，了解自己习惯性的情绪表达方式； 2. 认识到情绪本身没有好坏之分，但调节情绪的方式（行为）存在好坏之分，为情绪管理教学奠定基础。	第 3 课 觉察和表达情绪	帮助幼儿： 1. 了解情绪产生的必然性，情绪没有好坏之分； 2. 将“情绪受到想法影响”的知识运用到生活中，明白同一件事情可能产生不同的情绪； 3. 学习正确的情绪表达方式。
第三单元 情绪管理与积极情绪	帮助幼儿： 1. 认识情绪：了解情绪的类型和内涵，及其对生活的影响和好处； 2. 提高个体在各种情境下管理情绪的能力，培养良好的情绪管理方式； 3. 培养唤醒积极情绪的能力：能够自主发现生活中的积极情绪，维持积极情绪。	第 4 课 情绪管理的方法（上）	帮助幼儿： 1. 了解消极情绪调节的各种方法，包括回避、发泄、转移注意、寻求支持、问题解决等； 2. 认识到情绪管理的方式根据情境不同存在好坏之分。

续表

<table>
<tr><th>课程单元</th><th>单元目标</th><th>教学活动</th><th>具体活动目标</th></tr>
<tr><td rowspan="7">第三单元
情绪管理与积极情绪</td><td rowspan="7">帮助幼儿：
1. 认识情绪：了解情绪的类型和内涵，及其对生活的影响和好处；
2. 提高个体在各种情境下管理情绪的能力，培养良好的情绪管理方式；
3. 培养唤醒积极情绪的能力：能够自主发现生活中的积极情绪，维持积极情绪。</td><td>第 5 课
情绪管理的方法（下）</td><td>帮助幼儿：
1. 从幼儿的实践结果出发，更深入地了解对消极情绪的调节方法；
2. 认识何为恰当的情绪管理方法。</td></tr>
<tr><td>第 6 课
人际非恐惧情境下的情绪管理</td><td rowspan="3">帮助幼儿：
1. 观察情境，根据情境选择合适的情绪管理方式；
2. 通过分享、角色扮演的方式，解决该情境下的情绪困扰，培养良好的情绪管理方式。</td></tr>
<tr><td>第 7 课
人际恐惧情境下的情绪管理</td></tr>
<tr><td>第 8 课
非人际恐惧情境下的情绪管理</td></tr>
<tr><td>第 9 课
各种情境下的情绪管理</td><td>帮助幼儿：
1. 自主分辨各种情境，在情绪调节策略中选择合适的策略对自身情绪进行管理；
2. 正确指出他人的情绪管理策略，并对策略是否适当进行评价。</td></tr>
<tr><td>第 10 课
认识积极情绪</td><td>帮助幼儿：
1. 深入了解积极情绪的类型和内涵，发现积极情绪与消极情绪的关系（互相依存，平衡）；
2. 认识积极情绪的影响和好处。</td></tr>
<tr><td>第 11 课
唤醒积极情绪</td><td>帮助幼儿：
1. 了解积极情绪的来源；
2. 掌握唤醒积极情绪的方法，培养唤醒和维持积极情绪的习惯。</td></tr>
</table>

续表

课程单元	单元目标	教学活动	具体活动目标
	巩固与分离	第 12 课 课程巩固	帮助幼儿： 1. 回顾之前课程的内容，巩固幼儿对情绪和情绪管理的理解； 2. 养成在日常生活中运用情绪管理方法的习惯。

3. 社会适应

采用《幼儿社会能力与行为评定简表》（LaFreniere & Dumas，1996）测量幼儿的社会适应。该量表分为内化问题、外化问题和社会能力三个维度，每个维度上的所有题目加和求平均，作为该维度上的得分。在本研究中，内化问题、外化问题和社会能力维度的 Cronbach′s α 系数分别为 0.84、0.77 和 0.84。

三、研究结果与分析

（一）干预组、对照组情绪调节策略和社会适应前测差异比较

干预之前，干预组和对照组幼儿在各个变量上的平均值和标准差如表 7.3 所示。采用独立样本 t 检验对两个班幼儿的情绪调节策略使用状况和社会适应情况进行差异检验。由表 7.3 可知，对照组和干预组在情绪调节策略、社会适应各维度上不存在显著差异（$p>0.05$），说明两个班幼儿的情绪调节能力发展水平和社会适应水平相当，两班幼儿具有同质性。

表 7.3　对照组和干预组前测差异比较

变量	对照组	干预组	t
回避策略 P	2.45±0.70	2.41±0.65	0.21
发泄攻击策略 P	1.33±0.37	1.41±0.32	−0.75
自我安慰策略 P	1.63±0.47	1.66±0.60	−0.17
替代活动策略 P	3.02±0.59	3.13±0.31	−0.80
寻求支持策略 P	2.78±0.59	2.75±0.60	0.17
重评与解决策略 P	2.88±0.58	3.02±0.51	−0.89
人际恐惧情境 C	2.55±0.74	2.44±0.92	0.43
人际非恐惧情境 C	2.68±0.72	2.72±0.61	−0.20

续表

变量	对照组	干预组	t
非人际恐惧情境 C	2.09±0.97	2.20±0.96	-0.39
内隐问题 P	2.03±0.74	1.98±0.51	0.26
外显问题 P	2.03±0.54	1.97±0.39	0.51
社会能力 P	4.45±0.69	4.44±0.66	0.05

注：P=父母报告，C=儿童测试，下同。

（二）干预组、对照组情绪调节策略和社会适应后测差异比较

对干预组和对照组在情绪调节策略（他评、自评）和社会适应方面的后测数据进行独立样本 t 检验，结果见表 7.4。由表可知，干预组在家长报告的重评与解决策略（$p=0.016$）、幼儿报告的非人际恐惧情境下的适应性情绪调节策略得分上（$p=0.038$）显著高于对照组，在其他情绪调节策略和社会适应结果上两组差异不显著。

表 7.4 对照组和干预组后测差异比较

变量	对照组	干预组	t
回避策略 P	2.08±0.62	2.30±0.67	-1.15
发泄攻击策略 P	1.23±0.27	1.37±0.30	-1.57
自我安慰策略 P	1.54±0.46	1.59±0.56	-0.31
替代活动策略 P	2.99±0.53	3.16±0.61	-0.99
寻求支持策略 P	2.58±0.64	2.85±0.72	-1.33
重评与解决策略 P	2.61±0.60	3.05±0.61	-2.51*
人际恐惧情境 C	2.09±0.92	2.52±0.71	-1.77
人际非恐惧情境 C	2.68±0.57	2.72±0.46	-0.26
非人际恐惧情境 C	2.50±0.86	2.92±0.28	-2.20*
内隐问题 P	2.08±0.69	1.98±0.55	0.53
外显问题 P	2.03±0.56	1.94±0.44	0.63
社会能力 P	4.21±0.48	4.24±0.82	-0.13

（三）对照组、干预组情绪调节策略和社会适应改善效果差异比较

为了探究干预效果，对干预组和对照组的情绪调节策略（他评、自评）、幼儿社会适应的前后测数据进行配对样本 t 检验，结果表明：（1）对照组家

长报告的回避策略显著下降（$t=2.89$，$df=21$，$p=0.01$），幼儿报告的人际恐惧情境下的适应性情绪调节策略使用频率显著下降（$t=2.49$，$df=21$，$p=0.02$），社会能力显著下降（$t=2.16$，$df=21$，$p=0.04$）；（2）干预组幼儿报告的非人际恐惧情境下的适应性情绪调节策略使用频率显著上升（$t=-3.67$，$df=24$，$p=0.001$），社会能力显著下降（$t=2.07$，$df=24$，$p=0.049$）。

为进一步比较对照组和干预组的前后测差异，用情绪调节策略、社会适应的后测值减去前测值得到变化量，其平均值和标准差见表 7.5。对两组的情绪调节策略、社会适应变化量进行独立样本 t 检验，结果发现，干预结束后，干预组幼儿在家长报告的重评与解决策略的改善上高于对照组幼儿，二者差异达到边缘显著水平（$p=0.056$），在幼儿自评的人际恐惧情境下适应性情绪调节策略的改善上显著高于对照组幼儿（$p=0.028$）。总地来说，干预组幼儿在适应性情绪调节策略的使用上，改善程度显著高于对照组幼儿。

表 7.5　对照组和干预组各变量变化值与差异比较

变量	对照组（$M \pm SD$）	干预组（$M \pm SD$）	t
回避策略 P	−0.36±0.59	−0.11±0.59	−1.50
发泄攻击策略 P	−0.09±0.21	−0.04±0.25	−0.82
自我安慰策略 P	−0.09±0.38	−0.07±0.50	−0.15
替代活动策略 P	−0.03±0.55	0.03±0.55	−0.34
寻求支持策略 P	−0.20±0.58	0.10±0.69	−1.58
重评与解决策略 P	−0.27±0.64	0.03±0.41	-1.96^{+}
情绪调节策略—人际恐惧情境 C	−0.45±0.86	0.08±0.76	-2.27^{*}
情绪调节策略—人际非恐惧情境 C	0±0.87	0±0.87	0
情绪调节策略—非人际恐惧情境 C	0.41±1.30	0.72±0.98	−0.93
内化问题 P	0.05±0.54	0±0.39	0.37
外化问题 P	0±0.33	−0.03±0.40	0.22
社会能力 P	−0.24±0.52	−0.20±0.49	−0.25

注：变化量=后测值-前测值，下同。

（四）社交退缩、情绪调节策略对社会适应变化量的影响

本研究假设社会适应的变化是由于情绪调节策略的改变而引起的，因此以幼儿的情绪调节策略变化量为自变量，以社会适应变化量为结果变量，将性别、年龄、是否独生子女作为控制变量，进行回归分析。结果表明，幼儿

的替代活动策略变化量可以显著正向预测社会能力的变化量（$\beta=0.36$，$t=2.19$，$p=0.035$），即替代活动策略的增加越多，社会能力的提升越高。

由于本次干预是在自然班中进行的，班级中幼儿的社交退缩程度并不相同，为了检验干预效果是否会随着儿童社交退缩水平的不同而不同，以幼儿前测的社交退缩分数为自变量，以社会适应变化量为结果变量，将性别、年龄、是否独生子女作为控制变量，进行回归分析。结果表明，幼儿前测的害羞分数可以显著正向预测社会能力的变化量（$\beta=0.33$，$t=2.07$，$p=0.045$），即儿童的害羞程度越高，其经过干预之后社会能力的提升越高。

四、讨论

社交退缩会给儿童的适应会带来一系列的消极影响。因此，对退缩儿童进行早期干预，改善他们的社会功能，帮助他们更好地适应，是教育学和心理学工作者的目标。理论上来说，对社交退缩儿童的干预越早越好，但是由于年幼儿童各方面的能力还不够成熟，干预起来难度较大。因此，以往在社交退缩领域，很少有研究针对学前阶段幼儿进行干预。但是，学前阶段是儿童脱离家庭、走向社会的起点，这一阶段的同伴交往和社会适应情况将会对儿童后续的发展产生深远影响。若能在这个阶段对退缩儿童加以干预，或许就能改变他们的发展轨迹。因此，本研究尝试从幼儿的情绪入手，通过对幼儿进行情绪知识方面的教育并教给儿童情绪调节的策略，来改善幼儿的社会适应。

（一）情绪调节策略方面的干预效果

本研究发现，在干预结束后，干预组在家长报告的重评与解决策略、幼儿报告的非人际恐惧情境下的适应性情绪调节策略的得分均显著高于对照组。这与以往的研究结果一致，针对情绪调节策略的干预会增加对积极情绪调节策略的使用（杨宇婧，胡佳，& 戚瑞丰，2022）。干预组实施的课程主要聚焦于情绪调节，包括认识和理解情绪、觉察和接纳情绪、管理情绪和积极情绪唤醒四个部分。对于干预组幼儿来说，该课程的干预有助于他们正确对待情绪，改善对不良情绪的认识，识别自己惯用的不良情绪调节策略并学会运用积极的情绪调节策略，让他们意识到回避和发泄攻击的情绪调节策略只会让情绪积压在内心，最终会像气球一样膨胀、爆炸。通过绘本故事、小组讨论、假设情境等方式，让幼儿学会识别并运用积极的情绪调节策略。

分别比较干预组和对照组的前后测数据可以发现，在干预结束后，对照组幼儿报告的人际恐惧情境下的适应性情绪调节策略显著下降，干预组幼儿报告的非人际恐惧情境下的适应性情绪调节策略显著上升。对照组幼儿在适应性情绪调节策略方面下降这一现象，可能是因为后测时间点接近大班幼儿毕业的时间，相比干预课程之前，这个阶段的幼儿面临了更多的生活适应压力，情绪冲突和适应问题增加，因此对照组幼儿的情绪调节能力下降，而干预组的课程改善了幼儿的情绪调节能力，使得他们的情绪调节能力有了显著的上升。由于后测时儿童所面临的压力和冲突增多，前测和后测时儿童所处的环境压力明显不同，本干预项目的效果可能在一定程度上被掩盖了。

在本研究中，干预组幼儿在家长报告的发泄攻击策略、自我安慰策略、寻求支持策略、替代活动策略均未得到显著的改善。一方面可能是由于前后测环境的不同遮掩了干预的效果，另一方面也可能是因为大班幼儿的发泄攻击策略已达到较低水平，替代活动策略已达到较高水平，可改善的空间较小。例如，前测时发泄攻击策略的均分在 1.5 分以下，替代活动策略的均分在 3 分以上，这也在一定程度上证实了这一点。在自我安慰策略方面，虽然有研究者认为其是一种不成熟的情绪调节策略，会随着儿童年龄的增长而减少（Mangelsdorf，Shapiro，& Marzolf，1995），但也有研究表明自我安慰策略的使用与年龄关系不大（Stansbury & Sigman，2000）。也有研究发现，虽然安全型依恋的个体比回避型依恋的个体更多使用积极情绪调节策略（Crugnola et al.，2011），但在自我安慰策略的使用上并没有差异。这些结果说明，自我安慰策略可能不完全是消极的，它可能具有一定的适应性价值。例如，自我安慰策略的使用，可以在一定程度上缓解害羞、焦虑儿童的内在紧张情绪，减少他们的情绪压力，因此，在儿童发展的过程中，它得以保留下来，相对稳定。在寻求支持策略方面，问卷仅测量了儿童寻求家人的支持，而干预课程主要针对的是寻求社会层面（同伴、教师）的支持，这可能是幼儿分数不变的原因。另外，可能是因为家长问卷中涉及情绪调节策略的部分依赖于具体情境，幼儿还没有合适的机会表现出适应性的情绪调节策略；但从幼儿自评的结果可以看出，学习过情绪调节课程的幼儿已经在认知上掌握了适应性的情绪调节策略。

（二）社会适应方面的干预效果

本研究发现，在干预结束后，干预组和对照组在内化问题、外化问题和社会能力上没有显著差异。一方面，这可能是因为干预组和对照组的干预课程主要针对情绪调节和自我认知，并不直接针对社会适应，因此通过情绪调节中介的社会适应可能需要更长的时间发挥作用，而本研究由于条件的限制，在干预结束后一周就进行后测，间隔时间比较短。另外，本研究选取的研究对象是正常班集体中的幼儿，前测时干预组和对照组幼儿的社会适应情况总体良好，问题行为水平较低，社会能力处于较高水平（均值在 4.4 分以上），可改善的空间有限。另一方面，本研究中，基于教育性原则和权利平等原则，我们对对照组的幼儿进行了自我认知方面的干预活动，这些活动可以改善幼儿的自我认知和自我概念，而自我认知和自我概念的改善会促进幼儿的社会适应。这可能是导致干预组和对照组幼儿在后测时的社会适应上没有显著差异的主要原因。

但是，回归分析发现，儿童情绪调节策略上的变化（替代活动策略变化量）可以显著正向预测其社会能力的变化。这表明，儿童情绪调节策略的改善确实可以影响到儿童的社会能力。针对害羞、焦虑的学前儿童，我们可以从他们的情绪调节策略入手，来改善他们的社会适应情况。另外，本研究还发现，儿童前测时的害羞水平可以正向预测其社会能力的变化量，这表明害羞水平越高的儿童，从干预课程中获益越大。对于那些害羞水平较低的儿童来说，他们本身可能并不存在情绪调节和社会适应方面的问题，干预课程对他们的作用相对有限，而对于害羞、焦虑水平较高的儿童来说，干预课程能够针对性地改善他们的情绪调节策略，进而改善他们的社会能力。本研究中的幼儿都是在正常班级就读的、未经筛选的幼儿，这可能在一定程度上限制了本研究的干预效果。未来的研究可以在害羞、焦虑情况比较严重的样本中实施类似的干预，或许能够获得更加理想的干预效果。

第三节　基于归因方式的青少年社交焦虑干预研究

研究发现，害羞、焦虑的儿童在对社交事件的归因上存在自我贬抑倾向，即他们倾向于将自己的社交成功归因于外部因素，而将自身的社交失败归因于内部因素。后来的研究发现，这种归因风格不仅仅体现在社交领域，也体现在其他领域。这种消极的归因风格会降低儿童的自尊，损害儿童的自信心，使儿童产生无助感，从而使儿童降低对自己的期望，减少自身的参与和卷入，对儿童的适应造成一系列的不良后果，如学业适应不良。

Weiner（1972）认为，如果改变了消极的归因认知与方式，便能够改变一个人的行为。因此，有研究者试图从归因风格入手，对害羞、焦虑儿童进行干预，以改变他们的适应情况。根据 Weiner 等的理论，归因训练可以从内外部、稳定性和可控性三个维度上入手，引导儿童从消极的归因风格向积极的归因风格转变，即从对成功的外部归因转向内部归因，从对失败的内部、稳定的、不可控的归因（即能力）转向内部的、不稳定的、可控的归因（即努力）。

归因干预和训练着眼于改变儿童对行为结果的原因的认识和解释，主要针对的是儿童的认知。目前，对归因的干预大多采取基于认知行为疗法的团体辅导。归因训练被广泛应用于教育、临床等领域，并被证明是有效的。相关研究发现归因训练能有效改善消极归因，提高心理健康水平。周晨旭（2014）对农村留守初中生归因风格进行的干预研究表明，通过对归因方式的团体辅导可以有效提升学生的内归因，降低外归因。张博（2019）通过归因训练，降低了学生的压力水平，并进而提高了学生的心理健康水平。李静（2021）通过归因训练，有效改善了学生的消极归因方式，使学生向积极的归因方式上转变。魏希芬（2001）发现归因训练对有潜力而又缺乏自信和不够努力的学生起到了积极作用，能提高学生的自信心。

但已有研究中，针对害羞、焦虑儿童进行归因训练的研究还比较少，且已有研究主要关注的是归因训练对儿童的心理健康的影响，较少关注归因训练对儿童的学业适应的影响。因此，本研究从害羞、焦虑儿童的归因方式入手，探索归因训练对害羞、焦虑儿童的学业适应的影响。

一、研究目的及假设

本研究从害羞、焦虑个体的归因方式入手，对其进行团体辅导，通过改变害羞、焦虑个体的消极归因方式，提升其学业适应水平，帮助其实现学业目标。我们假设：（1）与对照组相比，干预后实验组被试归因方式会有显著改善；（2）与对照组相比，干预后实验组被试的学业适应水平会有显著提升。

二、研究方法

（一）研究对象

在对初中学生进行大规模调查的基础上，选取害羞水平较高、消极归因方式水平较高、学业适应水平较差的学生作为潜在的干预对象，在征得家长同意后，询问学生本人的意愿，最终有 32 名学生参与本次研究，随机将这些学生分配到干预组和对照组。被分配到干预组的 16 名学生接受归因方式的团体辅导训练，对照组的 16 名学生接受其他内容的团体辅导活动。在干预过程中，实验组和对照组各有 1 名学生因为自身原因退出实验，最终每组各 15 名学生完成了团体辅导活动。实验组男生 8 名，女生 7 名；对照组男生 9 名，女生 6 名，平均年龄是 13. 30 岁（$SD=0.47$）。

（二）研究程序

研究共持续 9 周，分前测、干预与后测三个阶段。干预开始前对被试进行了前测，测量了被试的归因方式和学业适应情况。干预阶段共 6 周，实验组和对照组每周各 1 次，每次 60 分钟，分别在每周二、周三下午进行。干预结束后 2 周左右，对实验组和对照组进行后测。

1. 干预组活动方案

干预组的活动方案以归因训练为主。在活动中，我们一方面让儿童认识、发掘自身的优点，另一方面，我们直接对儿童的归因方式进行干预，让他们认识到努力在学业成败中的作用，引导他们更多地从努力的角度来总结自己的成败经验。具体的干预活动方案见表 7. 6。

表 7. 6 归因方式的团体辅导方案

活动主题		活动目标	活动内容
1	相识相知	团体成员签订契约，了解并建立团体辅导规则；形成安全的氛围，提高成员积极性和凝聚力，形成团体动力。	1. 介绍团体辅导：强调学生成员是团体辅导的中心，介绍团体辅导的主要活动形式和规则，并签订团体契约。 2. 了解成员对团体辅导的期待，结合大家期望合理调整团体辅导活动的内容。 3. 通过“五毛一块”活动，营造轻松愉快的氛围，让学生体验到集体温暖的可贵，学会感谢和包容。通过这个活动组成心理小组。 4. 同心圆活动，学生相互进行自我介绍，帮助组员相互认识和熟悉，消除陌生感。最后小组成形后，商讨能代表本组的 logo、口号和动作。

续表

活动主题		活动目标	活动内容
2	认识悦纳自己	使成员能全面、客观地认识自己，通过自我和他人的窗口，发掘自身长处，接纳自己的不足，学会悦纳自我、欣赏自我。	1. 完成20个“我是谁”任务：通过这个活动让学生认识自我，组长通过分析使同学们学会从生理、心理和社会三个方面认识自我；同时看到自我积极和消极的一面，引导学生从消极自我中找到一个特别需要改变的方面，与大家分享如何改变。 2. 完成《SWOT》表格，分析自己的优势和劣势，以及自己面临的机会及挑战。 3. “优点轰炸”：组员轮流作为被夸奖的对象，其他人轮流说出他/她的优点。通过活动让组员发现自己以前没有发现的自身优点，成为乐于欣赏他人和欣赏自己的人。
3	认识归因	学习韦纳归因理论，认识到努力的重要性，学会进行努力归因，激发学习动机。	1. 请组员列举自己成功和失败的事件，进行原因分析。组长带领学生分析归因对他们产生的影响，由此引出正确归因的重要性。 2. 讲解韦纳归因理论，让学生认识到不同的归因方式对个体的情感、未来行为期望和今后行为选择的影响。 3. 在挫折中站立：通过这个游戏让学生认识到只要不断努力，在遭遇失败后不气馁，而是更加积极主动寻找方法，很多事情都有成功的可能性。 4. 观看“跳箱视频”：通过小男孩跳箱实验，不断失败又重新站起来，完成似乎不可能实现的活动，让学生认识到失败不可怕，只要不放弃，继续努力，成功就在眼前。
4	能力归因	提高成功结果中的能力归因倾向，提升自信心；降低失败结果的能力归因倾向，减少挫败感和无力感。	1. 挖掘潜力：通过“手指的力量”活动，让学生明白在没有尝试前认为不可能完成的事情，实际是可以完成的。进一步让学生体验到自身的潜力是无穷的。 2. 《曼谷的小象》：曼谷的小象失败过后对自己的能力产生怀疑，以至于即使有能力挣脱，但因为先前多次的失败经验而对自己的能力产生怀疑，导致没有挣脱。让学生意识到失败的能力归因会产生十分消极的后果。当遭遇多次失败经历后，应该降低能力归因，可以在自己擅长的领域上获得成功的经验，提升自信心；通过“死囚犯实验”，让学生认识到积极暗示的力量。 3. 辩论“能力和努力哪个更重要”，通过辩论让学生意识到能力很重要，可以帮我们在成功时提升自信，但即便有能力，若不努力仍然达不到期望的目标，所以在认同能力的同时，需要付出努力，才能取得更高的成功。

续表

活动主题		活动目标	活动内容
5	降低外部归因	降低对成功和失败结果的外部归因，学习积极的归因方式。	1. “考试中的成与败”：案例中的主人公将考好的结果归因为试卷简单、运气好，产生一种庆幸的心理；将考得不理想的结果归因为天气不好影响心情、试卷太难等外在原因，接下来也并没有更加努力学习，可以想象下次的考试结果也不会进步。让学生认识到将失败结果的原因解释为外部不可控的因素，是消极的归因方式。 2. “我的纸飞机”：写下最近发生的失败事件及你对事件的解释和感受。 3. “飞出我的烦恼”：将纸飞机飞出去；捡起飞到自己身边的纸飞机并给纸飞机的主人出主意。
6	结束	告别与分享。	1. 播放 PPT：回顾团体辅导的历程和团体成员共同成长的过程。 2. 请团体每一位成员分享自己在此次活动中的感受和收获。 3. 分别与祝福：团体成员在小组内互赠礼物和祝愿。 4. 询问成员以后想从事的职业，组长进行引导使成员发挥自己的长处去实现目标，并写下自己对未来的憧憬。

2. 对照组活动方案

对照组活动以城市主题活动为主。在活动之前，通过调查询问学生最想去的城市以及最感兴趣的方面。结果发现学生最感兴趣的前 6 大城市依次为：北京、上海、南京、重庆、合肥、杭州，最想要了解城市的景点、美食和人文环境。基于此，研究者分别针对这 6 个城市设计了相关活动，通过游戏（“你画我猜”“开火车”“谁是卧底”）将城市美食和景点融入其中，带动活动氛围；通过方言小游戏让学生猜测意思，了解城市的方言文化；通过城市宣传片介绍城市的人文风貌、风土人情；同时让学生分享自己的见解，调动学生的积极性，使学生积极参与进来。

（三）研究工具

1. 归因问卷

选用 Lefcourt 等人（1979）编制的多维度—多归因因果量表测量个体的归因风格。本研究选择其中的学业成就归因部分，共 24 题。根据能力、努力、情境和运气 4 个维度分为 4 组题目，每组 6 题，采用 5 级计分方式。本研究考虑了内外控和可控性维度，将情境和运气合并，并分别考虑了成功和失败两种情境。因此，最后分为 6 个维度，分别是成功的努力归因、能力归因和外归因，失败的努力归因、能力归因和外归因。成功情境下的努力归因、能力归因和外归因的 α 系数分别是 0.57、0.52 和 0.69；失败情境下的努力归因、能力归因和外归因的 α 系数分别是 0.65、0.57 和 0.69。其中，失败的能力归因维度删除了"要是我没学好某门课程，很可能是因为缺乏技巧"这道题，因为这道题存在歧义，会削弱内部一致性信度。

2. 学习适应量表

选取由丁君（2008）编制的青少年入学学习适应量表测量个体的学业适应状态，共 16 个题目。包含 4 个维度：学习任务、学习方法、人际环境、学习态度适应。采用 5 点计分，从 1（一点不符合）到 5（非常符合）。得分越高，表明学业适应越好。此量表在青少年群体中有较好的信度，本研究中学习任务、学习方法、人际环境和学习态度适应的 Cronbach's α 系数分别为 0.67、0.81、0.75、0.67，总量表的 Cronbach's α 系数为 0.87。

三、研究结果

（一）实验组、对照组前测差异检验

实验组和对照组被试前测时的归因方式和学业适应分数见表 7.7，由表 7.7 可知，在前测时，实验组和控制组在各变量上不存在显著差异，表明两组被试是同质的。

表 7.7　前测时实验组与对照组在归因方式、学业适应上的平均值与标准差（N=32）

变量	实验组（$M \pm SD$）	对照组（$M \pm SD$）	t
成功可控—努力归因	3.62±0.76	3.42±1.02	0.61
成功不可控—能力归因	3.11±0.83	2.96±0.82	0.51
成功不可控—外部归因	3.47±0.52	3.22±0.63	1.16
失败可控—努力归因	2.78±0.77	2.87±0.91	−0.29
失败不可控—能力归因	2.93±0.86	2.93±1.00	0
失败不可控—外部归因	2.88±0.73	2.90±0.73	−0.08
学业适应	10.83±2.80	10.34±2.77	0.53

（二）实验组、对照组后测差异检验

干预结束后，实验组和对照组儿童的归因方式和学业适应的平均值和标

准差如表 7.8 所示。由表 7.8 可知，干预后实验组在成功情境下的努力归因、能力归因上显著高于对照组，在外部归因上得分显著低于对照组；在失败情境下，实验组的努力归因显著高于对照组，外归因得分显著低于对照组。学业适应上，实验组得分显著高于对照组。

表 7.8　后测时实验组与对照组在归因方式、学业适应上的平均值与标准差（N=30）

变量	实验组（M±SD）	对照组（M±SD）	t
成功努力	3.89±0.51	3.38±0.70	2.28*
成功能力	3.82±0.49	3.07±0.77	3.22**
成功外归因	2.82±0.31	3.24±0.66	−2.24*
失败努力	3.33±0.67	2.56±0.92	2.65*
失败能力	2.43±0.75	2.77±0.82	−1.16
失败外归因	2.33±0.30	2.81±0.68	−2.50*
学业适应	3.09±0.50	2.45±0.43	3.76**

（三）实验组、对照组前后测差异检验

对实验组和对照组的前后测分数变化量进行 t 检验（见表 7.9），以检验实验组和对照组被试经过干预之后是否发生了变化。结果发现，实验组在不可控归因上，前后测得分差异显著，具体表现为成功情境下的能力归因得分上后测得分显著高于前测；在不可控的外部归因方面，后测得分显著低于前测。而对照组被试在干预前后，在归因方式和学业适应上都没有显著变化。

表 7.9　初中生前后测的归因方式、学业适应变化量（后测—前测）（N=30）

变量	实验组（M±SD）	t	对照组（M±SD）	t
成功努力	0.27±0.77	1.34	−0.04±0.69	−0.25
成功能力	0.71±1.07	2.58*	0.11±1.00	0.43
成功外归因	−0.58±0.28	−7.97**	−0.31±0.18	−1.78
失败努力	0.56±1.07	2.00+	−0.31±0.68	−1.76
失败能力	−0.37±1.23	−1.15	0.07±1.29	0.20
失败外归因	−0.32±0.29	−4.28**	−0.02±0.09	−1.00
学业适应	0.33±0.80	1.60	−0.14±0.45	−1.17

为进一步比较实验组和对照组的干预效果，进行重复测量方差分析。结果发现，组别（干预组、对照组）与时间（前测、后测）的交互效应在成功情境下的外归因上显著（F（1，28）= 63.52，p<0.001，η_p^2 = 0.50），在失败情境下的外归因上显著（F（1，28）= 14.58，p<0.01，η_p^2 = 0.34），在学业适应上边缘显著（F（1，28）= 5.58，p = 0.06，η_p^2 = 0.12）。这些结果表明，相较于对照组被试，实验组被试在经过归因训练后，外归因显著减少，在学业适应方面有了明显改善。

四、讨论

（一）归因方式的干预效果

在实施干预方案前，对实验组、对照组的归因方式和学业适应进行了差异检验，结果表明两组的差异不显著，因此实验组、对照组被试是同质的。干预后，实验组、对照组在归因方式和学业适应后测的得分差异显著。说明实验组在实施干预方案后，被试在归因方式上有了显著的变化，这一结果与前人研究一致（胡胜利，2004；孙煜明 & 谢晓昱，1993；魏希芬，2001）。与对照组的被试相比，实验组被试更倾向于在成功情境下对事件进行努力和能力的归因，而不是外归因；在失败情境下，实验组被试更倾向于对事件进行努力归因，而不是外归因。同样，与对照组相比，实验组被试干预结束后在学业适应上也有了显著提升。这些结果说明，实验组被试经历过积极归因方式的团体辅导训练后，归因方式和学业适应都有了显著改善，可以推断，其学业适应的改善是由归因方式的改善导致的。

归因理论认为，将成功的原因解释为能力和努力，而不是外部因素，会提升个体的学习动机、自信心及自豪感。将失败的原因解释为努力而不是外部因素，个体会积极地对待下一次机会，同时会更加积极地努力，对未来的结果充满期待而不是产生挫败感和无助感，这有利于学业适应。接受归因方式训练的学生，其归因方式有所转变，进而学业适应水平也有所提高。

通过对两组前后测变化量的检验发现，干预后，实验组被试在成功情境下，能力归因增加了，外归因减少了，而努力归因并没有发生显著变化；同时，干预后，实验组被试在失败情境下的努力归因分数的增加量达到边缘显著水平。可能是因为实验组被试在前测时，其努力归因得分相较于其他维度而言较高，所以后测时，被试在努力维度上的变化并不显著。干预后，实验组被试的学业适应水平有所提升，但未达到统计显著的水平。可能是因为被试的学业适应变化是一个缓慢的过程，由于干预的时间较短，归因方式的转变还没有完全内化，所以需要一个更长的时间使被试将积极的归因方式内化为自身内部的观念，并在学习和生活中多次应用，体验到积极归因方式带来的积极情绪体验，进而提升其学业适应。

重复测量方差分析结果也表明，实验组、对照组被试在外归因及学业适应上的变化趋势有所不同。实验组被试在干预后，其在外归因上的分数是显著低于对照组被试的。说明归因干预训练在降低实验组被试的外归因上有显著的效果。外归因是一种不可控的归因方式，如果被试将成败归因于运气或者任务的难易程度，被试对成功结果会感到庆幸，对失败结果则会产生无助感，这使得被试对成功结果不会有所期待，对失败结果无能为力，这种消极的归因会使个体丧失学习动力，降低学习效能感，妨碍学业适应。

我们之前的研究发现，害羞、退缩儿童表现出消极归因风格。本研究中，我们通过对归因方式的干预，使害羞、焦虑青少年的消极归因方式转化为积极的归因方式，从而提升了这些青少年的学业适应水平。本研究的结果表明，通过干预害羞、退缩儿童的归因方式，能够有效改善害羞、退缩儿童的适应结果。

本干预项目成功的原因主要有以下几点。首先，研究所采用的测量量表在实践研究中被证明是有效且可靠的，问卷填写采用统一指导语，在规定时间内完成作答，测量方面保证了有效性。其次，在大规模调查的基础上筛选了害羞水平较高、归因方式比较消极、学业适应比较差的被试，并对这些被试进行了随机分组，针对干预组被试进行了为期 6 周的归因方式训练，且归因训练团体辅导技术已经非常成熟，在前人的研究中有很多值得借鉴的地方，经查阅大量资料和文献及与专业教师商讨后，我们制定了符合青少年特点的团体辅导活动，实操性强；而对照组进行了与实验组形式一致、与研究变量无关的活动。最后，得益于学校和学生的大力配合，学校提供了团体辅导需要的场地，为团体辅导的开展提供了可能性；学生也非常配合，每次活动都准时到来，在活动中积极参与，学生的积极主动参与是干预成功最关键的因素。

（二）研究不足及展望

本研究也存在一些不足。首先，干预时间短。受条件限制，本次团体辅导次数缩短，6 周的团体辅导训练难以保证效果的长久性。未来在时间和其他资源允许的情况下，可以适当延长干预时间，并对干预效果进行长期追踪。

其次，干预方案还需进一步完善。在归因训练后，实验组被试在有些维度上并没有显著变化，可能的原因在于干预方案不够完善，有些活动主题虽然内容丰富但留给学生分享和讨论的时间较少，因此，对单元的内容设计需要进一步地优化和调整。

第四节　基于解释偏向和自我意象的社交焦虑干预研究

目前，对害羞、焦虑儿童的干预主要是以认知行为疗法为主。然而，该疗法对治疗师、场地和时间的要求都比较高，不便于推广，且效果也并不尽如人意。近些年来，学者们希望能够找到一种简便易行、易于推广的预防性干预方案，对那些存在一定程度的害羞、焦虑但还没有严重到需要临床治疗的儿童提前进行预防。

以往研究一致地发现，抑制、害羞、焦虑儿童在社会信息加工方面存在一些特定的偏向，研究者认为这种认知偏向可能是抑制、害羞行为得以产生和维持的内在机制，于是有研究者开始从认知偏向的角度入手，对个体的害羞、焦虑进行干预，主要包括对注意偏向、解释偏向和记忆偏向的干预。

认知偏向干预与传统的认知行为疗法虽然都关注个体的认知，但是二者的技术路线存在很大差异。认知行为疗法的核心是对被试实施一系列认知重构和行为训练相关的课程，治疗者可以通过苏格拉底式提问让患者主动认识到自己认知中存在的不合理信念，之后治疗者与患者一起针对不合理信念进行驳斥，改变患者的不合理信念，从而促进个体社交焦虑的改善，这种干预是意识层面的、外显的干预方式。而认知偏向干预是聚焦信息加工的不同阶段，通过向患者呈现大量的积极刺激（具有积极情绪的图片或带有积极情绪的言语刺激）或给予被试反馈等方式改善个体对信息的加工，从而修正个体的认知偏向，增加个体积极的体验，最终达到改善其焦虑症状的目的。在某种程度上，这种干预是一种内隐的干预方式，并不需要意识积极主动地参与。

因为认知偏向干预实施起来相对容易，对主试、场地等的要求比较低，每次干预的时间也不长，甚至可以借助计算机技术来辅助实施，便于推广，因此它成为目前广泛应用的心理干预方法。但在目前的研究中，从认知偏向角度对社交焦虑进行干预的效果仍然存在一些争议。有研究发现从认知偏向角度入手的干预是治疗社交焦虑的一种可行的辅助性手段。但也有研究发现，认知偏向干预的效果不够理想，且以往研究大多是针对成人的，针对儿童的研究相对较少。因此，本研究主要关注认知偏向干预中的解释偏向修正和自我意象修正对社交焦虑儿童的干预效果。

一、基于解释偏向的社交焦虑干预研究

（一）解释偏向的干预范式

解释偏向干预范式主要由其研究范式改进，主要包括词干补笔范式、模糊情境范式、句子联想范式。在词干补笔研究范式中，被试首先会看到一个描述模棱两可的情境句子，该句子的最后一个单词会缺失一个字母，要求被试将其进行补足。在采用词干补笔范式进行的干预研究中，研究者会要求被试按照特定要求来补全单词，若为积极训练组，则要求填充字母后的句子以积极词结尾，若为中性训练组，则要求填充后的句子以中性词结尾（de Voogd et al.，2017；Klein et al.，2015），词干补笔范式在国外研究中应用得比较广泛。

在模糊情境的研究范式中，被试会看到一些存在歧义的情境句，随后会出现两个解释（积极解释和消极解释），要求被试进行选择。在用模糊情境范式来对焦虑、退缩儿童进行干预时，研究者会训练被试以积极的方式对这些情境进行解释，若被试选择积极解释，则给予“正确”的反馈，若被试选择消极解释，则给予“错误”的反馈（Orchard，Apetroaia，Clarke，& Creswell，2017）。该范式在研究中得到广泛应用，有元分析研究表明，模糊情境范式比其他解释偏向训练的范式更有效（Menne-Lothmann et al.，2014）。

Beard 和 Amir（2009）采用句子联想范式对个体的解释偏向进行测试，随后又将该范式改进为解释偏向训练程序，对一些存在解释偏向的人进行干预。在该干预范式中，被试首先看到一个积极词或消极词，之后会出现一个描述模糊情境的句子，然后要求被试判断两者之间是否存在联系，根据被试的回答给予反馈。该程序旨在训练被试以积极的方式解释模糊情境，若被试判断积极词汇与模糊情境有关，或消极词汇与模糊情境无关，则给予“正确”反馈；若被试判断消极刺激与模糊情境有关，或积极词汇与模糊情境无关，则给予“错误”的反馈。

（二）基于解释偏向的社交焦虑干预研究

整体而言，解释偏向修正训练是通过给被试呈现大量积极信息，以减少个体对模糊信息的消极解释，从而使个体的焦虑症状或负性情绪得到缓解。

以往研究比较一致地发现，无论是在健康个体还是在临床样本中，解释偏向修正训练能够有效改善个体消极解释偏向，但是其对于社交焦虑症状的改善效果，目前仍然存在争议，这一争议在青少年与儿童群体中表现得尤为明显。

1. 基于解释偏向的成人群体社交焦虑干预研究

研究发现，解释偏向修正训练对社交焦虑程度不同的个体的干预效果存在差异。在对焦虑症状严重的临床患者进行的研究中多发现解释偏向修正训练具有明显的干预效果。例如，在一项针对 39 名临床被试进行的研究中，被试进行了为期 4 周的解释偏向矫正训练，每周 2 次，经过训练后，被试的消极解释偏向降低，社交焦虑症状有所缓解（Brettschneider，Neumann，Berger，Renneberg，& Boettcher，2015）。在 Beard 等人（2011）的研究中，也发现了相似的结果。Salemink 等人（2014）在其研究中对 18 名临床患者进行了 8 次的解释偏向训练，每次大约 45 分钟，训练后，与控制组相比，训练组积极解释偏向增加，消极解释偏向减少，但是训练组和控制组的焦虑和抑郁症状都有所改善。

在那些焦虑得分较高但还没有达到临床诊断标准的被试中进行的研究也发现了解释偏向修正训练的效果。例如，Khalili-Torghabeh 等人（2014）在 2 周内对 36 名社交焦虑得分较高的大学生进行了 4 次解释偏向训练，训练之后，训练组比控制组对模糊情境的解释更积极，社交焦虑症状改善更明显。MacDonald 等人（2020）对 24 名 18—65 岁的被试实施了类似的干预，研究发现解释偏向训练能够显著改善个体的消极解释偏向，个体的焦虑症状明显减轻。在其他研究中也发现了类似的结果（Yeung & Sharpe，2019）。但也有研究发现，解释偏向训练虽然能改变被试的解释偏向，但被试的焦虑症状并未得到缓解（Bowler et al.，2017；Nowalcowski，Antony，& Koerner，2015）。

在对健康或未加筛选的被试进行的研究中，结果好坏参半。Steinman 等人（2015）在其研究中对不加筛选的被试进行解释偏向训练，结果发现，虽然被试的解释偏向得到了改善，但与焦虑相关的症状并没有发生显著改善。而 Hoppitt 等人（2014）对 69 名初入学的大学生进行了 5 次解释偏向训练，结果发现被试的社交评价恐惧得到改善。

2. 基于解释偏向的青少年与儿童社交焦虑干预研究

在众多针对成人被试的研究中，都发现了解释偏向修正训练对焦虑的改善作用。但是，针对儿童青少年害羞、焦虑进行解释偏向修正训练的研究总体还比较匮乏，研究结果也并不一致。有研究者以 7—12 岁焦虑症儿童为被试，对其进行解释偏向训练，共进行 14 天，结果发现，经过积极解释偏向训练的儿童对社交事件的消极解释偏向有了显著降低（Klein et al.，2015）。也有研究者同时采用解释偏向修正训练和注意偏向修正训练对社交焦虑临床样本的青少年进行为期 2 周的干预训练，在训练后，青少年的解释偏向得到改善，且解释偏向的改变和社交焦虑的变化存在显著相关，个体也报告解释偏向训练对于缓解社交焦虑症状更有帮助（Yeung & Sharpe，2019）。但也有研究者发现，尽管干预组被试在训练后表现出更多的积极解释偏向，然而，相对于对照组，干预组并没有表现出明显的优势，个体解释偏向的变化与社交焦虑症状的改善也没有明显关联（Orchard et al.，2017）。

在亚临床样本中，Klein（2018）等人发现解释偏向修正训练能够显著减少高社交焦虑个体的焦虑症状，其在研究中对青少年实施为期 3 周的训练课程，发现训练后个体的消极解释偏向显著减少，社交焦虑症状也有显著改善。在未经筛选的青少年样本中，接受解释偏向修正训练的青少年的积极解释偏向相比控制组有所增加，消极解释偏向有所减少，焦虑症状也有所减轻（Lau，Belli，& Chopra，2013）。

国内采用解释偏向对社交焦虑进行的干预研究较少。萧潇等人（2016）对具有社交焦虑症状的聋哑青少年进行解释偏向修正，结果发现干预后个体消极解释偏向减少，社交焦虑程度显著降低。总体来说，目前的研究表明，对于儿童和青少年的害羞、焦虑，解释偏向修正训练表现出一定的潜力，但其干预效果还需要进一步验证。

二、基于自我意象的社交焦虑干预研究

（一）自我意象的干预范式

有两种针对社交焦虑者消极自我意象的干预方法引起了研究者的关注。一种方法是采用视频反馈的形式对社交焦虑个体的消极自我意象进行修正。在这些研究中，研究者先对社交焦虑被试进行访谈，访谈结束后要求被试闭上眼睛对自己在访谈中的情境和形象进行想象，并评估自己在访谈过程中的焦虑程度，该过程被录像，随后向被试播放该视频，要求被试以“观察者视角”观看该视频，之后再次要求被试对视频中自己的形象进行评估，结果被试发现自己看起来并没有想象中那么焦虑（Hirsch et al.，2003）。

消极意象的另一种干预方法为意象重建法，主要通过改变和更正个体的消极自我意象，重建个体自我认知（Wild，Hackmann，& Clark，2008）。在

进行认知重建时，主要通过听觉想象和图—词匹配范式对患者进行干预（Blackwell et al.，2015）。例如，在一项针对抑郁症患者的自我意象干预研究中，研究者采用听觉想象和图—词匹配方式进行了干预，听觉想象干预主要是由研究者向被试阅读模糊情境句子，引导被试想象自己身处该情境中，并通过指导语诱导被试想象一个积极的自我意象（Blackwell et al.，2015）。该研究中还采用了图片刺激材料进行干预，要求被试根据看到的图片和词语组成一个句子，并要求句子的含义是正面、积极的。

（二）基于自我意象的社交焦虑干预研究

有研究者将自我意象重建纳入社交焦虑的干预研究，但是目前针对自我意象的干预效果争议较大。在针对成年社交焦虑群体进行的干预中，大多发现了意象重建对社交焦虑的干预效果。在一项研究中，研究者将意象重建作为认知行为疗法的辅助手段对社交焦虑障碍临床患者进行干预，发现经过意象重建后，患者的消极自我意象和负面评价恐惧等都得到了显著改善，社交焦虑症状减少（Norton，Abbott，Dobinson，Pepper，& Guastella，2021）。同样，在另一项针对社交焦虑临床患者的干预研究中发现，自我意象训练使被试的社交焦虑症状显著减少（Wild et al.，2008）。还有研究者选用临床患者作为被试，进行意象重建，每周 1 节课，每次课程 1—2 小时，共 3 周，结果发现，与控制组相比，干预后训练组的社交焦虑症状显著改善（Lee & Kwon，2013）。

在针对儿童青少年的研究中，意象重建训练对社交焦虑个体的改善效果并不尽如人意。在一项针对社交焦虑障碍个体的研究中，研究者同时采用了解释偏向训练和自我意象训练，结果发现自我意象训练的干预效果并不好（Orchard et al.，2017）。de Voogd 等人（2017）对社交焦虑青少年的自我意象进行了干预，也发现干预效果并不理想。但也有研究者对 60 名 11—16 岁的青少年进行自我意象训练，结果发现，与控制组相比，干预组的积极情绪增加，认知偏向发生改变（Holmes，Blackwell，Heyes，Renner，& Raes，2016）。因此，自我意象训练对儿童社交焦虑的干预效果还需进一步验证。

三、研究目的与假设

本研究拟从自我意象和解释偏向入手对儿童进行干预，考察以下三个问题：（1）探讨两种干预方法对改善儿童消极自我意象、消极解释偏向和社交焦虑的效果；（2）考察一种认知偏向的干预效果是否能够泛化到其他认知偏向上，例如，对被试的解释偏向干预是否能够改善其自我意象，反之亦然；（3）检验解释偏向和自我意象干预效果的个体差异性。因此，我们假设：（1）解释偏向干预训练和自我意象干预训练都能够有效降低儿童的社交焦虑；（2）解释偏向干预训练和自我意象干预训练的效果可以泛化；（3）解释偏向干预训练和自我意象干预训练对焦虑程度较高的儿童的干预效果更好。

四、研究方法

（一）研究对象与程序

我们首先编制了干预组所需要的训练材料。解释偏向训练组所需要的干预材料共包括 290 个模糊社交情境。对于自我意象训练组，根据学生生活、学习中发生频率较高的社交情境编写了 220 个积极自我意象情境，随后，请 8 名心理学研究生对这些情境的效价、生动性、理解性、贴合性进行评定（1＝一点也不，5＝非常），对效价评分在 3.5 分以下的情境进行修改，最后，选择生动性评分最高的 120 个自我意象情境作为自我意象训练的材料。

在南京市某小学向 6 个班级的 300 名五年级学生及其监护人发放知情同意书，经监护人签字同意共招募到 10—12 岁的被试 202 名（$M=10.96$ 岁，$SD=0.26$），然后采用社交焦虑问卷、自我意象问卷、解释偏向问卷和压力任务对被试进行测试。剔除无效问卷后，共获得 201 份有效问卷，男生 106 名，女生 95 名。父亲文化程度为本科及以上的占比 82.70%，专科占比 9.73%，高中占比 4.32%，初中占比 2.70%，小学占比 0.55%；母亲文化程度为本科及以上的占比 76.50%，专科占比 9.29%，高中占比 12.02%，初中占比 2.19%。所有参与研究的儿童智力正常，身体健康。

将 6 个班级随机分为意象训练组、偏向训练组、控制组，方差分析和卡方检验结果表明，3 组被试在年龄、性别、户籍以及父母文化程度等变量中均无显著差异。随后利用午间活动时间对不同班级被试分别进行训练。意象训练组进行自我意象训练，解释偏向训练组进行解释偏向训练，控制组进行 Flanker 任务。

在开始训练前，由主试宣读指导语，告知被试接下来将会学习一些思维训练的方法，希望大家能够积极配合。其中 3 名被试中途退出，剔除无效问卷后，185 名被试（$M=10.96$ 岁，$SD=0.26$）完成本次干预研究（意象训练组 62 人，解释偏向训练组 65 人，控制组 58 人），有效问卷回收率为 92.00%，其中，男生 99 名，女生 86 名。干预完成后，再次采用社交焦虑问卷、自我意象问卷、解释偏向问卷和压力任务对被试进行后测。

（二）研究工具

1. 社交焦虑

采用儿童社交焦虑量表（La Greca & Stone，1993）测量儿童的社交焦虑，本研究中前测时该量表总的内部一致性系数为0.92，其中，负面评价恐惧维度的内部一致性系数为0.93，社交回避—新异环境维度的内部一致性系数为0.84，社交回避——一般环境维度的内部一致性系数为0.74；后测时，该量表总的内部一致性系数为0.95，其中，负面评价恐惧维度的内部一致性系数为0.94，社交回避—新异环境维度的内部一致性系数为0.90，社交回避——一般环境维度的内部一致性系数为0.78，具有较好的信度。

2. 解释偏向

采用自行编制的解释偏向问卷来测量被试的解释偏向，前测和后测所用的具体题目不一样，但形式相同。本研究中前测时解释偏向问卷的内部一致性信度为0.80，后测时解释偏向问卷的内部一致性信度为0.81，信度良好。

3. 自我意象

采用自行编制的自我意象问卷来测量被试的自我意象，前测和后测所用的具体题目不一样，但形式相同。本研究中前测时自我意象问卷的内部一致性信度为0.94，后测时自我意象问卷的内部一致性信度为0.96，信度良好。

4. 预期焦虑

采用压力任务来测试被试的预期焦虑，前测和后测所用的具体任务不一样，但形式相同。宣读完任务后，请被试对自己在该任务中的预期焦虑和预期表现评分，1表示“一点也不紧张/一点也不好”，5表示“非常紧张/非常好”。

（三）干预程序

1. 自我意象训练

自我意象训练中，被试将会听到一组描述自我意象情境的指导语，这些情境均以积极的方式结束，要求被试根据自己听到的情境，想象自己在此情境中的意象。每次干预包含15个情境，共干预8次，每周1次，每次干预持续大约15分钟。首次干预之前进行练习实验。

干预指导语样例如下：

现在请大家慢慢闭上眼睛，想象自己处于以下情境中：现在学校正在举行一个庆典，你要在庆典上进行表演，你感到很开心并对自己充满信心。每个人都会称赞你，并且在表演结束时你会得到掌声。你的同学们、父母、老师们都以你为骄傲。毫无疑问，你已经做好了充分的准备。当你登上舞台的时候，你感觉自己就像一个明星。现在请努力地将你在此情境中形成的形象保持在头脑中。

2. 解释偏向训练

解释偏向干预中采用自行编制的实验材料，干预中采用 E-prime 程序进行呈现。首先，被试将会在屏幕上看到一系列刺激材料，这些材料是一些模糊描述的社交情境，被试在阅读完这些社交情境后紧接着会出现一个积极解释，一个消极解释，要求被试根据自己的真实想法进行选择，选择完成后会给予被试相应的反馈。其中，选择积极解释的个体会给予“正确”“你真棒”等反馈，选择消极解释的个体给予“原来是这样”“事情可能并不像你想象得这么糟糕”等反馈。每次干预包含 36 个情境，47 个试次，共干预 8 次，每周 1 次，每次大约持续 15 分钟。首次干预进行练习实验。

解释偏向干预样例如下：

你参加了学校的演讲比赛，当你演讲完成后，你听到台下的观众在窃窃私语。

——他们对我演讲的内容很感兴趣（积极解释）

——他们在讨论我演讲过程中出现的错误（消极解释）

——积极解释的反馈：“你真棒”

——消极解释的反馈：“事情也许没你想得那么糟”

3. 控制组任务

控制组被试进行 Flanker 任务（Klawohn et al.，2020），该任务采用 E-prime 程序进行呈现。首先被试会在屏幕上看到 5 个箭头，要求被试对中间箭头的方向进行反应，当看到中间的箭头朝左时，按 F 键，箭头朝右则按 G 键，程序中包括 3 个单元，共 350 个试次，每个单元之间有 1 分钟的休息时间。

五、研究结果

（一）干预前后各变量描述统计结果及差异检验

干预前后，各组被试在解释偏向、自我意象和社交焦虑等变量上的平均值、标准差如表 7.10 所示。为了检验自我意象和解释偏向干预的效果，对各组被试的消极自我意象、消极解释偏向、社交焦虑、预期焦虑及预期表现等变量进行前、后测配对样本 t 检验。

表 7.10　意象训练组、偏向训练组与控制组干预前后各变量描述统计结果

变量	组别	n	前测（$M\pm SD$）	后测（$M\pm SD$）
负面评价恐惧	意象训练组	62	19.04±7.65	17.09±8.46
	偏向训练组	65	17.22±8.26	15.16±7.12
	控制组	58	18.65±7.76	17.07±8.21
新异性社交回避	意象训练组	62	12.58±4.70	11.19±5.16
	偏向训练组	65	11.81±5.41	11.12±5.40
	控制组	58	12.27±5.15	11.83±5.35
广泛性社交回避	意象训练组	62	6.69±3.09	6.88±3.37
	偏向训练组	65	5.89±2.47	6.14±2.70
	控制组	58	6.29±2.20	6.13±2.27
社交焦虑	意象训练组	62	38.31±13.19	35.16±15.74
	偏向训练组	65	34.93±13.47	32.42±13.04
	控制组	58	37.22±12.34	35.03±14.16
消极意象	意象训练组	62	12.06±3.26	11.86±3.46
	偏向训练组	65	10.31±3.00	10.00±3.19
	控制组	58	11.12±3.39	10.87±3.79
解释偏向	意象训练组	62	−10.77±4.26	−8.44±5.70
	偏向训练组	65	−11.47±4.72	−12.00±3.45
	控制组	58	−11.62±4.09	−9.09±4.55
预期焦虑	意象训练组	62	2.50±1.42	2.10±1.24
	偏向训练组	65	2.35±1.43	1.88±1.15
	控制组	58	2.90±1.44	2.02±1.24
预期表现	意象训练组	62	3.50±1.14	3.83±1.15
	偏向训练组	65	3.49±0.99	4.00±1.03
	控制组	58	3.24±1.08	3.74±1.13

结果发现，对于意象训练组，与干预前相比，干预后消极自我意象（$t=2.73$，$df=61$，$p<0.01$）、社交焦虑（$t=2.03$，$df=61$，$p<0.05$）、负面评价恐惧（$t=2.18$，$df=61$，$p<0.05$）、社交回避—新异情境（$t=2.35$，$df=61$，$p<$

0.05）、预期焦虑（$t=2.01$，$df=61$，$p<0.05$）的均值均显著下降，但消极解释偏向在干预后均值显著上升（$t=-4.01$，$df=61$，$p<0.01$）；干预后被试的预期表现边缘显著地高于干预前（$t=-1.86$，$df=61$，$p>0.05$）；在社交回避——一般情境维度上干预前后没有显著变化（$p>0.05$）。

对于偏向训练组，干预后消极自我意象（$t=3.84$，$df=64$，$p<0.01$）、负面评价恐惧（$t=2.29$，$df=64$，$p<0.05$）、预期焦虑（$t=2.34$，$df=64$，$p<0.01$）显著降低；干预后社交焦虑均值有下降趋势，达到边缘显著水平（$t=1.75$，$df=64$，$p<0.10$）；干预后社交回避—新异情境和社交回避——一般情境分数没有显著变化（$p>0.05$），干预后预期表现均值显著上升（$t=-3.39$，$df=64$，$p<0.01$）。但是，干预前后消极解释偏向分数没有显著变化（$p>0.05$）。

对于控制组，与干预前相比，干预后的消极自我意象（$t=2.58$，$df=57$，$p<0.05$）、预期焦虑（$t=4.95$，$df=57$，$p<0.01$）显著下降，干预后消极解释偏向均值显著上升（$t=-4.37$，$df=57$，$p<0.01$），干预后社交焦虑（$t=1.32$，$df=57$，$p>0.05$）、负面评价恐惧（$t=1.60$，$df=57$，$p>0.05$）、社交回避—新异情境（$t=0.67$，$df=57$，$p>0.05$）、社交回避——一般情境（$t=0.49$，$df=57$，$p>0.05$）没有显著变化，预期表现显著改善（$t=-3.25$，$df=57$，$p<0.01$）。

（二）消极自我意象、消极解释偏向与社交焦虑的重复测量分析

为了比较各组的干预效果，对个体的消极自我意象、消极解释偏向与社交焦虑进行2（时间：前测、后测）×3（组别：意象训练组、偏向训练组、控制组）的重复测量方差分析。结果发现，只有在消极解释偏向上存在显著的交互作用，$F(2, 182)=9.10$，$p<0.01$。进一步简单效应分析发现，干预前，控制组、偏向训练组与意象训练组的消极解释偏向不存在显著差异（$p>0.05$），干预后，偏向训练组的消极解释偏向分数低于意象训练组和控制组（$p<0.01$），表明解释偏向干预对于减轻个体的消极解释偏向具有一定效果。

（三）自我意象、解释偏向变化量与社交焦虑变化量的关系

为了探索社交焦虑的变化是否与消极自我意象和消极解释偏向的变化有关，本研究对消极意象、消极解释偏向和社交焦虑后测与前测分数变化量（后测−前测）进行相关分析，结果发现，消极意象变化量和消极解释偏向变化量与社交焦虑变化量正相关（见表7.11）。

表 7.11　消极自我意象变化量、消极解释偏向变化量与社交焦虑变化量的关系

变量	1	2	3
1 消极意象变化量	—		
2 消极解释偏向变化量	0.20**	—	
3 社交焦虑变化量	0.42**	0.32**	—

(四) 自我意象与解释偏向干预对不同个体的干预效果

为了进一步探讨自我意象干预与解释偏向干预对不同个体的干预效果是否有差异，以实验组社交焦虑前后测分数之差（后测−前测）为因变量，以自我意象、解释偏向与社交焦虑前测分数作为自变量进行回归分析。结果发现，控制性别、父母文化程度之后，前测的个体自我意象和解释偏向对社交焦虑变化量没有预测作用，但个体前测社交焦虑严重程度对社交焦虑的变化有负向预测作用（$\beta=-0.44$，$t=-5.28$，$p<0.001$），额外解释力为 13%，即个体前测社交焦虑分数越高，经过干预后社交焦虑下降幅度越大，干预效果越好。

将消极自我意象前测分数作为自变量，消极自我意象分数之差（后测−前测）作为因变量进行回归分析，结果发现，控制性别和父母文化程度后，消极意象前测分数负向预测其变化量（$\beta=-0.36$，$t=-3.88$，$p<0.001$），额外解释力达到 11%，前测消极自我意象分数越高，消极自我意象下降幅度越大，后测消极自我意象分数越低。

同时，在消极解释偏向中也发现了同样的结果，在控制性别和父母文化程度后，个体消极解释偏向前测分数负向预测消极解释偏向变化量（$\beta=-0.46$，$t=-5.28$，$p<0.001$），额外解释力达到 19%，个体消极解释偏向前测分数越高，干预后的消极解释偏向分数下降幅度越大。

六、讨论

(一) 基于自我意象的干预对儿童社交焦虑的改善效果

在以往的成人研究中，对消极自我意象进行修正表现出了较好的结果。然而，以往对儿童青少年群体进行自我意象干预的效果尚存在争议。本研究尝试通过对儿童头脑中形成的自我意象进行重建，改善儿童的消极自我意象，进而改善儿童的社交焦虑。在本研究中，意象训练组的消极自我意象与训练

前相比显著减少，然而，相比于控制组，意象训练组儿童消极自我意象分数的改善并不明显。也就是说，虽然意象训练能在一定程度上改善儿童的消极自我意象，但是与其他方法相比并没有明显的优势，其他训练也可以改善儿童的消极自我意象。这与以往在儿童群体中的部分研究结果一致（de Voogd et al.，2017；Orchard et al.，2017）。

与干预前相比，经过训练后的意象训练组社交焦虑总分有了显著的下降，另外，在负面评价恐惧及社交回避—新异情境分维度上，意象组也有了显著的下降，这与以往研究结果一致。在 Wild 等人（2008）的研究中，与干预前相比，干预后被试的社交焦虑症状和负面评价恐惧分数有明显降低。另一项研究也显示，与干预前相比，经过认知重建训练后，被试负面评价恐惧及社交焦虑症状有显著改善（Ahn & Kwon，2018）。而相关分析也发现，自我意象的变化量与社交焦虑的变化量之间存在正相关的关系，这表明，意象训练组儿童社交焦虑的改善极有可能是由于其自我意象的改善导致的。有研究显示，对于同一件事，意象在一定程度上比语言更能唤起人的情绪，意象在情绪中起着“情感放大器”的效果（Lang，1979），通过改善被试的消极意象，引起个体积极的情绪，有助于社交焦虑的缓解，这可能也是意象组个体社交焦虑水平有一定程度减少的原因之一。

但与控制组相比，意象训练组被试社交焦虑的改善并没有显著优势。一方面，这可能是因为本研究中的对照组设置不太合理，本研究中对照组被试接受的是 Flanker 任务，这一任务需要被试集中注意力于当前任务上。长时间的 Flanker 任务训练可能有助于被试改善自身的注意控制能力，而注意控制能力的改善可能有助于改善个体的焦虑。因此，对照组被试的社交焦虑程度可能也有了一定程度的改善，这可能掩蔽了自我意象组的训练效果。未来的研究可以让对照组的被试进行其他一些既不会影响被试的自我意象也不会影响被试的社交焦虑的任务，或者可以增加一个空白对照组。

另一方面，也可能是自我意象干预训练对儿童的效果确实不太明显，这可能有以下几个方面的原因。首先，这个年龄段的儿童可能在想象积极意象方面存在困难。自我意象训练曾经主要用于成年人的研究，对于儿童来说，虽然他们每天都会使用这些意象，但让他们想象积极的自我意象可能还是有一定的困难，未来的研究需要找到更合适的方式来诱发儿童青少年的积极自我意象。第二，儿童青少年的认知发展仍然处于不稳定时期，对个体认知训练产生的变化随时会因个体生活学习中发生的事件改变，要通过意象训练改变他们对自我的知觉可能需要更多支持。第三，个体想象的生动性会影响干预效果，个体想象得越生动，在干预后抑郁或焦虑症状改善越多（Blackwell et al.，2015），而其想象的生动性也会受到材料、想象力、动机与态度的影响。只有当个体积极地去想象训练场景而不是仅仅为了完成任务时，他们才会在情绪和认知偏向上表现出积极的变化，干预才能发挥作用。在本干预活动中，被试需要根据主试的指令不断地想象各种场景中的自我意象，但在这个过程中缺乏与主试的互动，这可能会让被试感到无趣、厌烦，从而影响干预效果。研究显示，个体学习大都发生在早期阶段，学习次数的延长和时长的延长，可能会让回报变少（Eberl et al.，2014）。在本研究的干预训练中，由于被试处于低龄阶段，注意力保持时间不长，当干预次数过多时，被试慢慢失去兴趣，可能导致训练效果不明显。

以往有理论认为，自我意象会影响解释偏向，但鲜有研究者对这个问题进行实证研究。本研究发现，自我意象干预对解释偏向没有产生明显的泛化作用。这一结果与Vassilopoulos等人（2012）的研究结果一致，其发现低社交焦虑的个体在产生消极自我意象时，不会影响其解释偏向。也有研究者提出，意象对焦虑等情绪的影响是通过心理图像来起作用的，感觉线索可以绕过对信息的高层次认知产生影响的其他皮层区域（例如对线索的解释等涉及语言的过程），直接引起大脑中与情绪有关区域的快速反应，例如杏仁核。因此，意象训练可能对消极解释偏向没有作用。

（二）基于解释偏向的干预对儿童社交焦虑的改善效果

本研究通过模糊情境训练对儿童消极解释偏向进行修正。结果发现，解释偏向训练组的消极解释偏向在前后测之间的下降程度并未达到统计显著水平，但重复测量方差分析的结果表明，在消极解释偏向上时间与组间的交互作用显著，经过训练后，解释偏向训练组儿童的消极解释偏向的改善程度显著高于控制组和意象训练组。这可能与前后测中采用的测试材料不同有关，也就是说，因为前测和后测用的测试材料不同，前测和后测数据可能存在系统性的差异，所以前测和后测数据不能直接比较，但是重复测量方差分析的结果表明了解释偏向训练能够有效改善干预组儿童的消极解释偏向，这一结果与以往部分研究结果一致。Lisk等人（2018）的研究中发现，经过解释偏向干预后，个体消极解释偏向水平有了明显降低，在Klein等人（2018）的研究中也发现了同样的结果。相关研究也发现经过解释偏向的训练，干预组的积极解释偏向比控制组显著增多。此外，本研究还发现，解释偏向训练组社交焦虑的变化由消极解释偏向的改善引起，这也从另一方面证实了解释偏向训练在改善个体消极解释偏向、社交焦虑方面的效果。但 De voogd 等人（2017）的研究发现，解释偏向训练组被试的负性解释偏向的变化并未达到统计显著水平。未来的研究还需要对这个问题进行进一步的探讨。

与干预前相比，干预后，解释偏向训练组在负面评价恐惧维度上的得分显著下降，但与控制组相比，解释偏向训练组的社交焦虑总分没有得到显著改善，这与以往研究结果不一致（Lau et al.，2013），这可能有几方面的原因。一方面是由于本研究干预时长较短，干预间隔较长，导致干预效应还未延伸至社交焦虑症状的改变中，但是经过解释偏向训练，个体的消极解释偏向已经减少，负面评价恐惧已经显著改善，如果在未来研究中能够延长干预时长，缩短干预间隔，干预效果可能会更明显，进而引起个体社交焦虑症状的改善。另一方面，是因为被试存在期望效应，在本研究中，无论是意象训练组、解释偏向训练组还是控制组，采用的都是新的实验程序，对于儿童而言，在课堂上并不常见，这导致个体可能会产生期望效应。此外，参与者接受训练的动机与训练效果有关。本干预项目由于其重复性与不明确性可能降低了被试训练的动机，进而降低了训练效果（Beard et al.，2011）。如果被试只是完成任务而不是积极参与训练内容，那么很难得到良性的结果。因此，对于儿童青少年来讲，促进个体积极参与干预活动是一个挑战。

以往众多研究均证实解释偏向会影响个体的自我意象（Vassilopoulos & Moberly，2013），但本研究发现，解释偏向训练对自我意象的泛化作用并不明显。Hirsch 等人（2007）发现，对解释偏向的诱导影响了被试后续的自我意象，为个体在形成图像时提供了一个有偏向的信息基础。本研究中所采用的解释偏向训练可以为被试提供积极的语义信息，促使个体积极自我意象的形成。但是可能由于研究中干预试次与时长仍不足，相比控制组没有发现显著变化，未来研究中可以扩展干预时长和干预试次，进一步检验解释偏向训练是否能改善个体的自我意象。

同时，本研究发现干预效果受到个体差异的影响，个体前测的消极意象、解释偏向、社交焦虑程度越高，那么干预的效果越好。在以往的研究中，研究者多选用临床或亚临床的社交焦虑患者进行干预训练，这些患者焦虑程度较高，训练的效果可能会更明显（de Voogd et al.，2017）。本研究采用未经筛选的健康个体进行训练，他们的消极意象、解释偏向、社交焦虑程度尚未达到临床或亚临床的严重程度，存在“地板”效应，这可能影响干预效果。

在未来研究中，可以通过筛选临床或亚临床样本与健康个体进行对比研究。

（三）总结

到目前为止，对害羞、焦虑儿童的干预以认知行为干预为主，但这种方法耗时耗力，对干预者和参与者的要求都比较高。于是，很多学者希望能探索出一种针对害羞、焦虑儿童的简便有效的干预方法，对那些存在一定社交焦虑风险但尚未出现症状的儿童进行预防性干预。但到目前为止，针对害羞、焦虑儿童的简便、有效的预防性干预方法还较为匮乏。解释偏向干预与自我意象的干预最早主要应用于成人，尤其是解释偏向干预在成人中取得较为一致的效果，但是对于儿童青少年的干预结果一直存在争议。在此基础上，本研究从解释偏向与自我意象入手对儿童社交焦虑进行干预，结果发现，与干预前相比，两种方法均使儿童的自我意象和社交焦虑发生了改善，且对自我意象和社交焦虑的改善程度没有显著组间差异，说明无论是自我意象干预还是解释偏向干预对儿童社交焦虑均有一定的改善作用，两种干预方法最大的差异在于解释偏向，自我意象训练没有使个体的消极解释偏向发生变化，而解释偏向干预使个体的消极解释偏向得到了改善，进而缓解了社交焦虑症状，同时这种干预方法对消极自我意象的改善也具有一定作用，说明对于改善儿童的社交焦虑情绪，解释偏向训练是一种较为可取的方法。同时，研究发现，消极自我意象和消极解释偏向的变化量与社交焦虑变化量之间存在相关，这也证实本研究中消极意象与消极解释偏向的变化确实对社交焦虑的变化发挥了一定的作用，这也为预防或干预儿童青少年社交焦虑的研究提供了证据。

值得注意的是，与干预前相比，干预结束后，解释偏向训练组和意象干预组在社交焦虑的很多维度上都有了显著的改善，但是与对照组相比，这种改善显得不那么突出。这可能与本研究中对照组的任务设置有关，本研究中，对照组进行的是 Flanker 任务，这一任务主要涉及青少年的注意控制，不会影响被试的自我意象和解释偏向，实施起来比较方便，因此在很多研究中被用作对照组的训练。但是最近有研究发现，它可能与社交焦虑有一定的关系。社交焦虑个体之所以感到焦虑，可能与他们不能有效地调节自己的注意力有一定关系。本研究中，对照组被试经过一段时间的注意控制训练，改善了他们的注意控制能力，而注意控制能力的改善对他们的社交焦虑的改善可能起到了一定的作用。因此，从某种意义上来说，本研究中的对照组可能并不是纯粹的对照组，这可能在一定程度上掩蔽了意象训练组和解释偏向训练组的干预效果。未来的研究中，可以改进对照组的活动方案，使对照组更加纯粹，这样可以更好地检验自我意象训练和解释偏向训练在青少年群体中的效果。

（四）教育启示

社交焦虑会影响儿童的人际关系、自尊和学业。青春期更是社交焦虑障碍的高发期，尽早帮助儿童青少年正确处理人际关系、改善其在社交场合中的焦虑状态至关重要。根据本研究的结果，解释偏向和自我意象在维持社交焦虑中扮演了重要作用，对此，提出以下几点教育建议。

第一，研究发现，自我意象的干预能够减少个体的消极自我意象，缓解个体的社交焦虑症状，在儿童青少年成长过程中，教师、家长可以有意识地引导他们形成关于自己的正面形象，当儿童受到挫折时，要进行鼓励式教育，使儿童在挫折事件中能够拥有正面记忆，提高儿童的自信心。

第二，除了帮助儿童形成关于自我的正面形象外，还可以引导儿童对事件做出积极正面的解释，改变儿童对事件结果的不合理认知。同时，父母和老师在与儿童交流时，尽量采用明确简洁的语言，及时将事情的原因和结果告知儿童，避免模糊性的话语，这在一定程度上也能够防止儿童做出负面解读。

第三，解释偏向训练和自我意象训练能在一定程度上缓解儿童的社交焦虑症状。两种训练方法均适合团体实施。对此，可以在平时学校生活中，利用简短的时间对儿童进行有意识的训练，能够有效预防儿童社交焦虑症状的发展。

（五）研究不足与展望

本研究采用自我意象与解释偏向两种训练方法对儿童社交焦虑进行干预，经过训练，儿童的社交焦虑症状在一定程度上得到了缓解，证实了自我意象与解释偏向在社交焦虑发展中的重要作用，为儿童社交焦虑干预方面的研究提供了一些实证依据。但是本研究仍然存在一定的局限性。首先，本研究选用的样本主要为健康儿童，这些个体无论在解释偏向、自我意象还是社交焦虑的程度上都比焦虑个体更积极，导致难以获得更为明显的干预效果。在未来的研究中，应该在临床或亚临床样本中做进一步研究。其次，在本研究中，研究者没有在干预结束后对干预效果做进一步追踪，无法探讨干预效果的持续性，在未来的研究中，可以考虑在干预结束后 3 个月或 6 个月时对儿童消极自我意象、消极解释偏向与社交焦虑进行再次测试，检验干预效果的持久性。

第五节 基于注意偏向的社交焦虑干预研究

众多研究发现，害羞、焦虑个体存在对威胁刺激的注意偏向。研究者认为，对威胁刺激的注意偏向是害羞、焦虑行为产生和维持的基础。基于此，许多学者试图对社交焦虑个体的注意偏向进行干预，以期改善个体的社交焦虑。研究者们基于经典的注意偏向测试任务开发了注意偏向干预任务，其中使用最广泛的当属注意偏向矫正训练。

注意偏向矫正训练期望通过反复的练习引导被试忽略负性刺激、注意中性刺激，从而改变个体对威胁刺激的自动化注意偏向，形成对中性刺激的注意偏向。研究者们使用注意偏向矫正训练对社交焦虑进行了大量的干预研究，各项研究在干预的次数、时间间隔、持续时间、总试次上不尽相同。但总地来说，无论是在临床样本还是亚临床样本中，注意偏向矫正训练对成人的社交焦虑都有较好的干预效果，在干预之后，个体的社交焦虑症状有明显的改善。

以往在对成人社交焦虑的注意偏向干预研究中，干预人群的年龄在 18 岁到 65 岁之间，年龄跨度较大。干预对象主要集中于临床和亚临床社交焦虑个体。干预持续时间从 4 天到 4 周不等，干预频率从每周 1 次或每周 2 次到每天 1 次不等。从干预总试次数来看，从 640 试次到 2688 试次不等，大多数干预总试次数为 1280 试次。从干预效果来看，经过注意偏向干预后个体的社交焦虑水平均有所下降，干预效果较好，特别是在 Amir 等人（2009）的研究中，经过干预后有 40% 的临床被试不再符合临床诊断标准。

由于注意偏向矫正训练能够有效降低成人的社交焦虑水平，研究者们开始尝试用注意偏向矫正训练对儿童的社交焦虑进行干预，以期降低儿童的社交焦虑水平。从现有的这方面的干预研究来看，干预人群年龄在 9 岁至 18 岁之间，主要针对的是临床或亚临床社交焦虑儿童，即符合临床诊断标准或已经被确诊为社交焦虑症或社交焦虑量表得分较高的儿童。干预一般持续 4 周或 5 周，每周 2 次或每周 1 次。从干预方法来看，有单独使用注意偏向矫正训练进行干预的，也有将注意偏向矫正训练与认知行为疗法、解释偏向干预结合一起使用的。

从干预效果来看，单独使用注意偏向矫正训练对儿童社交焦虑的干预效果并不一致，在 Fitzgerald 等人（2016）的研究中，注意偏向干预并未使个体的社交焦虑水平降低，而 Eldar 等人（2012）和 Pergamin - Hight 等人（2016）的研究中，干预后个体的社交焦虑水平明显下降。在注意偏向矫正训练与认知行为疗法、解释偏向干预相结合的研究中，个体的社交焦虑水平均有所下降（Lisk et al.，2018；Shechner et al.，2014）。

但即便是在那些发现了注意偏向矫正训练对社交焦虑有明显改善效果的研究中，也没有发现注意偏向的变化与社交焦虑水平变化的相关。这可能表明，注意偏向矫正训练对社交焦虑的干预效果可能并不是由个体的注意偏向改善导致的。

综合来看，虽然注意偏向矫正训练对成人社交焦虑具有较好的干预效果，但是对儿童社交焦虑的干预效果并不尽如人意。元分析结果显示，在对 5—18 岁焦虑儿童的注意偏向矫正训练干预研究中，平均效应量只有 0.41（Grist，Croker，Denne，& Stallard，2019）。此外，对于儿童社交焦虑的干预主要集中于亚临床和临床样本，较少对非临床儿童的社交焦虑进行早期预防性的干预。

研究一：基于注意偏向矫正训练的儿童社交焦虑干预研究

一、研究目的与假设

本研究拟通过干预组对照组前后测实验设计，考察注意偏向矫正训练是否能够降低非临床儿童的社交焦虑水平，检验其在非临床儿童群体中对社交焦虑的干预效果。我们假设，注意偏向矫正训练能有效降低个体的社交焦虑水平。

二、研究方法

（一）被试

选择某小学五年级的 101 名学生为被试，以班级为单位开展研究。将被试以班级为单位分配到干预组和对照组。干预组 63 人，男生 33 人（52.40%），女生 30 人（47.60%），平均年龄为 11.60 岁（$SD=0.55$）。对照组 38 人，其中男生 19 人（50%），女生 19 人（50%），平均年龄为 11.66 岁（$SD=0.63$）。

（二）研究程序

本研究采用干预组对照组实验设计。研究共分为三个步骤。首先，在第1周时，以班级为单位进行前测，前测内容包含问卷和点探测范式，测量被试的注意偏向及社交焦虑水平。接着，干预组接受注意偏向矫正训练干预，对照组进行点探测任务，训练时间共4周，每周2次，以班级为单位进行训练。最后，在第6周时，使用与前测时相同的问卷及点探测程序进行后测。在所有训练完成之后每个被试会得到一套文具作为奖励。

（三）研究工具

1. 社交焦虑

社交焦虑采用儿童社交焦虑量表（La Greca & Stone，1993）进行测量。量表包含18个项目，包括负面评价恐惧、社交回避—新异情境及社交回避——般情境3个维度，量表采用5点计分（1=从不，5=总是），分数越高说明社交焦虑水平越高。在本研究中，前测、后测时该量表总的内部一致性系数分别为0.89、0.92，负面评价恐惧分维度在前测、后测时的内部一致性系数分别为0.87、0.91，社交回避—新异情境维度在前测、后测时的内部一致性系数分别为0.84、0.87，社交回避——般情境广泛性维度在前测、后测时的内部一致性系数分别为0.71、0.69，信度良好。

2. 注意偏向

注意偏向采用原始的点探测任务进行测量（见图7.1中对照组方案），具体流程如下：（1）在屏幕中央呈现500ms的注视点；（2）在注视点的顶部和底部呈现一对面孔，呈现500ms随后消失；（3）随机在一个面孔出现的位置呈现探针（"<"或">"），显示500ms，被试要又快又准确地对箭头朝向做反应，箭头朝向左边则按鼠标的左键，朝向右边则按鼠标的右键；（4）呈现1500ms的空屏。练习阶段有10个试次，被试只有正确率达100%才能进入正式实验。

正式实验共160试次，120试次为中性—负性情绪面孔，探针出现在中性和负性情绪面孔位置的试次各占50%，剩余40试次为中性—中性情绪面孔。情绪面孔图片来自中国情绪图片系统，选取了唤醒度高的中性情绪、愤怒情绪面孔图片各16张（男女各半）。剔除了反应时小于等于150ms或大于等于1200ms试次以及2.5个标准差之外的试次和错误试次，最后对剩下的试次进行分析。用中性情绪面孔试次的平均反应时减去负性情绪面孔试次的平均反应时得到注意偏向得分，分数为正说明个体对负性面孔反应更快，表现出对负性面孔的注意偏向，分数为负表明个体表现出对负性面孔的注意回避。

3. 干预程序

干预组使用修改后的点探测任务进行注意偏向矫正训练（Abend，Pine，Fox，& Bar-Haim，2014），具体流程如下：（1）在屏幕中央呈现 500ms 的注视点；（2）在注视点的顶部和底部呈现一对面孔，持续 500ms；（3）随机在一个面孔位置呈现箭头探针（“<”或“>”），显示 500ms；被试要又快又准地对箭头朝向做出反应，箭头朝左则按鼠标的左键，箭头朝右则按鼠标的右键；（4）呈现 1500ms 的空屏（见图 7.1）。练习阶段有 10 个试次，被试只有正确率达 100%才能进入正式实验。

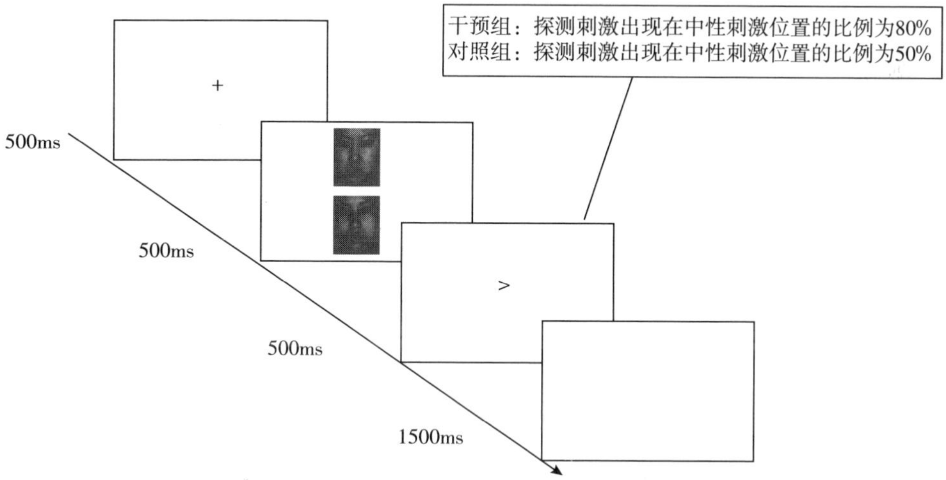

图 7.1　点探测范式

正式实验共 160 试次，其中 120 个试次为中性—负性情绪面孔对，在这 120 个试次中，探针出现在中性情绪面孔位置的试次占 80%，出现在负性情绪面孔位置的试次占 20%；其余 40 试次为中性—中性情绪面孔。情绪面孔图片来自中国情绪图片系统，与前、后测部分所使用的图片不同，包括唤醒度高的中性情绪、愤怒情绪面孔图片各 16 张（男女各半）。

对照组也接受点探测任务，但与干预组不同的是，在 120 个中性—负性情绪面孔试次中，探针出现在中性和负性情绪面孔位置的试次各占 50%；剩余 40 试次为中性—中性情绪面孔。情绪面孔图片来自中国情绪图片系统，为避免练习效应，具体图片与前、后测部分所使用图片不同，包括唤醒度高的中性情绪、愤怒情绪面孔图片各 16 张（男女各半）。

三、研究结果

（一）数据初处理

对点探测任务数据进行处理，根据数据处理要求，在前测中剔除错误试次、无效试次，最后分析试次数为 13688（84.70%）；在后测中剔除错误试次、无效试次，最后分析试次数为 14584（90.24%）。前后测共剔除了 11 名正确率低于 70%的被试，其中，干预组 7 人，对照组 4 人。使用 EM 插补法对前后测时的问卷数据缺失值进行插补。干预组和对照组被试前测和后测时在各变量上的平均值和标准差见表 7.12。

表 7.12　干预组对照组被试前后测时在各变量上的平均值、标准差

变量	前测 M（SD）		后测 M（SD）	
	干预组	对照组	干预组	对照组
注意偏向	−5.35（21.72）	−6.92（20.18）	−9.82（25.79）	2.34（22.43）
社交焦虑	42.81（12.46）	39.21（11.82）	38.47（10.63）	40.64（11.64）
负面评价恐惧	18.86（7.63）	19.02（8.66）	17.56（5.85）	17.84（6.62）
社交回避—新异情境	14.00（5.12）	11.74（4.38）	12.29（4.73）	14.27（5.14）
社交回避——般情境	9.04（3.49）	8.55（4.10）	8.62（3.41）	8.52（2.82）

（二）注意偏向的干预效果

为了检验注意偏向矫正训练对个体注意偏向的干预效果，对两组被试的注意偏向进行 2（组别：对照组，干预组）× 2（时间：前测，后测）重复测量方差分析。重复测量方差分析结果显示，在注意偏向上，时间的主效应不显著，组别的主效应显著，多重比较发现，干预组对负性刺激的注意偏向小于对照组，F（1，89）= 4.21，$p<0.05$，$\eta_p^2=0.05$；时间×组别的交互作用边缘显著，F（1，89）= 3.50，$p=0.06$，$\eta_p^2=0.04$；简单效应分析结果表明，干预组后测时的注意偏向分数小于前测，但二者差异未达到统计显著水平；对照组后测时注意偏向大于前测时注意偏向，呈边缘显著，$p=0.09$。

（三）社交焦虑的干预效果

为了检验注意偏向矫正对个体社交焦虑水平的干预效果，对两组被试在社交焦虑量表总分及其分维度上的得分进行 2（组别：对照组，干预组）× 2

（时间：前测，后测）重复测量方差分析。重复测量方差分析的结果表明，时间与组别的交互效应在社交焦虑总分［F（1，99）= 8.85，$p<0.01$，η_p^2 = 0.08］及社交回避—新异情境［F（1，99）= 19.41，$p<0.001$，η_p^2 = 0.16］上显著。简单效应分析表明，在社交焦虑总分上，干预组后测时的得分显著低于前测时的得分，$p<0.05$；而对照组前后测的得分无显著差异；在社交回避—新异情境上，干预组后测时的得分明显小于前测时的得分，$p<0.01$，对照组后测时的得分明显高于前测时的得分，$p<0.01$。

（四）社交焦虑与注意偏向的关系

通过前面的分析发现，干预后，相比于对照组，干预组的社交焦虑程度有一定程度的降低，说明注意偏向矫正训练确实能在一定程度上改善非临床儿童的社交焦虑程度。为了进一步弄清社交焦虑的变化与注意偏向的变化之间的关系，研究者分析了前后测之间注意偏向变化量和社交焦虑变化量之间的相关，结果见表 7.13。相关分析结果显示，社交焦虑水平的变化与注意偏向水平的变化并无显著相关。

表 7.13　社交焦虑水平变化与注意偏向水平变化相关分析

变量	1	2	3	4	5
1. Δ 注意偏向	—				
2. Δ 社交焦虑	−0.05	—			
3. Δ 负面评价恐惧	−0.01	0.75**	—		
4. Δ 新异性社交回避与压力	−0.04	0.72**	0.26**	—	
5. Δ 广泛性社交回避与压力	−0.06	0.56**	0.19	0.15	—

注：Δ=前测−后测，下同。

四、小结与讨论

本研究通过干预组对照组前后测研究设计，检验了注意偏向矫正训练对于非临床儿童的社交焦虑是否有改善效果。本研究发现，相比于对照组，干预组儿童经过注意偏向矫正训练之后，社交焦虑水平在一定程度上降低了，这证实了研究假设。这一结果与以往针对临床儿童样本进行的一些干预研究结果一致（Pergamin-Hight et al.，2016），这表明，注意偏向矫正训练不仅对已被诊断为社交焦虑症的儿童有效，也可以作为一种早期的预防性干预措施用于改善非临床儿童的社交焦虑状况。

但也要注意到，虽然经过注意偏向矫正训练之后儿童的社交焦虑水平有所下降，但社交焦虑水平的变化量及效应值较小。一方面，这有可能是出现了“地板”效应，相比于临床和亚临床水平的儿童，本研究中的被试是非临床儿童，社交焦虑水平较低，改善空间较小，所以干预训练的效应值较小。另一方面，也有可能是因为干预次数较少，个体未能建立起稳定的行为反应模式，而前后测间隔时间较短，后测时的结果还未能反映出注意偏向矫正训练的干预效果。因此在下一步研究中可以考虑延长干预时间，增加干预次数，并增加延时后测，进一步检验注意偏向矫正的干预效果。

同时也应该看到，注意偏向矫正训练对社交焦虑的改善主要集中于个体在新异情境中的社交焦虑，而对一般环境中的社交回避和负面评价恐惧的改善效果不太明显，这可能与注意偏向矫正训练的干预方式有关。导致个体社交焦虑的原因是多方面的，例如情境的新异性、不确定性，个体对社会评价的恐惧等。在注意偏向矫正训练干预方案中，反复地向个体呈现陌生人的面孔并引导个体的注意指向，这可能会使个体对于陌生人的反应敏感性降低，改变他们对陌生社交情境的认知加工过程，从而降低他们在新异情境中的社交焦虑程度。但是注意偏向矫正训练并不涉及他人对自己的评价这方面的内容，因而对于个体的负面评价恐惧就没有明显的改善效果。

值得注意的是，在对照组中，经过点探测任务后，个体的注意偏向并未改善，反而加剧了。之所以出现这一结果，可能是因为在 4 周的训练时间内，被试接受了大量的消极刺激。大量的消极刺激暴露可能会使被试对于消极刺激变得更加敏感，被试的注意偏向水平有可能上升。

注意偏向矫正训练存在一个潜在假设，即通过反复地给被试呈现配对的面孔刺激并引导被试注意中性刺激、忽略威胁性刺激，可以让被试减少对威胁刺激的注意偏向，从而降低被试的社交焦虑。本研究却发现，虽然经过注意偏向矫正训练之后干预组被试的社交焦虑程度有所降低，但是注意偏向并未发生改变，这一结果似乎对注意偏向矫正训练的潜在假设形成了挑战，这一结果也与以往部分研究结果相似。在 Ollendick 等人（2019）的研究中，经过干预训练后，个体的注意偏向并未改变；在 Lisk 等人（2018）的研究中，经过干预训练后，个体的注意偏向也未发生改变。如此看来，注意偏向矫正训练似乎并不能改变个体的注意偏向。更为重要的是，本研究发现，注意偏向的变化与社交焦虑水平的变化并不相关。这一研究结果也与以往研究结果一致，以往研究虽然发现了注意偏向矫正训练对于社交焦虑的改善效果，但注意偏向的变化与个体社交焦虑水平的变化并无关系（Ollendick et al.，2019）。元分析研究也显示，对于儿童来说，注意偏向的改善并不能引起儿童焦虑水平的降低（Cristea，Mogoase，David，& Cuijpers，2015）。这些结果可能表明，注意偏向训练虽然对儿童社交焦虑有一定的改善效果，但这一效果可能并不是因为其改善了儿童的注意偏向，而是因为其他一些潜在的机制。后续的研究需要进一步探索注意偏向训练改善儿童社交焦虑的作用机制。

研究二：注意偏向矫正训练改善儿童社交焦虑的作用机制

在研究一中我们发现，注意偏向矫正训练虽然在一定程度上改变了个体的注意偏向，个体的社交焦虑水平也有所下降，但是注意偏向的改善并未达到统计显著水平，注意偏向的改变与社交焦虑水平的变化也并不相关，这似乎说明个体社交焦虑水平的下降并不是其注意偏向的改变导致的。那么，注意偏向矫正训练是通过改善了个体的哪一认知成分而降低了个体的社交焦虑水平呢？

有研究者提出，注意偏向矫正训练可能是通过改善儿童的注意控制能力来降低儿童的社交焦虑水平的（Pergamin-Hight et al.，2016；Shechner et al.，2014）。因为个体对威胁性刺激的注意，既涉及自动化加工的成分，也涉及控制性加工的部分，要改变自动化加工过程是相对较难的，但是要改变控制性加工过程（如提升个体的自我控制能力）则相对容易。在注意偏向矫正训练的实施过程中，个体需要集中注意力对刺激做出与其自动化反应倾向相反的反应，这一过程可能导致个体注意控制能力的改善，而个体注意控制能力的改善会在一定程度上改变个体对社会情境的加工，从而减少他们的社交焦虑。

针对这一观点，研究者们进行了初步的探讨。在亚临床社交焦虑大学生样本中，研究者将亚临床社交焦虑大学生分为对照组（使用点探测任务）与干预组（使用注意偏向矫正训练）。干预之后，两组被试的社交焦虑水平均有所下降。使用ERP与情绪Go/No-go任务发现，在干预后，两组被试在No-go任务上的N2的平均波幅都增大，在No-go任务上的P3的平均波幅都减小；但相比对照组，干预后，干预组在No-go任务上的N2的平均波幅增幅更大（Pan et al.，2019）。N2与自上而下的执行功能有关，反映个体对与任务无关的干扰信息的处理（Veen & Carter，2002）；P3则代表的是注意力资源的分配和反应抑制（Clayson & Larson，2011）。这说明注意偏向矫正训练能够改善个体的注意控制能力，注意偏向矫正组被试社交焦虑水平的下降可能与其注意控制能力的改善有关。

在临床社交焦虑儿童样本中，研究者将社交焦虑儿童分为空间注意无情绪暴露训练组（提示线索是无情绪的符号）、空间注意情绪暴露训练组（提示线索是情绪面孔）、情绪暴露组（先呈现一张情绪面孔，再呈现探针）和无情绪无空间注意组（Flanker 任务）。干预之后，四组被试的社交焦虑水平都有所下降，个体的注意控制能力均有所提高，个体注意控制能力的变化与社交焦虑水平的变化呈负相关（Linetzky，Pettit，Silverman，Pine，& Bar-Haim，2020）。也有研究发现，相比于注意控制能力好的儿童，注意偏向矫正训练对注意控制能力差的儿童的效果更好，是因为注意控制能力好的儿童本身的注意控制能力就高，注意偏向矫正训练对其注意控制能力的改善空间有限，因而引起的社交焦虑症状的改善较小，而注意控制能力差的儿童的注意控制能力可改善的空间更大，干预后注意控制能力明显改善，引起焦虑水平的变化更大（Pergamin-Hight et al.，2016）。

综上，已有研究发现，注意偏向矫正训练对儿童社交焦虑干预效果并不一致，注意偏向矫正训练对儿童社交焦虑的改善效果还需要更多研究支持。且注意偏向矫正训练后，注意偏向的变化与社交焦虑的变化并不相关，而注意控制的变化与社交焦虑的变化相关。因此，还需要进一步检验注意偏向矫正训练对儿童社交焦虑的干预效果及其作用机制。

一、研究目的及假设

从研究一可以看出，注意偏向矫正训练确实能在一定程度、一定范围内降低非临床儿童的社交焦虑水平，但降低的程度有限。这有可能是由于干预次数较少和干预时长较短，也有可能是由于干预组探针出现在中性刺激一侧的比例（80%）偏低。那么如果增加干预次数、提高探针出现在中性刺激一侧的比例并延长干预时长是否能够更大程度地降低个体的社交焦虑水平呢？

研究一的结果也表明，儿童社交焦虑的改善与注意偏向的变化并不相关，那么就需要进一步厘清注意偏向矫正训练的作用机制。近年来，一些研究者发现，注意偏向矫正训练可能是因为改善了个体的注意控制能力和情绪调节能力从而引起了个体社交焦虑水平的降低。如果注意偏向矫正训练是通过改善个体的注意控制能力和情绪调节能力来改善个体的社交焦虑水平的，那么如果直接干预个体的注意控制能力应该也能取得相似的结果。

基于此，研究二使用注意偏向矫正训练和注意控制训练两种方法对非临床儿童进行干预，检验两种方法对注意偏向、注意控制能力和社交焦虑的干预效果，并分析注意偏向的变化、注意控制的变化与社交焦虑水平变化之间的关系，从而探讨注意偏向矫正训练对非临床儿童社交焦虑的作用机制。同时，研究二还增加了注意偏向矫正训练的试次，延长了干预时长，加大了探针出现在中性刺激一侧的比例，检验其是否能够更好地降低个体的社交焦虑水平。此外，研究二还增加了一次延时后测，即在干预结束三个月后，再次对儿童进行测量，考察干预方案的长期效果。

总体来说，本研究的目的主要有两个。首先，考察注意偏向矫正训练与注意控制训练两种干预方法是否都能够有效改善儿童的社交焦虑水平。其次，考察两种干预方法所导致的注意偏向的变化、注意控制能力变化与社交焦虑水平变化之间的关系。

二、研究方法

（一）被试

选取某小学五年级 3 个班级的学生作为干预对象，共 132 人。注意偏向矫正组包含 2 个班级共 88 人，平均年龄 11.32 岁（$SD=0.55$），其中男生 55 人，女生 33 人。注意控制组包含 1 个班级，其中 1 人因身体原因中途退出，实际人数为 43 人，平均年龄 11.20 岁（$SD=0.55$），其中男生 20 人，女生 23 人。追踪测查时，由于转学等原因，21 名被试流失，其中注意偏向矫正组流失 17 名被试，注意控制组流失 4 名被试。

（二）研究程序

本研究的具体流程见图 7.2。研究共分为四个步骤。

步骤一：第 1 周以班级为单位进行前测，前测的内容包含问卷、点探测任务和 Flanker 任务，测量被试的注意偏向、注意控制和社交焦虑水平。

步骤二：随机将 2 个班级分配到注意偏向矫正组，1 个班级分配到注意控制训练组。训练共持续 6 周，每周 2 次，以班级为单位进行训练，每次的训练均安排在早读或者午休时间。

步骤三：第 8 周时使用与前测时相同的问卷及任务进行后测。

步骤四：干预结束 3 个月后，使用与前后测时相同的问卷进行追踪测试。

在训练期间，采用代币制对被试进行激励，被试每完成一次训练就会获得一张小花贴纸，训练进行到第 3 周进行礼物兑换，所有训练完成之后每个被试还会得到一本课外书。

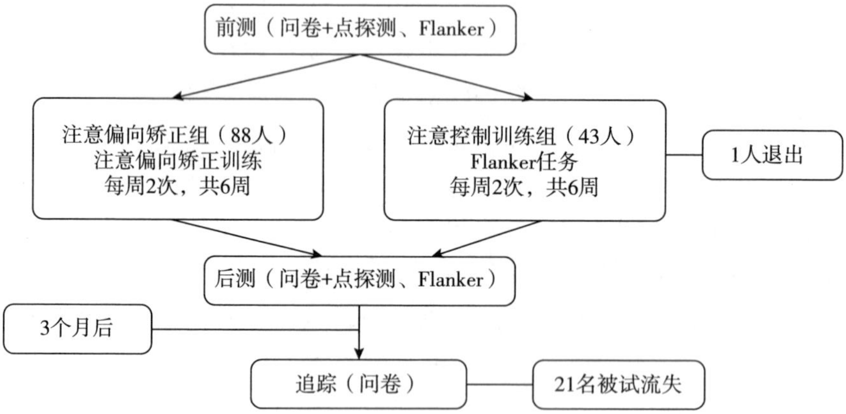

图 7.2　研究二流程

（三）研究工具

1. 社交焦虑

社交焦虑的测量工具同研究一。在本研究中，社交焦虑总量表在前测、后测及追踪时的内部一致性系数分别为 0.89、0.90、0.93，负面评价恐惧维度在前测、后测及追踪时的内部一致性系数分别为 0.87、0.91、0.91，社交回避—新异情境维度在前测、后测及追踪时的内部一致性系数分别为 0.77、0.85、0.87，社交回避——一般情境维度在前测、后测及追踪时的内部一致性系数分别为 0.70、0.66、0.73，信度良好。

2. 注意偏向

在本研究中，个体的注意偏向采用点探测任务进行测量，点探测任务同研究一。

3. 注意控制

采用量表和行为任务两种方式来测量注意控制。其中，量表为《中文版注意控制量表》（Chinese Version of Attentional Control Scale，ACS-C）（Derryberry & Reed，2002），该量表包括注意集中和注意转移两个维度，注意集中维度反映了个体保持注意力的能力，而注意转移维度反映了个体将注意力从一项任务或刺激转移到另一项任务或刺激的能力。量表共 20 个题目，采用 4 点计分，从“1”（从不）到“4”（总是）。所有项目得分之和即为量表总分，分数越高说明被试对注意力的控制能力越强。在本研究中注意控制量表前测、后测及追踪时内部一致性系数分别为0.65、0.72、0.71。

Flanker任务的具体流程为：（1）在屏幕中间呈现一个500ms的注视点；（2）呈现5个箭头，中间箭头的方向和其余4个箭头方向一致或者不一致，呈现时间为500ms，被试对中间箭头的方向进行反应；（3）呈现1500ms的空屏。该任务共200试次，中间箭头和其余箭头方向一致和不一致各100试次（如图7.3所示）。在正式实验开始之前有10个试次的练习阶段，被试只有正确率达到80%才能进入正式实验。在本研究中，先剔除了反应时小于等于150ms或大于等于1200ms的试次和错误试次，再剔除2.5个标准差之外的试次，最后计算平均反应时。干扰分数 = 箭头方向不一致平均反应时 - 箭头方向一致平均反应时，分数越大，说明个体注意控制能力越低。

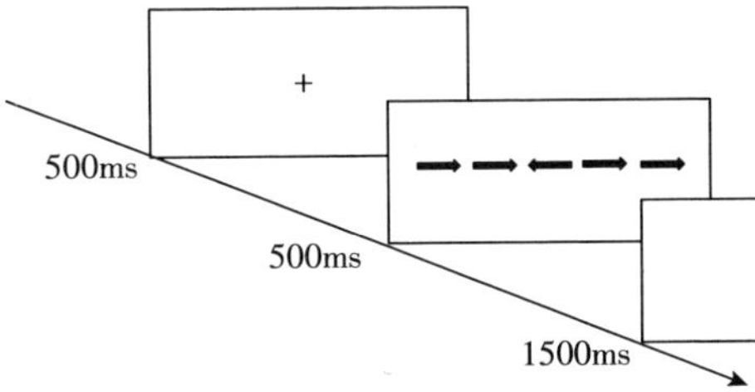

图7.3　Flanker范式

4. 干预程序

注意偏向矫正训练程序同研究一，但每次训练的试次数多于研究一。每次干预有练习阶段和正式训练2个阶段。练习阶段有10个试次，被试只有正确率达100%才能进入正式训练。正式训练有240个试次，分3个组，完成1个组休息30秒。其中，200个试次为中性—负性情绪面孔，探针出现在中性情绪面孔位置的概率为95%，探针出现在负性情绪面孔位置的概率为5%；40试次为中性—中性情绪面孔，情绪面孔图片来自中国情绪图片系统，与前后测时所使用的图片不同，包括唤醒度高的中性情绪、愤怒情绪面孔图片各16张（男女各半）。

注意控制训练使用Flanker任务，出于舒适度及趣味性的考虑，将黑色箭头刺激替换成具有方向的小鱼（如图7.4所示）。练习阶段有10个试次，被试只有正确率达到80%才能进入正式训练。正式训练有200个试次，分2个组，完成1个组休息30秒，刺激方向一致与不一致的试次各占总试次数的50%。

图 7.4　Flanker 任务刺激示意图

三、研究结果

（一）数据初处理

在前测时，根据数据处理要求，在点探测任务中，剔除错误试次、无效试次，最后分析试次数 26430 个（83.43%）；在 Flanker 任务中，剔除错误试次、无效试次，最后分析试次数为 18749 个（71.02%）。后测时，在点探测任务中剔除错误试次、无效试次，最后分析试次数为 26854 个（84.77%）；在 Flanker 任务中剔除错误试次、无效试次、正确率低于 70% 的被试，最后分析试次数为 20807 个（80.03%）。点探测任务中，前后测共剔除 5 名正确率低于 70% 的被试，其中，注意偏向矫正组 3 人，注意控制组 2 人。Flanker 任务中，前后测共剔除 38 名正确率低于 70% 的被试，其中，注意偏向矫正组 26 人，注意控制组 12 人。使用 EM 插补法对前后测及追踪时的问卷数据缺失值进行插补。

（二）注意偏向及注意控制能力的干预效果分析

注意偏向训练组和注意控制训练组被试前后测及追踪时的注意偏向和注意控制水平见表 7.14。其中，注意偏向由点探测任务测得，对两组被试进行 2（组别：注意控制组，注意偏向矫正组）× 2（时间：前测，后测）重复测量方差分析。结果发现，组别的主效应不显著，时间×组别的交互作用不显著，时间主效应显著，$F(1, 125) = 6.30$，$p<0.05$，$\eta_p^2=0.05$，后测得分明显小于前测得分，$p<0.05$。这表明，干预后两组被试的注意偏向均有所减小。

Flanker 干扰分数反映了个体的抗干扰能力，分数越大说明个体的抗干扰能力越弱，注意控制能力就越差。对两组被试的 Flanker 任务得分进行 2（组别：注意控制组，注意偏向矫正组）× 2（时间：前测，后测）重复测量方差分析。结果显示，组别的主效应不显著，时间×组别的交互作用不显著，时间的主效应显著，$F(1, 91) = 5.50$，$p<0.05$，$\eta_p^2=0.06$，后测得分明显小于前测得分，说明经过干预训练后，两组被试的抗干扰能力都有所提升，注意控制能力增强。

ACS 是注意控制的另一个指标，量表得分越高说明个体的注意控制水平越高。对 ACS 总分进行 2（组别：注意控制组，注意偏向矫正组）× 3（时间：前测，后测，追踪）重复测量方差分析。结果显示，组别的主效应不显著，时间×组别的交互作用不显著，时间的主效应边缘显著，$F(2, 107) = 2.80$，$p = 0.06$，$\eta_p^2 = 0.03$；进一步多重比较发现，两组被试在追踪时的得分高于在前测时的得分，$p<0.05$，这表明干预结束 3 个月后，两组被试的注意控制能力较前测均有所提升。

表 7.14　两组被试在不同时间点上各变量的水平

变量	前测 *M*（*SD*）		后测 *M*（*SD*）		追踪 *M*（*SD*）	
	注意偏向矫正组	注意控制组	注意偏向矫正组	注意控制组	注意偏向矫正组	注意控制组
注意偏向	0.32（43.28）	8.57（64.24）	−14.86（32.06）	−8.26（43.60）	—	—
注意控制-F	19.22（17.05）	18.22（14.85）	14.48（12.23）	14.24（12.58）	—	—
注意控制-A	50.98（6.12）	50.74（6.91）	50.91（6.66）	52.00（7.36）	52.37（6.82）	52.15（5.83）
社交焦虑	41.52（12.87）	46.98（14.22）	43.75（12.54）	42.51（16.55）	41.44（13.82）	42.82（15.37）
负面评价恐惧	18.62（6.55）	20.88（7.78）	19.23（6.73）	20.13（10.11）	18.11（6.75）	19.38（8.56）
新异性社交回避与压力	15.29（5.09）	16.90（5.73）	15.86（5.32）	13.95（6.35）	14.96（5.88）	14.59（5.90）
广泛性社交回避与压力	7.73（2.97）	9.20（3.75）	8.80（3.19）	8.44（4.09）	8.29（3.27）	8.85（43.91）

注：注意控制-F 由 Flanker 任务测得，注意控制-A 由注意控制量表测得，下同。

（三）社交焦虑的干预效果

进行 2（组别：注意控制组，注意偏向矫正组）× 3（时间：前测，后测，追踪）的重复测量方差分析来检验社交焦虑干预效果。在社交焦虑总分上，时间的主效应不显著，组别的主效应不显著，时间×组别的交互作用显著 F

（2，107）= 5.07，$p<0.01$，$\eta_p^2=0.05$。简单效应分析发现，注意控制组后测时的社交焦虑得分明显低于前测时得分，$p<0.05$；延时后测时得分也明显低于前测时得分，$p<0.05$。注意偏向矫正组没有差异。

在新异性社交回避与压力上，组别的主效应不显著，时间的主效应显著 F（2，107）= 4.47，$p<0.05$，$\eta_p^2=0.05$；时间×组别的交互作用显著 F（2，107）= 6.59，$p<0.01$，$\eta_p^2=0.06$，进行简单效应分析发现，注意控制组后测得分明显低于前测，$p<0.001$；追踪时得分也明显低于前测，$p<0.01$。注意偏向矫正组没有显著差异。

在广泛性社交回避与压力上，时间的主效应不显著，组别的主效应不显著，时间×组别的交互作用显著 F（2，107）= 3.99，$p<0.05$，$\eta_p^2=0.04$。简单效应分析发现，注意偏向矫正组后测得分明显高于前测，但追踪时得分与前测、后测时得分差异均不显著。

（四）社交焦虑的变化与注意控制的变化、注意偏向的变化的关系

为了进一步明确两组被试中社交焦虑的变化与注意偏向、注意控制的变化的关系，对两组被试的社交焦虑变化量、注意偏向变化量与注意控制变化量进行相关分析，结果见表 7.15。结果显示，社交焦虑的变化与注意偏向的变化不相关，社交焦虑的变化与注意控制的变化负相关。ACS 注意控制的变化量与社交焦虑总分的变化量呈负相关且边缘显著（$p=0.07$），与社交回避——一般情境的变化量呈显著负相关。

表 7.15　注意偏向、注意控制、社交焦虑变化量之间的相关系数

变量	1	2	3	4	5	6	7
1. Δ 注意偏向	—						
2. Δ 注意控制—F	0.05	—					
3. Δ 注意控制—A	0.14	−0.07	—				
4. Δ 社交焦虑	−0.11	0.01	−0.18†	—			
5. Δ 负面评价恐惧	−0.10	0.11	−0.09	0.82**	—		
6. Δ 社交回避—新异情境	−0.06	−0.05	−0.09	0.71**	0.27**	—	
7. Δ 社交回避——般情境	−0.03	−0.11	−0.23*	0.61**	0.26**	0.33**	—

四、小结与讨论

本研究检验了注意偏向矫正训练和注意控制训练两种干预方式对非临床

儿童的社交焦虑的干预效果，并在此基础上探索了注意偏向矫正训练对于改善社交焦虑的作用机制。研究结果发现：（1）两种干预方式都能够改善个体的注意偏向，提高个体的注意控制能力；（2）注意偏向矫正训练未能降低个体的社交焦虑水平，注意控制训练降低了个体的社交焦虑水平；（3）社交焦虑水平的变化与注意控制水平的变化负相关，与注意偏向水平的变化无关。

（一）注意偏向矫正训练及注意控制训练的干预效果

本研究发现，注意偏向矫正训练与注意控制训练均能有效改善非临床儿童的注意偏向及注意控制能力。在研究一中，注意偏向矫正训练后，个体的注意偏向有所改善但并未达到统计显著水平，而研究二增加了干预试次和探针出现在中性情绪面孔一侧的比例，干预后个体的注意偏向显著改善了。在以往的研究中，接受了 640 试次和 1600 试次的个体的注意偏向均没有改善，而接受了 1920 试次的个体的注意偏向有所改善（Eysenck，Derakshan，Santos，& Calvo，2007）。在这些研究中，探针出现在中性面孔情绪一侧的比例均为 100%。结合前人研究和研究一、二来看，注意偏向矫正训练对注意偏向的改善效果可能会受到试次数和探针出现在中性情绪面孔一侧的比例的影响。相比于研究一，研究二的试次数和探针出现在中性情绪面孔一侧的比例明显增多，因此个体注意偏向的改善更明显。注意控制训练也能够改善个体的注意偏向，根据焦虑的注意控制理论，焦虑个体的注意控制能力大多受损，焦虑个体无法有效地将注意力从负面信息中抽离出来（Eysenck et al.，2007）。研究二中的注意控制训练改善了个体的注意控制能力，从而使得个体在注意到负面信息之后及时抽离出来，改善了个体的注意偏向。

两种干预方式均能提高个体的注意控制能力，注意控制训练使用的是 Flanker 任务，在任务进行过程中，个体需要集中注意力于目标刺激上，忽略其他干扰刺激，因而能够提高个体的注意控制能力。在前人研究中使用 Flanker 任务对被试进行干预，发现个体的注意控制能力有所提高；而注意偏向矫正组儿童在训练过程中也需要集中注意力来对刺激做出快速反应，同样也能提高个体的注意控制能力。前人研究发现，采用注意偏向矫正训练对被试进行干预后，ERP 结果显示，被试的注意控制能力有所提高，即注意偏向矫正训练可以提高焦虑个体在无情绪干扰下的注意控制能力（Linetzky et al.，2020）。

（二）注意偏向矫正训练对社交焦虑干预的有效性

本研究发现，虽然从整体上而言，注意偏向矫正训练并没有降低个体的社交焦虑，但从个体层面来看，干预后有24.4%的儿童社交焦虑量表得分降低了10分以上，24.6%的被试社交焦虑分数降低了1分到9分不等，总共有59%的被试在儿童社交焦虑量表上的得分降低了。这表明在接受了注意偏向矫正训练之后，还是有相当一部分个体的社交焦虑水平有所下降，只是没有达到统计上的显著性水平。

出现这一结果可能有两方面的原因，一方面，相比于注意控制组，注意偏向矫正组更多地暴露于负性刺激中。在干预中，虽然探针95%都出现在中性面孔一侧，但是由于中性面孔与负性面孔配对呈现，个体还是暴露在负面刺激中。这种持续的暴露可能会给儿童带来压力，部分抵消了干预的效果。在本研究中注意偏向矫正组后测时在社交回避——般情境维度上的得分明显高于前测，但其追踪时的得分又回落到前测水平。这可能是因为在训练阶段注意偏向矫正组被试接受了密集的威胁刺激，导致其社交焦虑水平升高，但训练结束后，密集的威胁刺激消失了，社交焦虑水平又有回落。

另一方面，在使用注意偏向矫正训练对社交焦虑的干预中，可能并不是干预试次数越多干预的效果就越好。在研究一中，注意偏向矫正组被试接受的试次数为1280，结果发现儿童的社交焦虑水平显著降低，而研究二中每个被试完成了2400试次却并没有发现社交焦虑水平的改变。元分析显示，对社交焦虑症成年患者来说，接受注意偏向矫正的试次数最好小于或等于1280，接受的试次过多容易使个体产生注意僵化，不能灵活分配注意力（Price et al.，2017）。在对儿童的干预研究中，接受了640试次干预的儿童社交焦虑水平并没有下降（Fitzgerald et al.，2016），但接受1280试次干预（Pergamin-Hight et al.，2016）和1600试次干预（Ollendick et al.，2019）的儿童社交焦虑水平均有所下降。这说明，在使用注意偏向矫正训练对儿童社交焦虑进行干预的研究中，干预试次数可能是影响干预效果的因素之一。

需要注意的是，本研究中，前测时注意偏向矫正组和注意控制组在社交焦虑得分上有显著差异，注意控制组的社交焦虑水平要高于注意偏向矫正组被试，所以两组被试在干预效果上的差异也可能是前测时两组被试不同质导致的。相比于注意控制组，注意偏向矫正组被试前测时的社交焦虑水平本身要低一些，那么留给这些儿童的改善空间就很有限，而注意控制组儿童的改善空间相对就要大一些。

（三）注意偏向矫正训练的作用机制

本研究发现无论是注意偏向矫正组还是注意控制组，社交焦虑的变化都与个体注意控制能力的变化有关，而与注意偏向的变化关系不大。相比于注意偏向矫正组，注意控制训练对儿童社交焦虑的改善效果更加明显，注意偏向矫正训练对社交焦虑的整体干预效果并不显著。但是经过干预后，仍然有相当一部分儿童的社交焦虑水平有所下降。

注意控制训练能够降低个体的社交焦虑水平，这与前人研究一致（Schweizer，Grahn，Hampshire，Mobbs，& Dalgleish，2013），一般的执行功能训练能够改善个体的情绪—认知控制能力，对社交焦虑症患者进行注意控制训练和注意偏向矫正训练之后，被试的注意控制能力都有所提高，社交焦虑水平有所下降（Linetzky et al.，2020）。本研究还发现社交焦虑的变化与注意控制能力的变化显著负相关，这一结果也与以往的研究结果一致（Pan et al.，2019）。这些结果提示我们，注意偏向矫正训练有可能会通过影响儿童的注意控制能力来改善儿童的社交焦虑。

焦虑的注意控制理论认为，焦虑个体的注意控制能力大多受损，焦虑个体无法有效地将注意力从负面信息中抽离出来，在完成其他任务时，焦虑个体不能有效地抑制干扰信息从而影响任务完成（Eysenck et al.，2007），而注意控制能力的提升，能够使个体在注意到负面信息之后及时抽离出来，并专注于当前的社交任务，获得社交成功并习得社交技能，从而降低社交焦虑水平。

综合来看，本研究发现注意偏向矫正训练和注意控制训练都能够改善个体注意偏向和注意控制能力，而注意偏向的变化与社交焦虑的变化不相关，但注意控制能力的提升与社交焦虑水平的下降相关。这一结果表明，以往研究中发现的注意偏向矫正训练对社交焦虑的干预效果很可能是其改善了个体的注意控制能力导致的，而并非是其改善了个体的注意偏向导致的。这一结果为注意偏向矫正训练在儿童社交焦虑干预中的作用提供了一些新的视角，也为未来的儿童社交焦虑干预研究提供了启示。

综合分析与讨论

社交焦虑是阻碍个体建立良好人际关系的最常见的心理障碍之一，会对个体产生一系列不良影响，因此，重视儿童的社交焦虑倾向并及时进行干预尤为重要。研究发现，社交焦虑个体会表现出对威胁性刺激的注意偏向，因此，研究者们使用注意偏向矫正训练进行了大量的干预研究。注意偏向矫正训练对于成年个体的社交焦虑的干预效果良好（Naim，Kivity，Bar-Haim，& Huppert，2018），但对于儿童社交焦虑的干预效果还存疑（Fitzgerald et al.，2016）。同时，以往研究多集中于临床或亚临床个体，较少有研究针对非临床个体的社交焦虑进行早期预防性的干预。

从早期预防角度来看，探讨注意偏向矫正训练在降低非临床儿童的社交焦虑水平方面的效果及其作用机制是非常重要的，这有助于开发简便有效的预防性干预方案，更好地落实心理健康教育目标，助力儿童心理健康发展。因此，本研究在前人研究基础之上，通过两个研究检验了注意偏向矫正训练对非临床儿童社交焦虑的干预效果，并探讨了其作用机制。研究结果能够帮助我们更好地理解注意偏向矫正训练对儿童社交焦虑的影响。

一、注意偏向矫正训练对非临床儿童社交焦虑干预的有效性

我们通过两个研究检验了注意偏向矫正训练对非临床儿童社交焦虑的干预效果。在研究一中，干预之后，相比于对照组，干预组的社交焦虑水平显著下降。在研究二中，经过干预之后，虽然从整体层面来看注意偏向矫正组的社交焦虑水平变化未达到统计显著水平，但从个体层面来看，还是有相当一部分被试的社交焦虑水平有所下降。

研究一与研究二出现结果不一致的原因可能是多方面的，但最重要的一个原因可能是被试接受的干预试次数不同。研究一中，被试接受了 1280 试次，研究二中被试接受了 2400 试次。在干预研究中，很多研究者有一个潜在的假设，即干预次数越多，干预效果越好。但对于注意偏向矫正训练而言，情况可能并不是如此。元分析显示，对社交焦虑症的成年患者来说，接受注意偏向矫正训练的试次数最好小于或等于 1280 试次，接受过多的试次容易使个体产生注意僵化，不能灵活分配注意力（Price et al.，2017），反而会影响干预的效果。对儿童来说，由于其注意特征与成人有所不同，最佳的注意偏向矫正干预试次数与成人相比可能也会有所不同（Kujawa et al.，2011）。

注意偏向矫正训练的隐含假设是通过反复的练习引导被试忽略负性刺激，注意中性刺激，从而改变个体的注意偏向。但由于在注意偏向矫正训练中，被试一直暴露在负性刺激当中，这可能会给被试带来一定心理压力，也在一定程度上影响了干预效果。基于此，有研究者提出了一些新的干预思路。例如，将注意偏向矫正训练中的负性刺激—中性刺激的配对改为正性刺激—中

性刺激的配对，引导被试将注意力转向积极刺激。也有研究者提出可以采用修改后的视觉搜索任务（在刺激矩阵之中寻找积极刺激）来进行干预。这些干预方式都能避免被试暴露于负性刺激之中。已有研究者在这方面进行了初步的探索，结果发现，相比于引导被试忽略消极/威胁刺激，引导被试注意正性刺激的注意偏向矫正训练效果要更好（Waters et al.，2015；Waters et al.，2016）。

二、注意偏向矫正训练对非临床儿童社交焦虑干预的作用机制

本研究的结果表明，注意偏向矫正训练可能是通过提高个体的注意控制能力来降低个体社交焦虑水平的。大量研究者使用注意偏向矫正训练对社交焦虑干预是基于这样一个前提假设，即对威胁刺激的注意偏向是社交焦虑产生和维持的重要原因，通过改变个体的注意偏向就能降低个体的社交焦虑水平。这个假设的前半部分得到了大量研究的证实，在我们的研究中同样也发现社交焦虑与对威胁刺激的注意偏向显著正相关，社交焦虑越严重，其注意偏向就越大。然而本研究的结果并没有支持这个假设的后半部分，使用注意偏向矫正训练进行干预之后，虽然个体的注意偏向和社交焦虑水平都有所下降，但注意偏向的变化与个体社交焦虑水平的变化并不相关。这表明，注意偏向矫正训练对社交焦虑的作用可能不是因为其改变了个体的注意偏向而导致的。

但我们的研究发现，经过注意偏向训练后，个体在点探测任务中测得的注意偏向的确发生了变化。这有可能是因为前后测和干预时都使用了点探测范式来测量个体的注意偏向，因此个体所表现出来的注意偏向的改变是任务特异性的，并不是真实的注意偏向的改变。通过大量反复的练习，被试对点探测范式建立了稳定的反应模式，从而在后测时表现得更好，但个体的真实注意偏向可能并未发生改变。以往研究表明对个体的认知过程进行干预之后，涉及相同认知过程的不同任务之间成功地发生了泛化（Dandeneau & Baldwin，2004；Grey & Mathews，2000）。如果注意偏向矫正训练确实能够使个体的注意偏向发生变化，那么这种改变应该能够泛化到其他的认知偏向任务上。因此，在未来研究中，可以引入其他注意偏向指标，检验干预后个体是否在其他注意偏向任务上也有所改善，从而更好地揭示注意偏向的变化与社交焦虑水平变化的关系。

尽管注意偏向的变化与社交焦虑水平的变化并不相关，但干预组被试的

社交焦虑的确得到了改善，针对这一结果，研究者们提出了一种可能的解释，即注意偏向矫正训练有可能是改善了个体的注意控制能力，从而引起了个体社交焦虑水平的下降（Heeren，Lievens，& Philippot，2011）。为了检验这一观点，在研究二中采用注意控制训练和注意偏向矫正训练分别对两组非临床儿童进行了干预，如果注意偏向矫正训练确实是因为改善了个体的注意控制能力而降低了个体的社交焦虑水平，那么直接对儿童进行注意控制训练应该也能够达到同样的效果，或者效果更好。研究二发现，经过干预后，两组儿童的注意控制能力都有所提高，注意偏向有所改善；经过注意控制训练后，个体的社交焦虑水平显著下降；注意偏向的变化与社交焦虑水平的变化不相关，但社交焦虑水平的变化与注意控制能力的变化呈显著负相关。这些结果虽然不能直接证明注意偏向矫正训练是通过改善个体的注意控制能力来起作用的，但它是非常有力的一个证据，可以为接下来的研究提供启示。

社交焦虑是不断累积的，对于儿童的社交焦虑，不能只着眼于临床或亚临床群体上，更应重视对非临床儿童的早期预防性干预。总体上而言，本研究的结果表明，注意偏向矫正训练确实能够有效降低非临床儿童的社交焦虑水平，但其干预效果可能会受到干预次数、干预刺激等方面的影响。因此，在将注意偏向矫正训练作为一种早期预防性的干预措施加以推广之前，需要根据儿童自身特点，在干预的试次数、干预刺激的选择等方面进行进一步探索，不断调整，使其更适用于儿童。本研究的结果也启发我们，既然注意控制训练在一定程度上能够降低非临床儿童的社交焦虑水平，那么其可能是一种适用于非临床儿童的社交焦虑早期预防性的干预方法，但其干预效果有待更多的研究来证实。

三、本研究的不足

本研究通过两个实验检验了注意偏向矫正训练对非临床儿童社交焦虑干预的有效性及作用机制，但仍存在一些不足：（1）在研究个体的注意控制时，采用的是以箭头作为刺激的经典 Flanker 范式，无法有效地反映出在情绪信息干扰下个体的注意控制能力；（2）对于注意偏向、注意控制都是采用任务测量的方法，通过计算反应时的差异获得数据；但这种方法容易受到各种因素的干扰，误差较大，如果能收集一些更敏感的生理指标，那么研究结果也许会更有说服力；（3）由于是在小学中开展的研究，只能以自然班来分组，未能做到随机分组，导致了组间差异，可能在一定程度上影响了研究结果；（4）未对注意偏向的具体成分进行探讨。

第八章

总结与思考

本课题组通过一个长期追踪研究和一系列横断研究和干预研究，采用观察、问卷、情境任务、电脑任务等多种方法收集数据，从基因、心理、行为和环境等不同的层面探讨了儿童社交退缩的成因、发展变化规律以及它对儿童社会适应的影响，并在此基础上探索了一系列针对退缩儿童、青少年的干预方案，检验了这些干预方案的效果。通过这一系列的研究，我们大概可以勾勒出在当前社会背景下社交退缩儿童的面貌。

总体来看，儿童的社交退缩行为（尤其是害羞）有其遗传基础。分子遗传学层面的分析发现，儿童的社交退缩行为与 5-HTTLPR 和 MAOA-uVNTR 基因多态性有密切关联。这表明社交退缩行为至少在一定程度上是由天性决定的。从行为层面来看，社交退缩行为在儿童很小的时候就开始显露一些征兆。早在 6 个月时，儿童在情绪反应性上就开始表现出稳定的个体差异，而那些在 6 个月时表现出更多恐惧情绪反应的幼儿，在后来的发展中更可能形成害羞型气质/人格，更多地表现出社交退缩行为。这种害羞型气质在整个童年阶段都比较稳定。

但是，研究也发现，基因与行为之间的关联模式在不同的年龄段可能有所不同，在男孩和女孩中也有所不同。这可能意味着，基因型与行为表型之间可能并不是直接的对应关系，二者之间的关系可能受到环境的调节。差别易感模型认为，携带某些基因型或者具有某种遗传特质的儿童，可能对环境更为敏感，在不同的环境特征下，被试的行为表型可能有所不同（Belsky，2016；Belsky，Bakermans-Kranenburg，& van Ijzendoorn，2007）。按照这个理论的观点，如果环境对警惕、害羞、退缩行为比较接纳，那么具有某些遗传基础的儿童就可能更多地表现出这类行为；如果环境对警惕、害羞、退缩行为的看法和态度比较消极，那么儿童的这类行为可能就比较少。以往的研究也证实了这一观点，携带某些基因型（例如，SS 型 5-HTTLPR 基因型，MAOA-uVNTR 长重复序列基因型，A1 型 DRD2 基因型等）的个体对环境更为敏感（Beaver & Belsky，2012；Nilsson，Aslund，Comasco，& Oreland，2018）。因此，本研究中发现的害羞、退缩行为与5-HTTLPR和MAOA-uVN-TR基因多态性之间的关联在不同年龄段、不同儿童中的差异可能是环境的不同导致的。对于不同年龄段、不同性别的儿童来说，社会对他们的期望可能有所不同，因此在对待他们的方式和态度上可能有所差异，而具有不同遗传基础的儿童对环境的敏感性不同，他们的行为表型就会不一样。本研究的结果部分解释了以往研究中发现的不一致效应。未来的研究还需要进一步对这个问题进行系统的考察。

儿童的退缩行为在很大程度上受到外部环境的影响，其中一个很重要的环境因素就是父母的养育方式。总体上来说，父母积极的养育方式，如温暖，有助于儿童建立起安全的依恋关系，把父母当作安全基地，积极地探索周围环境，减少儿童的退缩行为；而父母消极的养育方式，如辱骂、体罚、心理控制等，则会增加儿童的不安全感，增加他们的退缩行为。但并不是所有的积极养育行为都会减少儿童的退缩行为。如果父母对儿童的退缩行为高度接纳的话，儿童可能会认为他们的退缩行为没有问题、无须改变，这些儿童的退缩行为倾向就会继续保持下去；如果父母告诉儿童他们的退缩行为是不合时宜的，那么儿童就可能会生出想要改变自己的想法，从而有可能减少自己的退缩行为。

而父母究竟会采取何种养育方式，受到很多因素的影响，如父母的人格特征、父母的养育压力等，但其中一个非常重要的因素是文化价值观。中国传统文化特别强调人际之间的联结，强调集体的利益高于个人的利益，而自我表达与彰显个性并不为传统文化所提倡。因此，在中国传统文化中，害羞、内敛并不是多大的问题，甚至在很多时候被看作是成熟稳重的表现。因此，在过去相当长的一段时间内，父母、其他成人和同伴对待害羞儿童的态度是比较积极的（Chen et al.，1998）。相比较而言，孤僻、不合群则与传统的文化价值观不符合，中国父母经常会因为儿童的孤僻、不合群而忧心。

但是，这几十年来，随着改革开放的进行和市场经济体制的建立，我国逐渐由农业社会向工业社会过渡，人们的生活方式也发生了巨大的转变，家庭的规模越来越小，家族在个人生活中的地位和象征意义逐渐弱化，家族成员的联系越来越弱，而个人奋斗、个人成功的价值则越来越凸显，自主、独立、竞争等价值观越来越深入国人的内心。在这种情况下，害羞、退缩明显变得有些不适应社会发展了。在本研究中，我们也发现，儿童的害羞、退缩与父母消极的养育方式正相关，与父母积极的养育方式负相关。这表明，在当前的社会背景下，社交退缩的儿童更容易激发父母消极的养育行为，如过度保护与担忧。

也就是说，在当前的社会背景下，害羞、退缩儿童的行为特征与环境的要求、期望之间并不匹配，他们面临的外部社会环境并不友好，他们会受到来自外界环境的压力和消极反馈。不仅父母对待社交退缩儿童的态度和行为是消极的，其他成人和同伴对待退缩儿童的态度和行为也比较消极。随着儿童年龄的增长，外界对儿童的期望值可能越来越高，来自环境的压力可能与日俱增，害羞、退缩儿童与环境之间的矛盾、冲突越来越多。除了来自外界环境的压力和消极反馈外，退缩儿童也面临着自身内部心理过程的冲突，尤其是对于害羞儿童。从内部动机来说，害羞儿童面临着趋避冲突，害羞儿童既想与同伴交往，又害怕与同伴交往，在社交情境中他们会过分关注一些负面的、威胁性的信息，不由自主地紧张、恐惧，而害羞儿童又没有办法很好地调节这种恐惧情绪，因此导致内部心理过程失调。相比较而言，孤僻、不合群的儿童虽然也面临一些外部环境的压力，但是他们的内在心理过程是和谐的，他们并不害怕、恐惧与同伴的交往，只是单纯地对同伴交往不感兴趣，更愿意沉浸在自己的世界里。因此，在童年早期，害羞的儿童经历了内部心理过程的失调和外部环境的双重压力，而孤僻、不合群儿童的内部心理过程大体上是和谐的，他们只是不太适应环境的要求。

无论是哪种原因导致的退缩，如果长期缺少同伴交往的经验，久而久之，他们可能会出现社会认知和社交技能方面的缺陷。例如，他们可能在理解他人情绪和行为产生的原因、发起和维持社会交往方面存在一定的困难。他们不能很好地理解他人情绪产生的原因，不明白他人为什么悲伤、愤怒、恐惧，不能将他人当前的情绪与其前因联系起来，也不能很好地站在对方的角度来理解对方的想法、意图。在同伴交往情境中，他们不知如何发起与同伴的交往（例如，不知道如何挑起话题，不知道如何加入同伴正在玩的游戏中去），也不能很好地维持社会交往（例如，玩着玩着就冷场了），在与其他儿童发生分歧、冲突的时候，他们也不知道如何恰当地解决。

交往不足以及社会认知、社交技能方面的缺陷，会使退缩儿童的同伴关系出现问题。同伴一般都不怎么喜欢他们，要么忽略他们的存在，要么觉得他们好欺负，对他们进行言语攻击和身体攻击。虽然退缩儿童一般也会有自己的朋友，但是他们的朋友大多也都比较退缩，且他们的友谊质量一般都比较低，不能为他们提供良好的社会支持。

除了同伴关系方面的困难，害羞儿童还会经历其他一些困难。首先，他们会出现情绪适应问题。本研究发现，从儿童2岁开始，害羞就与儿童的一些消极适应结果（如焦虑、抑郁）相关联。随着儿童年龄的增长，二者之间的关联越来越密切。其次，害羞儿童也可能会经历学业适应困难，他们不太敢于在课堂上表达自己，与老师的积极互动较少。

随着儿童年龄的增长，害羞儿童经历的适应问题会像滚雪球一样越积越多。长期的挫折经历会使他们对自我和对他人的看法逐渐变得消极。他们的自尊较低，自我意象大多是消极的，经常做出不利于自己的归因。例如，他们经常把失败归因于自身原因，而把成功归因于外部原因。他们也经常带着消极的滤镜去看待他人的言行，把他人的一些中性言行看作是敌意的。这种消极的认知偏向又会反过来加剧他们的恐惧和退缩倾向，形成恶性循环。

相比较而言，孤僻、不合群儿童的适应问题要比害羞儿童少得多，程度也要更轻一些。虽然他们也会经历同伴关系方面的困难，但由于他们对同伴交往本就不感兴趣，所以同伴关系方面的问题本身并不会给他们的情绪带来困扰，他们的困扰主要来自环境的压力。在学习方面，孤僻、不合群儿童一般不会出现困难，甚至他们的表现还有可能优于一般儿童，因为他们的兴趣在于探索物理世界，他们可能会花更多的时间在学习上，更加专注于学习任务。

但并不是所有的社交退缩儿童都会出现适应问题，儿童自身的一些积极品质以及良好的环境都有助于退缩儿童的适应。如果儿童的自我调节能力良好，那么即便他们天生比较退缩，他们也有能力顺应环境的要求，灵活地调整自己的行为。良好的言语表达能力和社交技能，也有助于退缩儿童与同伴的积极交往。如果退缩儿童的学习成绩好，他们很有可能得到教师的赞许，在同伴中处于有利地位。支持性的外部环境，如父母、教师和同伴的温暖、友善，能够帮助退缩儿童更好地适应。

对退缩儿童的干预，可以从改善他们自身因素和环境因素两方面入手。从儿童自身因素入手的干预又可以从认知、情绪和行为三方面入手。在认知方面，可以从退缩儿童的注意偏向、解释偏向、归因偏向和自我意象入手，改善、去除他们的一些不理性的认知、想法，引导他们多关注积极刺激，多从积极的方面去看待自己和他人；在情绪方面，可以教给儿童一些情绪方面的知识和情绪调节策略，帮助他们更好地调节、克服自己的恐惧情绪；在行为方面，可以教给儿童一些社会交往技巧，帮助他们更好地融入同伴的游戏活动。在环境因素方面，一方面可以从家长入手，干预家长的养育行为，提高家长的积极养育；另一方面，也可以从同伴入手，改变同伴对退缩儿童的态度和行为，提高同伴对退缩儿童的支持，改善退缩儿童的同伴关系，切断退缩儿童的恶性循环路径。

到目前为止，在对社交退缩、焦虑的干预方面，运用得最多的是认知行为矫正训练，研究者在这方面进行了大量的尝试。以往研究大多针对的是临床样本，但也有不少研究者尝试对那些虽未达到临床诊断标准但症状比较严重的退缩儿童进行干预，还有一些研究者尝试在非临床儿童中进行预防性干预。总体上来看，针对临床样本的干预比较有效，对非临床样本的效果虽然不及临床样本，但是也有一定的改善效果；对于年长儿童的干预效果要好于年幼儿童。

但认知行为疗法需要干预者与参与者之间进行大量的、深入的互动，通过互动过程，干预者引导参与者有意识地挑战他们原先的认知和行为模式，使参与者的认知和行为发生改变。这种干预方式对干预者的专业性要求比较高，干预者需要接受大量的培训才能保证干预的效果；其对参与者的时间和精力的要求也很高，干预的规模也比较小。因此，这种干预方式不便于大规模地推广。

从教育实践来看，教育的目的在于防微杜渐、提早预防。因此，预防性干预更加重要，那么就需要开发一些简便易行、便于推广的干预方案。因此，近些年来有很多研究者在这方面进行了尝试，主要从儿童的认知偏向入手进行干预。大多数儿童认知偏向方面的干预是在计算机上进行的，在短时间内向被试呈现大量的刺激，通过程序设置引导被试去关注环境中的积极刺激，或引导被试对环境中的模糊刺激进行积极的解释。这种干预方式不像认知行为矫正训练那样，会在意识层面挑战参与者的非理性信念和行为，让参与者经历强烈的内在心理冲突，而是“润物细无声”式的，在被试没有意识到的情况下干预就悄悄发生了。从实施的过程来看，这种干预方式对主试没有特殊的要求，对场地也没有特殊要求，干预的时间灵活，可以大规模地推广。到目前为止，已经有很多证据表明，认知偏向干预在成人样本中具有较好的效果，但其在儿童和青少年群体中的干预效果可能会随着干预试次的不同以及被试卷入程度的不同而不同。它作为一种简便易行的预防性干预方案，拥有巨大的应用前景，未来的研究可以在这方面进行更加深入的探索。

总体上来看，在当今中国，社交退缩儿童的处境不太有利，他们的适应情况不是很好。因此，很多人将社交退缩看作是一种脆弱性因素，如果这种脆弱性因素再与不利的环境因素共同作用，那么儿童就会出现一系列的问题（即素质—压力模型）。但是近些年来，一些研究者对这种观念提出了质疑，他们认为，社交退缩本身并不一定是消极的，社交退缩儿童适应得好坏取决于他们所处的环境，如果环境是消极的，那么他们就适应得较差，但如果环境是积极的，那么他们有可能比一般儿童适应得更好（即差别易感模型）。其他领域的一些研究者将害羞、退缩这一类行为表现称为高敏感性人格，认为其本质是个体的高敏感性（Aron，Aron，& Jagiellowicz，2012；Pluess，Lionetti，Aron，& Aron，2023）。例如，害羞的个体对威胁性刺激、他人的批评和拒绝非常敏感。

虽然高敏感性个体可能会因为自身唤醒水平过高、超出了他们所能负荷的限度而产生一些困扰，但高敏感性人格也具有很多优点。例如，高敏感性个体对事物的细节更加敏感，对事物的思考可能更加深刻；在行动之前，高敏感性个体会加工更多的信息，仔细检视事物，避免冲动冒险；与不太敏感的个体相比，高敏感个体可能更加关注社会公平和公正，也会从艺术世界和自己的内心世界中获得更多的快乐；他们对别人的痛苦和苦难更能感同身受，因此更愿意做出亲社会行为。

但是目前发展心理学领域的研究大多关注的是害羞、退缩儿童的劣势和不足，对害羞、退缩儿童的优点和长处关注不足。作为心理学和教育学工作者，我们既要充分意识到害羞、退缩儿童可能面临的一些发展困境，也要更多地从积极心理学的视角去关注、发现社交退缩儿童的一些积极心理品质。如果我们能正视社交退缩儿童的优缺点，给他们提供与他们的个性特征相匹配的支持性环境，那么他们就有可能将自己性格中的优势发挥出来。

从进化的角度来说，社交退缩也有其适应性价值。生物学家曾经假设每个物种都有一个理想的状态，进化的过程就是每个物种朝着单一理想状态去变化，以完全适应它所处的环境。但这样的后果是，一旦环境改变了，则有可能导致物种的灭绝。因此，为了保证物种的延续，最好保持物种形态的多样性。当物种中的一些个体无法应对所处的环境时，至少还有其他一些个体能够生存下来。在不同的情境下，外向开朗的个体和害羞退缩的个体可能会有不同的生存优势。在那些流动性、变化性比较大，社会结构不那么稳定的文化中，人们需要以进取的方式生存，外向、开朗更加受到人们的重视和青睐；而在那些社会结构稳定，相对封闭、保守的文化中，人们更加求稳求太平，内敛、稳重更加受到人们的重视和青睐。在中国过去几千年的历史中，都是以农业社会为主，人们安土重迁、惜别怀乡，在这种环境下，内敛、害羞的个体能够适应得更好，这从上个世纪 90 年代在中国开展的研究中也可以看得出来。而最近几十年来，中国快速地向工业化社会过渡、转变，社会生产方式和人们的生活方式都发生了巨大的转变，社会竞争日益加剧，生活节奏越来越快，在这种情况下，内敛、害羞个体才逐渐变得不适应。

尽管在当今的社会背景下，大多数人都推崇外向、合群、进取这些人格特征，但是如果对某种行为特质的偏爱、推崇过于极端，可能会出现问题。例如，如果一个社会过于推崇竞争、进取、冒险，那么整个社会就可能变得过于激进；相反，如果一个社会过于推崇稳定、秩序、安全，那么整个社会就会缺乏活力。对于外向和害羞、内向来说也是如此，如果整个人群中都是外向者，那么群体在做决策时就可能冲动、冒险，这时就需要内向者来督促人们认真思考行动的后果。一个正常的社会，需要让二者的力量达到平衡。

整个社会如此，对于个体来说也是如此。过于外向或是过于害羞、退缩对个体的发展来说可能都是不利的，过于极端、僵化的行为方式容易导致一系列的适应问题。例如，过于外向的人容易出现冲动、冒险等外显问题，而过于害羞、内向、退缩则可能出现焦虑、抑郁等内隐问题。前者是控制不足问题，后者是过度控制问题。而理想的状态是个体能够根据环境的要求灵活地调整自己的行为方式，不固着于任何单一的行为方式，在外向、开朗与内向、害羞之间找到一个最佳的平衡点，这就是中国传统文化中经常提到的“中庸”之道。因此，社交退缩与儿童适应结果之间的关系可能不是线性的，而是倒“U”型的，当个体处于中间、平衡状态时适应得最好，而极端外向和极端退缩的儿童都适应得不好。这种倒“U”型关系可能在各个文化、各个时代都适用，只不过在不同文化、不同时代中，这个最佳平衡点可能有所不同。例如，在西方文化中，这个最佳平衡点可能更偏外向、开朗那一端，而在中国文化中，这个最佳平衡点更偏内向、害羞这一端；在过去的农业社会时代，这个平衡点更偏向内敛、害羞这一端，而在当前的工业化社会时代，这个平衡点更偏向开朗、外向那一端。但目前的研究大多基于线性关系假设，这可能是目前的很多研究结果出现矛盾、不一致的重要原因。未来的研究需要在这个问题上进行深入的探讨。

本项目得到了一系列的研究结果，有助于我们更全面地理解在当前的时代背景下，我国社交退缩儿童的发展变化规律及其处境。本研究的结果也为本领域的一些理论争议提供了证据，有助于本领域的理论进展。然而，本研究也存在一些不足和遗憾。首先，本研究没有从大脑神经活动和其他生理活动层面来考察社交退缩儿童的生理机制，这就使得我们对本研究中发现的基因—行为之间的关联难以进行深入的理解。一般来说，个体的基因型通过影响个体的大脑神经活动和其他生理活动（内表型）来影响个体的心理和行为（表型）。本研究中发现，害羞、抑制行为与5-HTTLPR和MAOA-uVNTR基因多态性之间都存在一定的关联，但是在不同的年龄阶段，基因与行为之间的关联模式存在一定的差异，且本研究中发现的抑制行为与5-HTTLPR基因多态性之间的关联与西方国家发现的主流结果并不一致。到目前为止，我们并不清楚，这种差异究竟发生在哪一个层面上，是基因与大脑神经活动和生理活动之间的关系（基因型—内表型）在不同文化中存在差异，还是大脑神经活动、生理活动与行为之间的关系（内表型—表型）在不同文化中存在差异。在未来的研究中，我们需要同时关注基因型—内表型（神经生理活动、内分泌活动等）—表型（心理与行为）三者之间的关系，这样我们才能更好地理解个体的基因型是如何具体影响个体的行为的。

其次，在儿童进入幼儿园和小学之后，学校适应成为了他们的首要任务，学校适应的好坏直接决定了他们发展的好坏。因此，准确了解儿童在学校里面的适应情况是必要的，而教师无疑是儿童学校适应情况的最好信息来源。然而，囿于很多现实的因素，本研究中，我们未能对儿童在学校里面的适应情况进行充分的了解，只采集到了一小部分儿童在小学一年级时的学校适应数据（教师报告），这是本研究的一大缺憾。未来的研究中，应尽可能收集儿童在学校里的适应情况。

再次，本课题通过一个追踪研究考察了社交退缩儿童的社会适应状况，然后通过一系列的横断研究考察了社交退缩儿童的认知偏向和情绪方面的特征，我们推测，社交退缩儿童之所以出现这些适应问题，是因为他们的情绪调节策略不当，并存在消极的认知偏向。但由于这些研究是宏观的、大尺度的，我们并不知道社交退缩儿童的这些认知偏向和情绪特征具体是如何形成的，也很难确定它们究竟是社交退缩产生的原因还是社交退缩的结果。未来的研究可以从更微观的视角，来探讨社交退缩儿童与环境交互的具体过程、他们出现适应问题的具体时间表、他们的消极认知偏向和情绪问题出现的时间表，来弄清楚社交退缩儿童出现适应困难的时间进程和具体机制。

最后，本研究中，我们重点关注了社交退缩行为的其中一个亚型，即焦虑、害羞、抑制，但是对社交退缩行为的另外一个亚型（即不合群、社交淡漠）的关注相对不足。一般来说，焦虑、害羞、抑制儿童所面临的适应问题更多，因此这个亚型引起的关注也更多。但是，内向、不合群、社交淡漠儿童在中国文化中也经常会出现一些适应困难，这些儿童的认知、情绪和行为过程也具有一些独有的特征，未来的研究需要给予这些儿童更多的关注。

参考文献

Abend, R., de Voogd, L., Salemink, E., Wiers, R. W., Perez-Edgar, K., Fitzgerald, A., ...Bar-Haim, Y. (2018). Association between attention bias to threat and anxiety symptoms in children and adolescents. *Depression and Anxiety*, 35(3), 229-238. doi: 10. 1002/da. 22706.

Abend, R., Pine, D. S., Fox, N. A., & Bar-Haim, Y. (2014). Learning and memory consolidation processes of attention-bias modification in anxious and nonanxious individuals. *Clinical Psychological Science*, 2(5), 620-627.

Acar, I. H., Rudasill, K. M., Molfese, V., Torquati, J., & Prokasky, A. (2015). Temperament and preschool children's peer interactions. *Early Education and Development*, 26(4), 479-495. doi: 10. 1080/10409289. 2015. 1000718.

Achenbach, T. M. (1991). Manual for the Child Behavior Checklist and 1991 Profile. Burlington, VT: University of VT, Department of Psychiatry.

Adalbjarnardottir, S. (1995). How school children propose to negotiate: The role of social withdrawal, social anxiety, and locus of control. *Child Development*, 66(6), 1739-1751. doi: 10. 2307/1131907.

Ahn, J. K., & Kwon, J. H. (2018). Modifying negative self-imagery increases the effectiveness of cognitive behavior therapy for social anxiety disorder: A benchmarking study. *Cognitive Therapy and Research*, 42(5), 598-611. doi: 10. 1007/s10608-018-9918-5.

Albano, A. M., DiBartolo, P. M., Heimberg, R. G., & Barlow, D. H. (1995). Children and adolescents: Assessment and treatment. In R. G. Heimberg, M. R. Liebowitz, D. A. Hope & F. R. Schneier (Eds.), *Social phobia: Diagnosis, assessment and treatment* (pp. 387-425). New York: Guilford Press.

Amir, N., Beard, C., Taylor, C. T., Klumpp, H., Elias, J., Burns, M., & Chen, X. (2009). Attention training in individuals with generalized social phobia: A randomized controlled trial. *Journal of Consulting and Clinical Psychology*, 77(5), 961-973. doi: 10. 1037/a0016685.

Amir, N., Elias, J., Klumpp, H., & Przeworski, A. (2003). Attentional bias to threat in social phobia: facilitated processing of threat or difficulty disengaging attention from threat? *Behaviour Research and Therapy*, 41(11), 1325–1335. Doi: 10. 1016/s0005–7967(03)00039–1.

Amir, N., Prouvost, C., &Kuckertz, J. M. (2012). Lack of a benign interpretation bias in social anxiety disorder. *Cognitive Behaviour Therapy*, 41(2), 119–129. doi: 10. 1080/16506073. 2012. 662655.

Arbeau, K. A., & Coplan, R. J. (2007). Kindergarten teachers' beliefs and responses to hypothetical prosocial, asocial, and antisocial children. *Merrill–Palmer Quarterly–Journal of Developmental Psychology*, 53(2), 291–318. doi: 10. 1353/mpq. 2007. 0007.

Arbeau, K. A., Coplan, R. J., & Weeks, M. (2010). Shyness, teacher–child relationships, and socio–emotional adjustment in grade 1. *International Journal of Behavioral Development*, 34(3), 259–269. doi: 10. 1177/0165025409350959.

Arbelle, S., Benjamin, J., Golin, M., Kremer, I., Belmaker, R. H., & Ebstein, R. P. (2003). Relation of shyness in grade school children to the genotype for the long form of the serotonin transporter promoter region polymorphism. *American Journal of Psychiatry*, 160(4), 671–676.

Aron, E. N., Aron, A., & Jagiellowicz, J. (2012). Sensory Processing Sensitivity: A review in the light of the evolution of biological responsivity. *Personality and Social Psychology Review*, 16(3), 262–282. doi: 10. 1177/1088868311434213.

Asendorpf, J. B. (1990). Beyond social withdrawal: Shyness, unsociability, and peer avoidance. *Human development*, 33(4–5), 250–259.

Asendorpf, J. B. (1991). Development of inhibited childrens coping with unfamiliarity. *Child Development*, 62(6), 1460–1474.

Asendorpf, J. B. (1993). Abnormal shyness in children. *Journal of Child Psychology and Psychiatry and Allied Disciplines*, 34(7), 1069–1081.

Asendorpf, J. B., & Meier, G. H. (1993). Personality effects on children's speech in everyday life: Sociability–mediated exposure and shyness–mediated reactivity to social situations. *Journal of Personality and Social Psychology*, 64(6), 1072–1083.

Asendorpf, J. B., & Van Aken, M. A. G. (1994). Traits and relationship status–stranger versus peer group inhibition and test intelligence versus peer group competence as early predictors of later self–esteem. *Child Development*, 65(6), 1786–1798.

Ashton, M. C., & Lee, K. (2016). Age trends in HEXACO–PI–R self–reports. *Journal of Research in Personality*, 64, 102–111. doi: 10. 1016/j. jrp. 2016. 08. 008.

Avery S N, Urbano B J(2016). Slow to warm up: the role of habituation in social fear. *Social Cognitive and Affective Neuroscience*, (11): 1832–1840. DOI: 10. 1093/scan/nsw095.

Balle, M., Tortella–Feliu, M., & Bornas, X. (2013). Distinguishing youths at risk for anxiety disorders from self–reported BIS sensitivity and its psychophysiological concomitants. *Interna-*

tional Journal of Psychology, 48(5), 964–977. doi: 10. 1080/00207594. 2012. 723804.

Bar–Haim, Y., Fox, N. A., Benson, B., Guyer, A. E., Williams, A., Nelson, E. E., ...Ernst, M. (2009). Neural correlates of reward processing in adolescents with a history of inhibited temperament. *Psychological Science*, 20(8), 1009–1018. doi: 10. 1111/j. 1467–9280. 2009. 02401. x.

Barber, B. K., Olsen, J. E., & Shagle, S. C. (1994). Associations between parental psychological and behavioral–control and youth internalized and externalized behaviors. *Child Development*, 65(4), 1120–1136. doi: 10. 2307/1131309.

Battaglia, M., Ogliari, A., Zanoni, A., Citterio, A., Pozzoli, U., Giorda, R., ... Marino, C. (2005). Influence of the serotonin transporter promoter gene and shyness on children's cerebral responses to facial expressions. *Archives of General Psychiatry*, 62(1), 85–94.

Bayer, J. K., Sanson, A. V., & Hemphill, S. A. (2006). Children's moods, fears, and worries: Development of an early childhood parent questionnaire. *Journal of Emotional and Behavioral Disorders*, 14(1), 41–49. doi: 10. 1177/10634266060140010401.

Beard, C., & Amir, N. (2009). Interpretation in social anxiety: When meaning precedes ambiguity. *Cognitive Therapy and Research*, 33(4), 406–415. doi: 10. 1007/s10608–009–9235–0.

Beard, C., Weisberg, R. B., & Amir, N. (2011). Combined cognitive biasmodification treatment for social anxiety disorder: A pilot trial. *Depression and Anxiety*, 28(11), 981–988. doi: 10. 1002/da. 20873.

Beaver, K. M., & Belsky, J. (2012). Gene–environment interaction and the intergenerational transmission of parenting: Testing the differential – susceptibility hypothesis. *Psychiatric Quarterly*, 83(1), 29–40. doi: 10. 1007/s11126–011–9180–4.

Beidel, D. C., & Turner, S. M. (1998). Shy children, phobic adults: Nature and treatment of social phobia. *American Psychological Association*.

Belsky, J. (2016). The differential susceptibility hypothesis sensitivity to the environment for better and for worse. *Jama Pediatrics*, 170(4), 321 – 322. doi: 10. 1001/jamapediatrics. 2015. 4263.

Belsky, J., Bakermans–Kranenburg, M. J., & van Ijzendoorn, M. H. (2007). For better and for worse: Differential susceptibility to environmental influences. *Current Directions in Psychological Science*, 16(6), 300–304. doi: 10. 1111/j. 1467–8721. 2007. 00525. x.

Berkman, E. T., & Lieberman, M. D. (2010). Approaching the bad and avoiding the good: lateral prefrontal cortical asymmetry distinguishes between action and valence. *Journal of Cognitive Neuroscience*, 22(9), 1970–1979. doi: 10. 1162/jocn. 2009. 21317.

Berndt, T. J., & Hoyle, S. G. (1985). Stability and change in childhood and adolescent friendships. *Developmental Psychology*, 21(6), 1007 – 1015. doi: 10. 1037/0012 – 1649. 21.

6. 1007.

Biederman, J. , Rosenbaum, J. F. , Bolducmurphy, E. A. , Faraone, S. V. , Chaloff, J. , Hirshfeld, D. R. , & Kagan, J. (1993). A 3-year follow-up of children with and without behavioral-inhibition. *Journal of the American Academy of Child and Adolescent Psychiatry,* 32 (4), 814-821. doi: 10. 1097/00004583-199307000-00016.

Birmaher, B. , Khetarpal, S. , Brent, D. , Cully, M. , Balach, L. , Kaufman, J. , & Neer, S. M. (1997). The Screen for Child Anxiety Related Emotional Disorders (SCARED): Scale construction and psychometric characteristics. *Journal of theAmerican Academy of Child and Adolescenct Psychiatry,* 36(4), 545-553. Doi: 10. 1097/00004583-199704000-00018.

Blackford, J. U. , Allen, A. H. , Cowan, R. L. , & Avery, S. N. (2013). Amygdala and hippocampus fail to habituate to faces in individuals with an inhibited temperament. *Social Cognitive and Affective Neuroscience,* 8(2), 143-150. doi: 10. 1093/scan/nsr078.

Blackford, J. U. , Avery, S. N. , Cowan, R. L. , Shelton, R. C. , & Zald, D. H. (2011). Sustained amygdala response to both novel and newly familiar faces characterizes inhibited temperament. *Social Cognitive and Affective Neuroscience,* 6 (5), 621 - 629. doi: 10. 1093/scan/nsq073.

Blackford, J. U. , Avery, S. N. , Shelton, R. C. , & Zald, D. H. (2009). Amygdala temporal dynamics: temperamental differences in the timing of amygdala response to familiar and novel faces. *BMC Neuroscience,* 10, 145. doi: 10. 1186/1471-2202-10-145.

Blackford, J. U. , Clauss, J. A. , Avery, S. N. , Cowan, R. L. , Benningfield, M. M. , & VanDerKlok, R. M. (2014). Amygdala-cingulate intrinsic connectivity is associated with degree of social inhibition. *Biological Psychology,* 99, 15-25. doi: 10. 1016/j. biopsycho. 2014. 02. 003.

Blackwell, S. E. , Browning, M. , Mathews, A. , Pictet, A. , Welch, J. , Davies, J. , ... Holmes, E. A. (2015). Positive imagery-based cognitive bias modification as a web-based treatment tool for depressed adults: A randomized controlled trial. *Clinical Psychological Science,* 3 (1), 91-111.

Blote, A. W. , Miers, A. C. , Heyne, D. A. , Clark, D. M. , & Westenberg, P. M. (2014). The relation between social anxiety and audience perception: Examining Clark and Wells' (1995) model among adolescents. *Behavioural and Cognitive Psychotherapy,* 42(5), 555-567. doi: 10. 1017/s1352465813000271.

Boer, F. , & Westenberg, P. M. (1994). The factor structure of the buss and plomineas temperament survey (parental ratings) in a dutch sample of elementary-school-children. *Journal of Personality Assessment,* 62(3), 537-551. doi: 10. 1207/s15327752jpa6203_13.

Bogels, S. , Stevens, J. , & Majdandzic, M. (2011). Parenting and social anxiety: fathers' versus mothers' influence on their children's anxiety in ambiguous social situations. *Journal of Child*

Psychology and Psychiatry, 52(5), 599–606. doi: 10. 1111/j. 1469–7610. 2010. 02345. x.

Bohlin, G., Hagekull, B., & Andersson, K. (2005). Behavioral inhibition as a precursor of peer social competence in early school age: The interplay with attachment and nonparental care. *Merrill–Palmer Quarterly*, 51(1), 1–19. doi: 10. 1353/mpq. 2005. 0001.

Booth–LaForce, C., & Oxford, M. L. (2008). Trajectories of social withdrawal from grades 1 to 6: Prediction from early parenting, attachment, and temperament. *Developmental Psychology*, 44 (5), 1298–1313. doi: 10. 1037/a0012954.

Botvinick, M. M., Braver, T. S., Barch, D. M., Carter, C. S., & Cohen, J. D. (2001). Conflict monitoring and cognitive control. *Psychological Review*, 108 (3), 624 – 652. doi: 10. 1037// 0033–295x. 108. 3. 624.

Bowler, J. O., Hoppitt, L., Illingworth, J., Dalgleish, T., Ononaiye, M., Perez – Olivas, G., & Mackintosh, B. (2017). Asymmetrical transfer effects of cognitive bias modification: Modifying attention to threat influences interpretation of emotional ambiguity, but not vice versa. *Journal of Behavior Therapy and Experimental Psychiatry*, 54, 239 – 246. doi: 10. 1016/j. jbtep. 2016. 08. 011.

Braver, T. S., Gray, J. R., & Burgess, G. C. (2007). Explaining the many varieties of working memory variation: dual mechanisms of cognitive control. In A. R. A. Conway, C. Jarrold, M. J. Kane, M. J. Miyake & M. J. Towse (Eds.), *Variation in Working Memory*. (pp. 76–106). New York, NY: Oxford University Press.

Brettschneider, M., Neumann, P., Berger, T., Renneberg, B., & Boettcher, J. (2015). Internet–based interpretation bias modification for social anxiety: A pilot study. *Journal of Behavior Therapy and Experimental Psychiatry*, 49, 21 – 29. doi: 10. 1016/j. jbtep. 2015. 04. 008.

Broeren, S., Newall, C., Dodd, H. F., Locker, R., & Hudson, J. L. (2014). Longitudinal investigation of the role of temperament and stressful life events in childhood anxiety. *Development and Psychopathology*, 26(2), 437–449. doi: 10. 1017/s0954579413000989.

Brook, C. A., & Schmidt, L. A. (2020). Lifespan trends in sociability: Measurement invariance and mean–level differences in ages 3 to 86 years. *Personality and Individual Differences*, 152, 109579. doi: 10. 1016/j. paid. 2019. 109579.

Brook, C. A., & Schmidt, L. A. (2022). Psychometric perspectives on shyness across the lifespan: Measurement invariance and mean–level differences in ages 4–86. *Applied Developmental Science*, 26(1), 1–14. doi: 10. 1080/10888691. 2019. 1679023.

Brooker, R. J., & Buss, K. A. (2014). Toddler fearfulness is linked to individual differences in error–related negativity during preschool. *Developmental Neuropsychology*, 39(1), 1–8. doi: 10. 1080/87565641. 2013. 826661.

Brooker, R. J. , Buss, K. A. , & Dennis, T. A. (2011). Error-monitoring brain activity is associated with affective behaviors in young children. *Developmental Cognitive Neuroscience*, 1 (2), 141-152. doi: 10. 1016/j. dcn. 2010. 12. 002.

Brooker, R. J. , Buss, K. A. , Lemery-Chalfant, K. , Aksan, N. , Davidson, R. J. , & Goldsmith, H. H. (2013). The development of stranger fear in infancy and toddlerhood: normative development, individual differences, antecedents, and outcomes. *Developmental Science*, 16 (6), 864-878. doi: 10. 1111/desc. 12058.

Buckner, R. L. , Andrews - Hanna, J. R. , & Schacter, D. L. (2008). The brain's default network- Anatomy, function, and relevance to disease. In A. Kingstone & M. B. Miller (Eds.), *Year in Cognitive Neuroscience* 2008 (Vol. 1124, pp. 1-38).

Buhs, E. S. , Rudasill, K. M. , Kalutskaya, I. N. , & Griese, E. R. (2015). Shyness and engagement: Contributions of peer rejection and teacher sensitivity. *Early Childhood Research Quarterly*, 30, 12-19. doi: 10. 1016/j. ecresq. 2014. 07. 010.

Burgess, K. B. , Wojslawowicz, J. C. , Rubin, K. H. , Rose-Krasnor, L. , & Booth-LaForce, C. (2006). Social information processing and coping strategies of shy/withdrawn and aggressive children: Does friendship matter? *Child Development*, 77 (2), 371 - 383. doi: 10. 1111/j. 1467-8624. 2006. 00876. x.

Bushnell, I. W. R. (1982). Discrimination of faces by young infants. *Journal of Experimental Child Psychology*, 33(2), 298-308. doi: 10. 1016/0022-0965(82)90022-4.

Buss, K. A. , Davis, E. L. , Ram, N. , & Coccia, M. (2018). Dysregulated fear, social inhibition, and respiratory sinus arrhythmia: areplication and extension. *Child Development*, 89 (3), E214-E228. doi: 10. 1111/cdev. 12774.

Buss, K. A. , Dennis, T. A. , Brooker, R. J. , & Sippel, L. M. (2011). An ERP study of conflict monitoring in 4-8-year old children: Associations with temperament. *Developmental Cognitive Neuroscience*, 1(2), 131-140. doi: 10. 1016/j. dcn. 2010. 12. 003.

Butler, G. , & Mathews, A. (1983). Cognitive-processes in anxiety. *Advances in Behaviour Research and Therapy*, 5(1), 51-62. doi: 10. 1016/0146-6402(83)90015-2.

Buzzell, G. A. , Beatty, P. J. , Paquette, N. A. , Roberts, D. M. , & McDonald, C. G. (2017). Error-induced blindness: Error detection leads to impaired sensory processing and lower accuracy at short response-stimulus intervals. *Journal of Neuroscience*, 37 (11), 2895-2903. doi: 10. 1523/jneurosci. 1202-16. 2017.

Byun, C. (2004). A study on theory of mind in children with social withdrawal. *Journal of Special Education: Theory and Practice*, 5(4), 189-207.

Capaldi, D. M. , & Rothbart, M. K. (1992). Development and validation of an early adolescent temperament measure. *Journal of Early Adolescence*, 12(2), 153-173.

Carter, A. S. , Briggs-Gowan, M. J. , Jones, S. M. , & Little, T. D. (2003). The infant-toddler social and emotional assessment (ITSEA): Factor structure, reliability, and validity. *Journal of Abnormal Child Psychology*, 31, 495-514.

Cartwright-Hatton, S. , Roberts, C. , Chitsabesan, P. , Fothergill, C. , & Harrington, R. (2004). Systematic review of the efficacy of cognitive behaviour therapies for childhood and adolescent anxiety disorders. *British Journal of Clinical Psychology*, 43, 421 - 436. doi: 10. 1348/0144665042388928.

Casey, B. J. , Giedd, J. N. , & Thomas, K. M. (2000). Structural and functional brain development and its relation to cognitive development. *Biological Psychology*, 54(1-3), 241-257. doi: 10. 1016/s0301-0511(00)00058-2.

Caspi, A. , Elder, G. H. , & Bem, D. J. (1988). Moving away from the world-life-course patterns of shy children. *Developmental Psychology*, 24(6), 824-831.

Caspi, A. , McClay, J. , Moffitt, T. E. , Mill, J. , Martin, J. , Craig, I. W. , ...Poulton, R. (2002). Role of genotype in the cycle of violence in maltreated children. *Science*, 297(5582), 851-854. doi: 10. 1126/science. 1072290.

Caspi, A. , Moffitt, T. E. , Newman, D. L. , & Silva, P. A. (1996). Behavioral observations at age 3 years predict adult psychiatric disorders-Longitudinal evidence from a birth cohort. *Archives of General Psychiatry*, 53(11), 1033-1039.

Cassidy, J. , Parke, R. D. , Butkovsky, L. , & Braungart, J. M. (1992). Family - peer connections-the roles of emotional expressiveness within the family and childrens understanding of emotions. *Child Development*, 63(3), 603-618. doi: 10. 2307/1131349.

Cheek, J. M. , & Buss, A. H. (1981). Shyness and sociability. *Journal of Personality and Social Psychology*, 41(2), 330-339. doi: 10. 1037/0022-3514. 41. 2. 330.

Chen, B. , & Santo, J. B. (2016). The relationships between shyness and unsociability and peer difficulties: The moderating role of insecure attachment. *International Journal of Behavioral Development*, 40(4), 346-358. doi: 10. 1177/0165025415587726.

Chen, J. , Milne, K. , Dayman, J. , & Kemps, E. (2019). Interpretation bias and social anxiety: does interpretation bias mediate the relationship between trait social anxiety and state anxiety responses? *Cognition & Emotion*, 33(4), 630-645. doi: 10. 1080/02699931. 2018. 1476323.

Chen, X. , Cen, G. , Li, D. , & He, Y. (2005). Social functioning and adjustment in chinese children: the imprint of historical time. *Child Development*, 76(1), 182-195.

Chen, X. , Chen, H. , Li, D. , & Wang, L. (2009). Early childhood behavioral inhibition and social and school adjustment in chinese children: A 5-Year longitudinal study. *Child Development*, 80(6), 1692-1704.

Chen, X. , DeSouza, A. T. , Chen, H. C. , & Wang, L. (2006). Reticent behavior and experiences in peer interactions in Chinese and Canadian children. *Developmental Psychology*, 42(4), 656–665.

Chen, X., Dong, Q., & Zhou, H. (1997). Authoritative and authoritarian parenting practices and social and school performance in Chinese children. *International Journal of Behavioral Development*, 21(4), 855–873.

Chen, X., & French, D. (2008). Children's social competence in cultural context. *Annual Review of Psychology*, 59, 591–616.

Chen, X., Hastings, P. D., Rubin, K. H., Chen, H., Cen, G., & Stewart, S. L. (1998). Child-rearing attitudes and behavioral inhibition in Chinese and Canadian toddlers: A cross-cultural study. *Developmental Psychology*, 34(4), 677–686.

Chen, X., Rubin, K. H., & Li, B. (1995a). Depressed mood in Chinese children: Relations with school performance and family environment. *Journal of Consulting and Clinical Psychology*, 63(6), 938–947.

Chen, X., Rubin, K. H., Li, B. S., & Li, D. (1999). Adolescent outcomes of social functioning in Chinese children. *International Journal of Behavioral Development*, 23(1), 199–223.

Chen, X., Rubin, K. H., & Li, Z. Y. (1995b). Social functioning and adjustment in Chinese children: A longitudinal study. *Developmental Psychology*, 31(4), 531–539.

Chen, X., Rubin, K. H., & Sun, Y. (1992). Social Reputation and Peer Relationships in Chinese and Canadian Children: A Cross-cultural Study. *Child Development*, 63(6), 1336–1343.

Chen, X., &Tse, H. C. H. (2008). Social functioning and adjustment in Canadian-born children with Chinese and European backgrounds. *Developmental Psychology*, 44(4), 1184–1189.

Chen, X., Wang, L., & Cao, R. (2011). Shyness - sensitivity and unsociability in rural Chinese children: Relations with social, school, and psychological adjustment. *Child Development*, 82 (5), 1531–1543.

Chen, X., Wang, L., & Wang, Z. (2009). Shyness-sensitivity and social, school, and psychological adjustment in rural migrant and urban children in china. *Child Development*, 80(5), 1499–1513. Doi: 10. 1111/j. 1467-8624. 2009. 01347. x.

Chen, X., Yang, F., & Wang, L. (2013). Relations between shyness-sensitivity and internalizing problems in chinese children: Moderating effects of academic achievement. *Journal of Abnormal Child Psychology*, 41(5), 825–836. doi: 10. 1007/s10802-012-9708-6.

Chen, X., Zhang, G. Z., Liang, Z. B., Zhao, S. M., Way, N., Yoshikawa, H., & Deng, H. H. (2014). Relations of behavioural inhibition with shyness and social competence in chinese children: Moderating effects of maternal parenting. *Infant and Child Development*, 23(3), 343–352. doi: 10. 1002/icd. 1852.

Chronis-Tuscano, A., Degnan, K. A., Pine, D. S., Perez-Edgar, K., Henderson, H. A., Diaz,

Y., ...Fox, N. A. (2009). Stable early maternal report of behavioral inhibition predicts lifetime social anxiety disorder in adolescence. *Journal of the American Academy of Child and Adolescent Psychiatry*, 48(9), 928–935. doi: 10.1097/CHI.0b013e3181ae09df.

Chronis-Tuscano, A., Rubin, K. H., O'Brien, K. A., Coplan, R. J., Thomas, S. R., Dougherty, L. R., ...Wimsatt, M. (2015). Preliminary evaluation of a multimodal early intervention program for behaviorally inhibited preschoolers. *Journal of Consulting and Clinical Psychology*, 83(3), 534–540. doi: 10.1037/a0039043.

Cillessen, A. H. N., Jiang, X. L., West, T. V., & Laszkowski, D. K. (2005). Predictors of dyadic friendship quality in adolescence. *International Journal of Behavioral Development*, 29(2), 165–172. doi: 10.1080/01650250444000360.

Clark, D. M., & Wells, A. (1995). A cognitive model of social phobia. In M. Liebowitz & R. G. Heimberg (Eds.), *Social Phobia: Diagnosis, Assessment, and Treatment* (pp. 69–93). New York, NY: Guilford.

Clauss, J. A., & Blackford, J. U. (2012). Behavioral inhibition and risk for developing social anxiety disorder: A meta-analytic study. *Journal of the American Academy of Child and Adolescent Psychiatry*, 51(10), 1066–1075. doi: 10.1016/j.jaac.2012.08.002.

Clauss, J. A., Cowan, R. L., & Blackford, J. U. (2011). Expectation and temperament moderate amygdala and dorsal anterior cingulate cortex responses to fear faces. *Cognitive Affective & Behavioral Neuroscience*, 11(1), 13–21. doi: 10.3758/s13415-010-0007-9.

Clauss, J. A., Seay, A. L., VanDerKlok, R. M., Avery, S. N., Cao, A., Cowan, R. L., ...Blackford, J. U. (2014). Structural and functional bases of inhibited temperament. *Social Cognitive and Affective Neuroscience*, 9(12), 2049–2058. doi: 10.1093/scan/nsu019.

Clayson, P. E., & Larson, M. J. (2011). Effects of repetition priming on electrophysiological and behavioral indices of conflict adaptation and cognitive control. *Psychophysiology*, 48(12), 1621–1630. Doi: 10.1111/j.1469-8986.2011.01265.x.

Coie, J., & Kupersmidt, J. (1983). A behavioral analysis of emerging social status in boys' groups. *Child Development*, 54(6), 1400–1416.

Colonnesi, C., Bogels, S. M., de Vente, W., & Majdandzic, M. (2013). What coy smiles say about positive shyness in early infancy. *Infancy*, 18(2), 202–220. doi: 10.1111/j.1532-7078.2012.00117.x.

Cooley, C. H. (1902). *Human mature and the social order.* New York: Scribner.

Coplan, R. J., Arbeau, K. A., & Armer, M. (2008). Don't fret, be supportive! Maternal characteristics linking child shyness to psychosocial and school adjustment in kindergarten. *Journal of Abnormal Child Psychology*, 36(3), 359–371. doi: 10.1007/s10802-007-9183-7.

Coplan, R. J., & Armer, M. (2005). Talking yourself out of being shy: Shyness, expressive vocabulary, and socioemotional adjustment in preschool. *Merrill–Palmer Quarterly*, 51(1), 20–41. doi: 10. 1353/mpq. 2005. 0004.

Coplan, R. J. , Findlay, L. C. , & Nelson, L. J. (2004). Characteristics of preschoolers with lower perceived competence. *Journal of Abnormal Child Psychology*, 32(4), 399–408. doi: 10. 1023/b: jacp. 0000030293. 81429. 49.

Coplan, R. J. , Girardi, A. , Findlay, L. C. , & Frohlick, S. L. (2007). Understanding solitude: Young children's attitudes and responses toward hypothetical socially withdrawn peers. *Social Development*, 16(3), 390–409. doi: 10. 1111/j. 1467–9507. 2007. 00390. x.

Coplan, R. J. , Hughes, K. , Bosacki, S. , & Rose–Krasnor, L. (2011). Is silence golden? Elementary school teachers' strategies and beliefs regarding hypothetical shy/quiet and exuberant/talkative children. *Journal of Educational Psychology*, 103(4), 939–951. doi: 10. 1037/a0024551.

Coplan, R. J. , Ooi, L. L. , & Baldwin, D. (2019). Does it matter when we want to Be alone? Exploring developmental timing effects in the implications of unsociability. *New Ideas in Psychology*, 53, 47–57. doi: 10. 1016/j. newideapsych. 2018. 01. 001.

Coplan, R. J. , Prakash, K. , O'Neil, K. , & Armer, M. (2004). Do you "want" to play? Distinguishing between conflicted shyness and social disinterest in early childhood. *Developmental Psychology*, 40(2), 244–258.

Coplan, R. J. , Rubin, K. H. , Fox, N. A. , Calkins, S. D. , & Stewart, S. L. (1994). Being alone, playing alone, and acting alone: Distinguishing among reticence and passive and active solitude in young children. *Child Development*, 65(1), 129–137.

Coplan, R. J. , & Weeks, M. (2009). Shy and soft–spoken: Shyness, pragmatic language, and socio–emotional adjustment in early childhood. *Infant and Child Development*, 18(3), 238–254. doi: 10. 1002/icd. 622.

Corbetta, M. , & Shulman, G. L. (2002). Control of goal–directed and stimulus–driven attention in the brain. *Nature Reviews Neuroscience*, 3(3), 201–215. doi: 10. 1038/nrn755.

Craig, M. (1922). Some aspects of education and training in relation to mental disorder. *Journal of Mental Science*, 68, 209–228.

Creswell, C. , Schniering, C. A. , & Rapee, R. M. (2005). Threat interpretation in anxious children and their mothers: comparison with nonclinical children and the effects of treatment. *Behaviour Research and Therapy*, 43(10), 1375–1381. doi: 10. 1016/j. brat. 2004. 10. 009.

Crick, N. R. , & Dodge, K. A. (1994). A review and reformulation of social information–processing mechanisms in childrens social–adjustment. *Psychological Bulletin*, 115(1), 74–101. doi: 10. 1037/0033–2909. 115. 1. 74.

Cristea, I. A. , Mogoase, C. , David, D. , & Cuijpers, P. (2015). Practitioner Review: Cognitive bias modification for mental health problems in children and adolescents: a meta-analysis. *Journal of Child Psychology and Psychiatry*, 56(7), 723-734. Doi: 10.1111/jcpp.12383.

Crozier, W. R. (1995). Shyness and self-esteem in middle childhood. *British Journal of Educational Psychology*, 65, 85-95. doi: 10.1111/j.2044-8279.1995.tb01133.x.

Crozier, W. R., & Hostettler, K. (2003). The influence of shyness on children's test performance. *British Journal of Educational Psychology*, 73, 317-328. doi: 10.1348/000709903322275858.

Crugnola, C. R., Tambelli, R., Spinelli, M., Gazzotti, S., Caprin, C., & Albizzati, A. (2011). Attachment patterns and emotion regulation strategies in the second year. *Infant Behavior and Development*, 34(1), 136-151.

Cukrowicz, K. C., & Joiner, T. E., Jr. (2007). Computer-based intervention for anxious and depressive symptoms in a non-clinical population. *Cognitive Therapy and Research*, 31(5), 677-693. doi: 10.1007/s10608-006-9094-x.

Dandeneau, S. D., & Baldwin, M. W. (2004). The inhibition of socially rejecting information among people with high versus low self-esteem: The role of attentional bias and the effects of bias reduction training. *Journal of Social & Clinical Psychology*, 23(4), 584-603.

Davidson, R. J., & Rickman, M. (1999). Behavioral inhibition and the emotional circuitry of the brain: Stability and plasticity during the early childhood years. In L. A. Schmidt & J. Schulkin (Eds.), *Extreme Fear, Shyness, and Social Phobia: Origins, Biological Mechanisms, and Clinical Outcomes*. New York, NY: Oxford University Press.

Davidson, R. J., Saron, C. D., Senulis, J. A., Ekman, P., & Friesen, W. V. (1990). Approach withdrawal and cerebral asymmetry-emotional expression and brain physiology I. *Journal of Personality and Social Psychology*, 58(2), 330-341. doi: 10.1037/0022-3514.58.2.330.

Davis, E. L., & Buss, K. A. (2012). Moderators of the relation between shyness and behavior with peers: cortisol dysregulation and maternal emotion socialization. *Social Development*, 21(4), 801-820. doi: 10.1111/j.1467-9507.2011.00654.x.

de Voogd, E. L., de Hullu, E., Burnett Heyes, S., Blackwell, S. E., Wiers, R. W., & Salemink, E. (2017). Imagine the bright side of life: A randomized controlled trial of two types of interpretation bias modification procedure targeting adolescent anxiety and depression. *Plos One*, 12(7), e0181147. doi: 10.1371/journal.pone.0181147.

Dealy, C. E. (1923). Problem children in the early school grades. *Journal of Abnormal Psychology and Social Psychology*, 18, 125-136.

Degnan, K. A., & Fox, N. A. (2007). Behavioral inhibition and anxiety disorders: Multiple levels of a resilience process. *Development and Psychopathology*, 19(3), 729-746. doi: 10.1017/s0954579407000363.

Degnan, K. A. , Henderson, H. A. , Fox, N. A. , & Rubin, K. H. (2010). Predicting social wariness in middle childhood: The moderating roles of childcare history, maternal personality and maternal behavior. *Social Development,* 17(3), 471–487.

Deiters, D. D. , Stevens, S. , Hermann, C. , & Gerlach, A. L. (2013). Internal and external attention in speech anxiety. *Journal of Behavior Therapy and Experimental Psychiatry,* 44(2), 143–149. doi: 10. 1016/j. jbtep. 2012. 09. 001.

Denham, S. A. , Bassett, H. H. , & Wyatt, T. (2007). The socialization of emotional competence. In J. E. Grusec& P. D. Hastings (Eds.), *Handbook of Socialization* (pp. 590–613). New York: Guilford.

Denham, S. A. , & Couchoud, E. A. (1990). Young preschoolers understanding of emotions. *Child Study Journal,* 20(3), 171–192.

Dennis, T. A. , & Chen, C. –C. (2010). Trait anxiety and conflict monitoring following threat: An ERP study. *Psychophysiology,* 46 (1), 122 – 131. doi: 10. 1111/j. 1469 – 8986. 2008. 00758. x.

Derryberry, D. , & Reed, M. A. (2002). Anxiety–related attentional biases and their regulation by attentional control. *Journal of Abnormal Psychology,* 111 (2), 225 – 236. Doi: 10. 1037// 0021–843x. 111. 2. 225.

Derryberry, D. , & Rothbart, M. K. (1988). Arousal, affect, and attention as components of temperament. *Journal of Personality and Social Psychology,* 55 (6), 958 – 966. doi: 10. 1037/ 0022–3514. 55. 6. 958.

Derryberry, D. , & Rothbart, M. K. (1997). Reactive and effortful processes in the organization of temperament. *Development and Psychopathology,* 9 (4), 633 – 652. doi: 10. 1017/s09545794 97001375.

Dietrich, A. , Riese, H. , van Roon, A. M. , Minderaa, R. B. , Oldehinkel, A. J. , Neeleman, J. , & Rosmalen, J. G. M. (2009). Temperamental activation and inhibition associated with autonomic function in preadolescents. The TRAILS study. *Biological Psychology,* 81(1), 67–73. doi: 10. 1016/j. biopsycho. 2009. 02. 002.

DiLalla, L. F. , Marcus, J. L. , & Wright–Phillips, M. V. (2004). Longitudinal effects of preschool behavioral styles on early adolescent school performance. *Journal of School Psychology,* 42 (5), 385–401. doi: 10. 1016/j. jsp. 2004. 05. 002.

Doom, J. R. , & Gunnar, M. R. (2013). Stress physiology and developmental psychopathology: Past, present, and future. *Development and Psychopathology,* 25 (4), 1359 – 1373. doi: 10. 1017/s0954579413000667.

Dudeney, J. , Sharpe, L. , & Hunt, C. (2015). Attentional bias towards threatening stimuli in children with anxiety: A meta–analysis. *Clinical Psychology Review,* 40, 66–75. Doi: 10. 1016/j.

cpr. 2015. 05. 007.

Early, D. M. , Rimm-Kaufman, S. E. , Cox, M. J. , Saluja, G. , Pianta, R. C. , Bradley, R. H. , & Payne, C. C. (2002). Maternal sensitivity and child wariness in the transition to kindergarten. *Parenting-Science and Practice,* 2(4), 355-377. doi: 10. 1207/s15327922par0204_02.

Eastwood, J. D. , Smilek, D. , Oakman, J. M. , Farvolden, P. , van Ameringen, M. , Mancini, C. , & Merikle, P. M. (2005). Individuals with social phobia are biased to become aware of negative faces. *Visual Cognition,* 12(1), 159-179. Doi: 10. 1080/13506280444000175.

Eberl, C. , Wiers, R. W. , Pawelczack, S. , Rinck, M. , Becker, E. S. , & Lindenmeyer, J. (2014). Implementation of approach bias re-training in alcoholism-how many sessions are needed? *Alcoholism-Clinical and Experimental Research,* 38(2), 587-594. doi: 10. 1111/acer. 12281.

Eggum-Wilkens, N. D. , Valiente, C. , Swanson, J. , & Lemery-Chalfant, K. (2014). Children's shyness, popularity, school liking, cooperative participation, and internalizing problems in the early school years. *Early Childhood Research Quarterly,* 29(1), 85-94. doi: 10. 1016/j. ecresq. 2013. 10. 002.

Eisenberg, N. , & Fabes, R. A. (1992). Emotion, regulation, the development of and social competence. *Review of personality and social psychology: Vol. 14: Emotion and social behavior* (pp. 119-150). Newbury Park, CA: Sage.

Eisenberg, N. , Fabes, R. A. , & Murphy, B. C. (1995). Relations of shyness and low sociability to regulation and emotionality. *Journal of Personality and Social Psychology,* 68(3), 505-517.

Eisenberg, N. , & Morris, A. S. (2002). Children's emotion-related regulation. *Advances in Child Development and Behavior,* 30, 189-229.

Eldar, S. , Apter, A. , Lotan, D. , Edgar, K. P. , Naim, R. , Fox, N. A. , ... Bar-Haim, Y. (2012). Attention bias modification treatment for pediatric anxiety disorders: a randomized controlled trial. *American Journal of Psychiatry,* 169(2), 213-220. Doi: 10. 1176/appi. ajp. 2011. 11 060886.

Erdley, C. A. , & Asher, S. R. (1996). Children's social goals and self-efficacy perceptions as influences on their responses to ambiguous provocation. *Child Development,* 67(4), 1329-1344. doi: 10. 2307/1131703.

Evans, M. A. (1992). Control and paradox in teacher conversations with shy children. *Canadian Journal of Behavioural Science,* 24(4), 502-516. doi: 10. 1037/h0078758.

Eysenck, M. W. , Derakshan, N. , Santos, R. , & Calvo, M. G. (2007). Anxiety and cognitive performance: Attentional control theory. *Emotion,* 7(2), 336-353. Doi: 10. 1037/1528-3542. 7. 2. 336.

Falkenstein, M. , Hohnsbein, J. , Hoormann, J. , & Blanke, L. (1991). Effects of crossmodal divided attention on late ERP components. Ⅱ. Error processing in choice reaction tasks. *Electro-*

encephalography and Clinical Neurophysiology, 78(6), 447–455. doi: 10. 1016/0013–4694 (91)90062–9.

Farver, J. A. M., Kim, Y. K., & Lee, Y. (1995). Cultural–differences in korean–american and anglo–american preschoolers social–interaction and play behaviors. *Child Development,* 66 (4), 1088–1099. doi: 10. 1111/j. 1467–8624. 1995. tb00924. x.

Findlay, L. C., Coplan, R. J., & Bowker, A. (2009). Keeping it all inside: Shyness, internalizing coping strategies and socio–emotional adjustment in middle childhood. *International Journal of Behavioral Development,* 33(1), 47–54. doi: 10. 1177/0165025408098017.

Fisher, P. H., Masia–Warner, C., & Klein, R. G. (2004). Skills for social and academic success: A school–based intervention for social anxiety disorder in adolescents. *Clinical Child and Family Psychology Review,* 7(4), 241–249. doi: 10. 1007/s10567–004–6088–7.

Fitzgerald, A., Rawdon, C., & Dooley, B. (2016). A randomized controlled trial of attention bias modification training for socially anxious adolescents. *Behavior Research and Therapy,* 84, 1–8. Doi: 10. 1016/j. brat. 2016. 06. 003.

Fordham, K., & Stevenson–Hinde, J. (1999). Shyness, friendship quality, and adjustment during middle childhood. *Journal of Child Psychology and Psychiatry,* 40(5), 757–768. doi: 10. 1111/1469–7610. 00491.

Foti, D., &Hajcak, G. (2008). Deconstructing reappraisal: Descriptions preceding arousing pictures modulate the subsequent neural response. *Journal of Cognitive Neuroscience,* 20(6), 977–988. doi: 10. 1162/jocn. 2008. 20066.

Fowles, D. C., Kochanska, G., & Murray, K. (2000). Electrodermal activity and temperament in preschool children. *Psychophysiology,* 37(6), 777–787. doi: 10. 1017/s0048577200981836.

Fox, N. A., Henderson, H. A., Rubin, K. H., Calkins, S. D., & Schmidt, L. A. (2001). Continuity and discontinuity of behavioral inhibition and exuberance: Psychophysiological and behavioral influences across the first four years of life. *Child Development,* 72(1), 1–21. doi: 10. 1111/1467–8624. 00262.

Fox, N. A., Rubin, K. H., Calkins, S. D., Marshall, T. R., Coplan, R. J., Porges, S. W., ...Stewart, S. (1995). Frontal activation asymmetry and social competence at four years of age. *Child Development,* 66(6), 1770–1784. doi: 10. 2307/1131909.

Fox, N. A., Snidman, N., Haas, S. A., Degnan, K. A., & Kagan, J. (2015). The relations between reactivity at 4 months and behavioral inhibition in the second year: Replication across three independent samples. *Infancy,* 20(1), 98–114. doi: 10. 1111/infa. 12063.

Friedberg, R. D., & McClure, J. M. (2002). *Clinical practice of cognitive therapy with children and adolescents: The Nuts and Bolts.* New York: Guilford Press.

Fries, E., Dettenborn, L., & Kirschbaum, C. (2009). The cortisol awakening response (CAR):

Facts and future directions. *International Journal of Psychophysiology*, 72(1), 67–73. doi: 10. 1016/j. ijpsycho. 2008. 03. 014.

Fu, X., Taber-Thomas, B. C., & Pérez-Edgar, K. (2015). Frontolimbic functioning during threatrelated attention: Relations to early behavioral inhibition and anxiety in children. *Biological Psychology of Sport and Exercise*, 122, 98–109.

Furmark, T., Tillfors, M., Garpenstrand, H., Marteinsdottir, I., Langstrom, B., Oreland, L., & Fredrikson, M. (2004). Serotonin transporter polymorphism related to amygdala excitability and symptom severity in patients with social phobia. *Neuroscience Letters*, 362(3), 189–192.

Garcia-Coll, C., Kagan, J., & Reznick, J. S. (1984). Behavioral inhibition in youngchildren. *Child Development*, 55, 1005–1019.

Garner, P. W., & Waajid, B. (2008). The associations of emotion knowledge and teacher-child relationships to preschool children's school-related developmental competence. *Journal of Applied Developmental Psychology*, 29(2), 89–100. doi: 10. 1016/j. appdev. 2007. 12. 001.

Gartstein, M. A., Gonzalez, C., Carranza, J. A., Ahadi, S. A., Ye, R., Rothbart, M. K., & Yang, S. W. (2006). Studying cross-cultural differences in the development of infant temperament: People's Republic of China, the United States of America, and Spain. *Child Psychiatry & Human Development*, 37(2), 145–161. doi: 10. 1007/s10578-006-0025-6.

Gazelle, H. (2008). Behavioral Profiles of Anxious Solitary Children and Heterogeneity in Peer Relations. *Developmental Psychology*, 44(6), 1604–1624. doi: 10. 1037/a0013303.

Gazelle, H., & Ladd, G. W. (2003). Anxious solitude and peer exclusion: A diathesis-stress model of internalizing trajectories in childhood. *Child Development*, 74(1), 257–278. doi: 10. 1111/1467-8624. 00534.

Gazelle, H., Putallaz, M., Li, Y., Grimes, C. L., Kupersmidt, J. B., & Coie, J. D. (2005). Anxious solitude across contexts: Girls' interactions with familiar and unfamiliar peers. *Child Development*, 76(1), 227–246. doi: 10. 1111/j. 1467-8624. 2005. 00841. x.

Gazelle, H., & Rudolph, K. D. (2004). Moving toward and away from the world: Social approach and avoidance trajectories in anxious solitary youth. *Child Development*, 75(3), 829–849. doi: 10. 1111/j. 1467-8624. 2004. 00709. x.

Gazelle, H., & Shell, M. D. (2017). Behavioral profiles of anxious solitary children: Predicting peer relations trajectories from third through fifth grades. *Merrill-Palmer Quarterly*, 63(2), 237–281. doi: 10. 13110/merrpalmquar1982. 63. 2. 0237.

Gilissen, R., Koolstra, C. A., van Ijzendoorn, M. H., Bakermans-Kranenburg, M. J., & van der Veer, R. (2007). Physiological reactions of preschoolers to fear-inducing film clips: Effects of temperamental fearfulness and quality of the parent-child relationship. *Developmental Psychobiology*, 49(2), 187–195. doi: 10. 1002/dev. 20188.

Goossens, L. , & Marcoen, A. (1999). Adolescent loneliness, self-reflection, and identity: From individual differences to developmental processes. In K. J. Rotenberg & S. Hymel (Eds.), *Loneliness in childhood and adolescence* (pp. 225-243). New York: Cambridge University Press.

Gordeeva, T. O. , Sychev, O. A. , Osin, E. N. , & Grandchamp, V. A. T. (2019). Revised version of optimistic attributional style questionnaire. *PsikhologicheskiiZhurnal*, 40(6), 76-86. doi: 10. 31857/s020595920007323-1.

Grady, J. S. , & Hastings, P. D. (2018). Becoming prosocial peers: The roles of temperamental shyness and mothers' and fathers' elaborative emotion language. *Social Development*, 27(4), 858-875. doi: 10. 1111/sode. 12300.

Graham, S. (2020). An attributional theory of motivation. *Contemporary Educational Psychology*, 61, 101861. doi: 10. 1016/j. cedpsych. 2020. 101861.

Gray, J. A. (1981). A critique of Eysenck's theory of personality. In P. H. J. Eysenck (Ed.), *A Model for Personality* (pp. 246-276): Springer Berlin Heidelberg.

Gray, J. A. (1982). On mapping anxiety. *Behavioral and Brain Sciences*, 5(3), 506-525. doi: 10. 1017/s0140525x00013297.

Gray, J. A. , & McNaughton, N. (2003). *The neuropsychology of anxiety: An enquiry into the function of the septo-hippocampal system.* Oxford: Oxford university press.

Grey, S. , & Mathews, A. (2000). Effects of training on interpretation of emotional ambiguity. *Quarterly Journal Of Experimental Psychology Section A-Human Experimental Psychology*, 53(4), 1143-1162. Doi: 10. 1080/713755937.

Grist, R. , Croker, A. , Denne, M. , & Stallard, P. (2019). Technology delivered interventions for depression and anxiety in children and adolescents: A systematic review and meta-analysis. *Clinical Child and Family Psychology Review*, 22(2), 147-171. Doi: 10. 1007/s10567-018-0271-8.

Groh, A. M. , Roisman, G. I. , van Ijzendoorn, M. H. , Bakermans-Kranenburg, M. J. , & Fearon, R. P. (2012). The significance of insecure and disorganized attachment for children's internalizing symptoms: A meta-analytic study. *Child Development*, 83(2), 591-610. doi: 10. 1111/j. 1467-8624. 2011. 01711. x.

Gross, J. J. , &Jazaieri, H. (2014). Emotion, emotion regulation, and psychopathology: An affective science perspective. *Clinical Psychological Science*, 2(4), 387-401.

Grupe, D. W. , & Nitschke, J. B. (2013). Uncertainty and anticipation in anxiety: an integrated neurobiological and psychological perspective. *Nature Reviews Neuroscience*, 14(7), 488-501. doi: 10. 1038/nrn3524.

Guyer, A. E. , Nelson, E. E. , Perez-Edgar, K. , Hardin, M. G. , Roberson-Nay, R. , Monk, C.

S. , ...Ernst, M. (2006). Striatal functional alteration in adolescents characterized by early childhood behavioral inhibition. *Journal of Neuroscience*, 26(24), 6399–6405. doi: 10. 1523/jneurosci. 0666–06. 2006.

Hackmann, A. , Clark, D. M. , & McManus, F. (2000). Recurrent images and early memories in social phobia. *Behaviour Research and Therapy*, 38(6), 601–610. doi: 10. 1016/s0005–7967(99)00161–8.

Hadwin, J. A. , Donnelly, N. , Richards, A. , French, C. C. , & Patel, U. (2009). Childhood anxiety and attention to emotion faces in a modified stroop task. *British Journal of Developmental Psychology*, 27, 487–494.

Haller, S. P. W. , Raeder, S. M. , Scerif, G. , Kadosh, K. C. , & Lau, J. Y. F. (2016). Measuring online interpretations and attributions of social situations: Links with adolescent social anxiety. *Journal of Behavior Therapy and Experimental Psychiatry*, 50, 250–256. doi: 10. 1016/j. jbtep. 2015. 09. 009.

Hane, A. A. , Cheah, C. , Rubin, K. H. , & Fox, N. A. (2008). The role of maternal behavior in the relation between shyness and social reticence in early childhood and social withdrawal in middle childhood. *Social Development*, 17(4), 795–811. doi: 10. 1111/j. 1467–9507. 2008. 00481. x.

Hannesdottir, D. K. , & Ollendick, T. H. (2007). The role of emotion regulation in the treatment of child anxiety disorders. *Clinical Child and Family Psychology Review*, 10(3), 275–293.

Hariri, A. R. , Mattay, V. S. , Tessitore, A. , Kolachana, B. , Fera, F. , Goldman, D. , ...Weinberger, D. R. (2002). Serotonin transporter genetic variation and the response of the human amygdala. *Science*, 297(5580), 400–403.

Harmon–Jones, E. , Gable, P. A. , & Peterson, C. K. (2010). The role of asymmetric frontal cortical activity in emotion–related phenomena: A review and update. *Biological Psychology*, 84(3), 451–462. doi: 10. 1016/j. biopsycho. 2009. 08. 010.

Hastings, P. D. , & Rubin, K. H. (1999). Predicting mothers' beliefs about preschool–aged children's social behavior: Evidence for maternal attitudes moderating child effects. *Child Development*, 70(3), 722–741. doi: 10. 1111/1467–8624. 00052.

Hastings, P. D. , Sullivan, C. , McShane, K. E. , Utendale, W. T. , Coplan, R. J. , & Vyncke, J. D. (2008). Parental socialization, vagal regulation, and preschoolers' anxious difficulties: Direct mothers and moderated fathers. *Child Development*, 79(1), 45–64. doi: 10. 1111/j. 1467–8624. 2007. 01110. x.

Heeren, A. , Lievens, L. , & Philippot, P. (2011). How does attention training work in social phobia: disengagement from threat or re–engagement to non–threat? *Journal of Anxiety Disorders*, 25(8), 1108–1115. Doi: 10. 1016/j. janxdis. 2011. 08. 001.

Heider. (1958). *The psychology of interpersonal relationships*. Newyork: Wiley.

Heinrichs, N., Rapee, R. M., Alden, L. A., Bogels, S., Hofmann, S. G., Oh, K. J., & Sakano, Y. (2006). Cultural differences in perceived social norms and social anxiety. *Behaviour Research and Therapy*, 44(8), 1187–1197. doi: 10. 1016/j. brat. 2005. 09. 006.

Heinz, A., Braus, D. F., Smolka, M. N., Wrase, J., Puls, I., Hermann, D., ... Buchel, C. (2005). Amygdala–prefrontal coupling depends on a genetic variation of the serotonin transporter. *Nature Neuroscience*, 8(1), 20–21.

Helfinstein, S. M., Fox, N. A., & Pine, D. S. (2012). Approach–withdrawal and the role of the striatum in the temperament of behavioral inhibition. *Developmental Psychology*, 48(3), 815–826. doi: 10. 1037/a0026402.

Helfinstein, S. M., White, L. K., Bar–Haim, Y., & Fox, N. A. (2008). Affective primes suppress attention bias to threat in socially anxious individuals. *Behaviour Research and Therapy*, 46(7), 799–810. Doi: 10. 1016/j. brat. 2008. 03. 011.

Henderson, H. A., Fox, N. A., & Rubin, K. H. (2001). Temperamental contributions to social behavior: The moderating roles of frontal EEG asymmetry and gender. *Journal of the American Academy of Child and Adolescent Psychiatry*, 40(1), 68–74. doi: 10. 1097/00004583–200101000–00018.

Henderson, H. A., Pine, D. S., & Fox, N. A. (2015). Behavioral inhibition and developmental risk: a dual–processing perspective. *Neuropsychopharmacology*, 40(1), 207–224.

Hill, S. Y., Tessner, K., Wang, S., Carter, H., & McDermott, M. (2010). Temperament at 5 years of age predicts amygdala and orbitofrontal volume in the right hemisphere in adolescence. *Psychiatry Research–Neuroimaging*, 182(1), 14–21. doi: 10. 1016/j. pscychresns. 2009. 11. 006.

Hirsch, C. R., Clark, D. M., & Mathews, A. (2006). Imagery and interpretations in social phobia: Support for the combined cognitive biases hypothesis. *Behavior Therapy*, 37(3), 223–236. doi: 10. 1016/j. beth. 2006. 02. 001.

Hirsch, C. R., Clark, D. M., Mathews, A., & Williams, R. (2003). Self–images play a causal role in social phobia. *Behaviour Research and Therapy*, 41(8), 909–921. doi: 10. 1016/s0005–7967(02)00103–1.

Hirsch, C. R., Mathews, A., & Clark, D. M. (2007). Inducing an interpretation bias changes self–imagery: A preliminary investigation. *Behaviour Research and Therapy*, 45(9), 2173–2181. doi: 10. 1016/j. brat. 2006. 11. 001.

Hirsch, C. R., Meynen, T., & Clark, D. (2004). Negative self–imagery in social anxiety contaminates social interactions. *Memory*, 12(4), 496–506. doi: 10. 1080/09658210444000106.

Hoglund, W., & Leadbetter, B. (2007). School functioning in early adolescence: Gender–linked responses to peer victimization. *Journal of Educational Psychology*, 99(4), 683–699.

Holmes, E. A., Blackwell, S. E., Heyes, S. B., Renner, F., & Raes, F. (2016). Mental imagery in depression: Phenomenology, potential mechanisms, and treatment implications. In T. D. Cannon & T. Widiger (Eds.), *Annual Review of Clinical Psychology, Vol* 12 (Vol. 12, pp. 249–280).

Hoppitt, L., Illingworth, J. L., MacLeod, C., Hampshire, A., Dunn, B. D., & Mackintosh, B. (2014). Modifying social anxiety related to a real-life stressor using online Cognitive Bias Modification for interpretation. *Behaviour Research and Therapy*, 52, 45–52. doi: 10. 1016/j. brat. 2013. 10. 008.

Hudson, J. L. (2005). Mechanisms of change in cognitive behavioral therapy for anxious youth. *Clinical Psychology-Science and Practice*, 12(2), 161–165. doi: 10. 1093/clipsy/bpi019.

Hughes, K., & Coplan, R. J. (2010). Exploring processes linking shyness and academic achievement in childhood. *School Psychology Quarterly*, 25(4), 213–222. doi: 10. 1037/a0022070.

Izard, C. E., Libero, D. Z., Putnam, P., & Haynes, O. M. (1993). Stability of emotion experiences and their relations to traits of personality. *Journal of Personality and Social Psychology*, 64(5), 847–860. doi: 10. 1037/0022-3514. 64. 5. 847.

Jarcho, J. M., Fox, N. A., Pine, D. S., Etkin, A., Leibenluft, E., Shechner, T., & Ernst, M. (2013). The neural correlates of emotion-based cognitive control in adults with early childhood behavioral inhibition. *Biological Psychology*, 92(2), 306–314. doi: 10. 1016/j. biopsycho. 2012. 09. 008.

Jennings, K. D. (1975). People versus object orientation, social-behavior, and intellectual abilities in preschool-children. *Developmental Psychology*, 11 (4), 511–519. doi: 10. 1037/h0076679.

Jones, H. E. (1960). The longitudinal method in the study of personality. In I. Iscoe & H. W. Stevenson (Eds.), *Personality Development in Children.* Chicago: University of Chicago Press.

Kagan, J. (2018). Perspectives on two temperamental biases. *Philosophical Transactions of the Royal Society B-Biological Sciences*, 373, 20170158.

Kagan, J., Reznick, J. S., Clarke, C., Snidman, N., & Garcia-Coll, C. (1984). Behavioral inhibition to the unfamiliar. *Child Development*, 55(6), 2212–2225.

Kagan, J., Reznick, J. S., & Gibbons, J. (1989). Inhibited and uninhibited types of children. *Child Development*, 60(4), 838–845.

Kagan, J., Reznick, J. S., & Snidman, N. (1987). The physiology and psychology of behavioral inhibition in children. *Child Development*, 58(6), 1459–1473.

Kagan, J., Reznick, J. S., & Snidman, N. (1988). Biological Bases of Childhood Shyness. *Science*, 240(4849), 167–171.

Kagan, J. , & Saudino, K. J. (2001). Behavioral inhibition and related temperaments. In R. N. Emde & J. K. Hewitt (Eds.), *Infancy to Early Childhood* (pp. 111-122). New York: Oxford University Press.

Kalin, N. H. , Shelton, S. E. , Fox, A. S. , Oakes, T. R. , & Davidson, R. J. (2005). Brain regions associated with the expression and contextual regulation of anxiety in primates. *Biological Psychiatry,* 58(10), 796-804. doi: 10. 1016/j. biopsych. 2005. 05. 021.

Katrin, Z. , Franziska, E. , Antje, B. , Volker, K. , & Kerstin, W. (2013). Anxiety Sensitivity-a significant Marker for the Psychopathology of Agoraphobia and Panic Disorder. *Zeitschrift Fur PsychosomatischeMedizin Und Psychotherapie,* 59(1), 121-121.

Kendall, P. C. , & Hedtke, K. A. (2006). *Cognitive-Behavioral Therapy for Anxious Children: Therapist Manual (3rd ed.)*. Ardmore, PA: Workbook Publishing.

Kendall, P. C. , & Khanna, M. (2008). Camp Cope-A-Lot (The Coping Cat CD).

Kendall, P. C. , Safford, S. , Flannery-Schroeder, E. , & Webb, A. (2004). Child anxiety treatment: Outcomes in adolescence and impact on substance use and depression at 7. 4-year follow-up. *Journal of Consulting and Clinical Psychology,* 72(2), 276-287. doi: 10. 1037/0022-006x. 72. 2. 276.

Kerr, M. , Lambert, W. W. , & Bern, D. J. (1996). Life course sequelae of childhood shyness in Sweden: Comparison with the United States. *Developmental Psychology,* 32(6), 1100-1105. doi: 10. 1037/0012-1649. 32. 6. 1100.

Kessler, R. C. , Berglund, P. , Demler, O. , Jin, R. , & Walters, E. E. (2005). Lifetime prevalence and age-of-onset distributions' of DSM-IV disorders in the national comorbidity survey replication. *Archives of General Psychiatry,* 62(6), 593-602. doi: 10. 1001/archpsyc. 62. 6. 593.

Khalili-Torghabeh, S. , Fadardi, J. S. , Mackintosh, B. , Reynolds, S. , & Mobini, S. (2014). Effects of a multi-session cognitive bias modification program on interpretative biases and social anxiety symptoms in a sample of iranian socially-anxious students. *Journal of Experimental Psychopathology,* 5(4), 514-527. doi: 10. 5127/jep. 037713.

Kiang, L. , Moreno, A. J. , & Robinson, J. L. (2004). Maternal preconceptions about parenting predict child temperament, maternal sensitivity, and children's empathy. *Developmental Psychology,* 40(6), 1081-1092. doi: 10. 1037/0012-1649. 40. 6. 1081.

Kingsbury, M. , Coplan, R. J. , & Rose-Krasnor, L. (2013). Shy but getting by? An examination of the complex links among shyness, coping, and socioemotional functioning in childhood. *Social Development,* 22(1), 126-145. doi: 10. 1111/sode. 12003.

Klawohn, J. , Santopetro, N. J. , Meyer, A. , & Hajcak, G. (2020). Reduced P300 in depression: Evidence from a flanker task and impact on ERN, CRN, and Pe. *Psychophysiology,* 57(4). doi: 10. 1111/psyp. 13520.

Klein, A. M. , de Voogd, L. , Wiers, R. W. , & Salemink, E. (2018). Biases in attention and interpretation in adolescents with varying levels of anxiety and depression. *Cognition & Emotion*, 32(7), 1478–1486. doi: 10. 1080/02699931. 2017. 1304359.

Klein, A. M. , Rapee, R. M. , Hudson, J. L. , Morris, T. M. , Schneider, S. C. , Schniering, C. A. , ...Rinck, M. (2019). Content–specific interpretation biases in clinically anxious children. *Behaviour Research and Therapy*, 121, 103452. doi: 10. 1016/j. brat. 2019. 103452.

Klein, A. M. , Rapee, R. M. , Hudson, J. L. , Schniering, C. A. , Wuthrich, V. M. , Kangas, M. , ... Rinck, M. (2015). Interpretation modification training reduces social anxiety in clinically anxious children. *Behaviour Research and Therapy*, 75, 78–84. doi: 10. 1016/j. brat. 2015. 10. 006.

Klein, A. M. , Salemink, E. , de Hullu, E. , Houtkamp, E. , Papa, M. , & van der Molen, M. (2018). Cognitive bias modification reduces social anxiety symptoms in socially anxious adolescents with mild intellectual disabilities: A randomized controlled trial. *Journal of Autism and Developmental Disorders*, 48(9), 3116–3126. doi: 10. 1007/s10803–018–3579–9.

Knutson, B. , Adams, C. M. , Fong, G. W. , & Hommer, D. (2001). Anticipation of increasing monetary reward selectively recruits nucleus accumbens. *Journal of Neuroscience*, 21 (16), RC159. doi: 10. 1523/JNEUROSCI. 21–16–j0002. 2001.

Knyazev, G. G. , & Slobodskaya, H. R. (2003). Personality trait of behavioral inhibition is associated with oscillatory systems reciprocal relationships. *International Journal of Psychophysiology*, 48(3), 247–261. doi: 10. 1016/s0167–8760(03)00072–2.

Kovacs, M. (1992). *The Children's Depression Inventory Manual*. Toronto: Multi–Health Systems.

Kujawa, A. J. , Torpey, D. , Kim, J. , Hajcak, G. , Rose, S. , Gotlib, I. H. , & Klein, D. N. (2011). Attentional biases for emotional faces in young children of mothers with chronic or recurrent depression. *Journal of Abnormal Child Psychology*, 39 (1), 125 – 135. Doi: 10. 1007/s10802–010–9438–6.

La Greca, A. M. , & Stone, W. L. (1993). Social anxiety scale for children revised factor structure and concurrent validity. *Journal of Clinical Child Psychology*, 22(1), 17–27. doi: 10. 1207/s15374424jccp2201_2.

Ladd, G. W. , & Profilet, S. M. (1996). The child behavior scale: A teacher–report measure of young children's aggressive, withdrawn, and prosocial behaviors. *Developmental Psychology*, 32(6), 1008–1024. doi: 10. 1037/0012–1649. 32. 6. 1008.

LaFreniere, P. J. , & Dumas, J. E. (1996). Social competence and behavior evaluation in children ages 3 to 6 years: The short form (SCBE–30). *Psychological Assessment*, 8(4), 369–377.

Lahat, A. , Lamm, C. , Chronis – Tuscano, A. , Pine, D. S. , Henderson, H. A. , & Fox, N. A. (2014). Early behavioral inhibition and increased error monitoring predict later social phobia symptoms in childhood. *Journal of the American Academy of Child and Adolescent Psychiatry*, 53(4), 447–455. doi: 10. 1016/j. jaac. 2013. 12. 019.

Lahat, A., Perez–Edgar, K., Degnan, K. A., Guyer, A. E., Lejuez, C. W., Ernst, M., ...Fox, N. A. (2012). Early childhood temperament predicts substance use in young adults. *Translational Psychiatry*, 2, *e*157. doi: 10. 1038/tp. 2012. 87.

Lakatos, K., Nemoda, Z., Birkas, E., Ronai, Z., Kovacs, E., Ney, K., ...Gervai, J. (2003). Association of D4 dopamine receptor gene and serotonin transporter promoter polymorphisms with infants' response to novelty. *Molecular Psychiatry*, 8(1), 90–97.

Lamm, C., Walker, O. L., Degnan, K. A., Henderson, H. A., Pine, D. S., McDermott, J. M., & Fox, N. A. (2014). Cognitive control moderates early childhood temperament in predicting social behavior in 7–year–old children: an ERP study. *Developmental Science*, 17(5), 667–681. doi: 10. 1111/desc. 12158.

Lang, P. J. (1979). Bio–informational theory of emotional imagery. *Psychophysiology*, 16(6), 495–512. doi: 10. 1111/j. 1469–8986. 1979. tb01511. x.

Larson, R. W. (1990). The solitary side of life–an examination of the time people spend alone from childhood to old–age. *Developmental Review*, 10(2), 155–183. doi: 10. 1016/0273–2297(90)90008–r.

Lau, E. X., Rapee, R. M., & Coplan, R. J. (2017). Combining child social skills training with a parent early intervention program for inhibited preschool children. *Journal of Anxiety Disorders*, 51, 32–38. doi: 10. 1016/j. janxdis. 2017. 08. 007.

Lau, J. Y. F., Belli, S. R., & Chopra, R. B. (2013). Cognitive bias modification training in adolescents reduces anxiety to a psychological challenge. *Clinical Child Psychology and Psychiatry*, 18(3), 322–333. doi: 10. 1177/1359104512455183.

Leary, M. R. (1983). A brief version of the fear of negative evaluation scale. *Personality and Social Psychology Bulletin*, 9(3), 371–375. doi: 10. 1177/0146167283093007.

Leary, M. R., Herbst, K. C., & McCrary, F. (2003). Finding pleasure in solitary activities: desire for aloneness or disinterest in social contact? *Personality and Individual Differences*, 35(1), 59–68. doi: 10. 1016/s0191–8869(02)00141–1.

Lee, S. W., & Kwon, J. H. (2013). The efficacy of Imagery Rescripting (IR) for social phobia: A randomized controlled trial. *Journal of Behavior Therapy and Experimental Psychiatry*, 44(4), 351–360. doi: 10. 1016/j. jbtep. 2013. 03. 001.

Lefcourt, H. M., Vonbaeyer, C. L., Ware, E. E., & Cox, D. J. (1979). The multidimensional–multiattributional causality scale: The development of a goal specific locus of control scale. *Canadian Journal of Behavioural Science*, 11(4), 286–304. doi: 10. 1037/h0081598.

Leigh, E., Chiu, K., & Clark, D. M. (2020). The effects of modifying mental imagery in adolescent social anxiety. *Plos One*, 15(4), e0230826. doi: 10. 1371/journal. pone. 0230826.

Lemerise, E. A., & Arsenio, W. F. (2000). An integrated model of emotion processes and cognition in social information processing. *Child Development*, 71(1), 107–118. doi: 10. 1111/1467–8624. 00124.

Leppanen, J. M., Cataldo, J. K., Bosquet, E. M., & Nelson, C. A. (2018). Early development of attention to threat–related facial expressions. *Plos One*, 13(5), e0197424. Doi: 10. 1371/journal. pone. 0197424.

Lesch, K. P., Bengel, D., Heils, A., Sabol, S. Z., Greenberg, B. D., Petri, S., ... Murphy, D. L. (1996). Association of anxiety–related traits with a polymorphism in the serotonin transporter gene regulatory region. *Science*, 274(5292), 1527–1531.

Lewis–Morrarty, E., Degnan, K. A., Chronis–Tuscano, A., Pine, D. S., Henderson, H. A., & Fox, N. A. (2015). Infant attachment security and early childhood behavioral inhibition interact to predict adolescent social anxiety symptoms. *Child Development*, 86(2), 598–613. doi: 10. 1111/cdev. 12336.

Linetzky, M., Pettit, J. W., Silverman, W. K., Pine, D. S., & Bar–Haim, Y. (2020). What drives symptom reduction in attention bias modification treatment? A randomized controlled experiment in clinically anxious youths. *Clinical Psychological Science*, 8(3), 506–518.

Lisk, S. C., Pile, V., Haller, S. P. W., Kumari, V., & Lau, J. Y. F. (2018). Multisession cognitive bias modification targeting multiple biases in adolescents with elevated social anxiety. *Cognitive Therapy and Research*, 42(5), 581–597. doi: 10. 1007/s10608–018–9912–y.

Liu, J., Bowker, J. C., Coplan, R. J., Yang, P., Li, D., & Chen, X. (2019). Evaluating links among shyness, peer relations, and internalizing problems in chinese young adolescents. *Journal of Research on Adolescence*, 29(3), 696–709. doi: 10. 1111/jora. 12406.

Liu, J., Chen, X., Coplan, R. J., Ding, X., Zarbatany, L., & Ellis, W. (2015). Shyness and unsociability and their relations with adjustment in chinese and canadian children. *Journal of Cross–Cultural Psychology*, 46(3), 371–386. doi: 10. 1177/0022022114567537.

Lowenstein, P., & Svendsen, M. (1938). Experimental modification of the behavior of a selected group of shy and withdrawn children. *American Journal of Orthopsychiatry*, 8, 639–654.

MacDonald, E. M., Koerner, N., Antony, M. M., Vickers, K., Mastorakos, T., & Kuo, J. (2020). Investigating the therapeutic potential of cognitive bias modification for high anxiety sensitivity. *Journal of Behavior Therapy and Experimental Psychiatry*, 68, 101521. doi: 10. 1016/j. jbtep. 2019. 101521.

Mackrell, S. V. M., Sheikh, H. I., Kotelnikova, Y., Kryski, K. R., Jordan, P. L., Singh, S. M., & Hayden, E. P. (2014). Child temperament and parental depression predict cortisol reactivity to stress in middle childhood. *Journal of Abnormal Psychology*, 123(1), 106–116. doi: 10.

1037/a0035612.

Maier, S. F., & Seligman, M. E. P. (1976). Learned helplessness: Theory and evidence. *Journal of Experimental Psychology: General*, 105(1), 3–46. doi: 10. 1037/0096–3445. 105. 1. 3.

Makkar, S. R., & Grisham, J. R. (2011). Social anxiety and the effects of negative self–imagery on emotion, cognition, and post–event processing. *Behaviour Research and Therapy*, 49(10), 654–664. doi: 10. 1016/j. brat. 2011. 07. 004.

Mangelsdorf, S. C., Shapiro, J. R., & Marzolf, D. (1995). Developmental and temperamental differences in emotion regulation in infancy. *Child Development*, 66(6), 1817–1828.

Markovic, A., & Bowker, J. C. (2015). Shy, but funny? Examining peer–valued characteristics as moderators of the associations between anxious–withdrawal and peer outcomes during early adolescence. *Journal of Youth and Adolescence*, 44(4), 833–846. doi: 10. 1007/s10964–014–0113–z.

Masia, C. L., Klein, R. G., Storch, E. A., & Corda, B. (2001). School–based behavioral treatment for social anxiety disorder in adolescents: Results of a pilot study. *Journal of the American Academy of Child and Adolescent Psychiatry*, 40 (7), 780 – 786. doi: 10. 1097/00004583–200107000–00012.

Maslow, A. H. (1970). *Motivation and Personality*. New York: Harper & Row.

Masten, A. S., Morison, P., & Pellegrini, D. S. (1985). A revised class play method of peer assessment. *Developmental Psychology*, 21 (3), 523 – 533. doi: 10. 1037/0012 – 1649. 21. 3. 523.

Matas, L., Arend, R. A., & Sroufe, L. A. (1978). Continuity of adaptation in the second year: the relationship between quality of attachment and later competence. *Child Development*, 49(3), 547–556.

McDermott, J. M., Perez–Edgar, K., Henderson, H. A., Chronis–Tuscano, A., Pine, D. S., & Fox, N. A. (2009). A history of childhood behavioral inhibition and enhanced response monitoring in adolescence are linked to clinical anxiety. *Biological Psychiatry*, 65(5), 445–448. doi: 10. 1016/j. biopsych. 2008. 10. 043.

Mead, G. H. (1934). *Mind, self, and society*. Chicago: University of Chicago Press.

Menne–Lothmann, C., Viechtbauer, W., Hohn, P., Kasanova, Z., Haller, S. P., Drukker, M., … Lau, J. Y. F. (2014). How to boost positive interpretations? A meta–analysis of the effectiveness of cognitive bias modification for interpretation. *Plos One*, 9(6), e100925. doi: 10. 1371/journal. pone. 0100925.

Metsapelto, R. L., & Pulkkinen, L. (2003). Personality traits and parenting: Neuroticism, extraversion, and Openness to Experience as discriminative factors. *European Journal of Personality*, 17(1), 59–78. doi: 10. 1002/per. 468.

Meyer, A. , Hajcak, G. , Danielson, C. , & Klein, D. N. (2016). Neural reactivity to mistakes and temperamental fearfulness prospectively predict the impact of hurricane sandy stressors on internalizing symptoms in children. *Psychophysiology*, 53, S11-S11.

Meyer, A. , Hajcak, G. , Torpey, D. C. , Kujawa, A. , Kim, J. , Bufferd, S. , ...Klein, D. N. (2013). Increased error-related brain activity in six-year-old children with clinical anxiety. *Journal of Abnormal Child Psychology*, 41(8), 1257-1266. doi: 10. 1007/s10802-013-9762-8.

Miller, R. , Wankerl, M. , Stalder, T. , Kirschbaum, C. , & Alexander, N. (2013). The serotonin transporter gene-linked polymorphic region (5-HTTLPR) and cortisol stress reactivity: a meta-analysis. *Molecular Psychiatry*, 18(9), 1018-1024. doi: 10. 1038/mp. 2012. 124.

Mirabile, S. P. (2014). Parents' inconsistent emotion socialization and children's socioemotional adjustment. *Journal of Applied Developmental Psychology*, 35(5), 392-400.

Mirabile, S. P. , Oertwig, D. , & Halberstadt, A. G. (2018). Parent emotion socialization and children's socioemotional adjustment: when is supportiveness no longer supportive? *Social Development*, 27(3), 466-481. doi: 10. 1111/sode. 12226.

Miskovic, V. , Moscovitch, D. A. , Santesso, D. L. , McCabe, R. E. , Antony, M. M. , & Schmidt, L. A. (2011). Changes in EEG cross-frequency coupling during cognitive behavioral therapy for social anxiety disorder. *Psychological Science*, 22 (4), 507 - 516. doi: 10. 1177/095 6797611400914.

Mogg, K. , & Bradley, B. P. (2002). Selective orienting of attention to masked threat faces in social anxiety. *Behaviour Research and Therapy*, 40 (12), 1403 - 1414. Doi: 10. 1016/s00 05-7967(02)00017-7.

Mogg, K. , Philippot, P. , & Bradley, B. P. (2004). Selective attention to angry faces in clinical social phobia. *Journal of Abnormal Psychology*, 113 (1), 160 - 165. Doi: 10. 1037/0021 - 843X. 113. 1. 160.

Montaigne, M. (1965). Of solitude. In D. M. Frame (Ed.), *The complete essays of Michel de Montaigne* (pp. 174-183). Stanford, CA: Stanford University Press.

Morales, S. , Perez-Edgar, K. E. , & Buss, K. A. (2015). Attention biases towards and away from threat mark the relation between early dysregulated fear and the later emergence of social withdrawal. *Journal of Abnormal Child Psychology*, 43 (6), 1067 - 1078. doi: 10. 1007/ s10802-014-9963-9.

Moriya, J. , & Tanno, Y. (2011). The time course of attentional disengagement from angry faces in social anxiety. *Journal of Behavior Therapy and Experimental Psychiatry*, 42(1), 122-128. Doi: 10. 1016/j. jbtep. 2010. 08. 001.

Morris, A. S. , Silk, J. S. , Steinberg, L. , Myers, S. S. , & Robinson, L. R. (2007). The role of the family context in the development of emotion regulation. *Social Development*, 16 (2),

361–388.

Moscovitch, D. A., Chiupka, C. A., &Gavric, D. L. (2013). Within the mind's eye: Negative mental imagery activates different emotion regulation strategies in high versus low socially anxious individuals. *Journal of Behavior Therapy and Experimental Psychiatry*, 44(4), 426–432. doi: 10. 1016/j. jbtep. 2013. 05. 002.

Muris, P., & Meesters, C. (2014). Small or big in the eyes of the other: On the developmental psychopathology of self–conscious emotions as shame, guilt, and pride. *Clinical Child and Family Psychology Review*, 17(1), 19–40. doi: 10. 1007/s10567–013–0137–z.

Murray, L., de Rosnay, M., Pearson, J., Bergeron, C., Schofield, E., Royal – Lawson, M., & Cooper, P. J. (2008). Intergenerational transmission of social anxiety: The role of social referencing processes in infancy. *Child Development*, 79 (4), 1049 – 1064. doi: 10. 1111/j. 1467–8624. 2008. 01175. x.

Naim, R., Kivity, Y., Bar–Haim, Y., & Huppert, J. D. (2018). Attention and interpretation bias modification treatment for social anxiety disorder: A randomized clinical trial of efficacy and synergy. *Journal of Behavior Therapy and Experimental Psychiatry*, 59, 19 – 30. Doi: 10. 1016/j. jbtep. 2017. 10. 006.

Nelson, C. A., & Dolgin, K. G. (1985). The generalized discrimination of facial expressions by seven–month–old infants. *Child Development*, 56(1), 58–61.

Newcomb, A., & Bagwell, C. (1995). Children's friendship relations: A meta – analytic review. *Psychological Bulletin*, 117, 306–347.

Nikolic, M. (2020). Social emotions and social cognition in the development of social anxiety disorder. *European Journal of Developmental Psychology*, 17 (5), 649 – 663. doi: 10. 1080/17405629. 2020. 1722633.

Nikolic, M., Brummelman, E., Colonnesi, C., de Vente, W., & Bogels, S. M. (2018). When gushing leads to blushing: Inflated praise leads socially anxious children to blush. *Behaviour Research and Therapy*, 106, 1–7. doi: 10. 1016/j. brat. 2018. 04. 003.

Nikolic, M., Colonnesi, C., de Vente, W., & Bogels, S. M. (2016). Blushing in early childhood: feeling coy or socially anxious?*Emotion*, 16(4), 475–487. doi: 10. 1037/emo0000131.

Nilsson, K. W., Aslund, C., Comasco, E., & Oreland, L. (2018). Gene–environment interaction of monoamine oxidase A in relation to antisocial behaviour: current and future directions. *Journal of Neural Transmission*, 125(11), 1601–1626. doi: 10. 1007/s00702–018–1892–2.

Norton, A. R., Abbott, M. J., Dobinson, K. A., Pepper, K. L., & Guastella, A. J. (2021). Rescripting social trauma: A pilot study investigating imagery rescripting as an adjunct to cognitive behaviour therapy for social anxiety disorder. *Cognitive Therapy and Research*, 45(6), 1180–1192. doi: 10. 1007/s10608–021–10221–9.

Nowalcowski, M. E., Antony, M. M., & Koerner, N. (2015). Modifying interpretation biases: Effects on symptomatology, behavior, and physiological reactivity in social anxiety. *Journal of Behavior Therapy and Experimental Psychiatry*, 49, 44-52. doi: 10.1016/j.jbtep.2015.04.004.

Ollendick, T. H., & Hirshfeld-Becker, D. R. (2002). The developmental psychopathology of social anxiety disorder. *Biological Psychiatry*, 51(1), 44-58. doi: 10.1016/s0006-3223(01)01305-1.

Ollendick, T. H., White, S. W., Richey, J., Kim-Spoon, J., Ryan, S. M., Wieckowski, A. T., ... Smith, M. (2019). Attention bias modification treatment for adolescents with social anxiety disorder. *Behavior Therapy*, 50(1), 126-139. doi: 10.1016/j.beth.2018.04.002.

Orchard, F., Apetroaia, A., Clarke, K., & Creswell, C. (2017). Cognitive bias modification of interpretation in children with social anxiety disorder. *Journal of Anxiety Disorders*, 45, 1-8. doi: 10.1016/j.janxdis.2016.10.012.

Pan, D. N., Wang, Y., Lei, Z., & Li, X. (2019). The altered early components and the decisive later process underlying attention bias modification in social anxiety: Evidence from event-related potentials. *Social Cognitive and Affect Neuroscience*, 14(12), 1307-1316. Doi: 10.1093/scan/nsz098.

Parker, J. G., & Asher, S. R. (1993). Friendship and friendship quality in middle childhood-links with peer group acceptance and feelings of loneliness and social dissatisfaction. *Developmental Psychology*, 29(4), 611-621. doi: 10.1037/0012-1649.29.4.611.

Parten, M. B. (1932). Social participation among preschool children. *Journal of Abnormal Psychology*, 27, 243-269.

Paulsen, E., & Bru, E. (2008). Social passivity and grades achieved among adolescents in junior high school. *School Psychology International*, 29(2), 248-262. doi: 10.1177/0143034308090063.

Pedersen, S., Vitaro, F., Barker, E. D., & Borge, A. I. H. (2007). The timing of middle-childhood peer rejection and friendship: Linking early behavior to early-adolescent adjustment. *Child Development*, 78(4), 1037-1051. doi: 10.1111/j.1467-8624.2007.01051.x.

Peltola, M. J., Yrttiaho, S., & Leppanen, J. M. (2018). Infants' attention bias to faces as an early marker of social development. *Developmental Science*, 21(6), e12687. Doi: 10.1111/desc.12687.

Perez-Edgar, K., Bar-Haim, Y., McDermott, J. M., Chronis-Tuscano, A., Pine, D. S., & Fox, N. A. (2010). Attention biases to threat and behavioral inhibition in early childhood shape adolescent social withdrawal. *Emotion*, 10(3), 349-357. Doi: 10.1037/a0018486.

Perez-Edgar, K., Kujawa, A., Nelson, S. K., Cole, C., & Zapp, D. J. (2013). The relation between electroencephalogram asymmetry and attention biases to threat at baseline and under stress. *Brain and Cognition,* 82(3), 337–343. doi: 10. 1016/j. bandc. 2013. 05. 009.

Perez-Edgar, K. , Morales, S. , LoBue, V. , Taber-Thomas, B. C. , Allen, E. K. , Brown, K. M. , & Buss, K. A. (2017). The impact of negative affect on attention patterns to threat across the first 2 years of life. *Developmental Psychology,* 53(12), 2219–2232. Doi: 10. 1037/dev0000408.

Perez-Edgar, K. , Schmidt, L. A. , Henderson, H. A. , Schulkin, J. , & Fox, N. A. (2008). Salivary cortisol levels and infant temperament shape developmental trajectories in boys at risk for behavioral maladjustment. *Psychoneuroendocrinology,* 33(7), 916–925. doi: 10. 1016/j. psyneuen. 2008. 03. 018.

Pergamin-Hight, L. , Pine, D. S. , Fox, N. A. , & Bar-Haim, Y. (2016). Attention bias modification for youth with social anxiety disorder. *Journal of Child Psychology and Psychiatry,* 57 (11), 1317–1325. Doi: 10. 1111/jcpp. 12599.

Perry, N. B. , & Dollar, J. M. (2021). Measurement of behavioral emotion regulation strategies in early childhood: The Early Emotion Regulation Behavior Questionnaire (EERBQ). *Children,* 8(9), 779.

Peter, D. , & Gazelle, H. (2017). Anxious solitude and self-compassion and self-criticism trajectories in early adolescence: Attachment security as a moderator. *Child Development,* 88(6), 1834–1848. doi: 10. 1111/cdev. 12926.

Phelps, R. A. , Brooker, R. J. , & Buss, K. A. (2016). Toddlers' dysregulated fear predicts delta-beta coupling during preschool. *Developmental Cognitive Neuroscience,* 17, 28–34. doi: 10. 1016/j. dcn. 2015. 09. 007.

Piaget, J. (1926). *The Language and Thought of the Child.* London: Routlege & KeganPaul.

Pitskel, N. B. , Bolling, D. Z. , Kaiser, M. D. , Crowley, M. J. , & Pelphrey, K. A. (2011). How grossed out are you? The neural bases of emotion regulation from childhood to adolescence. *Developmental Cognitive Neuroscience,* 1(3), 324–337. doi: 10. 1016/j. dcn. 2011. 03. 004.

Pluess, M. , Lionetti, F. , Aron, E. N. , & Aron, A. (2023). People differ in their sensitivity to the environment: An integrated theory, measurement and empirical evidence. *Journal of Research in Personality,* 104, 104377. doi: 10. 1016/j. jrp. 2023. 104377.

Pons, F. , Harris, P. L. , & Doudin, P. A. (2002). Teaching emotion understanding. *European Journal of Psychology of Education,* 17(3), 293–304. doi: 10. 1007/bf03173538.

Poole, K. L. , Khalesi, Z. , Rutherford, M. D. , Swain, A. , Mullen, J. N. , Hall, G. B. , & Schmidt, L. A. (2020). Personality and opponent processes: Shyness, sociability, and visual afterimages to emotion. *Emotion,* 20(4), 605–612. doi: 10. 1037/emo0000574.

Poole, K. L. , Tang, A. , & Schmidt, L. A. (2018). The temperamentally shy child as the social adult: An exemplar of multifinality. In *Behavioral Inhibition: Integrating Theory, Research, and Clinical Perspectives* (pp. 185–212): Springer.

Porges, S. W., Doussard-Roosevelt, J. A., & Maiti, A. K. (1994). Vagal tone and the physiological regulation of emotion. *Monographs of the Society for Research in Child Development,* 59 (2–3), 167–186. doi: 10. 2307/1166144.

Posner, M. I., & Rothbart, M. K. (1992). Attentional regulation–From mechanism to culture. *International Journal of Psychology,* 27(3–4), 2–2.

Price, R. B., Kuckertz, J. M., Amir, N., Bar – Haim, Y., Carlbring, P., & Wallace, M. L. (2017). Less is more: Patient–level meta–analysis reveals paradoxical dose–response effects of a computer–based social anxiety intervention targeting attentional bias. *Depress Anxiety,* 34 (12), 1106–1115. Doi: 10. 1002/da. 22634.

Putnam, S. P., Gartstein, M. A., & Rothbart, M. K. (2006). Measurement of fine–grained aspects of toddler temperament: The early childhood behavior questionnaire. *Infant Behavior & Development,* 29(3), 386–401. doi: 10. 1016/j. infbeh. 2006. 01. 004.

Ranta, K., Tuomisto, M. T., Kaltiala–Heino, R., Rantanen, P., & Marttunen, M. (2014). Cognition, imagery and coping among adolescents with social anxiety and phobia: Testing the clark and wells model in the population. *Clinical Psychology & Psychotherapy,* 21(3), 252–263. doi: 10. 1002/cpp. 1833.

Rapee, R. M., & Heimberg, R. G. (1997). A cognitive–behavioral model of anxiety in social phobia. *Behaviour Research and Therapy,* 35(8), 741 – 756. doi: 10. 1016/s0005 – 7967(97) 00022–3.

Rapee, R. M., Kennedy, S. J., Ingram, M., Edwards, S. L., & Sweeney, L. (2010). Altering the trajectory of anxiety in at–risk young children. *American Journal of Psychiatry,* 167(12), 1518–1525. doi: 10. 1176/appi. ajp. 2010. 09111619.

Rapee, R. M., Kim, J., Wang, J., Liu, X., Hofmann, S. G., Chen, J., ... Alden, L. E. (2011). Perceived impact of socially anxious behaviors on individuals' lives in western and east asian countries. *Behavior Therapy,* 42(3), 485–492. doi: 10. 1016/j. beth. 2010. 11. 004.

Rapee, R. M., Lau, E. X., & Kennedy, J. (2010). *The Cool Little Kids Anxiety Prevention Program's Therapist Mannual*. Macquarie University. Sydney, NSW, Australia.

Reichenberger, J., & Blechert, J. (2018). Malaise with praise: A narrative review of 10 years of research on the concept of Fear of Positive Evaluation in social anxiety. *Depression and Anxiety,* 35(12), 1228–1238. doi: 10. 1002/da. 22808.

Robins, R. W., John, O. P., Caspi, A., Moffitt, T. E., & Stouthamer Loeber, M. (1996). Resilient, overcontrolled, and undercontrolled boys: Three replicable personality types. *Journal of Personality and Social Psychology,* 70(1), 157–171. doi: 10. 1037/0022–3514. 70. 1. 157.

Rosenberg, M. (1965). *Society and the adolescent self–image*. Princeton, N. J.: Princeton University Press.

Rothbart, M. K. (1981). Measurement of temperament in infancy. *Child Development,* 52(2), 569–578. doi: 10. 2307/1129176.

Rothbart, M. K. (1988). Temperament and the development of inhibited approach. *Child Development,* 59(5), 1241–1250. doi: 10. 2307/1130487.

Rothbart, M. K., Ahadi, S. A., Hershey, K. L., & Fisher, P. (2001). Investigations of temperament at three to seven years: The children's behavior questionnaire. *Child Development,* 72(5), 1394–1408. doi: 10. 1111/1467–8624. 00355.

Rothbart, M. K., & Bates, J. E. (2006). Temperament. In N. Eisenberg (Ed.), *Handbook of Child Psychology.* New York, NY: Wiley.

Rothbart, M. K., Sheese, B. E., & Posner, M. I. (2007). Executive attention and effortful control: Linking temperament, brain networks, and genes. *Child Development Perspectives,* 1(1), 2–7. doi: 10. 1111/j. 1750–8606. 2007. 00002. x.

Rothbaum, F., Weisz, J., Pott, M., Miyake, K., & Morelli, G. (2000). Attachment and culture: Security in the United States and Japan. *American Psychologist,* 55(10), 1093–1104. doi: 10. 1037//0003–066x. 55. 10. 1093.

Rowe, D. C., & Plomin, R. (1977). Temperament in early–childhood. *Journal of Personality Assessment,* 41(2), 150–156. doi: 10. 1207/s15327752jpa4102_5.

Roy, A. K., Benson, B. E., Degnan, K. A., Perez–Edgar, K., Pine, D. S., Fox, N. A., & Ernst, M. (2014). Alterations in amygdala functional connectivity reflect early temperament. *Biological Psychology,* 103, 248–254. doi: 10. 1016/j. biopsycho. 2014. 09. 007.

Rubin, K. (1985). Socially withdrawn children: An "at risk" population? In B. Schneider, K. H. Rubin & J. Ledingham (Eds.), *Children's Peer Relations: Issues in Assessment and Intervention* (pp. 152–170). Hillsdale, NJ: Erlbaum.

Rubin, K. H. (1982). Non–social play in preschoolers: Necessary evil? *Child Development,* 53, 651–657.

Rubin, K. H. (2001). *The Play Observation Scale(POS).* University of Maryland.

Rubin, K. H., & Asendorpf, J. B. (1993). Social withdrawal, inhibition, and shyness in childhood: Conceptual and definitional issues. In K. H. Rubin & J. B. Asendorpf (Eds.), *Social Withdrawal, Inhibition, and Shyness in Childhood* (pp. 3–17).

Rubin, K. H., Bukowski, W., & Parker, J. G. (2006). Peer interactions, relationships, and groups. In W. Damon, R. M. Lerner & N. Eisenberg (Eds.), *Handbook of Child Psychology: Vol. 3. Social, Emotional, and Personality Development* (pp. 571–645). New York: Wiley.

Rubin, K. H., Bukowski, W. M., & Bowker, J. C. (2015). Children in peer groups. In R. M. Lerner, M. H. Bornstein & T. Leventhal (Eds.), *Handbook of Child Psychology and Developmen-*

tal Science (pp. 175–222). Hoboken, New Jersey: Wiley.

Rubin, K. H., Burgess, K. B., & Hastings, P. D. (2002). Stability and social-behavioral consequences of toddlers' inhibited temperament and parenting behaviors. *Child Development*, 73(2), 483–495.

Rubin, K. H., Cheah, C. S. L., & Fox, N. (2010). Emotion regulation, parenting and display of social reticence in preschoolers. *Early Education and Development*, 12, 97–115.

Rubin, K. H., Chen, X., McDougall, P., Bowker, A., & McKinnon, J. (1995). The Waterloo Longitudinal Project: Predicting adolescent internalizing and externalizing problems from early and mid-childhood. *Development and Psychopathology*, 7(4), 751–764.

Rubin, K. H., Coplan, R. J., & Bowker, J. C. (2009). Social withdrawal in childhood. *Annual Review of Psychology*, 60, 141–171.

Rubin, K. H., Daniels-Beirness, T., & Bream, L. (1984). Social isolation and social problem solving: A longitudinal study. *Journal of Consulting and Clinical Psychology*, 52(1), 17–25.

Rubin, K. H., Hastings, P. D., Stewart, S. L., Henderson, H. A., & Chen, X. Y. (1997). The consistency and concomitants of inhibition: Some of the children, all of the time. *Child Development*, 68(3), 467–483.

Rubin, K. H., Hemphill, S. A., Chen, X. Y., Hastings, P., Sanson, A., Lo Coco, A., ... Cui, L. Y. (2006). A cross-cultural study of behavioral inhibition in toddlers: East-West-North-South. *International Journal of Behavioral Development*, 30(3), 219–226.

Rubin, K. H., Lynch, D., Coplan, R., Rosekrasnor, L., & Booth, C. L. (1994). "Birds of a feather...": Behavioral concordances and preferential personal attraction in children. *Child Development*, 65(6), 1778–1785. doi: 10.1111/j.1467-8624.1994.tb00848.x.

Rubin, K. H., & Mills, R. S. L. (1988). The many facets of social isolation in childhood. *Journal of Consulting and Clinical Psychology*, 56(6), 916–924. doi: 10.1037//0022-006x.56.6.916.

Rubin, K. H., Nelson, L. J., Hastings, P., & Asendorpf, J. (1999). The transaction between parents' perceptions of their children's shyness and their parenting styles. *International Journal of Behavioral Development*, 23(4), 937–957.

Rubin, K. H., Stewart, S. L., & Coplan, R. J. (1995). Social withdrawal in childhood-conceptual and empirical-perspectives. *Advances in Clinical Child Psychology, Vol* 17, 17, 157–196.

Rubin, K. H., Wojslawowicz, J. C., Rose-Krasnor, L., Booth-LaForce, C., & Burgess, K. B. (2006). The best friendships of shy/withdrawn children: Prevalence, stability, and relationship quality. *Journal of Abnormal Child Psychology*, 34(2), 143–157.

Rudasill, K. M., & Rimm-Kaufman, S. E. (2009). Teacher-child relationship quality: The roles of child temperament and teacher-child interactions. *Early Childhood Research Quarterly*, 24

(2), 107–120. doi: 10. 1016/j. ecresq. 2008. 12. 003.

Rueda, M. R., Posner, M. I., & Rothbart, M. K. (2005). The development of executive attention: Contributions to the emergence of self–regulation. *Developmental Neuropsychology*, 28(2), 573–594. doi: 10. 1207/s15326942dn2802_2.

Russ, S. J., Herbert, J., Cooper, P., Gunnar, M. R., Goodyer, I., Croudace, T., & Murray, L. (2012). Cortisol levels in response to starting school in children at increased risk for social phobia. *Psychoneuroendocrinology*, 37(4), 462–474. doi: 10. 1016/j. psyneuen. 2011. 07. 014.

Ryan, A. M., Gheen, M. H., & Midgley, C. (1998). Why do some students avoid asking for help? An examination of the interplay among students' academic efficacy, teachers' social–emotional role, and the classroom goal structure. *Journal of Educational Psychology*, 90(3), 528–535. doi: 10. 1037/0022–0663. 90. 3. 528.

Salemink, E., Kindt, M., Rienties, H., & van den Hout, M. (2014). Internet–based cognitive bias modification of interpretations in patients with anxiety disorders: A randomised controlled trial. *Journal of Behavior Therapy and Experimental Psychiatry*, 45(1), 186–195. doi: 10. 1016/j. jbtep. 2013. 10. 005.

Saudino, K. J., & Cherny, S. S. (2001). Sources of continuity and change in observed temperament. In R. N. Emde & J. K. Hewitt (Eds.), *Infancy to Early Childhood* (pp. 89–109). New York, NY: Oxford University Press.

Scarpa, A., Raine, A., Venables, P. H., & Mednick, S. A. (1997). Heart rate and skin conductance in behaviorally inhibited Mauritian children. *Journal of Abnormal Psychology*, 106(2), 182–190. doi: 10. 1037/0021–843x. 106. 2. 182.

Schaffer, H. R. (1974). Cognitive components of the infant's response to strangeness. In M. Lewis & L. A. Rosenblum (Eds.), *The Origins of Fear* (pp. 11–24). New York: Wiley.

Schmidt, L. A., Fox, N. A., Rubin, K. H., Hu, S., & Hamer, D. H. (2002). Molecular genetics of shyness and aggression in preschoolers. *Personality and Individual Differences*, 33(2), 227–238.

Schneider, B. (1999). A multi–method exploration of the friendships of children considered socially withdrawn by their peers. *Journal of Abnormal Psychology*, 27, 115–123.

Schneider, B. H., Richard, J. F., Younger, A. J., & Freeman, P. (2000). A longitudinal exploration of the continuity of children's social participation and social withdrawal across socioeconomic status levels and social settings. *European Journal of Social Psychology*, 30(4), 497–519. doi: 10. 1002/1099–0992(200007/08)30: 4<497: : aid–ejsp4>3. 0. co; 2–0.

Schneider, B. H., & Tessier, N. G. (2007). Close friendship as understood by socially withdrawn, anxious early adolescents. *Child Psychiatry & Human Development*, 38(4), 339–351. doi:

10. 1007/s10578-007-0071-8.

Schneider, B. H., Younger, A. J., Smith, T., & Freeman, P. (1998). A longitudinal exploration of the cross-contextual stability of social withdrawal in early adolescence. *Journal of Early Adolescence,* 18(4), 374-396. doi: 10. 1177/0272431698018004003.

Schneier, F. R., Johnson, J., Hornig, C. D., Liebowitz, M. R., & Weissman, M. M. (1992). Social phobia-comorbidity and morbidity in an epidemiologic sample. *Archives of General Psychiatry,* 49(4), 282-288.

Schwartz, C. E., Kunwar, P. S., Greve, D. N., Kagan, J., Snidman, N. C., & Bloch, R. B. (2012). A phenotype of early infancy predicts reactivity of the amygdala in male adults. *Molecular Psychiatry,* 17(10), 1042-1050. doi: 10. 1038/mp. 2011. 96.

Schwartz, C. E., Kunwar, P. S., Greve, D. N., Moran, L. R., Viner, J. C., Covino, J. M., ...Wallace, S. R. (2010). Structural differences in adult orbital and ventromedial prefrontal cortex predicted by infant temperament at 4 months of age. *Archives of General Psychiatry,* 67(1), 78-84. doi: 10. 1001/archgenpsychiatry. 2009. 171.

Schwartz, C. E., Snidman, N., & Kagan, J. (1999). Adolescent social anxiety as an outcome of inhibited temperament in childhood. *Journal of the American Academy of Child and Adolescent Psychiatry,* 38(8), 1008-1015. doi: 10. 1097/00004583-199908000-00017.

Schwartz, C. E., Wright, C. I., Shin, L. M., Kagan, J., Whalen, P. J., McMullin, K. G., & Rauch, S. L. (2003). Differential amygdalar response to novel versus newly familiar neutral faces: A functional MRI probe developed for studying inhibited temperament. *Biological Psychiatry,* 53(10), 854-862. doi: 10. 1016/s0006-3223(02)01906-6.

Schweizer, S., Grahn, J., Hampshire, A., Mobbs, D., & Dalgleish, T. (2013). Training the emotional brain: improving affective control through emotional working memory training. *Journal of Neuroscience,* 33(12), 5301-5311. Doi: 10. 1523/JNEUROSCI. 2593-12. 2013.

Seefeldt, W. L., Kramer, M., Tuschen-Caffier, B., & Heinrichs, N. (2014). Hypervigilance and avoidance in visual attention in children with social phobia. *Journal of Behavior Therapy and Experimental Psychiatry,* 45(1), 105-112. Doi: 10. 1016/j. jbtep. 2013. 09. 004.

Selcuk, B., Yavuz, H. M., Etel, E., Harma, M., & Ruffman, T. (2018). Executive function and theory of mind as predictors of socially withdrawn behavior in institutionalized children. *Social Development,* 27(1), 109-124. doi: 10. 1111/sode. 12252.

Sette, S., Baldwin, D., Zava, F., Baumgartner, E., & Coplan, R. J. (2019). Shame on me? Shyness, social experiences at preschool, and young children's self-conscious emotions. *Early Childhood Research Quarterly,* 47, 229-238. doi: 10. 1016/j. ecresq. 2018. 12. 012.

Sette, S., Baumgartner, E., Laghi, F., & Coplan, R. J. (2016). The role of emotion knowledge in the links between shyness and children's socio-emotional functioning at preschool. *British*

Journal of Developmental Psychology, 34(4), 471–488. doi: 10. 1111/bjdp. 12144.

Sette, S., Hipson, W. E., Zava, F., Baumgartner, E., & Coplan, R. J. (2018). Linking shyness with social and school adjustment in early childhood: The moderating role of inhibitory control. *Early Education and Development*, 29 (5), 675 – 690. doi: 10. 1080/10409289. 2017. 1422230.

Sette, S., Zava, F., Baumgartner, E., Baiocco, R., & Coplan, R. J. (2017). Shyness, unsociability, and socio–emotional functioning at preschool: The protective role of peer acceptance. *Journal of Child and Family Studies*, 26(4), 1196–1205.

Shechner, T., Rimon–Chakir, A., Britton, J. C., Lotan, D., Apter, A., Bliese, P. D., ... Bar–Haim, Y. (2014). Attention bias modification treatment augmenting effects on cognitive behavioral therapy in children with anxiety: randomized controlled trial. *Journal of American Academy of Child and Adolescent Psychiatry*, 53(1), 61–71. Doi: 10. 1016/j. jaac. 2013. 09. 016.

Snidman, N., Kagan, J., Riordan, L., & Shannon, D. C. (1995). Cardiac–function and behavioral reactivity during infancy. *Psychophysiology*, 32(3), 199–207. doi: 10. 1111/j. 1469–8986. 1995. tb02949. x.

Songco, A., Booth, C., Spiegler, O., Parsons, S., & Fox, E. (2020). Anxiety and depressive symptom trajectories in adolescence and the co–occurring development of cognitive biases: Evidence from the cogbias longitudinal study. *Journal of Abnormal Child Psychology*, 48 (12), 1617–1633. doi: 10. 1007/s10802–020–00694–9.

Southam–Gerow, M. A., & Kendall, P. C. (2002). Emotion regulation and understanding–Implications for child psychopathology and therapy. *Clinical Psychology Review*, 22(2), 189–222. doi: 10. 1016/s0272–7358(01)00087–3.

Spangler, G., & Schieche, M. (1998). Emotional and adrenocortical responses of infants to the strange situation: The differential function of emotional expression. *International Journal of Behavioral Development*, 22(4), 681–706.

Spence, S. H. (1995). *Social Skills Training: Enhancing Social Competence with Children and Adolescents.* Windsor, UK: NFER Nelson.

Spence, S. H., & Rapee, R. M. (2016). The etiology of social anxiety disorder: An evidence–based model. *Behaviour Research and Therapy*, 86, 50–67. doi: 10. 1016/j. brat. 2016. 06. 007.

Spere, K., & Evans, M. A. (2009). Shyness as a continuous dimension and emergent literacy in young children: is there a relation? *Infant and Child Development*, 18(3), 216–237. doi: 10. 1002/icd. 621.

Spoont, M. R. (1992). Modulatory role of serotonin in neural information–processing–implications for human psychopathology. *Psychological Bulletin*, 112 (2), 330 - 350. doi: 10. 1037/0033-2909. 112. 2. 330.

Stansbury, K., & Sigman, M. (2000). Responses of preschoolers in two frustrating episodes: Emergence of complex strategies for emotion regulation. *The Journal of Genetic Psychology*, 161(2), 182-202.

Stein, M. B., Jang, K. L., & Livesley, W. J. (2002). Heritability of social anxiety-related concerns and personality characteristics: A twin study. *Journal of Nervous and Mental Disease*, 190(4), 219-224. doi: 10. 1097/00005053-200204000-00002.

Steinman, S. A., & Teachman, B. A. (2015). Training less threatening interpretations over the Internet: Does the number of missing letters matter? *Journal of Behavior Therapy and Experimental Psychiatry*, 49, 53-60. doi: 10. 1016/j. jbtep. 2014. 12. 004.

Stirling, L. J., Eley, T. C., & Clark, D. M. (2006). Preliminary evidence for an association between social anxiety symptoms and avoidance of negative faces in school-age children. *Journal of Clinical Child and Adolescent Psychology*, 35 (3), 440 - 445. doi: 10. 1207/s15374424jccp3503_9.

Straube, T., Mentzel, H. J., & Miltner, W. H. (2005). Common and distinct brain activation to threat and safety signals in social phobia. *Neuropsychobiology*, 52(3), 163-168. Doi: 10. 1159/000087987.

Stuijfzand, S., Creswell, C., Field, A. P., Pearcey, S., & Dodd, H. (2018). Research Review: Is anxiety associated with negative interpretations of ambiguity in children and adolescents? A systematic review and meta-analysis. *Journal of Child Psychology and Psychiatry*, 59(11), 1127-1142. doi: 10. 1111/jcpp. 12822.

Sullivan, H. S. (1953). *The Interpersonal Theory of Psychiatry*. New York: Norton.

Sutton, S. K., & Davidson, R. J. (1997). Prefrontal brain asymmetry: A biological substrate of the behavioral approach and inhibition systems. *Psychological Science*, 8(3), 204-210. doi: 10. 1111/j. 1467-9280. 1997. tb00413. x.

Sylvester, C. M., Barch, D. M., Harms, M. P., Belden, A. C., Oakberg, T. J., Gold, A. L., ... Pine, D. S. (2016). Early childhood behavioral inhibition predicts cortical thickness in adulthood. *Journal of the American Academy of Child and Adolescent Psychiatry*, 55 (2), 122-129. doi: 10. 1016/j. jaac. 2015. 11. 007.

Sylvester, C. M., Whalen, D. J., Belden, A. C., Sanchez, S. L., Uby, J. L. L., & Barch, D. M. (2018). Shyness and trajectories of functional network connectivity over early adolescence. *Child Development*, 89(3), 734-745. doi: 10. 1111/cdev. 13005.

Taber-Thomas, B. C., Morales, S., Hillary, F. G., & Perez-Edgar, K. E. (2016). Altered topography of intrinsic functional connectivity in childhood risk for social anxiety. *Depression and*

Anxiety, 33(11), 995–1004. doi: 10. 1002/da. 22508.

Tang, A., Beaton, E. A., Schulkin, J., Hall, G. B., & Schmidt, L. A. (2014). Revisiting shyness and sociability: a preliminary investigation of hormone–brain–behavior relations. *Frontiers in Psychology*, 5, 1430. doi: 10. 3389/fpsyg. 2014. 01430.

Tarullo, A. R., Mliner, S., & Gunnar, M. R. (2011). Inhibition and exuberance in preschool classrooms: Associations with peer social experiences and changes in cortisol across the preschool year. *Developmental Psychology*, 47(5), 1374–1388. doi: 10. 1037/a0024093.

Thai, N., Taber–Thomas, B. C., & Perez–Edgar, K. E. (2016). Neural correlates of attention biases, behavioral inhibition, and social anxiety in children: An ERP study. *Developmental Cognitive Neuroscience*, 19, 200–210. doi: 10. 1016/j. dcn. 2016. 03. 008.

Ursache, A., Blair, C., Stifter, C., Voegtline, K., & Family Life Project, I. (2013). Emotional reactivity and regulation in infancy interact to predict executive functioning in early childhood. *Developmental Psychology*, 49(1), 127–137. doi: 10. 1037/a0027728.

van Veen, V., & Carter, C. S. (2002). The anterior cingulate as a conflict monitor: fMRI and ERP studies. *Physiology & Behavior*, 77 (4–5), 477–482. doi: 10. 1016/s0031–9384 (02) 00930–7.

Van Zalk, N., Lamb, M. E., & Rentfrow, P. J. (2017). Does shyness vary according to attained social roles? Trends across age groups in a large british sample. *Journal of Personality*, 85 (6), 830–840. doi: 10. 1111/jopy. 12291.

Van Zalk, N., Van Zalk, M. H. W., & Kerr, M. (2011). Socialization of social anxiety in adolescent crowds. *Journal of Abnormal Child Psychology*, 39 (8), 1239–1249. doi: 10. 1007/s10802–011–9533–3.

Varela, R. E., Jose Sanchez–Sosa, J., Biggs, B. K., & Luis, T. M. (2009). Parenting strategies and socio–cultural influences in childhood anxiety: Mexican, Latin American descent, and European American families. *Journal of Anxiety Disorders*, 23(5), 609–616. doi: 10. 1016/j. janxdis. 2009. 01. 012.

Vassilopoulos, S. P., & Moberly, N. J. (2013). Cognitive bias modification in pre–adolescent children: Inducing an interpretation bias affects self–imagery. *Cognitive Therapy and Research*, 37(3), 547–556. doi: 10. 1007/s10608–012–9481–4.

Vassilopoulos, S. P., Moberly, N. J., &Douratsou, K. M. (2012). Social anxiety and the interaction of imagery and interpretations in children: An experimental test of the combined cognitive biases hypothesis. *Cognitive Therapy and Research*, 36 (5), 548–559. doi: 10. 1007/s10608–011–9382–y.

Veen, V. V., & Carter, C. S. (2002). The anterior cingulate as a conflict monitor: fMRI and ERP studies. *Physiology & Behavior*, 77(4–5), 477–482.

Vitiello, V. E. , Moas, O. , Henderson, H. A. , Greenfield, D. B. , & Munis, P. M. (2012). Goodness of fit between children and classrooms: Effects of child temperament and preschool classroom quality on achievement trajectories. *Early Education and Development*, 23 (3), 302−322. doi: 10. 1080/10409289. 2011. 526415.

Wallace, S. T. , & Alden, L. E. (1995). Social anxiety and standard setting following social success or failure. *Cognitive Therapy and Research*, 19(6), 613−631. doi: 10. 1007/bf02227857.

Wallace, S. T. , & Alden, L. E. (1997). Social phobia and positive social events: The price of success. *Journal of Abnormal Psychology*, 106(3), 416−424. doi: 10. 1037/0021−843x. 106. 3. 416.

Waters, A. M. , Zimmer−Gembeck, M. J. , Craske, M. G. , Pine, D. S. , Bradley, B. P. , & Mogg, K. (2015). Look for good and never give up: A novel attention training treatment for childhood anxiety disorders. *Behavior Research and Therapy*, 73, 111−123. Doi: 10. 1016/j. brat. 2015. 08. 005.

Waters, A. M. , Zimmer−Gembeck, M. J. , Craske, M. G. , Pine, D. S. , Bradley, B. P. , & Mogg, K. (2016). A preliminary evaluation of a home−based, computer−delivered attention training treatment for anxious children living in regional communities. *Journal of Experimental Psychopathology*, 7(3), 511−527.

Weeks, J. W. , Heimberg, R. G. , & Rodebaugh, T. L. (2008). The fear of positive evaluation scale: Assessing a proposed cognitive component of social anxiety. *Journal of Anxiety Disorders*, 22(1), 44−55. doi: 10. 1016/j. janxdis. 2007. 08. 002.

Weeks, J. W. , Heimberg, R. G. , Rodebaugh, T. L. , Goldin, P. R. , & Gross, J. J. (2012). Psychometric Evaluation of the Fear of Positive Evaluation Scale in Patients With Social Anxiety Disorder. *Psychological Assessment*, 24(2), 301−312. doi: 10. 1037/a0025723.

Weeks, M. , Coplan, R. J. , & Kingsbury, A. (2009). The correlates and consequences of early appearing social anxiety in young children. *Journal of Anxiety Disorders*, 23(7), 965−972. doi: 10. 1016/j. janxdis. 2009. 06. 006.

Weiner, B. (1972). Attribution theory, achievement motivation, and the educational process. *Review of Educational Research*, 42(2), 203−215.

Weisz, J. R. , Suwanlert, S. , Chaiyasit, W. , Weiss, B. , & Jackson, E. W. (1991). Adult attitudes toward overcontrolled and undercontrolled child problems − urban and rural parents and teachers from thailand and the united−states. *Journal of Child Psychology and Psychiatry and Allied Disciplines*, 32(4), 645−654. doi: 10. 1111/j. 1469−7610. 1991. tb00341. x.

Whisman, M. A. , Richardson, E. D. , & Smolen, A. (2011). Behavioral inhibition and triallelic genotyping of the serotonin transporter promoter (5−HTTLPR) polymorphism. *Journal of Research in Personality*, 45(6), 706−709.

White, L. K. , McDermott, J. M. , Degnan, K. A. , Henderson, H. A. , & Fox, N. A. (2011). Behavioral inhibition and anxiety: The moderating roles of inhibitory control and attention shifting. *Journal of Abnormal Child Psychology,* 39 (5), 735 - 747. doi: 10. 1007/s10802 - 011 - 9490-x.

Wichmann, C. , Coplan, R. J. , & Daniels, T. (2004). The social cognitions of socially withdrawn children. *Social Development,* 13(3), 377-392. doi: 10. 1111/j. 1467-9507. 2004. 00273. x.

Wild, J. , Hackmann, A. , & Clark, D. M. (2008). Rescripting early memories linked to negative images in social phobia: A pilot study. *Behavior Therapy,* 39(1), 47-56. doi: 10. 1016/j. beth. 2007. 04. 003.

Williams, J. , Watts, F. N. , Macleod, C. , & Mathews, A. (1997). Cognitive psychology and emotional disorders. *Journal of Behavior Therapy & Experimental Psychiatry,* 29(1), 99-100.

Winnicott, D. W. (1958). The capacity to be alone. In D. W. Winnicott (Ed.), *The Maturational Processes and the Facilitating Environment* (pp. 29-36). New York: International Universities Press.

Wise, R. A. , &Rompre, P. P. (1989). Brain dopamine and reward. *Annual Review of Psychology,* 40, 191-225. doi: 10. 1146/annurev. ps. 40. 020189. 001203.

Wood, J. J. , McLeod, B. D. , Sigman, M. , Hwang, W. C. , & Chu, B. C. (2003). Parenting and childhood anxiety: theory, empirical findings, and future directions. *Journal of Child Psychology and Psychiatry,* 44(1), 134-151. doi: 10. 1111/1469-7610. 00106.

Xu, R. , Poole, K. L. , Van Lieshout, R. J. , Saigal, S. , & Schmidt, L. A. (2019). Shyness and sociability among extremely low birth weight survivors in the third and fourth decades of life: Associations with relationship status. *Journal of Personality,* 87(2), 231-239. doi: 10. 1111/ jopy. 12385.

Xu, Y. , Farver, J. A. M. , Chang, L. , Zhang, Z. , & Yu, L. (2007). Moving away or fitting in? - Understanding shyness in Chinese children. *Merrill-Palmer Quarterly,* 53(4), 527-556. doi: 10. 1353/mpq. 2008. 0005.

Xu, Y. , Farver, J. A. M. , Yu, L. , & Zhang, Z. (2009). Three types of shyness in chinese children and the relation to effortful control. *Journal of Personality and Social Psychology,* 97(6), 1061-1073. doi: 10. 1037/a0016576.

Yeung, E. S. , & Sharpe, L. (2019). Cognitive bias modification for social anxiety: The differential impact of modifying attentional and/or interpretation bias. *Cognitive Therapy and Research,* 43(4), 781-791. doi: 10. 1007/s10608-019-10012-3.

Yuan, J. , Zhang, Q. , & Cui, L. (2021). Disgust face captures more attention in individuals with high social anxiety when cognitive resources are abundant: Evidence from N2pc. *Neuropsychologia,* 151, 107731. Doi: 10. 1016/j. neuropsychologia. 2020. 107731.

Zahn-Waxler, C., Klimes-Dougan, B., & Slattery, M. J. (2000). Internalizing problems of childhood and adolescence: Prospects, pitfalls, and progress in understanding the development of anxiety and depression. *Development and Psychopathology*, 12 (3), 443 - 466. doi: 10.1017/s0954579400003102.

Zeegers, M. A. J., Meins, E., Stams, G. J. J. M., Bogels, S. M., & Colonnesi, C. (2019). Does attachment security predict children's thinking-about-thinking and thinking-about-feeling? A meta-analytic review. *Developmental Review*, 54, 100885. doi: 10.1016/j.dr.2019.100885.

Zhang, M., Chen, X., Way, N., Yoshikawa, H., Deng, H., Ke, X., ...Lu, Z. (2011). The association between infants' self-regulatory behavior and MAOA gene polymorphism. *Developmental Science*, 14(5), 1059-1065. doi: 10.1111/j.1467-7687.2011.01047.x.

白露，马慧，黄宇霞，& 罗跃嘉.（2005）. 中国情绪图片系统的编制——在46名中国大学生中的试用. 中国心理卫生杂志，19（11），719-722.

池丽萍，& 安静.（2009）. 社交退缩与非退缩幼儿心理理论的比较研究. 心理研究，2（2），45-50.

丁君.（2008）. 初中生入学学习适应及其干预. 硕士学位论文，河南大学，开封.

杜方蕾，& 侯广彦.（2022）. 初中生自尊、归因方式与学业自我效能感的关系研究. 教育观察，11（26），1-5.

冯琛琛.（2014）. 群体动力学视角下深度对话教学的实践策略研究. 硕士学位论文，四川师范大学，成都.

胡胜利.（2004）. 归因方式对心理健康的影响及干预研究之概观. 心理与行为研究（02），461-464，473.

纪梓慧.（2022）. 如何培养初中生形成正确的自我认知——以北师大版《心理健康》教材为例. 延边教育学院学报，36（02），71-73.

李辞，曹建琴，李甜甜，周郁秋，苏红，& 毕雪晶.（2019）. 社交焦虑障碍大学生对愤怒，厌恶面孔的注意偏向成分分析. 中华行为医学与脑科学杂志（4），337-342.

李静.（2021）. 小学高年级学生归因方式与厌学的关系及干预研究. 硕士学位论文，河北师范大学，石家庄.

李楠.（2019）. 社交焦虑者的认知加工偏向及干预. 硕士学位论文，河南大学，郑州.

卢玲.（2011）. 促进4-5岁幼儿情绪调节能力发展的实践研究. 硕士学位论文，西南大学，重庆.

陆芳，& 陈国鹏.（2007）. 学龄前儿童情绪调节策略的发展研究. 心理科学，30（5），1202-1204.

潘乐，李雪，鲁顺珍，& 朱琳.（2015）. 自我认知团体在大学生心理健康教育中的应用研究. 世纪桥（04），72-73.

任跃强.（2017）. 羞怯个体对情境信息的解释偏向. 硕士学位论文，山东师范大学，济南.
孙煜明，& 谢晓昱.（1993）. 中学生“能力、努力、方法”归因训练的实验研究. 全国第七届心理学学术会议，中国北京.
魏希芬.（2001）. 通过归因训练提高学生学习自信心的实验研究. 教育科学研究，（4），29–33.
吴娟娟.（2008）. 自我认识团体辅导对留守初中生自尊发展的影响研究. 硕士学位论文，西南大学，重庆.
吴忧.（2018）. 大学生人格特质，情绪调节策略与心理健康的关系及干预研究. 硕士学位论文，华中师范大学，武汉.
萧潇，朱春燕，余凤琼，张蕾，& 汪凯.（2016）. 聋哑青少年社交焦虑解释偏差矫正干预研究. 中国学校卫生，37（9），1415–1417.
谢庆斌，王英杰，胡芳，刘晓洁，& 李燕.（2020）. 4 岁儿童抑制控制与社会技能：社会退缩的调节作用. 中国临床心理学杂志，28（05），1033–1037.
许书萍.（2010）. 高社交焦虑大学生的解释偏向. 博士学位论文，华东师范大学，上海.
杨剑霞.（2011）. 社交焦虑青少年解释偏向的实验研究. 硕士学位论文，西南大学，重庆.
杨宇婧，胡佳，& 戚瑞丰.（2022）. 基于情绪调节策略的幼儿社交焦虑干预研究. 早期教育（38），35–39.
伊莱恩. 阿伦.（2018）. 亲密关系：敏感的心灵该如何安放?. 北京：中国人民大学出版社.
尹铧娟.（2019）. 女性胖负面身体自我及其与不良进食行为的关系研究. 硕士学位论文，苏州大学，苏州.
张博.（2019）. 归因方式与心理健康的关系及干预研究. 硕士学位论文，河北大学，保定.
张光珍，梁宗保，陈会昌，& 陈欣银.（2013）. 早期气质对焦虑退缩行为的影响：社会适应的背景性作用. 心理学报，45（1），70–81.
郑俊猛，曹斐臻，陈燕铃，余林伟，& 徐强.（2021）. 社交焦虑者注意偏向变化的时间进程：来自稳态视觉诱发电位的证据. 第二十三届全国心理学学术会议，中国内蒙古呼和浩特.
周晨旭.（2014）. 归因风格对农村留守初中生应对方式的影响及干预研究. 硕士学位论文，云南师范大学，昆明.

致　谢

感谢参与本课题研究的所有儿童、家长、教师，以及我的学生和研究助理；感谢我的合作者们，他们是东南大学梁宗保副教授和邓慧华教授，宾夕法尼亚大学陈欣银教授，纽约大学 Niobe Way 教授和 Hirokazu Yoshikawa 教授，上海纽约大学崔丽弦和李萱副教授，纽约大学杨芮博士。

特别感谢东南大学陆祖宏教授在本课题实施过程中给予的支持和帮助。

最后，感谢中央高校基本科研业务费专项资金（2242024S30005）在本成果的出版过程中给予的资助。